证券法教程

Securities Law

曹清清 / 编著

中国法制出版社
CHINA LEGAL PUBLISHING HOUSE

本书受到 2023 年甘肃省高等学校人才培养质量提高项目（2023 年甘肃省高等教育教学成果培育项目）、2020 年度甘肃政法大学校级教学改革项目（项目批准号：GZJG2020-B34）及甘肃政法大学校级科研创新项目（项目批准号：GZF2020XZD03）的资助。

前　言

这是一本为证券法学入门而写的书，本书是在笔者多年的证券法教学讲稿基础上的扩充。笔者从事证券法教学多年，深感学生对于证券法学习的畏难情绪，一直尝试写一本通俗易懂且能现学现用的证券法入门读物。基于这一定位，笔者尽量做到用较短的篇幅清晰阐述，每一章内容均辅助以实际案例，并推荐一篇与案例相关的文章来加深读者对案例的理解。

证券法的条文庞杂，应当在整体的框架和逻辑下来把握。本书的体例和逻辑结构与2019年修订的《中华人民共和国证券法》（以下简称《证券法》）保持完全一致，只是将《证券法》中证券交易场所、证券公司、证券登记结算机构、证券服务机构以及证券业协会这几章作为证券市场主体合并为一章。正文中如无特别说明，《证券法》均指2019年修订的证券法。

全书的主要内容如下：第一章"证券、证券市场与证券法"；第二章"证券发行"；第三章"证券交易"；第四章"上市公司的收购"；第五章"信息披露"；第六章"投资者保护"；第七章"证券市场主体"；第八章"证券监管"；第九章"证券法律责任"。

本书特色是在每一章内容的学习中推荐一篇与本章内容相关的经典文章、一则鲜活的案例以及与该案例相关的文章，通过阅读文章和案例，加深对本章内容的理解。以期能够让读者通过学习，将鲜活的案例与每一章的理论知识结合起来，培养本科生理论联系实际的能力。同时，便于读者对每一个证券法律制度所涉及的重要法律、法规、规章、规范性文件或自律规则有较好的把握。此外，本书用大量思维导图和图片帮助读者学习，使得读者可以一目了然。

在本书成书的过程中，程媛远及盛柳卿等几位在读研究生提供了资料检索和反复审校的支持，对他们的辛苦付出表示衷心的感谢。

甘肃政法大学民商经济法学院对本书的出版给予了特别的关注与支持，再次向学院致上深深的谢意。

感谢2020年度甘肃政法大学校级科研创新项目、甘肃政法大学校级教学改革项目及2023年甘肃省高等学校人才培养质量提高项目资助。

谨以此书献给学习证券法的朋友。

曹清清

2023年8月于兰州

目 录

第一章　证券、证券市场与证券法 …………………………………… (001)
　第一节　什么是证券 ………………………………………………… (004)
　第二节　证券市场概论 ……………………………………………… (036)
　第三节　证券法 ……………………………………………………… (043)
　第四节　拓展学习 …………………………………………………… (050)

第二章　证券发行 ……………………………………………………… (055)
　第一节　证券发行概述 ……………………………………………… (058)
　第二节　股票发行 …………………………………………………… (072)
　第三节　公司债券发行 ……………………………………………… (077)
　第四节　拓展学习 …………………………………………………… (082)

第三章　证券交易 ……………………………………………………… (087)
　第一节　证券交易的一般规定 ……………………………………… (090)
　第二节　证券上市制度 ……………………………………………… (107)
　第三节　禁止的证券交易行为 ……………………………………… (115)
　第四节　拓展学习 …………………………………………………… (131)

第四章　上市公司的收购 ……………………………………………… (137)
　第一节　上市公司收购制度 ………………………………………… (140)
　第二节　上市公司反收购制度 ……………………………………… (155)
　第三节　拓展学习 …………………………………………………… (167)

第五章　信息披露 ……………………………………………………… (173)
　第一节　信息披露制度概述 ………………………………………… (176)
　第二节　信息披露制度的基本要求 ………………………………… (181)
　第三节　信息披露的方法及监管 …………………………………… (185)
　第四节　虚假陈述的法律责任 ……………………………………… (188)

第五节　拓展学习 …………………………………………（198）

第六章　投资者保护 ……………………………………………（203）
第一节　投资者保护的必要性 ……………………………（206）
第二节　投资者保护的具体措施 …………………………（212）
第三节　多元化纠纷解决机制 ……………………………（221）
第四节　拓展学习 …………………………………………（226）

第七章　证券市场主体 …………………………………………（231）
第一节　证券发行人 ………………………………………（234）
第二节　证券交易场所 ……………………………………（236）
第三节　证券公司 …………………………………………（250）
第四节　证券登记结算机构 ………………………………（261）
第五节　证券服务机构 ……………………………………（267）
第六节　证券业协会 ………………………………………（271）
第七节　拓展学习 …………………………………………（274）

第八章　证券监管 ………………………………………………（279）
第一节　证券监管制度概述 ………………………………（282）
第二节　中国证监会 ………………………………………（286）
第三节　国务院证券监管机构的权限与约束 ……………（290）
第四节　拓展学习 …………………………………………（299）

第九章　证券法律责任 …………………………………………（305）
第一节　证券法律责任概述 ………………………………（308）
第二节　证券民事责任 ……………………………………（310）
第三节　证券行政责任 ……………………………………（322）
第四节　证券刑事责任 ……………………………………（338）
第五节　拓展学习 …………………………………………（344）

第一章

证券、证券市场与证券法

本章思维导图

- 第一章 证券、证券市场与证券法
  - 第一节 什么是证券
    - 证券的定义
    - 股票
    - 债券
    - 存托凭证
    - 证券投资基金
    - 资产支持证券
    - 资产管理产品
    - 瑞幸咖啡案对域外管辖条款适用的启示
    - 豪威案对定义证券的启示
  - 第二节 证券市场概论
    - 证券市场简介
    - 证券市场的主体
    - 证券市场的经济功能
    - 证券市场现存的主要问题
  - 第三节 证券法
    - 证券法的法律体系
    - 中国证券法的制定历程
    - 证券法的性质
    - 证券法的特征
    - 证券法的基本原则
    - 证券法中的主要制度

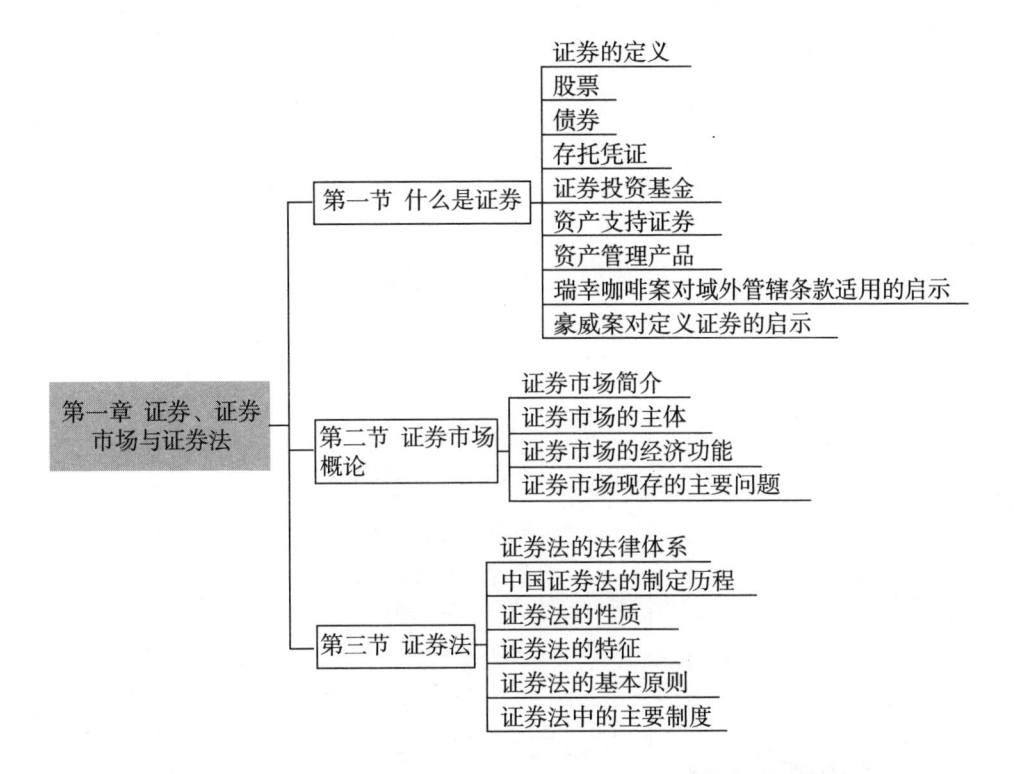

本章涉及法条

《证券法》第一章"总则"第1—8条

第一节　什么是证券

本节思维导图

第一节 什么是证券
- 证券的定义
  - 广义上的证券
  - 我国证券法中的证券
  - 美国证券法中的证券
  - 证券的特征及作用
- 股票
  - 股票的定义
  - 股票的特点
  - 股票的分类
  - 中国现行的股票类型
- 债券
  - 债券的概念及缘起
  - 债券的票面要素
  - 债券的基本特征
  - 债券的分类
- 存托凭证
  - 存托凭证的概念
  - 存托凭证发行的流程
- 证券投资基金
  - 证券投资基金的概念及特点
  - 投资基金的重要参与人及其关系
  - 证券投资基金的分类
- 资产支持证券
  - 资产支持证券概述
  - 资产支持证券的特征
  - 资产支持证券的分类
  - 资产支持证券的功能
- 资产管理产品
  - 资产管理产品的定义
  - 资产管理产品的特征
  - 资产管理产品的分类
- 瑞幸咖啡案对域外管辖条款适用的启示
- 豪威案对定义证券的启示

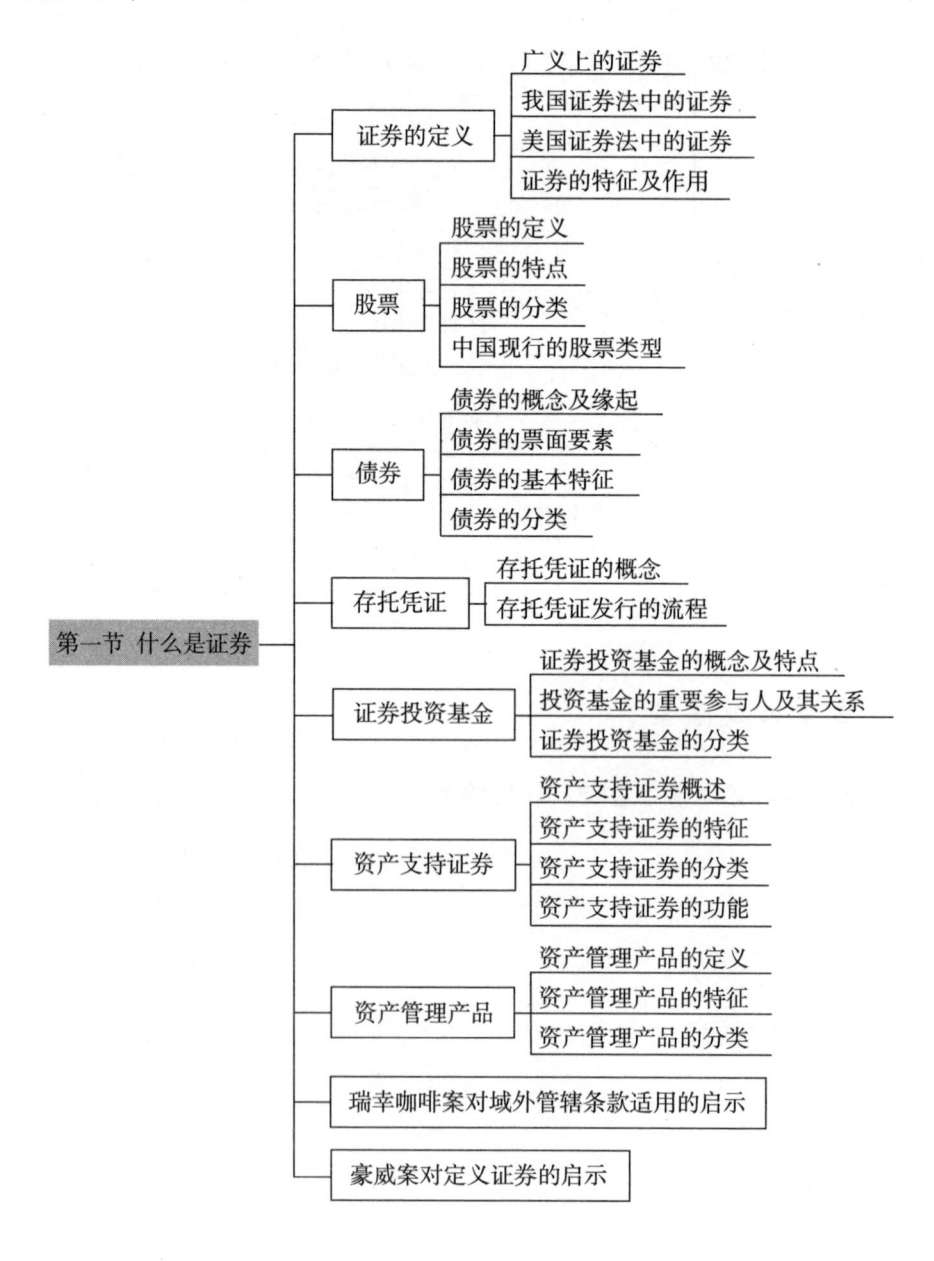

我们每个人心中都有个金戈铁马的梦。证券市场就像是变幻莫测、步步为营的战场，证券投资如上阵打仗，证券法律规则如兵法策略、作战章法，而各类证券品种就像是各种兵器，如何挑选适合自己的兵器，就要了解这些兵器自身的优劣以及清楚自己使用兵器的目的。现在就带大家漫步证券兵器库，在种类繁多的武器工具中着重介绍一下最常用的、最受大家欢迎的几种证券投资工具——股票、债券、存托凭证、证券投资基金、资产支持证券及资产管理产品。

一、证券的定义

何谓证券？迄今为止，世界各国不外乎运用概括和列举这两种方法给证券下定义，但并没有一个统一的定论。我们首先从日常生活中来细数一下广义上的证券，接下来再结合我国《证券法》法条中列举式的规定以及美国法中证券的定义来理解证券的含义，最终再通过对具体的、常见的证券品种的介绍，运用从具体到抽象的思维方式，来对证券的概念获得一个较为完整的认识。

（一）广义上的证券

1. 广义上证券的定义

"证券"从字面意思来看，"证"是指凭证，"券"是指纸片。两个字合起来理解就是：记载并代表一定权利的法律凭证。日常生活中，诸如股票、债券、汇票、本票、支票、仓单、提单、印花、邮票、车票、船票、机票、电影票、入场票、存物牌等，都属于广义上的证券。（如图 1.1 所示）

资本证券
股票、债券

货币证券
汇票、本票、支票

金额券
印花、邮票

证券

商品证券
提单、仓单

资格证券
车票、船票、机票、
电影票、入场票、存物牌

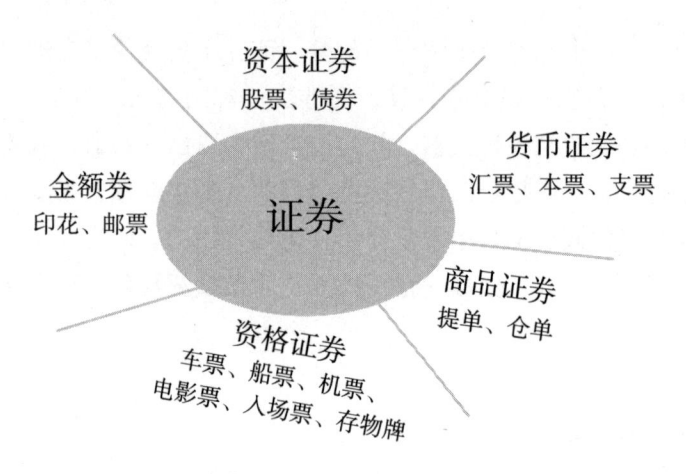

图1.1 证券的概括式定义

2. 广义上证券的分类

从广义上讲，将证券按照其功能来划分可以分为金额券、资格证券和有价证券。

金额券，又称金券，是指券面标明一定金额，只能为一定目的而使用，证券形式与证券权利密不可分的证券，如邮票与印花就是典型的金额券。

资格证券又称"免责证券"，是指表明证券持有人具有行使一定权利的资格的书面凭证。资格证券的持券人可凭证券向义务人行使一定权利，义务人向证券持有人履行完义务后即可免除法律责任，故资格证券又称为免责证券，如车票、机票、船票、电影票、存车证、存物牌、银行存折等。

有价证券是一种具有一定票面金额，证明持券人有权按期取得一定收入，并可自由转让和买卖的所有权或债权凭证。其具有财产价值，能够给证券持有人带来预期收益。有价证券依据其所代表的权利不同，可以分为商品证券、货币证券和资本证券。其中，资本证券与货币证券都是以货币额表示的证券，故合称为价值证券。商品证券是证明持有人有商品所有权或使用权的凭证，如提单、仓单、运货单等。货币证券指代表对一定量货币的请求权的金钱凭证，是货币的替代物，其主要指受票据法所调整的商业票据，最典型的诸如汇票、本票、支票。资本证券是指代表对一定资本所有权和一定利益分配请求权的凭证，最典型的有股票和债券，证券法中所说的证券就是指这类资本证券。证券的分类可通过图1.2清晰地呈现出来。

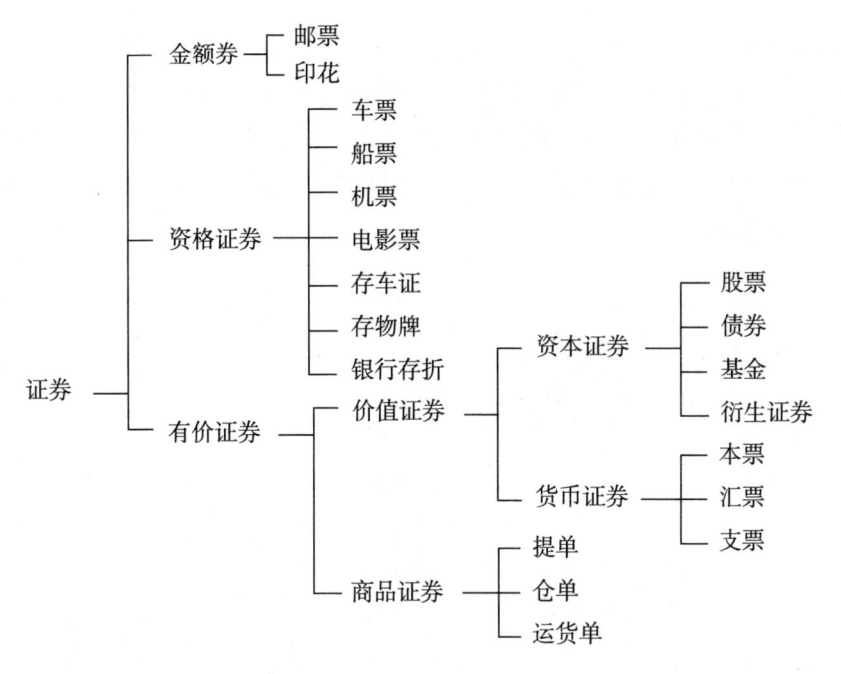

图 1.2　证券的分类

（二）我国证券法中的证券

我国 2019 年修订的《证券法》第 2 条采取了列举的方法来规定什么是证券。其按照证券的经济性质分类，列举了股票、债券、证券投资基金份额、存托凭证、资产支持证券及资产管理产品等证券品种，其中新增了存托凭证及资产管理产品。

《证券法》第 2 条规定："在中华人民共和国境内，股票、公司债券、存托凭证和国务院依法认定的其他证券的发行和交易，适用本法；本法未规定的，适用《中华人民共和国公司法》和其他法律、行政法规的规定。政府债券、证券投资基金份额的上市交易，适用本法；其他法律、行政法规另有规定的，适用其规定。资产支持证券、资产管理产品发行、交易的管理办法，由国务院依照本法的原则规定。在中华人民共和国境外的证券发行和交易活动，扰乱中华人民共和国境内市场秩序，损害境内投资者合法权益的，依照本法有关规定处理并追究法律责任。"

《证券法》第 2 条第 1 款规定了常规证券，具体指境内证券包括股票、公司债券、存托凭证和国务院依法认定的其他证券的发行和交易。第 2 款规定了特殊证券，具体指政府债券、证券投资基金份额的上市交易。第 3 款规定了金融产品，具体指资产支持证券、资产管理产品。此次《证券法》修订删除了"证券衍生品种"，拟将其纳入《期货法》等另行规制。第4款新增了有限度的域外管辖条款。这一款规定表达的更多是一种态度。在实际的域外管辖中，即使历经万难搜集到的证据获得了胜诉，能否执行到位仍然有待观察。（如图1.3所示）

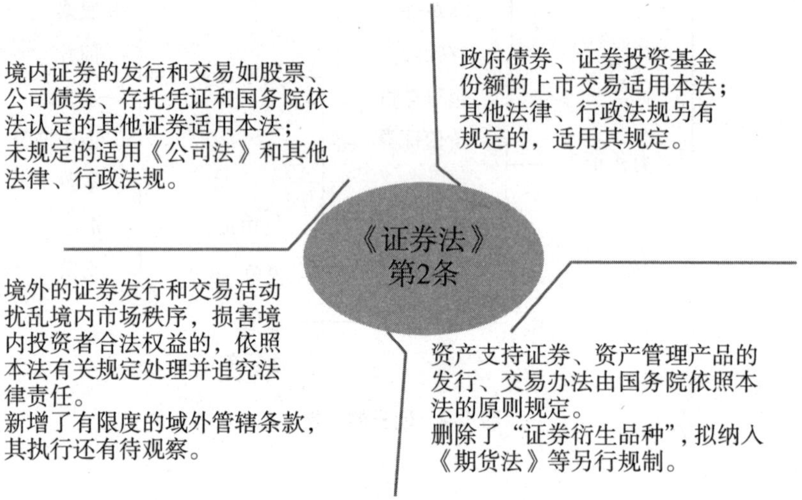

图1.3 适用《证券法》监管的证券品种

- 境内证券的发行和交易如股票、公司债券、存托凭证和国务院依法认定的其他证券适用本法；未规定的适用《公司法》和其他法律、行政法规。
- 政府债券、证券投资基金份额的上市交易适用本法；其他法律、行政法规另有规定的，适用其规定。
- 境外的证券发行和交易活动扰乱境内市场秩序，损害境内投资者合法权益的，依照本法有关规定处理并追究法律责任。新增了有限度的域外管辖条款，其执行还有待观察。
- 资产支持证券、资产管理产品的发行、交易办法由国务院依照本法的原则规定。删除了"证券衍生品种"，拟纳入《期货法》等另行规制。

中心：《证券法》第2条

（三）美国证券法中的证券

由于各国证券法律制度不尽相同，经济发展状况也有所差异，势必导致各国关于证券的定义和范围不同。例如，美国在其《1933年证券法》（Securities Act of 1933）中采取了列举的方式来定义证券。其定义"证券"一词为任何票据、股票、库存股票、债券、公司信用债券、债务凭证、盈利分享协议下的权益证书或参与证书、以证券作抵押的信用证书，组建前证书或认购书、可转让股票、投资契约、股权信托证、证券存款单、石油、煤气或其他矿产小额利息滚存权，一般来说，被普遍认为是"证券"的任何权益和票据，或上述任意一种证券的权益或参与证书、暂时或临时证书、收据、担保证书或认股证书或订购权或购买权。（如图1.4所示）

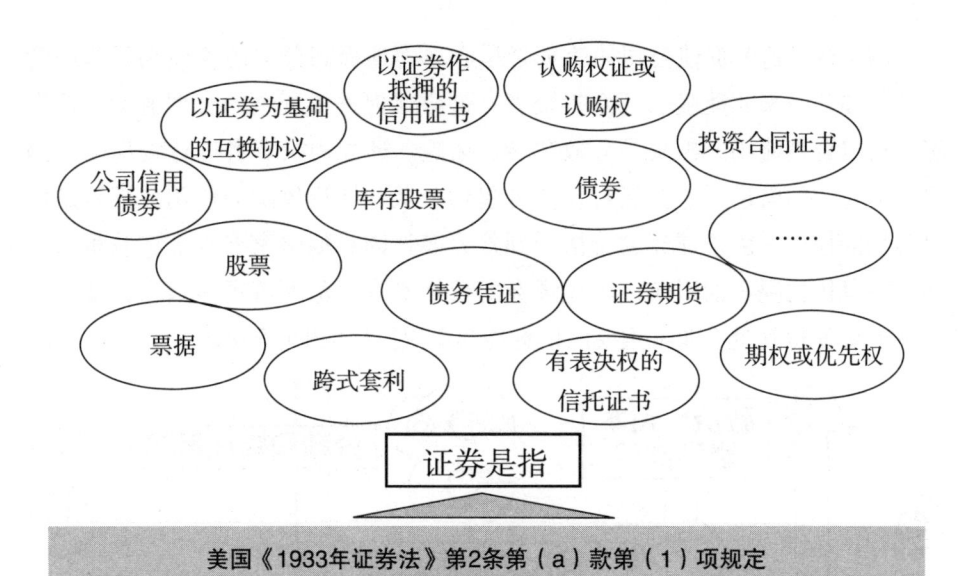

证券是指:
- 以证券为基础的互换协议
- 以证券作抵押的信用证书
- 认购权证或认购权
- 投资合同证书
- 公司信用债券
- 库存股票
- 债券
- ……
- 股票
- 债务凭证
- 证券期货
- 票据
- 跨式套利
- 有表决权的信托证书
- 期权或优先权

美国《1933年证券法》第2条第（a）款第（1）项规定

图1.4 美国《证券法》规定的证券

（四）证券的特征及作用

1. 证券的特征

证券的两个最基本特征即书面特征与法律特征。书面特征是指必须采取书面的形式或与书面形式有同等效力的形式，必须按照特定的格式进行书写或制作，载明有关法规规定的全部必要事项。法律特征是它反映的某种法律行为的结果本身必须具有合法性。证券的法律特征体现为：证券是一种可投资的、可转让的、面值均等的并且具有一定风险的权利证书。

证券的票面要素主要有四个，包括：持有人，即证券为谁所有；证券的标的物，即证券票面上所载明的特定的具体内容，它表明持有人权利所指向的特定对象；标的物的价值，即证券所载明的标的物的价值大小；权利，即持有人持有该证券所拥有的权利。

2. 证券的作用

为什么现代社会离不开证券呢？证券到底有什么作用呢？简单来说，证券在经济发展当中至少具有四个重要的作用。首先体现在融资上。公司主要依靠股权融资和债权融资来筹集资金，通过上市可让公司获得资金的首次融入，上市以后，还可以通过再融资的方式获得资金的再融入、再扩充，这就是证券的资本聚集作用。其次是优化资源配置。在资本市场当中，资本青睐优秀的企业，这就促使公司的管理者尽心尽力地提高公司的管理水平和经营业绩，如此一来才能吸引公众投资者。这样就促进了资金的合理流动，使得资金得以合理使用。再次是分散和转让风险。证券为投资者进行资产配置提供了多元化的渠道，这就能对投资者起到分散和转移风险的作用。最后是信息传播的作用。由于证券的价格受到外界多种因素如国家宏观经济政策、公司治理具体情况等的影响，因此证券的价格本身就蕴藏着很多信息，证券公开的价格使得其具有非常重要的信息传播作用。（如图1.5所示）

图1.5 证券的作用

二、股票

（一）股票的定义

公司要发展就需要获得更多的资金，法律称之为融资，这对于公司的正常运营而言是非常重要的。发行债券需要还本付息，而公司更希望有这样一种工具，使其不用还本付息，挣了钱一起分红，亏了钱算投资者自己的风险。基于投资者想挣大钱，而公司又想拉人进来共担风险，于是股票这一工具就应运而生了，它满足了投融资双方的意愿。公司发展得好，有了收益以后，会给投资者分红，我们就把这个投资者称为公司的股东。

给股票下一个定义，即股票是股份有限公司公开发行的，用以证明投资者的股东身份和权益，并让投资者据以获得股息和红利的凭证。时常有人误解"股票"为"证券"的同义词，但事实上股票只是证券的一种常见形式，证券的范围远不限于股票。

（二）股票的特点

股票具有以下几个特点：第一个是股本具有不可返还性。投资者是用资金换取公司股权，享有所有者权益。股票一经售出，是不可能再退回公司的，作为公司股东可以获得分红和股息。这是公司法中的一个重要原则——公司资本维持原则的要求，股东想要退出公司只能通过转让其股权而不能抽回其本金。

第二个是流动性。投资者如果要用资金的话，可以通过二级市场进行交易，使其股票得以自由流通转让，如此一来，公司股东虽然发生了变化，但公司资本并没有因为股东的退出而减少。这也是股票流动性特点的表现。

投资者成为公司股东后，就拥有了作为股东很重要的两个权利，即自益权和共益权，也就是为了自己的利益而享有的权利——分红、升值和剩余财产分配等财产性的权利，以及为了共同的利益而享有的权利，如参与重大决策和选择管理者的投票权利。这就是股票的另外两个特点：收益性和决策的参与性。

股票的最后一个特点是股票价格的波动性，也就是风险性。由于股票的价格受到很多因素的影响，诸如宏观环境的变化、行业状况的变化、公司自身经营状况的变化、大众心理的变化等，因此，股票价格的波动具有很大的不确定性。故，我们常常听到这样的告诫："股市有风险，投资需谨慎。"（如图1.6所示）

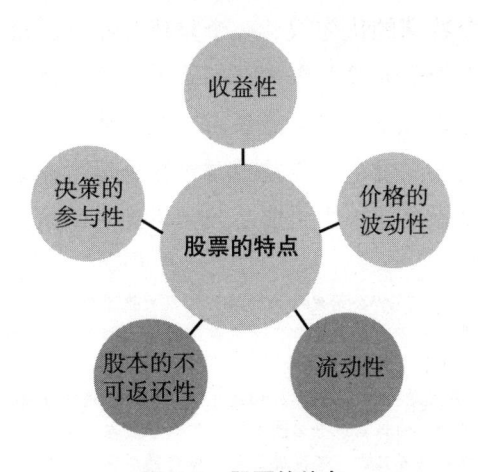

图1.6 股票的特点

当然，还有一个吸引人们购买股票、成为公司股东的原因，就是有限责任制度的设计，有限责任让公司的经营风险和股东之间建立了一道防火墙，使得公司不论亏损多少，股东最大亏损仅仅限于购买股票的金额。

（三）股票的分类

1. 记名股和无记名股

将股票按票面是否记名来划分，可以分为记名股票和无记名股票。一般来说，公司发行的股票既可以为记名股票，也可以为无记名股票。公司向发起人、法人发行的股票应当为记名股票，而向社会公众所发行的股票可以为记名股票，也可以无记名股票。① 记名股票是指票面上记载股东姓名或者名称的股份，无记名股票就是股票上没有记载股东姓名或者名称的股份。记名股票的转让必须先经过所记名的股东背书，再交付给受让人，受让人再次转让时，仍然要再次背书加交付。而无记名股票的转让则直接交付就可以。②

2. 普通股和特别股

按照股东的权利和义务，可以将股票分为普通股和特别股。普通股股票就是标准化股票，是指股份公司发行的代表着股东享有平等的权利、义务，无特别限制，股利不固定的股票。这种股份没有特别的权利，也没有特别限制，是最常见、最标准的股票。普通股股东的权利包括：管理权、股利分配请求权、优先认股权、剩余财产要求权、股份转让权等。特别股股票则是指公司发行的具有特别权利或者特别限制的股票。以其权利内容不同，特别股又可以分为优先股、劣后股和混合股。优先股是最具有代表性的一种特别股。优先股股东享有两个特殊的优先权，一个是优先于普通股股东分红，另一个是在公司清算时优先于普通股股东参与剩余财产的分配。优先股股东没有得到足额分配前，普通股股东一律不能参与分配。优先股是介于普通股和债券之间的一种证券。优先股股东的收益相对于普通股股东而言，较为稳定且风险较小，但其不享有投票权。为了便于公司迅速募集资金，满足不同投资者

---

① 《公司法》第129条规定："公司发行的股票，可以为记名股票，也可以为无记名股票。公司向发起人、法人发行的股票，应当为记名股票，并应当记载该发起人、法人的名称或者姓名，不得另立户名或者以代表人姓名记名。"

② 《公司法》第139条规定："记名股票，由股东以背书方式或者法律、行政法规规定的其他方式转让；转让后由公司将受让人的姓名或者名称及住所记载于股东名册。股东大会召开前二十日内或者公司决定分配股利的基准日前五日内，不得进行前款规定的股东名册的变更登记。但是，法律对上市公司股东名册变更登记另有规定的，从其规定。"

《公司法》第140条规定："无记名股票的转让，由股东将该股票交付给受让人后即发生转让的效力。"

的投资需要，现代公司法往往在普通股之外增列特别股，并明确每种股份所包含的股权有所差异。

3. 面额股票与无面额股票

按照是否标明票面金额，可以将股票分为面额股票与无面额股票。面额股票是在票面上标明了一定金额的股票，通常为一股一块钱。无面额股票不在票面上标明金额，只载明所占公司股本总额的比例或股份数。我国公司法不承认无面额股票，并且规定股票发行价格不得低于票面金额。

（四）中国现行的股票类型

1. 人民币普通股、境内上市外资股和境外上市外资股

按照投资的币种、主体或地点形成不同可以将股票分为人民币普通股（A-shares）、境内上市外资股（B-shares）和境外上市外资股（有H股、N股等）三类。A股是由中国境内公司发行，供境内的机构、组织或个人以人民币认购和交易的普通股股票。从2013年4月1日起，我国境内、港、澳、台居民可开立A股账户。简单来说，A股就是在上海证券交易所或深圳证券交易所挂牌交易，以人民币标明面值的股票。B股是在中国境内设立的中国公司的股票，可以由外国人拥有，在上海证券交易所挂牌交易，以美元标明面值，或在深圳证券交易所挂牌交易，以港币标明面值。[①] 我国从1992年开始在上海、深圳证券交易所发行B股，规定只有境外的投资者才能购买。自2001年起，B股市场对境内居民个人开放。B股的"B"，仅相对于A股的"A"而言，无实际含义，区别于"H股""N股"等含义。境外上市外资股是指股份有限公司向境外投资者募集并在境外上市的以人民币标明面值，以外币认购的股份，一般以上市地的第一个字母来简称这些股票。H股（H-shares）指在内地设立的中国公司的股票，在香港联合交易所挂牌交易，因香港（Hong Kong）的英文首字母H而得名。N股（N-shares）是指在中国境外设立的中国公司的股票，在纽约证券交易所或纳斯达克挂牌交易，因纽约（New York）的英文首字母N而得名。

2. 全国股份转让系统挂牌的股票

全国中小企业股份转让系统（俗称"新三板"）是经国务院批准，依据证券法设立的继上交所、深交所之后的第三家全国性证券交易场所，也是我

[①] 朱伟一著：《证券法》，中国政法大学出版社2018年版，第70页。

国第一家公司制运营的证券交易场所。全国中小企业股份转让系统有限责任公司为其运营机构，为新三板市场提供场所和设施，组织新三板市场的具体运营，监督和管理新三板市场，于2013年1月16日正式揭牌运营，隶属于中国证券监督管理委员会（以下简称中国证监会），由中国证监会直接管理。①《全国中小企业股份转让系统有限责任公司管理暂行办法》第3条规定："股票在全国股份转让系统挂牌的公司（以下简称挂牌公司）为非上市公众公司，股东人数可以超过200人，接受中国证券监督管理委员会（以下简称中国证监会）的统一监督管理。"

3. 中国"老八股"

另外，我们常听说的中国"老八股"是指1990年沪市建市以后市场当中只有八只股票，包括：上海飞乐音响公司股票、上海飞乐股份有限公司股票、上海延中实业股份有限公司股票、上海爱使电子设备公司股票、浙江凤凰化工股份有限公司股票、上海申华电工联合公司股票、上海真空电子器件股份有限公司股票、上海豫园商场股份有限公司股票。其中，上海飞乐音响公司是我国第一个公募发行股票的股份有限公司。这八家公司开启了当代中国证券市场发展的先河。从"老八股"到数千家公司上市，证券市场对于我国经济和社会发展的影响力令人惊叹。

三、债券

（一）债券的概念及缘起

债券是指发行人为了募集资金，依照法定程序发行，向投资者出具的，承诺按照票面标明的金额、利率、偿还期限等给付利息并到期偿还本金的有价证券，是一种反映债权债务关系的法律凭证。通俗来说，债券就是政府或企业借钱给投资者，约定到期后还本付息的借条，给公司借债的这些人就是债权人，债权人不会参与到公司具体的经营决策中来。就证券法而言，债券发行主要是指公司债券的发行。

12世纪，在当时世界经济最发达的意大利城市佛罗伦萨，政府曾向金融业者及富商借债，典型的做法是将巨额债务切分成标准的小份，让老百姓也

---

① 全国中小企业股份转让系统官网：http://www.neeq.com.cn/company/introduce.html，最后访问日期：2023年5月31日。

能买得起，还有利息可赚，所以债券的销路非常好，其后威尼斯等城市相继仿效。威尼斯将这种新的金融创新扩散到了意大利其他地区，最终扩展到了欧洲的货币中心。伴随着这种扩散，人们也逐渐意识到，债券的本质是将时间货币化，时间是可以被定价的。债券是人类社会伟大的金融创新，它不仅使得人们从此能够筹集资金办大事，还让普通百姓多了一件投资挣钱的称心工具。

（二）债券的票面要素

从债券的票面来看，主要包括五个要素：第一个要素是债券的票面金额，包括面值和币种。票面金额代表投资者购买债券的本金数额，是到期偿还本金和计算利息的基本依据。第二个要素是债券的偿还期限及偿还方式，偿还期限是从发行当天起算，一直到本息付清的这一期间。偿还方式有很多，如到期偿还、期中偿还、展期偿还以及部分偿还、全额偿还、定时偿还和随时偿还等。第三个要素是票面利率，票面利率是指债券持有人每年获取的利息与债券票面金额的比率。票面利率有高有低，但都会在票面上标明。第四个要素是债券的付息方式，也就是利息支付的具体形式。这种付息方式有不同的类型，比如预付利息、定期利息，还有期满后一次性还本付息等。第五个要素是发行人的名称。也就是说，到底是政府债券还是金融债券或公司债券，一般都需要在债券的票面中标明。（如表 1.1 所示）

表 1.1　债券的票面要素

债券的票面金额（票面价值）	债券的偿还期限和偿还方式	票面利率	债券的付息方式	发行人的名称
·包括面值、币种 ·票面金额代表投资者购买债券的本金数额，是到期偿还本金和计算利息的基本依据	·偿还期限指从发行日起到本息偿清之日止的时间 ·偿还方式包括到期偿还、期中偿还和展期偿还、部分偿还、全额偿还、定时偿还和随时偿还等	·指债券持有人每年获取的利息与债券票面金额的比率	·指债券利息支付的具体形式。比如：预付利息、定期利息、期满后一次性还本付息等	·政府机构 ·金融机构 ·工商企业

（三）债券的基本特征

债券作为证券的一种，毫无疑问是具有有价证券一般特征的，如流动性、风险性和收益性。除此之外，债券还具有一些自身的特征。第一个特征是权利性，债券持有人可以享有利息请求权、偿还本金请求权、财产索取权等权利。第二个特征是有期限性，也就是说这种债权债务不是无限期的，而是有限期的。第三个特征是灵活性，债券的发行主体灵活多样，发行决策具有灵活性。第四个特征是稳定性，债券的收益和价格较其他证券品种而言均比较稳定。(见图 1.7) 此外，要注意发行公司债券的申请经国务院授权的部门核准后，应当公告募集办法。① 上市公司经股东大会决议，可发行可转换为股票的公司债券。②

1. 权利性	利息请求权、偿还本金请求权、财产索取权等
2. 有期限性	借贷关系是有期限的
3. 灵活性	债券的发行主体灵活多样，发行决策具有灵活性
4. 稳定性	债券的收益较为稳定，债券价格较其他证券品种而言也比较稳定

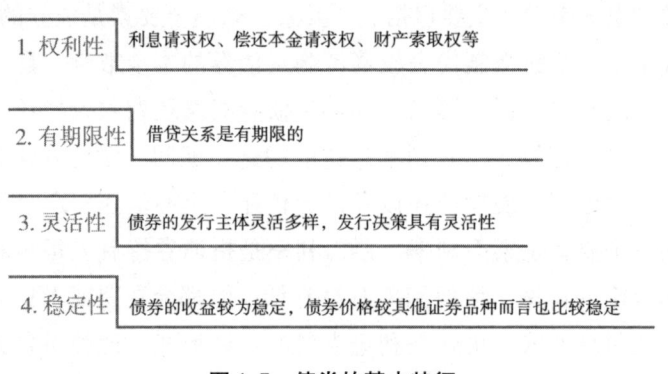

图 1.7 债券的基本特征

（四）债券的分类

1. 政府债券、中央银行票据、政府支持机构债券、金融债券、企业信用债券、资产支持证券和熊猫债券

按照发行主体的不同，可分为政府债券、中央银行票据、政府支持机构债券、金融债券、企业信用债券、资产支持证券和熊猫债券。③ 政府债券是指中央政府或地方政府为筹措财政资金，凭借其信誉按照一定程序向投资者出具的、承诺到期偿还本息的格式化债权债务凭证，有时也称政府证券。中央银行票据的发行主体是中国人民银行，是为了调解货币供应量面向商业银行发行的债务凭证。期限一般不超过一年，但是也有长达三年的品种。政府支

---

① 《公司法》第 154 条。
② 《公司法》第 161 条。
③ 中央结算公司：《中国债券市场概览（2021 年版）》第 3 页，http://www.ccdc.com.cn/ccdc/cn/business/c150471295/c150471502/c150481996/20220420/160071278.shtml，最后访问日期：2022 年 7 月 16 日。

持机构债券的发行主体是中央结算公司，主要在中央结算公司托管。具体又包括铁道债券和中央汇金债券。金融债券是指银行以及非银行金融机构发行的，约定在一定期限内还本付息的有价证券，具体包括政策性金融债券、商业银行债券及非银行金融债券。其中，非银行金融债券包括银行业金融机构发行的财务公司债券、金融租赁公司债券、证券公司债券、保险公司金融债和保险公司次级债。在国外，金融机构都是股份有限公司，它们所发行的债券均属于公司债券，因此没有金融债券一词。企业信用债券包括企业债券、非金融企业债务融资工具、公司债券、可转换公司债券和中小企业私募债券。其中，公司债券是上市公司或非上市公众公司为募集资金向社会发行，并承诺在一定时期按照规定的利率还本付息的债务凭证。资产支持证券包括信贷资产支持证券和企业资产支持证券。信贷资产支持证券的发行主体为特定目的信托受托机构，代表特定目的信托的信托收益权份额。企业资产支持证券的发行主体为券商，以券商集合理财计划形式出现，基础资产为信贷资产以外的其他资产、收费权等。熊猫债券是指境外机构在中国境内发行的人民币债券，包括主权类机构、国际开发机构、金融机构和非金融企业等。[1]（如图1.8所示）

---

[1] 中央结算公司：《中国债券市场概览（2021年版）》第3—6页，http：//www.ccdc.com.cn/ccdc/cn/business/c150471295/c150471502/c150481996/20220420/160071278.shtml，最后访问日期：2022年7月16日。

```
按发行主体分类
├── 政府债券
│   ├── 中央政府债券
│   └── 地方政府债券
├── 中央银行票据
├── 政府支持机构债券
│   ├── 铁道债券
│   └── 中央汇金债券
├── 金融债券
│   ├── 政策性金融债券
│   ├── 商业银行债券
│   └── 非银行金融债券
├── 企业信用债券
│   ├── 企业债券
│   ├── 非金融企业债务融资工具
│   ├── 公司债券
│   ├── 可转换公司债券
│   └── 中小企业私募债券
├── 资产支持证券
│   ├── 信贷资产支持证券
│   └── 企业资产支持证券
└── 熊猫债券
```

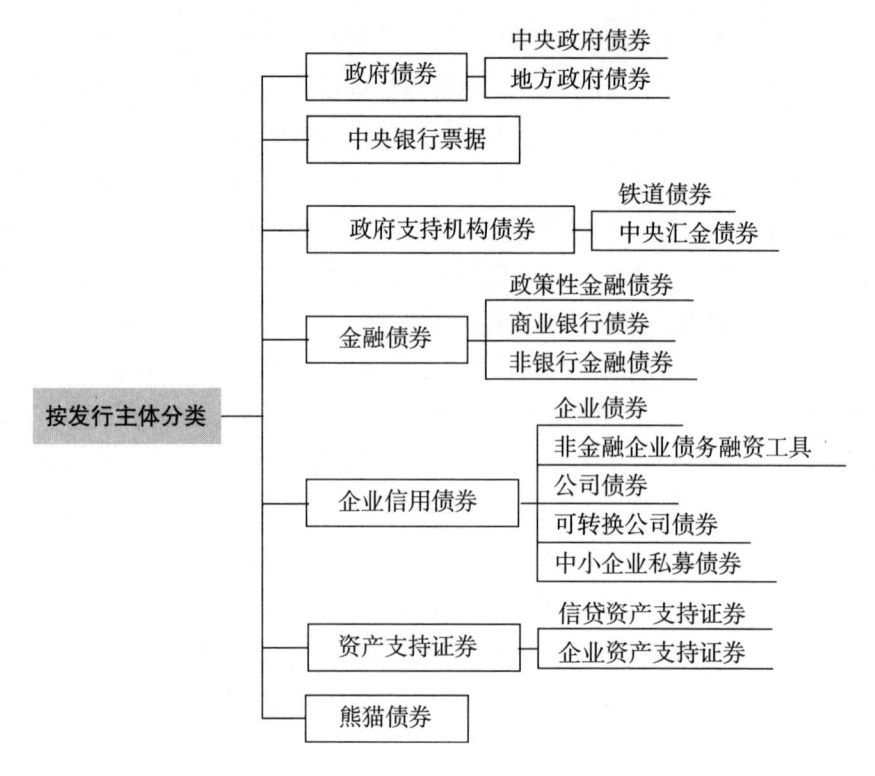

图 1.8 依据发行主体进行的债券分类

2. 公募债券和私募债券

按照发行方式的不同，可以分为公募债券和私募债券。公募债券是按照法定程序，经证券主管机构批准，在证券市场中公开发行的债券。而私募债券的募集对象则是特定的，是向特定少数的投资者发行的债券。

3. 短期债券、中期债券和长期债券

按照债券发行期限的长短，可分为短期债券、中期债券和长期债券。一般来说，短期债券的期限是在一年以内，中期债券的期限是在一年到十年，长期债券则是在十年以上。我国的债券期限标准与国际上有所不同，中期债券的偿还期限是一年到五年，而长期债券的偿还期限在五年以上。一般来说，时间一长就容易受到不确定因素的影响。所以，长期债券风险最大，收益最高；短期债券风险最小，收益也相对最低。

4. 单利债券、零息债券、附息债券、贴现债券与累进利率债券

按照利息的支付方式，可以把债券分为单利债券、零息债券、附息债券、贴现债券与累进利率债券。单利债券在计算利息时，仅按照本金计算利息，所生利息不再加入本金计算下期利息的债券。零息债券又称无息债券，期限超过一年，在存续期内不支付利息，低于面值折价发行，到期按照面值一次性偿还。附息债券是指债券券面上附有各种息票的债券，息票上标明了利息、支付利息的期限和债券号码等要素，包括固定利率附息债券和浮动利率附息债券。贴现债券是票面上不附息票，发行时按规定的贴现率以低于票面价值的价格发行，到期按券面价格一次性偿还本金的债券，其发行价格与券面价格的差价即利息，这个利息是提前支付的，期限在一年以内。累进利率债券是指根据实际债券持有期限的长短，执行不同的利率等级的债券，通常时间越长，利率越高。

5. 固定利率债券和浮动利率债券

按照利率是否固定，可以将债券分为固定利率债券和浮动利率债券。固定利率债券是在发行时已经明确了固定不变利率的债券。而浮动利率债券的利率是可以变动的，其和市场利率挂钩，一般高于市场利率一定的百分点。

6. 抵押债券和信用债券

按照有无抵押担保可将债券分为抵押债券和信用债券。抵押债券一般是以企业特定的财产作为抵押担保。而信用债券是凭借着企业的信用而发行的无抵押、无担保的债券。抵押债券的安全等级通常要高于信用债券，而信用债券的利率往往会高于抵押债券。

7. 记名债券和无记名债券

按照是否记名，债券可分为记名债券和无记名债券。

债券的上述七种分类方式可通过图1.9更清晰地呈现出来。

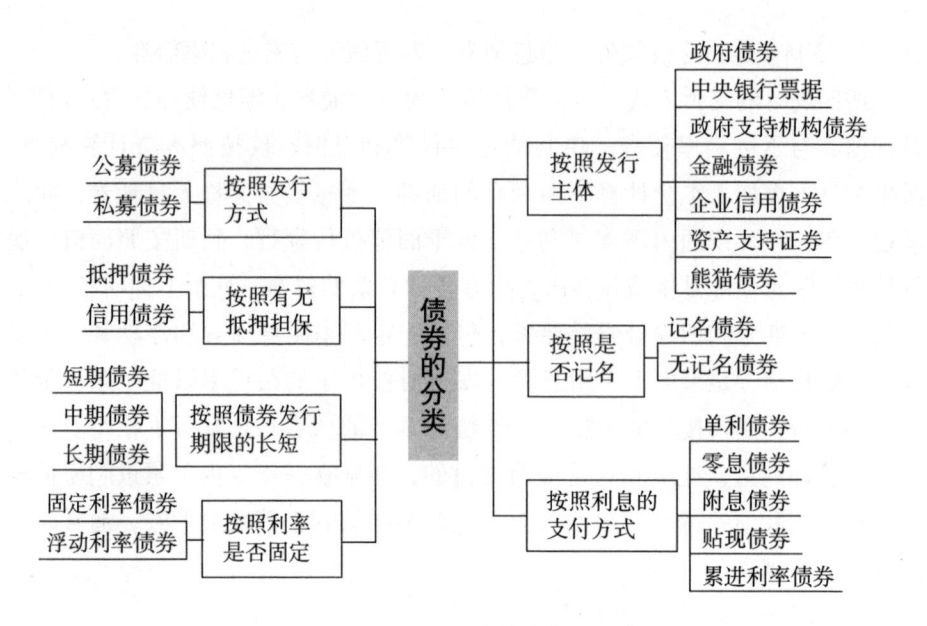

图 1.9　债券的分类

中央结算机构 2022 年债券业务统计分析报告显示，根据国债、地方政府债、政策性银行债、商业银行债券是 2022 年发行量最大的四类券种，占比分别为 39%、29%、21% 和 7%，合计达 96%。（如图 1.10 所示）

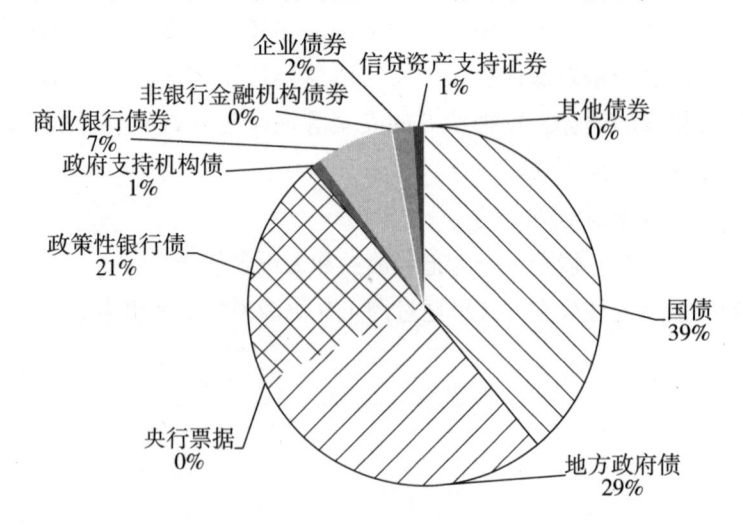

图 1.10　2022 年各券种发行占比①

---

① 中央结算公司：《2022 年债券业务统计分析报告》，载 https://www.chinabond.com.cn/resource/，最后访问日期：2023 年 7 月 16 日。

四、存托凭证

(一) 存托凭证的概念

存托凭证（Depository Receipts, DR）又叫存券收据或存股证，是指一国证券市场上发行和流通的代表境外公司有价证券的可转让凭证。存托凭证是由存托人签发，以境外证券为基础，在境内发行，代表境外基础证券权益的证券。存托凭证起源于美国证券市场，是20世纪20年代金融界为了方便美国人从事外国证券交易而设计的"替代证书"。[1] 存托凭证相当于托管股票的分身，每份存托凭证代表一定数量的基础股票。公众投资者通过认购存托凭证，相当于间接持有了托管股票，获得了托管股票的分红权等权利。在我国，存托凭证的发行和交易，主要适用《证券法》《关于开展创新企业境内发行股票或存托凭证试点的若干意见》及《存托凭证发行与交易管理办法（试行）》。

按其发行或交易地点之不同，存托凭证被冠以不同的名称，如美国存托凭证（American Depository Receipt, ADR）、欧洲存托凭证（European Depository Receipt, EDR）、全球存托凭证（Global Depository Receipts, GDR）、中国存托凭证（Chinese Depository Receipt, CDR）等。

中国存托凭证是指由存托人签发、以境外证券为基础在中国境内发行、代表境外基础证券权益的证券。[2] 具体就是指在境外上市的公司将部分已经发行上市的股票托管在当地保管银行，由中国境内的存托银行发行、在境内A股市场上市、以人民币交易结算、供国内投资者买卖的投资凭证，从而实现股票的异地买卖。中国存托凭证是在美国存托凭证的启发下推出的一个金融创新品种，只有注册地在中国境外的公司才能在国内发行中国存托凭证。

(二) 存托凭证发行的流程

存托凭证的发行有如下环节：发行人选择目标市场国家的存托银行，双方协商确定保管银行，发行人与存托银行签署存托协议，存托银行与保管银

---

[1] [美] 路易斯·罗思、乔尔·赛里格曼著：《美国证券监管法基础》，张路等译，法律出版社2008年版，第232页。

[2] 见《存托凭证发行与交易管理办法（试行）》第2条第1款。

行签署保管协议。按协议要求，发行人将新发行股票交保管银行保管。保管银行接管股票后，通知存托银行。存托银行发行相应的存托凭证，交承销商销售。承销商按照该国证券市场的规则销售交付存托凭证。

存托凭证的具体交易环节如下：投资者选择要投资的存托凭证，委托各自的证券经纪人进行交易；经纪商按照客户的指令进行交易；交易完成后存托银行对交易进行过户登记；存托凭证发行国的证券监管部门对整个交易过程和发行人进行监管；发行人和存托银行按照存托协议规定办理有关事项。（如图 1.11 所示）

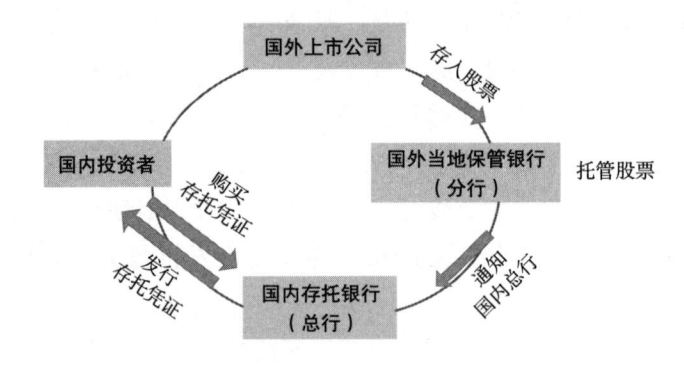

图 1.11 中国存托凭证发行流程

存托凭证相当于这些托管股票的分身。每份存托凭证均代表一定数量的基础股票。一份存托凭证可以对应一份股票，也可以自行决定对应任意数量的股票。国内投资者通过认购存托凭证，相当于间接持有了托管股票，获得了托管股票的分红权等权利。这样上市公司就实现了在 A 股上市募集资金的目的。中国存托凭证为境外有强烈的在中国内地融资需求的上市公司提供了融资渠道。同时，存托凭证丰富了证券品种，优化了投资者证券投资组合，加快了资本市场的国际化进程。

五、证券投资基金

（一）证券投资基金的概念及特点

证券投资基金本质上是证券组合，即由多种股票和债券集合而成。基金管理人按照确定的比例在市场上购买各种类型的证券，组合成基金。投资基金组成后，便将自身分成等额股份出售，每一股份代表对构成组合的所有证券的相等份额。① 所得的收益和风险，由投资者按照其出资比例分享或分担。简单来说，基金就是代人投资理财的工具。这种投资工具起源于1868年的英国，被称为单位信托投资基金，后来在美国得以发展，美国称其为共同基金，而日本把它称作证券投资信托基金。

投资基金有如下特点：集合投资、分散风险；专家管理；利益共享、风险共担。投资人把资金委托给基金公司，通过投资基金可以集合公众手中的闲散资金，基金管理人作为专业的投资决策团队对投资人的资金进行专业的管理，其选择适合的金融产品，通过购买各行各业的股票和债券来分散投资风险，最终基金公司与投资人共享收益，共担风险。

（二）投资基金的重要参与人及其关系

证券投资基金涉及几类重要的参与人，包括基金发起人、基金投资人、基金管理人以及基金托管人。基金发起人是发起设立基金的金融机构。基金投资人就是基金资产的购买者，其既是委托人又是受益人。基金管理人是负责基金的日常投资决策的专业团队。基金托管人通常由商业银行等金融机构承担，主要负责保管基金资产，监督基金管理人在基金投资运作中的各项环节及办理基金资产变动的有关事宜。

这些参与人之间的关系如图1.12所示。基金投资人将资金集中在基金管理人手中，基金管理人通过投资决策将资金投入适合的金融产品中，并将获得的收益分配给投资人。基金投资人也就是基金持有人，其与基金管理人之间是所有者和经营者的关系。基金投资人与基金托管人是委托人与受托人的关系。而基金管理人与基金托管人是经营与监管的关系。

---

① 朱锦清著：《证券法学（第五版）》，北京大学出版社2022年版，第18页。

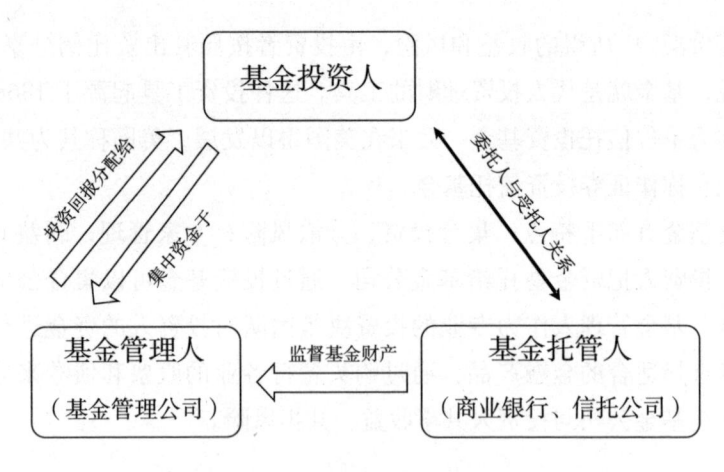

图 1.12　基金当事人之间的关系

（三）证券投资基金的分类

1. 债券基金、股票基金、货币基金、衍生证券投资基金

按照投资标的的不同，可以把基金分为债券基金、股票基金、货币基金、衍生证券投资基金等。债券基金的投资组合主要是以债券为主。同样，股票基金的投资组合是以股票为主。我国规定，如果80%以上的基金资产投资债券的话就是债券基金，如果60%以上的基金资产投资股票的话就是股票基金。货币基金是投资货币性金融资产的基金，其投资组合对象是货币市场工具，通常能获得相对稳定的收益。它的投资期限一般在一年以内，主要的对象包括银行短期存款、国库券、公司债券、银行承兑汇票以及商业票据等。还有一类是衍生证券投资基金，是基金管理公司在做组合的过程当中，选择的投资对象是衍生证券，包括以期货为主要投资组合的期货基金、以期权为主要投资组合的期权投资基金等。

2. 封闭式基金和开放式基金

按照能否赎回可以分为封闭式基金和开放式基金。封闭式基金是基金发起人在设立基金时，限定了发行总额，筹集到这个总额后，基金即宣告成立，并进行封闭，在一定时期内不再接受新的投资。因为在整个持有期内金额不再发生变动，一直是固定的，所以封闭式基金又被称为固定型投资基金。之后投资者如果买卖封闭式基金都必须通过券商，在二级市场当中进行竞价交易。开放式基金发行总额不固定，基金单位总数随时增减，投资者可以随时申购或赎回基金。

3. 契约型基金和公司型基金

按照设立方式的不同，可以分为契约型基金和公司型基金。契约型基金又称单位信托基金，它是投资人、管理人、托管人三者作为基金的当事人，通过签订一个基金契约，发行受益凭证的方式而设立的一种基金。公司型基金是以发行股份的方式来募集资金，投资者以认购基金份额的方式成为公司股东，凭借其所持有的基金股份，享有投资收益权及对公司经营的决策表决权等。

4. 成长型基金、收入型基金和平衡型基金

按照投资的目标可以分为成长型基金、收入型基金和平衡型基金。成长型基金追求的目标是基金资产的长期增值。为了达到这一目标，基金管理人通常将基金资产投资于信誉度较高、有长远前景的公司。收入型基金追求的目标是获取当下的最大收入，故主要投资于可带来现金收入的有价证券。平衡型基金是将资产分别投资于两种不同特性的证券，并在以取得收入为目的的债券及优先股和以资本增值为目的的普通股之间进行平衡。这种平衡型基金一般将25%—50%的资产投资于债券及优先股，其余的投资于普通股。

证券投资基金的上述四种分类方式，可通过图1.13更清晰地呈现出来。

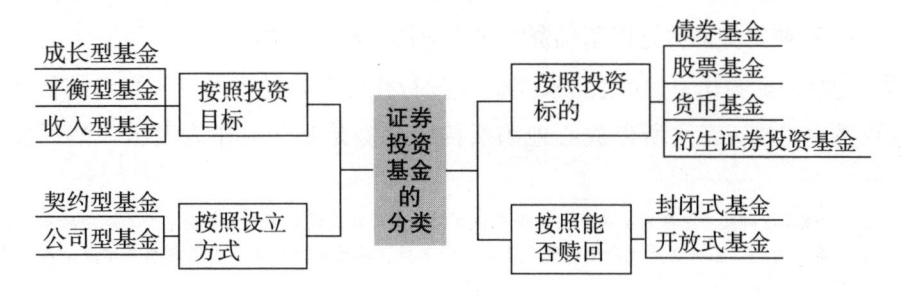

图1.13 证券投资基金的分类

六、资产支持证券

我国《证券法》在2019年修订时新增了资产支持证券这一证券品种，并规定其发行与交易的管理办法由国务院依照本法的原则规定。

（一）资产支持证券概述

资产支持证券即以"资产"来"支持"的证券，这里的"支持"实质上

是指证券发行和偿债的信用基础,是资产证券化的证券表现形式。① 资产证券化(Asset Backed Securitization, ABS)属于一种较为复杂的证券融资过程,通说认为,其是把缺乏流动性但具有未来稳定现金流收入的资产汇集起来,通过结构性重组和信用增级等措施,将其转变成可以在证券市场上发行和流通的证券,由此实现融资的过程。② 简单地说,就是将债券变为证券。

我国的资产证券化业务受到不同的监管部门主导,形成了三套资产证券化的操作模式。第一套是证监会主导的企业资产证券化模式,其基础财产范围包括了证券公司、基金公司等发行的企业资产,且不属于负面清单的范畴③。基础资产是指符合法律法规规定,权属明确,可以产生独立、可预测的现金流且可特定化的财产权利或财产。第二套是中国人民银行、银保监会主导的信贷资产证券化模式,基础财产的范围主要是商业银行、小贷公司等金融机构发起的信贷资产。第三套是银行间市场交易商协会主导的资产支持票据模式,这一模式的基础资产范围包括非金融企业发起的公共事业收费权、保障房住房租金收入等。④

(二) 资产支持证券的特征

1. 资产支持证券是以基础资产作为信用基础的证券

传统的证券化,如股票、债券,其发行往往是依托于发行人自身的信用,也就是说,投资者之所以放心地购买传统债券是基于对作为发行人的国家、

---

① 《证券公司及基金管理公司子公司资产证券化业务管理规定》第 2 条规定:"本规定所称资产证券化业务,是指以基础资产所产生的现金流为偿付支持,通过结构化等方式进行信用增级,在此基础上发行资产支持证券的业务活动。"

② 周友苏主编:《证券法新论》,法律出版社 2020 年版,第 86 页。

③ 《资产证券化业务基础资产负面清单指引》中列举的负面清单上的资产包括:①以地方政府为直接或间接债务人的基础资产。但地方政府按照事先公开的收益约定规则,在政府与社会资本合作模式(PPP)下应当支付或承担的财政补贴除外。②以地方融资平台公司为债务人的基础资产。此类公司是由地方政府及其部门和机构等通过财政拨款或注入土地、股权等资产设立,承担政府投资项目融资功能,并拥有独立法人资格的经济实体。③矿产资源开采收益权、土地出让收益权等产生现金流的能力具有较大不确定性的资产。④有下列情形之一的与不动产相关的基础资产:因空置等原因不能产生稳定现金流的不动产租金债权;待开发或在建占比超过 10% 的基础设施、商业物业、居民住宅等不动产或相关不动产收益权。当地政府证明已列入国家保障房计划并已开工建设的项目除外。⑤不能直接产生现金流、仅依托处置资产才能产生现金流的基础资产。如提单、仓单、产权证书等具有物权属性的权利凭证。⑥法律界定及业务形态属于不同类型且缺乏相关性的资产组合,如基础资产中包含企业应收账款、高速公路收费权等两种或两种以上不同类型资产。⑦违反相关法律法规或政策规定的资产。⑧最终投资标的为上述资产的信托计划受益权等基础资产。

④ 邢会强主编:《证券法学》,中国人民大学出版社 2019 年版,第 51 页。

银行或公司自身偿债能力的信任；与此不同，资产支持证券的特点则是体现在其以"基础资产"作为信用基础。换言之，投资者是基于对"支持"该证券的"资产"的信任而购买资产支持证券，也就是说资产证券化产品的风险大小取决于其"基础资产"的质量。基础资产是指符合相关法律法规的规定、权属明确，可以产生独立、可预测的现金流且可特定化的财产权利或财产。[1]

2. 资产支持证券的参与主体多元化

资产证券化本身就是一个由多元主体参与其中的融资过程，资产支持证券作为其证券形式，也具有这一特点。多元参与主体包括原始权益人、特殊目的载体、管理人、托管人、证券持有人以及中介服务机构。特殊目的载体是其中最具有特色的参与主体，也可以理解为资产支持证券所依托的专项计划资产及其管理人。

3. 资产支持证券具有复杂的融资结构

资产支持证券的融资结构不仅包括资产支持证券中体现的信托原理，还包括资产支持证券的操作过程涉及的一系列环节：第一是基础资产的选择环节，即选择未来具有持续稳定现金流的财产作为基础资产。第二是资产转移环节，即由原始权益人将基础资产转移或出售给特殊目的载体，由托管人保管并使之成为独立的信托资产。第三是信用增级环节，即通过内部增信措施和第三人提供担保等外部增信措施，来提升产品的信用级别。第四是发行证券环节，即按照证券发行程序向合格投资者发行资产支持证券来获得融资。第五是支付对价环节，即以融资支付原始权益人出售基础资产的对价或以信托资产产生的收益向投资者支付证券本息。

（三）资产支持证券的分类

以基础资产为标准，资产支持证券可以划分为企业资产支持证券、信贷资产支持证券、资产支持票据和保险资产管理公司项目资产支持计划四类，由于后两类规模很小，且根据我国《证券法》，票据和保险项目资产支持计划并没有被界定为证券，涉及资产支持证券时通常不考虑后两者。[2] 企业资产支持证券的基础资产可以是企业应收款、租赁债权、信贷资产、信托受益权等财产权利，基础设施、商业物业等不动产财产或不动产收益权，以及中国证监会认可的其他财产或财产权利。信贷资产支持证券的基础资产可以为国家

---

[1] 朱伟一著：《证券法》，中国政法大学出版社2018年版，第142页。
[2] 朱伟一著：《证券法》，中国政法大学出版社2018年版，第143页。

重大基础设施项目贷款、涉农贷款、中小企业贷款、节能减排贷款、汽车贷款等多元化信贷资产。

（四）资产支持证券的功能

资产证券化对基础资产一系列的结构性重组，其实质就是对于基础资产的收益与风险进行重新分配。从原始权益人角度来看，通过出售将基础资产提前变现，也意味着将自身未来可能获得的收益和可能承担的风险一并转让；从投资者角度而言，其通过购买资产支持证券，在可能获得证券收益的同时也承担了本息损失的投资风险；而从管理人、托管人以及中介服务机构角度出发，其在获得相应收益的同时，必须履行法定和约定的义务并承担相应的风险。正是因为资产证券化具有将资产未来收益提前变现与提高资产运行效率的双重功能，才使得资产证券化逐渐成为企业融资的常用方式之一。

七、资产管理产品

资产管理产品与资产支持证券是我国《证券法》上并列的证券品种，其设计和运作都体现了信托原理并受信托法律关系的约束，并且都具有集合资金信托的性质。二者的区别主要体现在参与主体、法律关系以及收益来源上。资产支持证券涉及多元主体和法律关系，包括原始权益人、特定目的载体、管理人、托管人、投资者，法律关系较为复杂，持有人的收益源于基础资产的稳定现金流；资产管理产品所涉及的主体和法律关系则相对简单，投资者与金融机构形成委托理财法律关系，持有人的收益来自资管产品集合资产对外投资所获得的收益。[①] 我国《证券法》在 2019 年修订时新增了资产管理产品这一证券品种，并规定其发行与交易的管理办法由国务院依照本法的原则规定。2018 年 4 月 28 日，中国人民银行、中国银行保险监督管理委员会、中国证监会、国家外汇管理局联合印发《关于规范金融机构资产管理业务的指导意见》（银发〔2008〕106 号），是规范资产管理业务的重要依据。

（一）资产管理产品的定义

资产管理产品，是指银行等金融机构向公众投资者或特定的合格投资者

---

① 周友苏主编：《证券法新论》，法律出版社 2020 年版，第 92 页。

募集资金并受托担任其资产管理人，在托管人独立托管下，为资产委托人的利益，运用委托财产进行投资的一种标准化的证券产品。[1] 资产管理产品在英国被称为单位信托，在美国被称为共同基金，国际证监会组织称之为"集合投资计划"。并不是所有的资产管理产品都属于证券。"定向资产管理产品"或"单一资产管理产品"的份额如果可以拆分转让，则属于证券；反之，则不属于证券。[2]《关于规范金融机构资产管理业务的指导意见》规定资产管理业务是指银行、信托、证券、基金、期货、保险资产管理机构、金融资产投资公司等金融机构接受投资者委托，对受托的投资者财产进行投资和管理的金融产品。资产管理产品包括但不限于人民币或外币形式的银行非保本理财产品，资金信托、证券公司、证券公司子公司、基金管理公司、基金管理子公司、期货公司、期货公司子公司、保险资产管理机构、金融资产投资公司发行的资产管理产品等。[3]

（二）资产管理产品的特征

1. 资产管理产品具有委托理财的属性

一方面，从资产管理产品的参与主体角度出发，金融机构接受投资者委托，对投资者的资产进行投资和管理，投资者和金融机构之间构成委托法律关系主体。其中，投资者包括不特定的社会公众和特定的合格投资者；金融机构包括银行、证券公司、基金管理公司、期货公司、保险资产管理机构、金融资产投资公司等。[4] 另一方面，从委托理财的过程来看，包括融资和投资两个环节，融资环节是金融机构采取公募或私募方式向投资者募集资金和投资者购买资管产品；投资环节则是金融机构作为募集资金的管理人以募集资金对外投资并收取管理费用，金融机构应当加强投资者教育，不断提高投资者的金融知识水平和风险意识，向投资者传递"卖者尽责、买者自负"的理念，打破刚性兑付。

2. 资产管理产品有严格的规制条件

资产管理产品在融资对象和投资范围两方面有严格的规制条件。根据《关于规范金融机构资产管理业务的指导意见》的有关规定，一方面，就融资

---

[1] 周友苏主编：《证券法新论》，法律出版社2020年版，第89页。
[2] 邢会强：《我国〈证券法〉上证券概念的扩大及其边界》，载《中国法学》2019年第1期。
[3]《关于规范金融机构资产管理业务的指导意见》第3条。
[4] 周友苏主编：《证券法新论》，法律出版社2020年版，第90页。

对象而言，公募资管产品执行我国《证券法》公开发行的认定标准，私募资管产品只能向合格投资者发行。合格投资者是指具备相应风险识别能力和风险承担能力，投资于单只资产管理产品不低于一定金额且符合一定条件的自然人和法人或者其他组织。金融机构发行和销售资产管理产品，应当坚持"了解产品"和"了解客户"的经营理念，加强投资者适当性管理，向投资者销售与其风险识别能力和风险承担能力相适应的资产管理产品。禁止欺诈或者误导投资者购买与其风险承担能力不匹配的资产管理产品。另一方面，就投资范围而言，其募集资金仅限于投资股票、债券，以及未上市企业股权、存款、商品及金融衍生品等。①

3. 资产管理产品具有信托产品的属性

投资者将自己合法拥有的资产委托给金融机构进行集合投资管理，集合理财资金转化为信托财产，独立于作为管理人和托管人的金融机构的自有资产，集合投资的受益人和风险承担者均为投资者。我国证券法学界也有观点认为，资产管理产品的金融产品性质是证券，而其法律关系则是信托。

4. 资产管理产品可以在证券交易场所流通

资管产品发行人属于银保监会监管，目前多数还不能挂牌转让交易，其流通性明显低于金融债券。但从目前实践情况来看，受中国证监会监管的证券公司、基金公司的资管产品，不少已经在沪、深两家证券交易所转让交易。证券公司的资管产品在证券交易所进行证券交易的，应当通过专用交易单元进行；在交易所以外进行交易的，应当遵守相关管理规定。不在证券交易场所转让交易的资管产品其发行申购在金融机构与投资者之间进行，产品到期后委托合同终止，投资者按照持有份额分配收益或承担亏损；一些理财产品在委托合同中也有关于赎回的约定，投资者可以在产品到期前通过赎回机制退出。②

资产管理产品的上述特征，可以用图 1.14 来呈现：

---

① 周友苏主编：《证券法新论》，法律出版社 2020 年版，第 91 页。
② 周友苏主编：《证券法新论》，法律出版社 2020 年版，第 90—91 页。

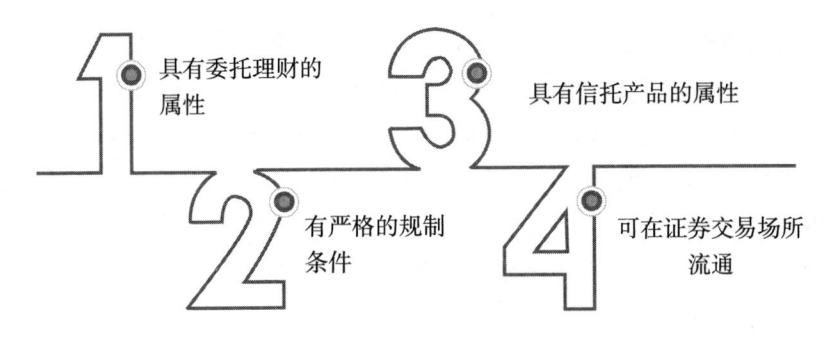

图 1.14　资产管理产品的特征

（三）资产管理产品的分类

1. 按照募集方式不同可分为公募产品和私募产品

公募产品是面向不特定的社会公众公开发行的产品，私募产品是面向合格投资者通过非公开方式发行的产品。

2. 按照投资性质的不同，可分为固定收益类产品、权益类产品、商品及金融衍生品类产品和混合类产品

固定收益类产品投资于存款、债券等债权类资产的比例不低于80%；权益类产品投资于股票、未上市企业股权等权益类资产的比例不低于80%；商品及金融衍生品类产品投资于商品及金融衍生品的比例不低于80%；混合类产品投资于债权类资产、权益类资产、商品及金融衍生品类资产且任一资产的投资比例未达到前三类产品标准。[①]

八、瑞幸咖啡案对域外管辖条款适用的启示

（一）基本案情

瑞幸咖啡是我国新型零售咖啡的代表品牌，截至2022年6月，瑞幸咖啡全国门店数已突破7000家，结合无人咖啡机"瑞即购"，为顾客提供高品质、高性价比、高便利性的服务。瑞幸咖啡注册地在开曼群岛，经中国境外监管机构注册发行证券并于2019年在美国纳斯达克股票市场上市。

2020年伊始，浑水公司发表声明称，收到一份匿名做空报告，认为瑞幸

---

① 《关于规范金融机构资产管理业务的指导意见》第4条。

咖啡在经营数据等方面存在作假和欺诈行为。这份声明一经发出，掀起了轩然大波。2月3日，瑞幸咖啡否认浑水公司所有指控。浑水公司公开发布了瑞幸咖啡数据造假报告，披露瑞幸咖啡造假数据，指出瑞幸咖啡大幅夸大了门店商品的销售数量，将2019年第三季度和第四季度每店每日的商品销量至少夸大了69%和88%。①

2020年4月，瑞幸咖啡曝光自己进行财务造假，在2019年的后三个季度虚增了22亿元的收入，虚增金额的比重占到收入总额的百分之四十多。瑞幸咖啡股价随之暴跌，美股盘前一度跌超80%。开盘后，瑞幸咖啡股价就触发熔断机制，在20分钟内连续三次触发熔断。瑞幸咖啡共计在盘中六次暂停交易，跌幅达68%。截止到4月2日收盘，股价报收6.40美元，股价跌幅达75%。瑞幸咖啡针对自身犯下的错误发表了公开的道歉声明，称涉及此次事件的公司管理层和员工都已经被停职，接受调查，瑞幸咖啡内部组织成立了特别委员会，对此次事件进行自查，同时还委托了第三方独立机构，对此次事件进行全面、彻底的调查。美国证券交易委员会对瑞幸咖啡提起了诉讼，这一诉讼最后以瑞幸咖啡同意向美国证券交易委员会支付1.8亿美元的罚款而达成和解协议告终。

（二）案件意义

中国证监会高度关注瑞幸咖啡财务造假事件，对该公司财务造假行为表示强烈的谴责。不管在何地上市，上市公司都应当严格遵守相关市场的法律和规则，真实、准确、完整地履行信息披露义务。瑞幸咖啡的虚假陈述行为除了涉及中美两国证券法上刑事、行政和民事法律责任的认定问题外，还对做空机制下虚假陈述揭露日的认定、证券服务机构的民事法律责任认定，以及我国证券法域外管辖条款的适用标准有重要的现实意义。

我国《证券法》第2条第4款规定了有限度的域外管辖条款，规定境外证券具体指境外的证券发行和交易活动，扰乱境内市场秩序，损害境内投资者合法权益的，依照本法追究法律责任。从这一条文可以看出，所有境外的证券发行和交易行为只有在"扰乱中华人民共和国境内市场秩序""损害境内投资者权益"的情况下，才有可能受到中国法律的约束。瑞幸咖啡公司作为一家注册地在开曼群岛的公司，证券发行、交易等行为又均发生在美国，国

---

① 《证监会：高度关注瑞幸咖啡财务造假事件对造假行为表示强烈谴责》，http://www.caijingshuju.com/stock/03400.html，最后访问日期：2022年8月25日。

内投资者事实上缺乏直接投资于瑞幸咖啡证券的渠道，鲜有中国境内投资者会因美国证券市场上的虚假陈述行为而遭受损失，更遑论所谓扰乱境内市场秩序，二者之间缺乏足够坚实的因果联系。美国证券交易委员会（SEC）和部分法院已经开始对瑞幸咖啡事件进行处理，故无论是基于礼让原则、避免管辖权冲突，还是防止过度浪费司法和执法资源，国内法院都不宜轻易受理发生在境外、缺乏实质性关联的证券虚假陈述案件。[①] 中国证监会将遵循域外管辖的原则，按照国际证券监管合作的有关安排，依法对相关情况进行核查，坚决打击证券欺诈行为，切实保护投资者权益。

九、豪威案对定义证券的启示

上文中我们具体地了解了股票、债券、投资基金、存托凭证、资产支持证券和资产管理产品这几种证券品种。下面，我们通过美国证监会诉豪威公司案之经典案例再来了解一种虽无证券之名但有证券之实的"证券"，以加深对证券法上的证券概念的理解。

（一）基本案情[②]

1. 案件事实

本案的原告是美国证监会，被告是豪威公司以及豪威山地服务公司（以下简称"山地公司"）。两被告公司位于佛罗里达州，处于同一母公司的直接管理和控制下。豪威公司在佛罗里达州莱克县拥有大片的柑橘种植地。在过去的几年里，它每年种植约500英亩，自己保留一半的果园，并将另一半提供给公众，"以帮助公司的发展提供资金"。山地公司是一家服务公司，负责这些小树林的种植和开发，包括作物的收获和销售。每个潜在的客户都被豪威公司告知，除非做出服务安排，否则单独购买一个小树林是不可行的，因此，购买者需要同时签订两份合同，一份是与豪威公司的土地销售合同，一份是与山地公司的服务合同。虽然购买者可以自由地选择与其他服务公司签订服务合同，但豪威公司强调山地公司服务的明显优越性。所以，截至1943年5月31日的3年期间，85%的销售面积均是由购买者与山地公司签订的服务合同所涵盖。

[①] 李有星、潘政：《瑞幸咖啡虚假陈述案法律适用探讨——以中美证券法比较为视角》，载《法律适用》2020年第9期。

[②] 根据SEC v. W. J. Howey Co., 328 U.S. 293 (1946) 判决书内容整理案件事实及法院观点。

与豪威公司签订的土地销售合同规定了每英亩的统一购买价格,其金额仅根据特定地块种植柑橘树的年限而有所不同。在全额支付购买价格后,土地的所有权将通过契约转移给购买者。橘林被分为长条状的地块出售,一英亩地由一排48棵树组成。在1941年2月1日至1943年5月31日期间,有42名购买者。其中,有31人人均购买的土地不到5英亩,这31人的平均持有量为1.33英亩,销售量低至0.65英亩、0.7英亩和0.73英亩。这些土地没有单独的围栏分开,分别所有权的唯一标志是小的土地标记,只有通过书面记录才能了解。

本案所涉及的服务合同为10年期,且不可解除。按照合同的约定,山地公司享有租赁权益以及对土地拥有"充分而完整"的占有权利。购买者需要支付一定的费用以及人工与材料成本,而山地公司对于橘林的耕作、收割和果实的销售具有完全的自主决定权。山地公司在柑橘业务方面有很好的基础,拥有大量的技术人员和大量的设备,包括75台拖拉机、喷雾器车、肥料车等。未经山地公司同意,土地所有者无权对果实进行销售。所有果实的销售都是由山地公司以自己的名义进行。因此,本案的购买者通常不享有对特定果实的权利,只能获得山地公司根据采摘时确认的果实数量所分配的净利润。

大多数购买者都不是佛罗里达州的居民。这些购买者中的许多人都是豪威公司在毗邻丛林的风景区拥有和经营的度假酒店的顾客,缺乏照料和栽培柑橘树所需的知识、技能和设备。酒店的广告中提到了附近的优质丛林,顾客在被陪同参观周围的乡村时,注意力被吸引到丛林。他们被告知,这些树林是要出售的。他们被可观的利润预期所吸引。例如,据说1943—1944年季节的利润达到20%,1944—1945年季节可能会有更大的利润。

原告认为,本案被告公司从事了跨州证券交易活动而没有进行注册,因此将两公司诉至法院,要求禁止两公司进行未注册的跨州证券交易。被告承认,其在土地销售合同和服务合同的签订中运用邮件和债券进行了跨州交易,但是并没有按照《1933年证券法》的规定向美国证监会登记注册。

2. 法院的观点

本案的初审法院和二审法院认为被告两公司的行为并不属于出售证券,认为该交易就是普通的不动产买卖,外加由卖方代替买方管理财产的协议安排,本案涉及的交易并不构成投资合同。没有支持美国证监会的请求。因此,美国证监会上诉至联邦最高法院。

美国最高法院认为,《1933年证券法》第2条第1款规定的证券,既包括了一般意义上用于投资的证券，比如股票、债券，也包括了多种非标准的证券，比如条文中规定的"收益证明或参与收益共享安排的证明""投资合同"以及"一般而言，被普遍认为是证券的所有收益或工具"。美国最高法院认为，在《1933年证券法》下，投资合同是指在一项合同、交易或者安排中，投资者将金钱投入一项共同事业，并期待仅仅通过项目发起人或者第三人的努力获得收益。如何证明投资者所占的份额在这里并不重要，正式的证明、乃至共同事业所使用的有形资产所产生的名义收益都可以作为份额的证明。

本案中，被告公司提供的实质上是一个机会，即提供给购买者一个投入金钱即可共享由被告拥有和管理的果树种植事业收益的机会。他们提供的机会是给那些居住在遥远的地方，缺乏种植、收获和销售柑橘产品所需的设备和经验的人。这些人并不希望占用土地或自己开发土地，他们只是被投资回报的前景所吸引。事实上，由于土地面积小，个人开发所提供和出售的土地在经济上很少是可行的。这些土地只有在作为一个大区域的组成部分进行种植和开发时，才能作为柑橘园获得效用。因此，如果投资者要实现其投资回报的首要目标，就必须有一个由被告或第三方管理、拥有足够人员和设备的共同企业。他们各自在这个企业中的份额由土地销售合同和担保契约来证明，这也是确定投资者可分配利润份额的便捷方法。相比上述具有投资性质的行为，土地所有权的转移实际上是附属性的。

因此，认定投资合同的所有要素在本案中都被满足了。本案中投资者提供资本并期待获得收益和利润；发起人对共同事业进行管理、控制和经营。由此可见，使投资者的利益得到体现的安排涉及投资合同，而不论该合同所适用的法律术语如何。在本案中，土地销售合同、担保契据以及被告提供给投资者的服务合同共同构成了一份投资合同。被告在进行销售时未遵守相关的法律法规进行注册与登记，不能得到法律的支持。

（二）法律问题

本案提出的法律问题是案件中的土地销售合同、担保契据和服务合同是否共同构成了美国《证券法》第2条第1款规定的投资合同。如果构成投资合同，被告就应该按照《证券法》第5条（a）款的规定向美国证监会履行注册程序。

（三）案件意义

美国证监会诉豪威公司案中，美国最高法院总结了各州和下级联邦法院之前的认定标准,提出了认定投资合同的四个标准,即"豪威规则"。豪威规则的几个关键要素有:金钱投资、投资于共同事业、投资人希望获得收益、完全依赖他人的努力获得收益。认定投资合同的"豪威规则"体现的不是僵化的原则,而是灵活的标准,使得为满足融资需求而设计的多种复杂的合同安排也可以得到证券法的规制。这种认定方式关注的不是相关产品和安排的名称,而是其本质上是否带有证券的性质。通过这则经典案例,我们也可以尝试着概括一下证券的本质:证券是因投资于一项共同的风险事业而取得的主要通过他人的努力而盈利的权益(凭证)。[1] 本案提出的"豪威规则"运用到我国的实践中,可以发现当前我国市场上存在的众多投资理财产品也都满足投资合同的要件,带有证券性质。比如金融衍生产品、金融理财产品、托管造林、有限合伙是其中的典型例子。将这些投资理财产品认定为证券,有利于司法实践中投资者保护问题的解决。[2]

第二节 证券市场概论

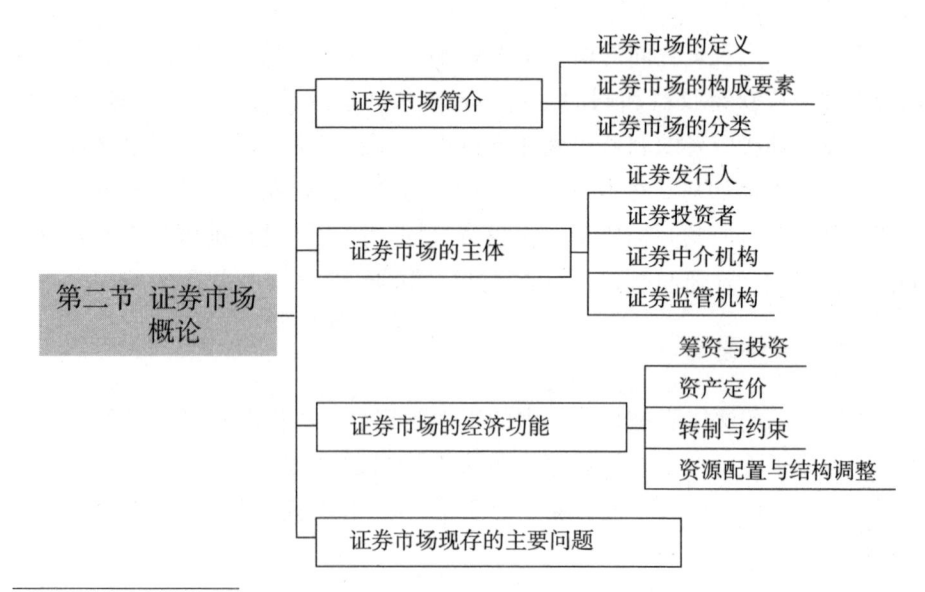

本节思维导图

```
                                    ┌── 证券市场的定义
                    ┌── 证券市场简介 ──┼── 证券市场的构成要素
                    │                 └── 证券市场的分类
                    │
                    │                 ┌── 证券发行人
                    │                 ├── 证券投资者
                    ├── 证券市场的主体 ─┤
第二节 证券市场       │                 ├── 证券中介机构
   概论             │                 └── 证券监管机构
                    │
                    │                 ┌── 筹资与投资
                    │                 ├── 资产定价
                    ├── 证券市场的经济功能┤
                    │                 ├── 转制与约束
                    │                 └── 资源配置与结构调整
                    │
                    └── 证券市场现存的主要问题
```

---

[1] 朱锦清著:《证券法学(第五版)》,北京大学出版社2022年版,第62页。
[2] 马其家、王淼:《美国证券法上投资合同的司法认定标准及启示——"美国证监会诉豪威公司案"评析》,载《法律适用》2018年第6期。

一、证券市场简介

（一）证券市场的定义

证券市场指证券发行市场与流通市场的总和，是连接筹资者和投资者的桥梁。证券市场包括主体、客体和场所三大要素。主体又分为发行主体、交易主体、服务主体、监管机构等，本书后面会专章阐述证券市场中的主体。客体包括股票、债券、投资基金份额、存托凭证等，前文均已经涉及。交易场所则分为场内交易场所和场外交易场所。

根据市场所处的阶段和任务不同，证券市场可分为发行市场与交易市场，也就是我们常常听到的一级市场与二级市场。一级市场的主要功能是吸收社会闲散资金提供给证券发行人，使之转化为生产资本。二级市场是让已发行的证券通过买卖交易实现流通转让，一方面使证券出让者可随时出售其证券，以获得所需资金；另一方面使证券购买者可随时购入证券，以充分利用其所持资金。（如图 1.15 所示）

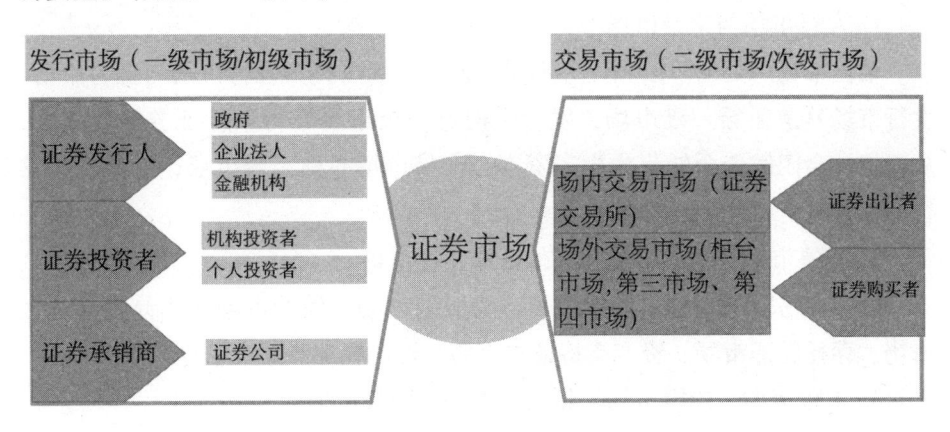

图 1.15 一级市场与二级市场

（二）证券市场的构成要素

证券市场有三个构成要素，分别为证券市场主体、证券商品和交易场所。其中，证券市场主体包括发行主体、交易主体、服务主体与监管机构；证券商品包括股票、公司债券、政府债券、投资基金券、各种金融衍生工具等；交易场所则包括场内交易与场外交易。（如表 1.2 所示）

表 1.2　证券市场三大构成要素

证券市场主体	证券商品	交易场所
发行主体	股票	场内交易、场外交易
交易主体	公司债券政府债券	
服务主体	投资基金券	
监管机构	各种金融衍生工具等	

发行市场中涉及的主体包括证券发行人、证券投资者与证券承销商。交易市场中的主体是证券出让者与证券购买者。交易市场根据市场组织形式的不同，还分为场内交易市场和场外交易市场。场内交易市场就是有固定场所的证券交易所，它是依据有关法律，经政府证券主管机构批准设立的证券集中竞价交易的有形场所。而在证券交易所外进行证券交易的无形市场就是场外交易市场，其中最主要的场外交易市场是在证券公司专设的证券柜台进行的交易，被称为柜台市场，也叫作店头市场。

（三）证券市场的分类

1. 发行市场与交易市场

根据市场所处的阶段和任务不同，证券市场可分为发行市场与交易市场。发行市场就是证券一级市场，发行人通过一级市场发行各种证券筹集资金，从而把社会闲散资金转化为生产资本。交易市场亦称二级市场，是将已经发行的证券进行转让和买卖的市场。

2. 股票市场、债券市场和其他证券品种市场

按照交易对象划分，证券市场分为股票市场、债券市场、证券投资基金市场、存托凭证市场、资产支持证券市场、资产管理产品市场等。

3. 主板市场、二板市场、新三板市场和四板市场

主板市场就是一个国家或地区证券发行、上市及交易的主要场所，也被称作一板市场。而二板市场又称创业板及科创板市场，其专为达不到普通证券交易所上市条件的中小型创业企业提供股权流通的场所。一板、二板、新三板以及四板市场组成了我国多层次资本市场体系，具体将在本书第三章"证券交易"中进行介绍。

证券市场的上述三类方式，可以通过图 1.16 更清晰地呈现出来。

```
                          ┌── 发行市场
              ┌─ 按照职能划分 ─┤
              │             └── 交易市场
              │
              │             ┌── 股票市场
              │             ├── 债券市场
              │             ├── 证券投资基金市场
证券市场的分类 ─┼─ 按照交易对象划分 ┼── 存托凭证市场
              │             ├── 资产支持证券市场
              │             └── 资产管理产品市场
              │
              │             ┌── 主板市场
              │             ├── 二板市场（创业板市场）
              └─ 按照上市条件划分 ┤
                            ├── 新三板市场
                            └── 四板市场
```

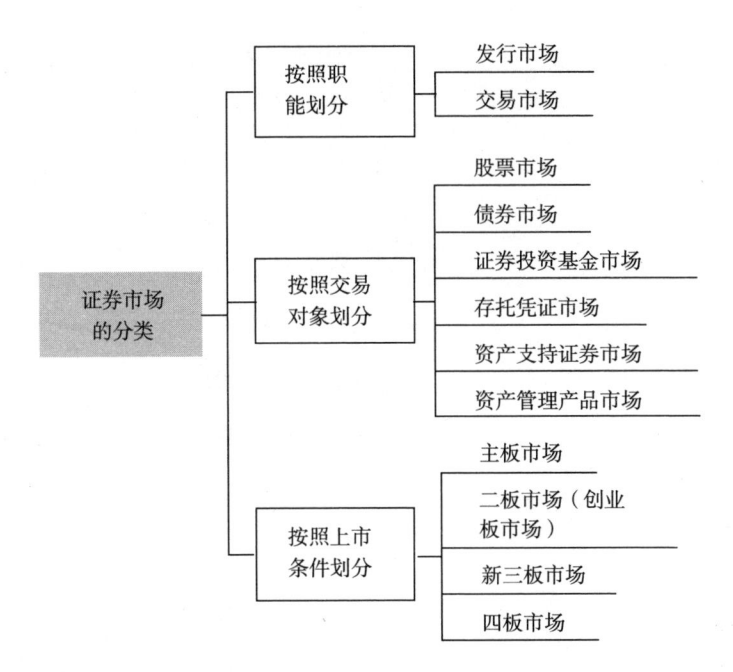

图 1.16 证券市场的分类

二、证券市场的主体

证券市场的主体主要有四类。第一类主体为证券发行人，政府、金融机构、股份有限公司均可以成为有价证券的发行人。第二类主体是证券市场的资金供给者即证券投资者，包括个人投资者与机构投资者。第三类主体是为证券的发行与交易提供服务的证券中介机构，它是连接融资者和投资者的桥梁，包括证券公司和证券交易服务机构。第四类主体是证券监管机构，监管机构既包括对全国证券市场实行集中统一监管的国务院证券监督管理机构，也包括实行自律性监管的行业自律机构，比如证券交易场所、证券业协会及上市公司协会自律性组织。从广义上讲，自律性机构也包括投资者保护机构和证券登记结算机构。（如图 1.17 所示）

```
证券市场主体
├── 证券投资者
│   ├── 个人投资者
│   └── 机构投资者
├── 证券发行人
│   ├── 政府
│   ├── 金融机构
│   └── 股份有限公司
├── 证券中介机构
│   ├── 证券公司
│   └── 证券交易服务机构
└── 证券监管机构
    ├── 国务院证券监督管理机构
    └── 行业自律机构
        ├── 证券交易场所
        ├── 证券业协会
        ├── 上市公司协会
        ├── 投资者保护机构
        └── 证券登记结算机构
```

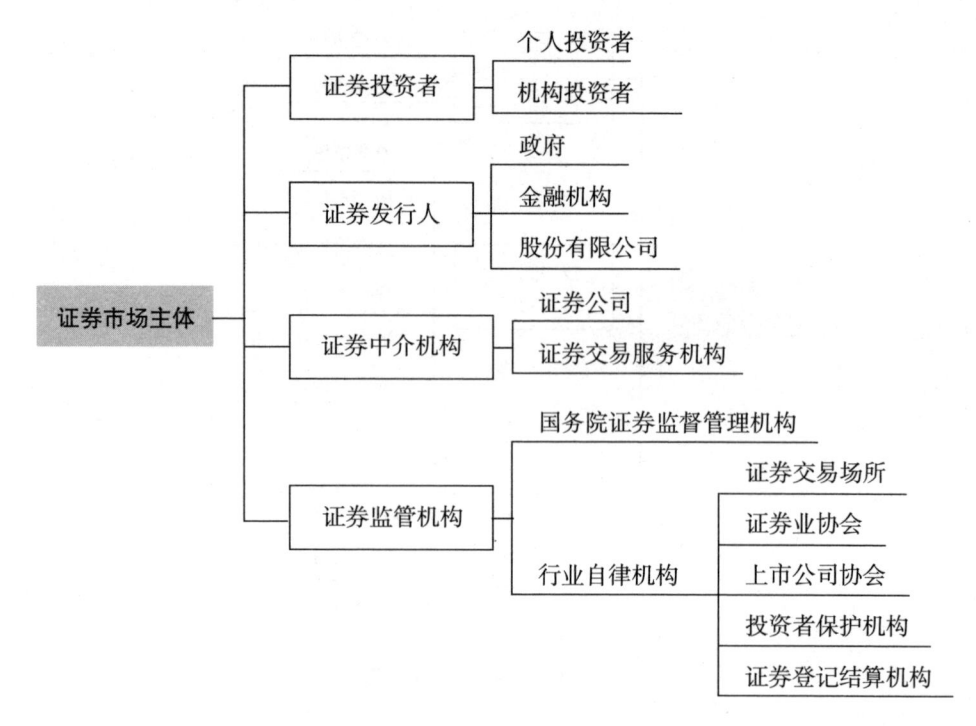

图 1.17 证券市场主体

三、证券市场的经济功能

证券市场的经济功能分别是：筹资和投资功能，资产定价功能，转制与约束功能以及资源配置与结构调整功能。

希望通过对《证券法》的系统学习，我们能够结合商事实践案例较为深刻地认识到这些问题，积极思考解决这些问题的切实有效的应对措施。

（一）筹资与投资功能

证券市场对投资者和发行者来说，提供了一种有效的直接投资工具和融资渠道。风险偏好不同的投资者也可以在证券市场上选择不同的股票作为投资对象，以期获得与风险对称的收益。这就是它的筹资和投资功能，可以起到重新分配财富的作用。

（二）资产定价功能

由于证券是资本的存在形式，所以证券的价格是证券所代表的资本的价格。证券的价格是证券供求双方共同作用的结果。因此，证券市场是资本的合理定价机制，在证券市场中交易的任何一种证券品种，均有一个公平合理的价格。

（三）转制与约束功能

企业如果要通过证券市场筹资，需要先改制为股份有限公司，因此股票市场对上市公司具有转制功能，而股份公司这种企业组织形式对企业所有权和经营权进行了分离。同时，经营者的投资决策也受到了约束和监督，使得其能够忠实勤勉履职。

（四）资源配置与结构调整功能

证券市场的资金会流向经营业绩优秀的企业，从而发挥出优化资源配置的功能。证券市场还为企业收购兼并、重组，调整行业结构提供了较大空间。

证券市场的经济功能可以通过表1.3呈现出来。

表1.3 证券市场的经济功能

筹资与投资功能	资产定价功能	转制与约束功能	资源配置与结构调整功能
·股票市场对投资者和发行者来说是提供了一种有效的直接投资工具和融资渠道	·证券的价格是证券所代表的资本的价格 ·优质优价，劣质劣价	·成为上市公司需改制为股份有限公司，因此股票市场对上市公司具有转制功能 ·上市公司在集聚资本的同时，也明晰了产权主体，促进了所有权和经营权分离。经营者的投资决策也受到了监督和约束	·"用脚投票"机制可以把有限的资源用到业绩优良的企业 ·为调整行业结构提出了较大空间

四、证券市场现存的主要问题

我国证券市场中仍然存在着许多问题，诸如去监管化、证券违法行为的认定及责任承担、散户体量过大、理性投资者缺乏、筹资者圈钱多于融资、

证券市场诚信环境缺失、证券市场规模较小、证券品种缺位、证券公司风险防控能力普遍较弱等。(如图 1.18 所示)

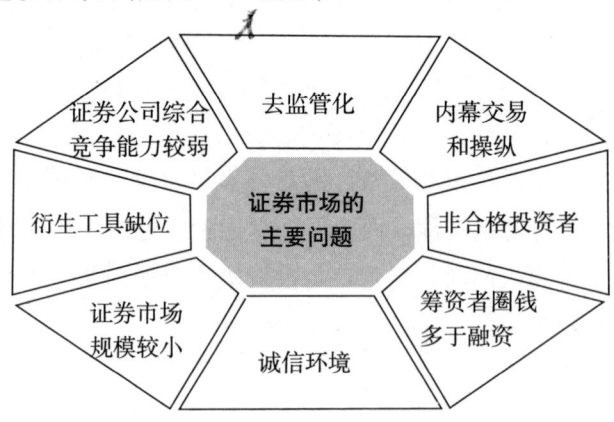

图 1.18　证券市场的主要问题

第三节　证券法

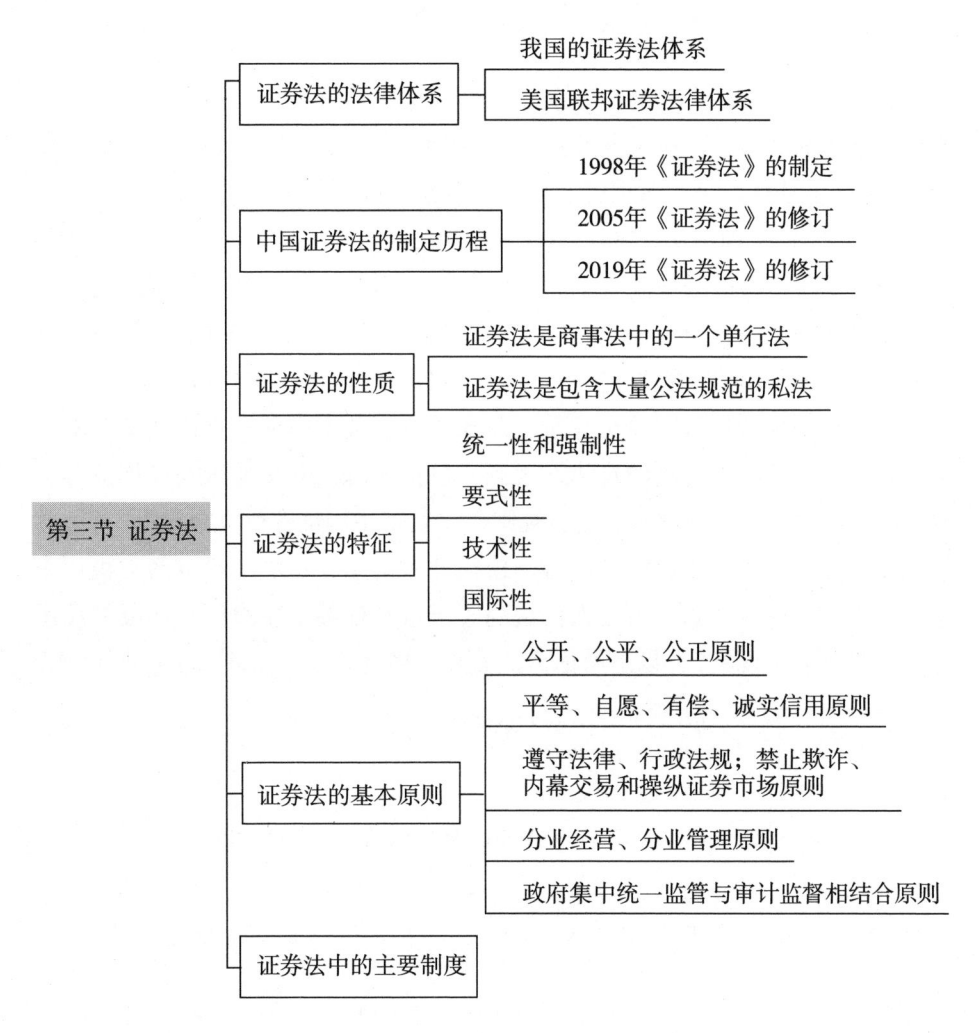

本节思维导图

第三节 证券法
- 证券法的法律体系
  - 我国的证券法体系
  - 美国联邦证券法律体系
- 中国证券法的制定历程
  - 1998年《证券法》的制定
  - 2005年《证券法》的修订
  - 2019年《证券法》的修订
- 证券法的性质
  - 证券法是商事法中的一个单行法
  - 证券法是包含大量公法规范的私法
- 证券法的特征
  - 统一性和强制性
  - 要式性
  - 技术性
  - 国际性
- 证券法的基本原则
  - 公开、公平、公正原则
  - 平等、自愿、有偿、诚实信用原则
  - 遵守法律、行政法规；禁止欺诈、内幕交易和操纵证券市场原则
  - 分业经营、分业管理原则
  - 政府集中统一监管与审计监督相结合原则
- 证券法中的主要制度

　　证券法是调整证券发行、交易、服务及证券监管过程中所发生的各种社会关系的法律规范的总称。[1] 证券法的调整对象是证券发行、交易、服务和监管中引起的社会关系。我国除了专门的《证券法》外，还在《公司法》、证

---

[1] 王建文著：《证券法研究》，中国人民大学出版社2021年版，第53页。

券行政法规、部门规章、证券交易场所的规则中规定了相关的证券规范，这些规范共同构成了我国的证券法律规范体系。

一、证券法的法律体系

（一）我国的证券法体系

我国的证券法体系分为四个层次：第一层次是指由全国人大及其常委会制定并颁布的法律，包括《证券法》《公司法》《证券投资基金法》《信托法》《期货和衍生品法》等；第二层次是指由国务院制定并颁布的行政法规，包括《证券公司监督管理条例》《期货交易管理条例》《证券公司风险处置条例》等；第三层次是指由国务院各部门、中国证监会及证券监管部门制定的部门规章及规范性文件，如《证券发行与承销管理办法》《上市公司信息披露管理办法》《上市公司收购管理办法》《上市公司章程指引》《证券市场禁入规定》等；第四层次是指包括证券交易所、证券业协会及中国证券登记结算有限公司在内的自律性组织制定的自律性规则，包括上海证券交易所及深圳证券交易所的上市规则、交易规则、会员规则，以及《中国证券业协会章程》《证券投资基金业从业人员执业守则》等。值得注意的是，司法解释也经常被用来规范证券交易行为，如《最高人民法院关于审理证券市场虚假陈述侵权民事赔偿案件的若干规定》（以下简称《虚假陈述规定》）。（如图 1.19 所示）

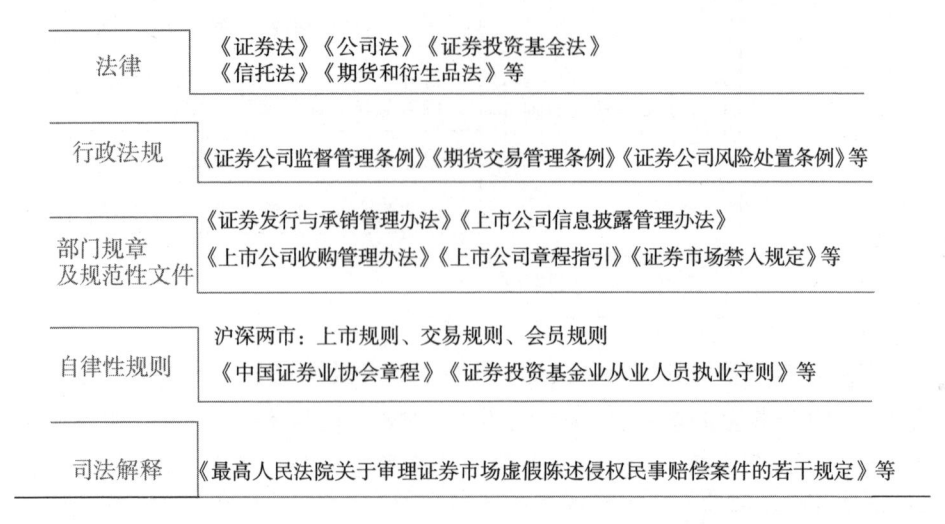

法律	《证券法》《公司法》《证券投资基金法》《信托法》《期货和衍生品法》等
行政法规	《证券公司监督管理条例》《期货交易管理条例》《证券公司风险处置条例》等
部门规章及规范性文件	《证券发行与承销管理办法》《上市公司信息披露管理办法》《上市公司收购管理办法》《上市公司章程指引》《证券市场禁入规定》等
自律性规则	沪深两市：上市规则、交易规则、会员规则；《中国证券业协会章程》《证券投资基金业从业人员执业守则》等
司法解释	《最高人民法院关于审理证券市场虚假陈述侵权民事赔偿案件的若干规定》等

图 1.19　我国的证券法体系

（二）美国联邦证券法律体系

美国联邦证券法律体系主要包括以下立法：《1933 年证券法》《1934 年证券交易法》《1935 年公用企业控股公司法》《1939 年信托契约法》《1940 年投资公司法》《1940 年投资顾问法》《1970 年证券投资者保护法》《2002 年萨班斯-奥克斯利法》《2010 年多德-弗兰克华尔街改革和消费者保护法》《2012 年创造就业法》以及美国各州制定的《蓝天法案》等。此外，美国联邦各级法院的判例和美国证券交易委员会制定的规则也构成美国联邦证券法律体系的重要组成部分。

二、中国证券法的制定历程

1990 年 11 月 26 日，经过中国人民银行批准与国务院同意，我国第一家证券交易所上海证券交易所正式成立。同年深圳证券交易所开始试运行。1991 年 7 月，深圳证券交易所开始正式营业。1998 年 12 月 29 日，第九届全国人大常委会第六次会议审议通过了《证券法》，并于 1999 年 7 月 1 日正式实施。在二十余年的时间内《证券法》已历经五轮修改。（如图 1.20 所示）

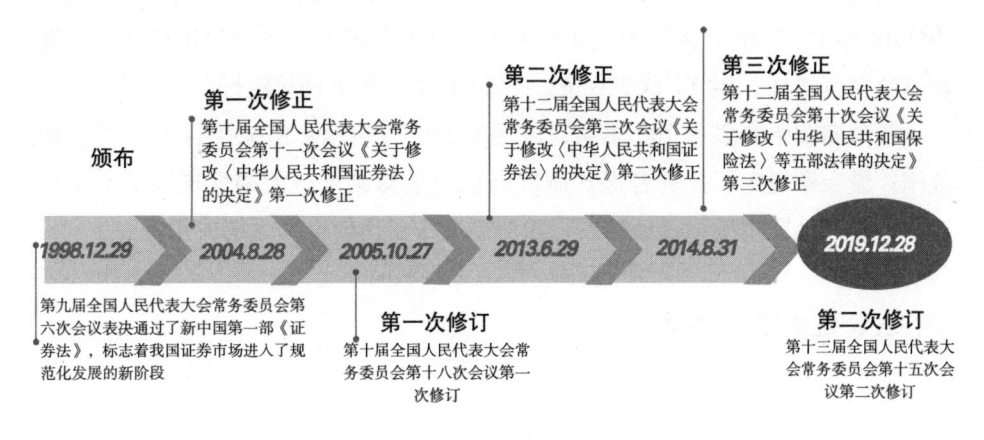

图 1.20 我国证券法的制定历程

（一）1998 年《证券法》的制定

《证券法》颁布之前，我国各地方法规和不同的行政法规及部门规章之间存在矛盾之处，导致执法尺度不尽一致，证券市场处于较为混乱的状态。

1998 年 12 月 29 日，全国人大常委会审议通过了《证券法》，并于 1999 年 7 月 1 日起开始实施，标志着我国证券市场进入了规范化发展的新阶段。

（二）2005 年《证券法》的修订

随着中国证券市场的发展，在证券发行、交易和证券监管中出现了许多新问题，《证券法》已经不能适应飞速发展的商事实践的客观需要。因此，2003 年 6 月，全国人大常委会将《证券法》修改纳入当年的立法计划。2005 年 10 月 27 日，第十届全国人大常委会第十八次会议高票通过了《证券法》修订案，修订后的《证券法》共计 12 章 240 条，于 2006 年 1 月 1 日起施行。修订内容非常丰富，主要包括：增加了对证券公开发行的界定；创设了证券发行申请的预披露制度；采纳了证券法发行上市保荐制度；强化了证券发行的市场化，引入证券发行失败的规则；扩大了证券交易的方式和范围；进一步完善了证券发行和收购兼并制度；强化了对投资者权益的保护；强化了证券监管机构的权利；逐渐放开证券公司融资融券业务等。

（三）2019 年《证券法》的修订

这是《证券法》颁布以来的第二次重大修订。修订草案历经三次审议，于 2019 年 12 月 28 日由第十三届全国人大常委会第十五次会议审议通过。新修订的《证券法》共 14 章 226 条，于 2020 年 3 月 1 日起施行。

此次修改条文多达 100 多条，主要修改内容包括：扩大了证券法的适用范围；设专章规定了投资者保护制度和信息披露制度；大幅度提高了对证券违法行为的处罚幅度；对证券发行注册制度作了比较全面系统的规定。

三、证券法的性质

（一）证券法是商事法中的一个单行法

证券法是商事法中的一个单行法。证券法以证券发行与交易行为为调整对象，而证券发行与交易属于典型的由商事主体实施的行为，所以证券法是商法的特别法。[1] 至于证券法与同属于商事单行法的公司法的关系，一直被称

---

[1] 王建文著：《证券法研究》，中国人民大学出版社 2021 年版，第 57 页。

为美国证券监管史上长期存在且最富争议的问题。通说认为，证券法的特点在于信息披露手段的运用，不涉足实体性规则；而公司法则设置了很多实体性规则。批评者则认为，证券法仅仅是联邦版本的公司法，是与投资者保护相关的联邦政策，比公司法更先一步来解决公司的管理不当，证券法可以扩张至公司治理。还有声音认为公司法与证券法均是致力于保护投资者，但其各自所关注的是不同的投资进程。具体而言，证券法保护的是作为交易者的投资者，而公司法保护的则是作为公司所有者的投资者。

（二）证券法是包含大量公法规范的私法

证券法是私法与公法的结合，是包含了大量公法规范的私法。证券法作为商事特别法理应被纳入私法的范畴，但证券法中始终存在证券监督管理关系，它既注重投资者的投资权利，又强调主管部门的监管，但这些强制性的公法性规范始终在为私法服务。

四、证券法的特征

根据证券法的性质，可以得出证券法的特征。首先，由于投资者在股票交易时对公允价值有着共同的利益，所以证券法具有统一性和强制性的特征。这不同于公司法，由于公司股东的利益常常众口难调，因此公司法规则通常是多样化、赋权性的。其次，随着证券市场的全球化、一体化，证券法无论是从理念还是技术性规范上均具有很多国际通行的规则。最后，证券法作为典型的商事行为法，包含了大量证券发行与证券交易的技术性操作规则，更加强调技术性和要式性规范。因此，证券法除了强制性规范的特征，还具有国际性、技术性及要式性等特征。

五、证券法的基本原则

《证券法》第3—8条分别规定了证券法的五项基本原则，具体包括"公开、公平、公正"原则；平等、自愿、有偿、诚实信用原则；遵守法律、行政法规，禁止欺诈、内幕交易和操纵证券市场原则；分业经营、分业管理原则；政府集中统一监管与审计监督相结合原则。

（一）公开、公平、公正原则

《证券法》第3条规定："证券的发行、交易活动，必须遵循公开、公平、公正的原则。"这一条规定的是"三公原则"。公开原则是讲透明度。公平原则是讲交易双方的权利义务，是民事主体关系。公正原则更强调的是公法关系，是在三角关系当中要一碗水端平，比如说证监会对所有上市公司都要一碗水端平。交易所对所有上市公司及券商也要一碗水端平。

信息公开又称为信息披露，是指有关证券发行、证券交易的信息应当依法披露，包括由谁公开、公开什么、向谁公开。证券发行阶段义务人主要是发行人；证券交易阶段义务人主要是上市公司/挂牌公司。有关证券发行和交易的信息，证券法及有关法律、法规、规章、规范性文件都有严格的规定。[①]信息公开主要是指向社会公众公开。

（二）平等、自愿、有偿、诚实信用原则

《证券法》第4条规定："证券发行、交易活动的当事人具有平等的法律地位，应当遵守自愿、有偿、诚实信用的原则。"这一条规定了平等、自愿、有偿、诚实信用原则，其实是重申了社会主义核心价值观中自由、平等、诚信的内容。马克思说过："商品是天生的平等派。"在资本市场中当事人地位平等，法律地位平等衍生出社会地位的平等。自愿与自由意思相近，自愿更接地气，要弘扬契约自由。有偿是商行为的法律特征，证券法是商法的重要部分，商法的原则均可适用。在资本市场中，诚信原则尤为重要。

（三）遵守法律、行政法规；禁止欺诈、内幕交易和操纵证券市场原则

《证券法》第5条规定："证券的发行、交易活动，必须遵守法律、行政法规；禁止欺诈、内幕交易和操纵证券市场的行为。"这一条规定了遵守法律、行政法规；禁止欺诈、内幕交易和操纵证券市场原则，包括应该怎样做与禁止做什么。欺诈、内幕交易和操纵证券市场是资本市场的老大难问题。

[①] 《上市公司信息披露管理办法（2021年修订）》第12条第1款规定："……凡是对投资者作出价值判断和投资决策有重大影响的信息，均应当披露。"第22条第1款规定："……发生可能对上市公司证券及其衍生品种交易价格产生较大影响的重大事件，投资者尚未得知时，上市公司应当立即披露，说明事件的起因、目前的状态和可能产生的影响。"

（四）分业经营、分业管理原则

《证券法》第 6 条规定："证券业和银行业、信托业、保险业实行分业经营、分业管理，证券公司与银行、信托、保险业务机构分别设立。国家另有规定的除外。"这一条规定了分业经营、分业管理原则。这一原则包括两方面的内容：一方面，证券业、银行业、信托业、保险业分业经营、分业管理，证券公司与银行、信托、保险业务机构分别设立。另一方面，证券公司对其经营的证券经纪业务、证券承销业务、证券自营业务、证券做市业务和证券资产管理业务实行分开办理，不得进行混合操作。为了减少监管盲区，减少监管套利，提高金融监管的效率，根据 2018 年国务院机构改革方案，原保监会、银监会合为中国银保监会。2023 年 5 月，中华人民共和国国务院设立国家金融监督管理总局（以下简称金融监管总局），其是主管银行、保险等行业监督管理工作的国务院直属机构。至此，银保监会退场，我国形成中国人民银行监管格局。金融监管总局统一负责除证券业之外的金融业监管。《证券法》第 6 条规定了"国家另有规定的除外"这一但书条款为我国金融改革留下了制度空间，部分混业监管可谓金融监管体制的趋势。监管机构的监管规则不统一就会产生监管套利、钻制度的空子，在业务机构不能统一的当下，至少监管的原则与监管的理念应当统一于《证券法》中。

（五）政府集中统一监管与审计监督相结合原则

《证券法》第 7 条规定："国务院证券监督管理机构依法对全国证券市场实行集中统一监督管理。国务院证券监督管理机构根据需要可以设立派出机构，按照授权履行监督管理职责。"这一条规定了集中统一监督管理原则，即证监会依法对全国证券市场实行集中统一监督管理。世界各国都注重兼顾政府监管与自律监管相结合，只是有所侧重。由于机构会改革，所以法律中一般不写机构的名字，而是对监管机构的本质属性进行描述，有很强的包容性，这里的"国务院证券监督管理机构"就是指证监会。国务院证券监督管理机构设立的派出机构就是指各地的证监局，目前有 38 家左右，在后续的证券监管的章节中会详细列出。

《证券法》第 8 条规定："国家审计机关依法对证券交易场所、证券公司、证券登记结算机构、证券监督管理机构进行审计监督。"这一条规定了审计监督原则。审计是一种独立的经济监督活动。国家审计署对沪深交易所、新三板市场及区域性的四板、五板市场等证券交易场所，证券公司，中国证券登记结算公司（包括上海分公司和深圳分公司）及证券监管机构依法进行审计监督，这使得国民经济监督体系得以有效运行。

六、证券法中的主要制度

证券法中的主要制度包括对证券的界定、证券发行制度、证券交易制度、上市公司收购制度（包括上市公司反收购制度）、信息披露制度、投资者保护制度、证券市场主体制度、证券市场的监管与自律制度以及法律责任制度。

第四节　拓展学习

一、思考

本章内容涉及《证券法》第一章"总则"第1—8条。主要介绍了证券是什么、我国的证券市场概况及证券法中主要包括的法律制度。结合"美国证监会诉豪威公司案"，请思考：证券法上"证券"的概念是什么？

二、参考法律法规

序号	法规名称	发文号	发文单位
1	关于规范金融机构资产管理业务的指导意见	银发〔2018〕106号	中国人民银行、中国银行保险监督管理委员会、中国证券监督管理委员会、国家外汇管理局
2	存托凭证发行与交易管理办法（试行）	中国证券监督管理委员会令第143号	中国证券监督管理委员会
3	关于开展创新企业境内发行股票或存托凭证试点的若干意见	国办发〔2018〕21号	国务院办公厅

三、本章阅读文献

（一）推荐阅读文章

我国《证券法》上证券概念的扩大及其边界[1]

内容摘要：证券法上"证券"的定义问题是证券的第一问题。证券是投资者为了获取利润而取得的代表投资性权利的凭证或合同，投资者之间共同形成了投资或者允许投资者对外拆分转让该证券，它具有损失本金的风险且该风险未受其他法律的有效规制。换言之，证券具有投资性、横向共同性与风险未受规制性（或风险裸露性）三大本质性特征。简言之，证券的特征可以概括为"共同投资、风险裸露"八个字，凡是符合该定义的凭证、产品或合同都是证券，都应该纳入到《证券法》调整范围，这就意味着我国《证券法》上证券的定义应扩大。但证券概念的扩大是有边界的，它不能涵盖所有的金融投资商品。证券是具有横向共同性特征的金融投资商品，但并非所有的金融投资商品都具有横向共同性。

关键词：证券；金融商品；金融投资商品；投资合同；豪威测试

（二）推荐延伸阅读文章

美国证券法上投资合同的司法认定标准及启示
——"美国证监会诉豪威公司案"评析[2]

内容摘要：金融机构或个人通过向投资者出售投资理财产品，骗取投资者钱财，应受到严格规制。为了保护投资者利益，防范投资理财欺诈，美国早在1933年就将投资合同纳入到证券法的规制范围中，美国最高法院更是利用其司法审判权在著名的"美国证监会诉豪威公司案"中制定了可操作性极强的认定投资合同的四个标准，将各种各样的投资理财产品纳入到司法监管中。在我国形形色色投资理财产品层出不穷的今天，我国也有必要借鉴美国的做法，将投

---

[1] 邢会强：《我国〈证券法〉上证券概念的扩大及其边界》，载《中国法学》2019年第1期。
[2] 马其家、王淼：《美国证券法上投资合同的司法认定标准及启示——"美国证监会诉豪威公司案"评析》，载《法律适用》2018年第6期。

资合同纳入证券法的调整范围，以避免重复监管和监管缺位。我国最高法院也有必要研究和借鉴"美国证监会诉豪威公司案"，制定有关认定投资合同的司法解释，以规范金融衍生产品、金融理财产品、有限合伙等投资理财产品市场，防范投资理财欺诈，保护投资者权益，维护社会稳定。

关键词：投资合同；豪威规则；证券范围；投资者保护

四、美国证监会诉豪威公司案

Securities & Exchange Commission v. W. J. Howey Co. et al. [①]

Facts of the case:

The respondents, W. J. Howey Company and Howey-in-the-Hills Service, Inc., are Florida corporations under direct common control and management. The Howey Company owns large tracts of citrus acreage in Lake County, Florida. During the past several years it has planted about 500 acres annually, keeping half of the groves itself and offering the other half to the public "to help us finance additional development." Howey-in-the-Hills Service, Inc., is a service company engaged in cultivating and developing many of these groves, including the harvesting and marketing of the crops.

Each prospective customer is offered both a land sales contract and a service contract, after having been told that it is not feasible to invest in a grove unless service arrangements are made. While the purchaser is free to make arrangements with other service companies, the superiority of Howey-in-the-Hills Service, Inc., is stressed. Indeed, 85% of the acreage sold during the 3-year period ending May 31, 1943, was covered by service contracts with Howey-in-the-Hills Service, Inc.

The land sales contract with the Howey Company provides for a uniform purchase price per acre or fraction thereof, varying in amount only in accordance with the number of years the particular plot has been planted with citrus trees. Upon full payment of the purchase price the land is conveyed to the purchaser by warranty deed. Purchases are usually made in narrow strips of land arranged so that an acre consists of a row of 48 trees. During the period between February 1, 1941, and May 31, 1943, 31 of the 42 persons making purchases bought less than 5 acres each. The average holding of these 31 persons was 1.33 acres and sales of as little as 0.65, 0.7 and 0.73 of an acre were made. These tracts are not separately fenced and the sole indication of several ownership is found in

---

[①] Supreme Court of United States. 328 U. S. 293 (1946).

small land marks intelligible only through a plat book record.

The service contract, generally of a 10-year duration without option of cancellation, gives Howey-in-the-Hills Service, Inc., a leasehold interest and "full and complete" possession of the acreage. For a specified fee plus the cost of labor and materials, the company is given full discretion and authority over the cultivation of the groves and the harvest and marketing of the crops. The company is well established in the citrus business and maintains a large force of skilled personnel and a great deal of equipment, including 75 tractors, sprayer wagons, fertilizer trucks and the like. Without the consent of the company, the land owner or purchaser has no right of entry to market the crop; [2] thus there is ordinarily no right to specific fruit. The company is accountable only for an allocation of the net profits based upon a check made at the time of picking. All the produce is pooled by the respondent companies, which do business under their own names.

The purchasers for the most part are non-residents of Florida. They are predominantly business and professional people who lack the knowledge, skill and equipment necessary for the care and cultivation of citrus trees. They are attracted by the expectation of substantial profits. It was represented, for example, that profits during the 1943-1944 season amounted to 20% and that even greater profits might be expected during the 1944-1945 season, although only a 10% annual return was to be expected over a 10-year period. Many of these purchasers are patrons of a resort hotel owned and operated by the Howey Company in a scenic section adjacent to the groves. The hotel's advertising mentions the fine groves in the vicinity and the attention of the patrons is drawn to the groves as they are being escorted about the surrounding countryside. They are told that the groves are for sale; if they indicate an interest in the matter they are then given a sales talk.

It is admitted that the mails and instrumentalities of interstate commerce are used in the sale of the land and service contracts and that no registration statement or letter of notification has ever been filed with the Commission in accordance with the Securities Act of 1933 and the rules and regulations thereunder.

第二章

证券发行

本章思维导图

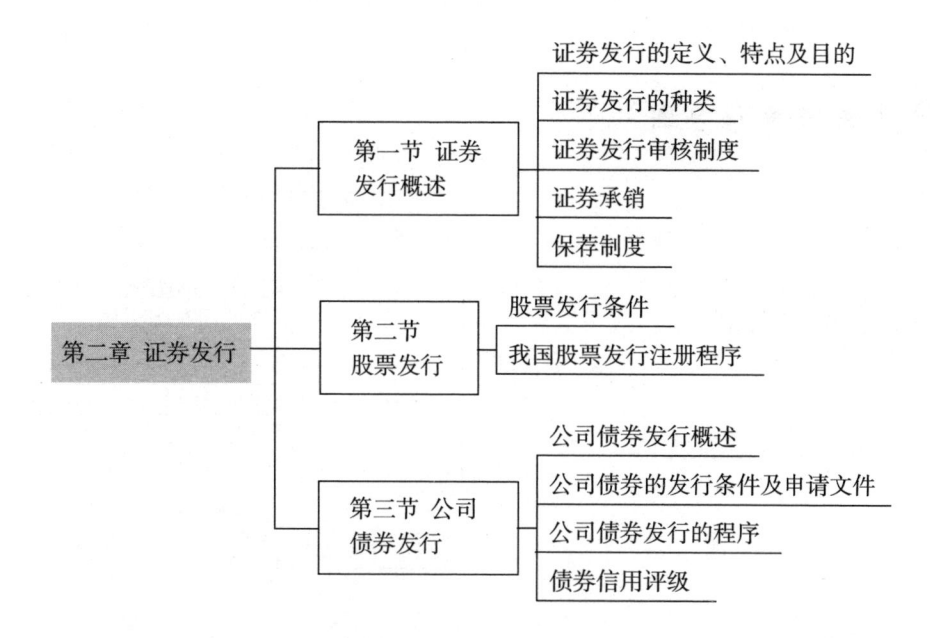

- 第二章 证券发行
  - 第一节 证券发行概述
    - 证券发行的定义、特点及目的
    - 证券发行的种类
    - 证券发行审核制度
    - 证券承销
    - 保荐制度
  - 第二节 股票发行
    - 股票发行条件
    - 我国股票发行注册程序
  - 第三节 公司债券发行
    - 公司债券发行概述
    - 公司债券的发行条件及申请文件
    - 公司债券发行的程序
    - 债券信用评级

本章涉及法条

《证券法》第二章"证券发行"第9—34条

第一节　证券发行概述

本节思维导图

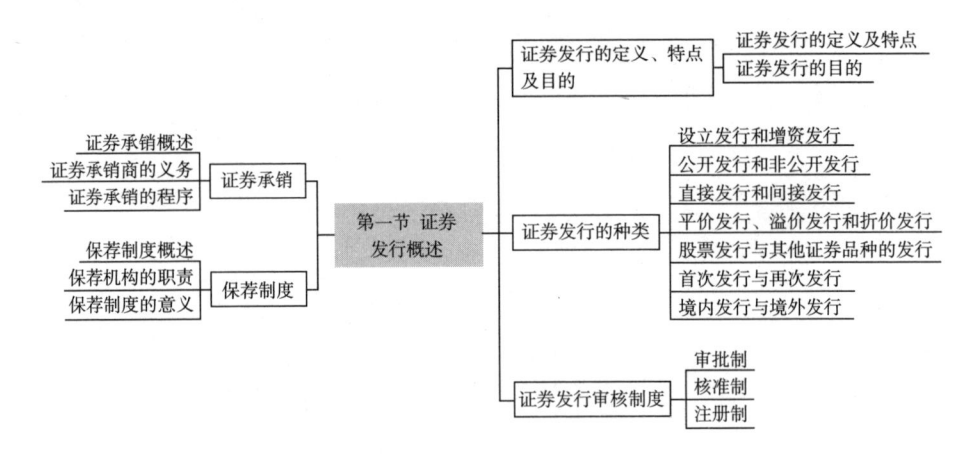

```
                                      ┌─ 证券发行的定义、特点 ─┬─ 证券发行的定义及特点
                                      │   及目的                └─ 证券发行的目的
          证券承销概述  ┐                │
          证券承销商的义务 ├─ 证券承销 ─┐ │                       ┌─ 设立发行和增资发行
          证券承销的程序  ┘            │ │                       ├─ 公开发行和非公开发行
                                      ├─第一节 证券 ─┼─ 证券发行的种类 ─┼─ 直接发行和间接发行
          保荐制度概述  ┐              │  发行概述   │             ├─ 平价发行、溢价发行和折价发行
          保荐机构的职责 ├─ 保荐制度 ─┘             │             ├─ 股票发行与其他证券品种的发行
          保荐制度的意义 ┘                          │             ├─ 首次发行与再次发行
                                                    │             └─ 境内发行与境外发行
                                                    │
                                                    └─ 证券发行审核制度 ─┬─ 审批制
                                                                       ├─ 核准制
                                                                       └─ 注册制
```

一、证券发行的定义、特点及目的

要了解证券发行的定义、特点及目的，首先应了解证券发行市场的结构。（如图2.1所示）

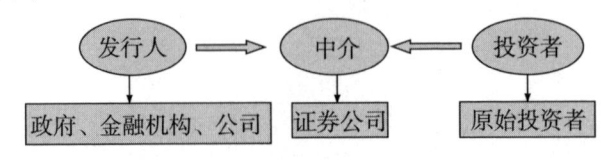

```
  发行人  ══▶  中介  ◀══  投资者
    │           │          │
政府、金融机构、公司  证券公司   原始投资者
```

图 2.1　证券发行市场结构

（一）证券发行的定义及特点

证券发行（issuing of securities）是指证券发行主体以筹集资金或设立公司为目的，依照法定程序和条件，制作证券并向投资人销售及交付证券的一系列行为的总称。[1] 从证券发行的定义，我们可以看出它具有以下三个特点：

---

[1] 周友苏主编：《证券法新论》，法律出版社2020年版，第130页。

证券发行以筹集资金或设立公司为目的；证券的发行必须符合法律设定的条件和程序；① 证券的发行在实质上表现为一种证券的销售行为。（如图2.2所示）

图2.2 证券发行的特点

- 以筹集资金或设立公司为目的
- 必须符合法律设定的条件和程序
- 在实质上表现为一种证券的销售行为

（二）证券发行的目的

证券发行具有以下目的：筹集资金，改善资本结构；完善公司治理结构，转换企业经营机制；提升企业价值，增强企业发展后劲；实现资本资源的优化配置。（如图2.3所示）

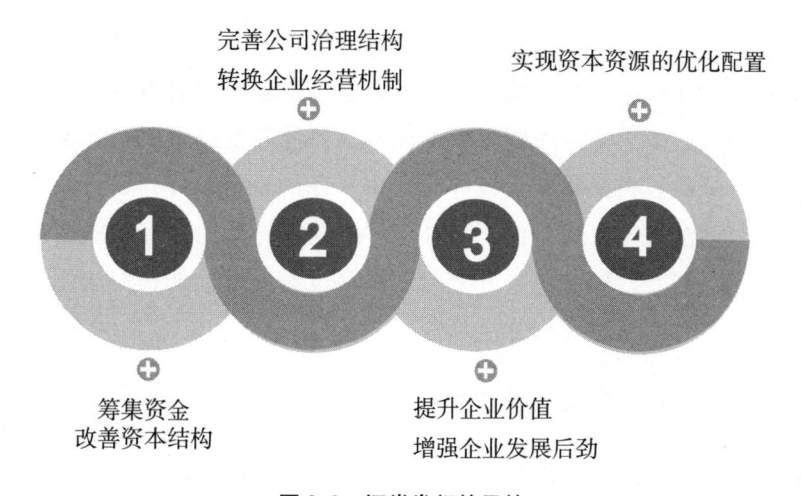

图2.3 证券发行的目的

1. 筹集资金 改善资本结构
2. 完善公司治理结构 转换企业经营机制
3. 提升企业价值 增强企业发展后劲
4. 实现资本资源的优化配置

---

① 按照我国法律规定，无论发行何种证券，在法律上都有其应适用的法定资格和条件，只有符合相应资格和条件的发行人才能成为证券发行主体。

二、证券发行的种类

（一）设立发行和增资发行

按照证券发行的目的可以分为设立发行和增资发行，这种分类限于股票发行。设立发行是为了设立公司筹集股本而首次发行股份，也称初次发行或首次发行。增资发行又称增资扩股，是指已经成立的股份有限公司为追加资本而发行股份，也是上市公司持续融资的方式。

（二）公开发行和非公开发行

按照发行对象的范围可以分为公开发行（public offering）和非公开发行（private placement）。公开发行和非公开发行的区分来源于美国证券法。公开发行是指需要证券监管机构的注册或核准程序来保护投资者利益，而非公开发行往往不需要证券监管机构的注册或核准。① 公开发行是指发行人公开向社会不特定的投资对象发售其证券的方式，而非公开发行是指发行人向一定范围内的特定对象发行证券的方式，这里的特定对象包括有专业知识及投资经验的个人投资者与机构投资者。

我国证券法中的公开发行和非公开发行与美国公募发行及私募发行的定义不尽相同。在我国，公开发行指发行人通过中介机构向不特定的社会公众投资者或200人以上特定投资者发行证券。非公开发行是向200人以下的特定对象发行证券。根据我国《证券法》第9条的规定，公开发行证券必须符合法律、行政法规规定的条件，并且依法报经国务院监督管理机构或国务院授权的部门注册。我国对非公开发行证券并没有要求注册，但法律规定不得采用广告、公开劝诱和变相公开方式。

（三）直接发行和间接发行

按照是否借助证券承销机构可分为直接发行和间接发行。直接发行是指证券发行人不通过证券承销机构，而由自己承担发行事务和风险，直接与证券投资者签订认购合同；间接发行是指证券发行人并不直接与投资者发生关

---

① 邢会强主编：《证券法学（第二版）》，中国人民大学出版社2020年版，第28页。

系，而是委托证券承销机构发行证券，主要是代销和包销的方式。

（四）平价发行、溢价发行和折价发行

按照证券发行的价格和票面金额的关系可以分为平价发行、溢价发行和折价发行。平价发行是指证券发行价格和票面金额一样；溢价发行是指发行价格超过票面金额；折价发行是指发行价格低于票面金额。我国《公司法》规定禁止折价发行股票，因为股票折价发行违背了公司资本的真实原则。

（五）股票发行与其他证券品种的发行

按照发行证券的品种可分为股票发行、公司债券发行、政府债券发行、证券投资基金份额发行、存托凭证发行、资产支持证券发行、资产管理产品发行等。股票发行是股份有限公司以筹集资金或设立公司为目的，依照法定条件和程序向社会公众或特定对象出售并交付股票的行为。[1] 股票发行是我国证券发行中最基本的类型。

（六）首次发行与再次发行

按照发行时间可以分为首次发行与再次发行。首次发行是指发行人第一次向投资者发行证券。首次发行证券可以分为公司设立时首次发行证券和存续公司的首次发行证券。再次发行证券是指首次发行证券后又发行证券的行为。

（七）境内发行与境外发行

按照发行地点可将证券发行分为境内发行与境外发行。境内发行是指证券发行人在中国境内证券市场发行证券。中国境内设立的中国公司可以发行A股和B股。境外发行是指证券发行人在境外证券市场发行证券。中国企业在境外发行的股票主要有H股、红筹股[2]、N股。

证券发行的种类可通过图2.4更清晰地呈现出来。

---

[1] 周友苏主编：《证券法新论》，法律出版社2020年版，第133页。
[2] 在境外注册的中国企业在香港联合交易所挂牌交易的股票为红筹股。

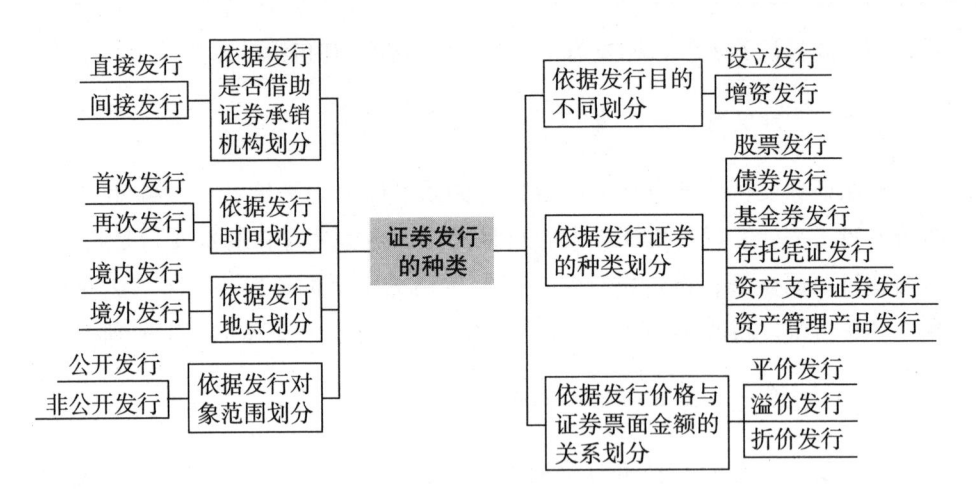

图 2.4　证券发行的种类

三、证券发行审核制度

由于各国证券管理体制及监管机构的理念不同，证券发行审核主要存在两种类型：注册制与核准制。1999 年到 2019 年是我国《证券法》不断完善的 20 年，也是中国证券市场从审批制向注册制改革的 20 年。我国的注册发行审核从完全计划发行的审批制，到从审批制向注册制过渡的核准制，再到目前成熟股票市场普遍采用的注册制。（如图 2.5 所示）2019 年《证券法》修订，其中一个非常重要的内容，就是明确全面推行注册制，并按照全面推行注册制的基本定位，对证券发行注册制进行了比较系统完备的规定。包括删除了对核准制的规定，取消发审委制度；删除了盈利门槛限制，将"持续盈利能力要求"改为"持续经营能力"；强化了信息披露要求。从审批制到注册制的改变，有利于打破证券发行监管中的行政审批思维，放权于市场。

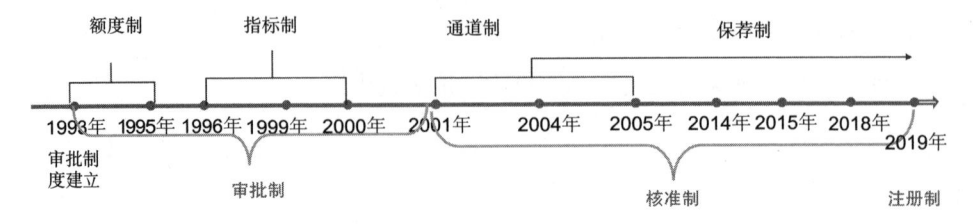

图 2.5　证券发行审核制度变迁

（一）审批制

20世纪90年代，沪深证券交易所相继成立，1992年10月，中国证监会设立。1993年，全国统一的股票发行审核制度建立，开启了行政主导的审批制。审批制下，中国证券市场股票发行先后经历了"额度管理"和"指标管理"两个阶段。从1993年到1995年，是审批制前期的额度管理阶段，每年发行多少股票，总额度有指标限制。从1996年到2000年，是审批制后期的指标管理阶段，即"总量控制、限报家数"。

（二）核准制

1. 核准制的概念与内容

核准制是指监管机构审核发行人资格，决定是否准许发行证券；发行人在遵守信息披露义务的同时，必须符合法定发行条件，接受监管机构的实质监管。证券发行采用核准制的典型代表国家有新西兰、瑞典和瑞士。1999年7月1日正式实施的《证券法》明确确立了核准制在我国的法律地位。其中第10条规定："公开发行证券，必须符合法律、行政法规规定的条件，并依法报经国务院证券监督管理机构或者国务院授权的部门核准或者审批；未经依法核准或者审批，任何单位和个人不得向社会公开发行证券。"从这里可以看出，核准制已经写入法条，但审批制未删除。

核准制的主要内容包括：证券发行人的发行资格以及发行条件均由《证券法》进行规定，只有符合法定资格及法定条件的具有一定规模和盈利能力的公司才能发行证券；证券监管机构对证券发行拥有审查权，对不符合法定条件的申请人，证券监管机构有权拒绝其发行证券；证券监管机构核准证券发行申请后，如果发现申请人存在其他违法行为的，有权撤销核准决定。

2. 核准制下的证券发行流程

证券发行首先遵守预披露程序让社会监督；在证监会受理发行人的申请文件后，证监会发行部会随即启动初审程序，包括对申请文件的真实性、完整性及其他问题进行调查和对证，申请人根据反馈意见对申请文件进行补充和修改，之后再次报送证监会；初审通过后，由发行审核委员会以投票方式进行复审。证监会内设发行审核委员会负责股票公开发行的法定审核。发行审核委员会由证监会的专业人员以及所聘请的外部专家组成，遵循"专家审核、独立判断、公正规范"的原则，以投票方式对股票发行申请进行表决，出具复审意见书，并由证监会主席或副主席签发；根据审核情况，证监会作出核准或不予核准证券发行的决定；发行申请未被核准的，申请人自接到证监会书面决定之日起 60 日内，可以提出复议申请，证监会自收到复议申请后 60 日内，对复议申请作出决定。

核准制以强制性信息披露为核心，旨在强化中介机构的责任，减少行政干预。2001 年 3 月，证监会宣布取消额度和指标限制，放开了一级市场的发行定价，标志着通道制下的核准制正式推行。即每家证券公司一次只能推荐一定数量的企业申请发行股票，由证券公司将拟推荐企业逐一排队，按序推荐，所推荐企业核准一家后才能再报一家。2003 年，证监会发布《证券发行上市保荐制度暂行办法》（已失效），2004 年 2 月保荐制正式实施；2005 年 1 月，废止证券发行"通道制"，由保荐人直接承担责任。2004 年《证券法》修订，依然保留了"核准或者审批"的规定，2005 年修订才取消了"审批"，只保留了"核准"。2005 年修订的《证券法》第 10 条对公开发行证券的条件规定为，"公开发行证券，必须符合法律、行政法规规定的条件，并依法报经国务院证券监督管理机构或者国务院授权的部门核准；未经依法核准，任何单位和个人不得公开发行证券"。核准制先后经历"通道制"和"保荐制"两个阶段，形式虽有差异，但都是实质审核，在实际操作中依然没有摆脱行政干预的色彩，并没有实现真正的市场化。

（三）注册制

1. 注册制的概念与内容

注册制又称登记制或申报制，是指发行人在发行证券时，应当依法全面、准确地将投资者作出决策所需要的重要信息资料充分完整地披露，向证券监管机构申报，由监管机构进行形式审查，证券监管机构未提出补充或修订意见，或未以停止命令阻止注册生效者，即视为已经依法注册，发行人即可发行证券。

注册制的理论依据是：企业拥有发行股票、筹集资本的天然权利，证券发行只受到信息披露的约束，让市场在股票发行的资源配置中起决定性作用。注册制是境外证券发行管理制度的重要形式，英国、美国、澳大利亚、加拿大、德国、法国、意大利、荷兰、巴西、新加坡及菲律宾等国都采取注册制。

2. 注册制的特点

在信息披露方面，注册制要求所有与发行相关的重要信息都必须真实且完全公开。在证券发行条件方面,注册制更关注企业的持续经营能力,立法不直接规定证券的发行条件,公司设立条件与证券发行条件基本一致。在对投资者的认识方面,在注册制下,投资者被认为是理性的且具有投资经验的,只要对发行信息进行充分、准确及完整的披露,投资者就能够进行正确的投资判断,而无须监管机构插手干预。

3. 我国注册制改革的步骤

我国推行注册制改革,是提升资本市场服务实体经济能力的现实需要。2013年11月,中共十八届三中全会明确提出要实行股份发行注册制。2015年,证监会研究制定与注册制改革相关的规章规则。2016年,证监会决定暂缓实施注册制。2017年,A股IPO提速,上市企业大幅增加。2019年1月,中国证监会发布《关于在上海证券交易所设立科创板并试点注册制的实施意见》,科创板肩负起中国证券发行注册制"试验田"的作用,标志着我国证券发行注册制改革的序幕拉开了。同年3月,证监会进一步发布《科创板首次公开发行股票注册管理办法(试行)》(已失效)和《科创板上市公司持续监管办法(试行)》,规定了科创板股票的发行和上市均由上海证券交易所负责审核。2019年修改《证券法》时明确了全面推行注册制,在第9条第1款中明确规定:"公开发行证券,必须符合法律、行政法规规定的条件,并依法报经国务院证券监督管理机构或者国务院授权的部门注册。未经依法注册,任何单位和个人不得公开发行证券。证券发行注册制的具体范围、实施步骤,由国务院规定。"2020年6月,证监会发布《创业板首次公开发行股票注册管理办法(试行)》(已失效)和《创业板首次公开发行证券发行与承销特别规定》,将注册制试点从科创板推向创业板,并且规定由深圳证券交易所负责审核创业板公司发行与上市的申请。注册制改革从科创板试点推向创业板,继而向主板市场推进,表明了政府管制在逐步放松,市场的自由度在逐步扩大。然而放松管制,就必须加强监管。所以证券法在对注册制作出全面规定的同时,对退市、投资者维权以及违法处罚也作了相应严格化规定,比如罚款幅度从1到5倍提升至1到10倍,部分违法行为的定额罚款从60万元提高到2000万元等。

4. 注册程序

《证券法》第21条第1款明确规定:"国务院证券监督管理机构或者国务院授权的部门依照法定条件负责证券发行申请的注册。证券公开发行注册的具体办法由国务院规定。"按照国务院的规定,证券交易所等可以审核公开发行证券申请，判断发行人是否符合发行条件、信息披露要求，督促发行人完善信息披露内容，并报经中国证监会履行发行注册程序。注册制下的证券发行的审核程序是以信息披露为核心的，要求充分发挥市场资源配置的决定性作用，提高资源配置效率。现行《证券法》确认了科创板试点注册制的经验，确立了交易所审核——监管机构注册的模式。《科创板上市公司持续监管办法（试行）》《上海证券交易所科创板股票发行上市审核规则（2020年修订）》对申请、受理、审核、注册都作了详细的规范，这些程序包括：申请与受理；交易所审核机构审核；交易所上市委审议；交易所向证监会报送审核意见；证监会注册；发行人公告、公开发行文件。[①]

四、证券承销

（一）证券承销概述

1. 证券承销的概念

证券承销是证券承销商承销证券发行人证券的行为，[②] 具体是指证券经营机构与发行人签订证券承销协议，向证券投资者销售拟发行证券，并收取承销费用的行为。因此，从证券发行人的角度而言，证券承销就是相对于其直接发行的一种证券的间接发行方式。证券承销商一般由投资银行担任，各国

[①] 注册程序具体的流程为：发行人董事会应当依法就本次股票发行的具体方案、本次募集资金使用的可行性及其他必须明确的事项作出决议，并提请股东大会批准。发行人股东大会就有关本次发行股票的特定的事项作出决议。发行人按照中国证监会有关规定制作注册申请文件，由保荐人保荐并向交易所申报。交易所收到注册申请文件后，5个工作日内作出是否受理的决定。自注册申请文件受理之日起，发行人及其控股股东、实际控制人、董事、监事、高级管理人员，以及与此次股票公开发行并上市相关的保荐人、证券服务机构及相关责任人员承担相应法律责任。注册申请文件受理后，未经中国证监会或交易所同意，不得改动。发生重大事项的，发行人、保荐人、证券服务机构应当及时向交易所报告，并按要求更新注册申请文件和信息披露资料。交易所设立独立的审核部门，负责审核发行人公开发行并上市申请。交易所主要通过向发行人提出审核问询、发行人回答问题方式开展审核工作，基于科创板定位，判断发行人是否符合发行条件、上市条件和信息披露要求。交易所按照规定的条件和程序，作出同意或不同意发行人股票公开发行并上市的审核意见。同意发行并上市的，将审核意见、发行人注册申请文件及相关审核资料报送中国证监会履行发行注册程序。不同意发行人股票公开发行并上市的，作出终止发行上市审核决定。证监会依照法定条件，在20个工作日内对发行人的注册申请作出同意注册或不予注册的决定。证监会同意注册的决定自作出之日6个月内有效，发行人应当在注册决定的有效期内发行股票，发行时点由发行人自主选择。证券发行申请经过注册后，发行人应当在证券公开发行前公告公开发行募集文件。

[②] 施天涛著：《商法学（第五版）》，法律出版社2018年版，第252页。

对投资银行的称谓不尽一致，美国称为投资银行，英国称为商人银行，德国称为私人承兑公司，法国称为实业银行，我国和日本称为证券公司。在我国，证券的公开发行必须采取证券承销的方式。证券非公开发行中，达到法定标准的，也要采取承销方式。

2. 证券承销的方式

《证券法》第26条明确规定，我国的证券承销可分为证券代销与证券包销，证券包销又可以分为全额包销与余额包销。

证券代销又称代理发行，证券代销中发行人与承销商之间是一种委托代理关系，在这种承销方式下承销商对未能销售完的证券不负任何责任，证券发行的风险由发行人自己承担。具体是指承销商代发行人发售证券，在承销期结束时，将未售出的证券全部退还给发行人的承销方式。在我国，证券代销主要用于公司债券的发行，在股票的公开发行中很少采用证券代销方式。

证券包销，是指承销商将发行人的证券按照协议全部购入或者在承销期结束时将售后剩余证券全部自行购入的承销方式。在证券包销中，承销商与发行人商量好发行底价，签订包销协议，然后在证券市场进行销售。采取包销方式可以将证券发行失败的主要风险都转移到承销商处，发行人的发行风险大大地降低了。证券包销已经成为世界各国证券公开发行时使用最广泛的承销方式。在我国，股票的公开发行中基本上都是采取证券包销的方式。

我国《证券法》确认了证券包销的两种方式：全额包销与余额包销。全额包销是承销商一次性全额购买发行人所发行的全部证券，再以自己的名义向投资者出售的承销方式。余额包销也是先代理后包销，是指承销商在承销协议中约定的承销期满后，其自己一次性将剩余的证券购买的承销方式。在承销期内，承销商是代理人的地位，而承销期满后，承销商则转为买受人的地位。在我国，首次公开发行股票、增发新股以及配股时，通常采取余额包销的形式。法律对证券承销方式并没有强制性的规定，证券公司承销证券可以采取代销、全额包销或余额包销的方式。

(二) 证券承销商的义务

按照《证券法》的规定，只要经中国证监会批准，可以经营证券承销与保荐业务的证券公司均拥有证券承销的资格。证券承销商在整个证券承销中起着桥梁作用，桥梁的两头分别是证券发行人与投资者。证券承销商实现了发行人的融资目的，也实现了投资者的投资目的，而其自身则通过在承销过程中收取佣金和获取利差的方式来实现自己的经营目的。

证券承销商在证券承销的过程中可有依照承销协议收取承销费用及行使超额配售选择权①，但同时还应当承担一系列义务，包括：发行文件核查义务、尽力销售义务、如实宣传义务、上报备案的义务。承销商的核查义务又被称为"尽职调查"义务，由于公开发行募集文件都是在承销商的主持下完成的，所以承销商在证券承销时，应当按照本行业公认的业务标准和道德规范，对证券发行人及市场的有关情况，对相关文件的真实性、准确性、完整性进行验证等专业调查。② 尽力销售义务是为了防止证券承销商借助其特权故意预留证券，为其带来非法收益的影响证券市场健康发展的不正常现象。法律明确规定证券公司不得为本公司预留所代销的证券和预先购入并留存所包销的证券。根据《证券法》第29条第2款、第3款规定，承销商承销证券，不得进行虚假的或者误导投资者的广告宣传或者其他宣传推介活动，不能以不正当竞争手段招揽承销业务，不得有其他违反证券承销业务规定的行为。如因证券公司的违法行为给其他证券承销机构或者投资者造成损失的，应当依法承担赔偿责任。证券的代销、包销期限最长不得超过90日。承销商应当配合发行人在承销期届满后，在规定的期限内将股票发行情况报证监会备案。

（三）证券承销的程序

（1）选择承销商

《证券法》第27条规定："公开发行证券的发行人有权依法自主选择承销的证券公司。"依据此条，发行人依法自主选择承销商，承销商提出具体的承销建议。

（2）签订承销协议

《证券法》第28条规定："证券公司承销证券，应当同发行人签订代销或者包销协议，载明下列事项：（一）当事人的名称、住所及法定代表人姓名；（二）代销、包销证券的种类、数量、金额及发行价格；（三）代销、包销的期限及起止日期；（四）代销、包销的付款方式及日期；（五）代销、包销的费用和结算办法；（六）违约责任；（七）国务院证券监督管理机构规定的其他事项。"根据此条，在发行人选择承销商后，双方就可签订承销协议，承销协议的内容必须包括承销方式、当事人的姓名、住所及法定代表人姓名、包

---

① 超额配售选择权：俗称"绿鞋"，是指发行人授予主承销商的一项选择权。
② 施天涛著：《商法学（第五版）》，法律出版社2018年版，第253页。

销或代销的具体安排、违约责任及其他事项。"

（3）组织承销团

在数量巨大的证券发行中，应当由承销团来承销证券。承销团承销是两个以上的证券承销商共同接受发行人的委托，向投资者发售证券的承销方式。承销团中起主要作用的承销商是主承销商，其主要任务就是组建承销团、代表承销团与发行人签订承销协议以及决定承销团成员的承销份额。主承销商应当与其他承销商签订分销协议，按照协议内容进行承销活动，不得进行虚假承销。《证券法》第30条规定："向不特定对象发行证券聘请承销团承销的，承销团应当由主承销和参与承销的证券公司组成。"

（4）核查募集文件

《证券法》第29条第1款规定："证券公司承销证券，应当对公开发行募集文件的真实性、准确性、完整性进行核查。发现有虚假记载、误导性陈述或者重大遗漏的，不得进行销售活动；已经销售的，必须立即停止销售活动，并采取纠正措施。"根据此条规定，证券公司承销证券，应当对公开发行募集文件的真实性、准确性、完整性进行核查，发现有不符合法律规定的记载，不得进行销售。

（5）组织股票发行

股票发行前，承销商应做好如实宣传、推介销售工作，如做好招股说明书、路演等。股票发行采用代销方式会存在发行失败的风险，即代销期限届满后，向投资者出售的股票数量未达到拟公开发行股票数量的70%的，就视为发行失败。发行人应当按照发行价并加算银行同期存款利息返还股票认购人。如果采用包销方式发行股票，则不存在发行失败的风险。

证券承销的程序可以通过图2.6清晰地呈现出来。

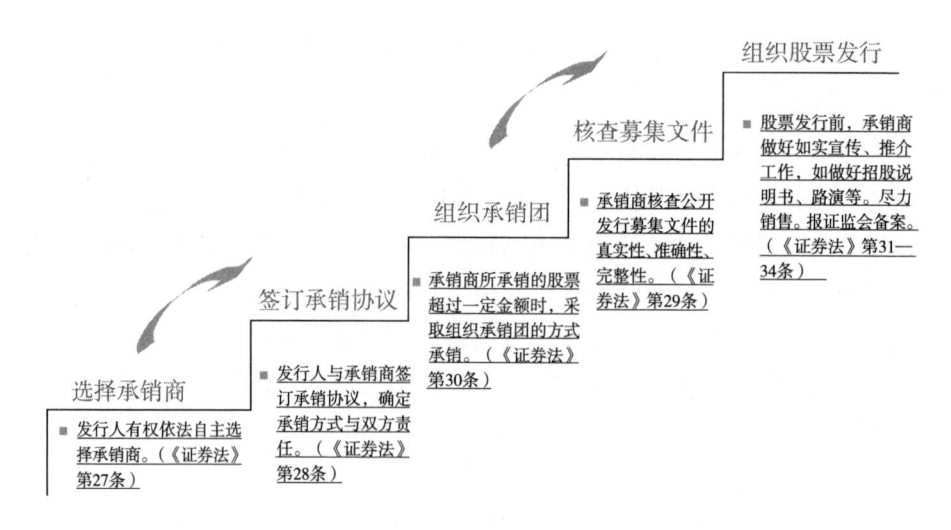

图 2.6 证券承销的程序

五、保荐制度

（一）保荐制度概述

保荐制度，又称保荐人制度，指由具有保荐资格的保荐人负责公开发行和上市证券的推荐与辅导，并对所推荐的发行人披露的信息质量以及所作出的承诺依法进行审慎核查并承担信用担保责任，以督导发行人规范运作的制度。[1] 保荐制度的建立源于证券市场存在的高度信息不对称和高风险特征。

《证券法》第 10 条第 1 款规定："发行人申请公开发行股票、可转换为股票的公司债券，依法采取承销方式的，或者公开发行法律、行政法规规定实行保荐制度的其他证券的，应当聘请证券公司担任保荐人。"保荐人是指按照法律规定为上市公司申请上市承担推荐职责，并为上市公司后一段时间的信息披露行为向投资者承担担保责任的证券公司，其兼具证券发行人的推荐人与担保人的双重身份。

2003 年 12 月 28 日，中国证监会颁布了《证券发行上市保荐制度暂行办法》，确立了保荐人制度。《证券发行上市保荐制度暂行办法》于 2008 年 8 月 14 日，为《证券发行上市保荐业务管理办法》所取代，后者经历了多次修

---

[1] 王建文著：《证券法研究》，中国人民大学出版社 2021 年版，168 页。

订，最近的一次修订是 2023 年 2 月 17 日。《证券法》也确认了保荐人制度，将保荐人制度分别适用于证券发行与证券上市，形成了证券发行保荐制度与证券上市保荐制度。鉴于证券发行保荐与证券上市保荐中，保荐机构提交的保荐意见及相关文件的具体内容基本一致，所以在我国实施注册制后不必将保荐业务再进行两个阶段的区分。

（二）保荐机构的职责

《证券法》第 10 条第 2 款规定："保荐人应当遵守业务规则和行业规范，诚实守信，勤勉尽责，对发行人的申请文件和信息披露资料进行审慎核查，督导发行人规范运作。"《证券法》与《证券发行上市保荐业务管理办法》均对保荐机构的职责作了规定，主要包括：应当尽职推荐发行人证券发行上市；保荐人对申请文件进行独立、审慎的核查和判断；保荐人按照推荐发行人发行证券与推荐发行人证券上市的业务规定提交有关业务文件；保荐人要在发行保荐书与上市保荐书中对规定事项作出承诺，承诺事项构成了保荐人的担保，违反承诺将承担相应的法律责任；保荐人应当配合交易所、证监会的发行上市审核与注册工作；保荐人应当持续督导发行人履行法定义务。

《证券法》第 182 条规定："保荐人出具有虚假记载、误导性陈述或者重大遗漏的保荐书，或者不履行其他法定职责的，责令改正，给予警告，没收业务收入，并处以业务收入一倍以上十倍以下的罚款；没有业务收入或者业务收入不足一百万元的，处以一百万元以上一千万元以下的罚款；情节严重的，并处暂停或者撤销保荐业务许可。对直接负责的主管人员和其他直接责任人员给予警告，并处以五十万元以上五百万元以下的罚款。"根据此条表述，对于保荐人进行虚假披露或者不履行其他法定职责的，责令改正、给予警告，没收业务收入，并处罚款；情节严重的，并处暂停或者撤销保荐业务许可。对直接责任人员给予警告和罚款。

（三）保荐制度的意义

通过证券发行的保荐制度，由专业的、具有特定资质的保荐人来担当所披露信息的核查人和规范运作的督导人，使得证券发行符合法定条件。一方面可以督促和确保发行人的申请文件与信息披露资料的信息真实和规范运作，提高证券的信用程度，保证所发行证券的质量，增强证券市场的吸引力；另一方面在法律制度层面对证券发行的市场化大有助益。

第二节 股票发行

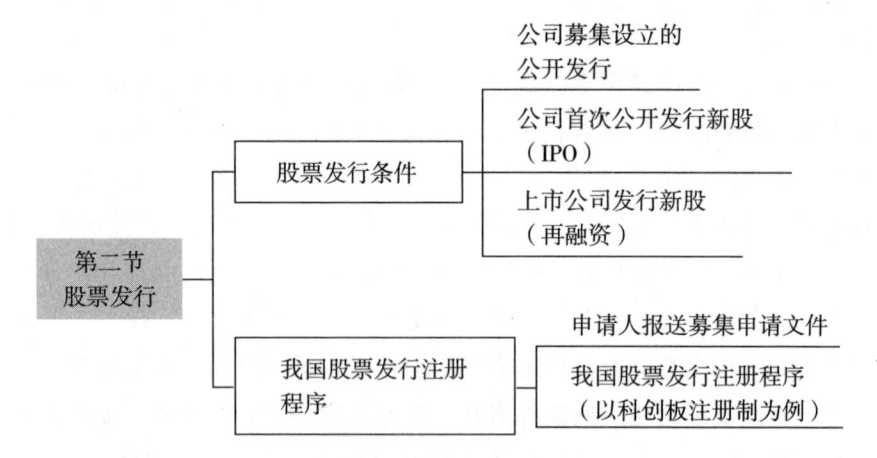

本节思维导图

```
              ┌─ 股票发行条件 ─┬─ 公司募集设立的公开发行
              │               ├─ 公司首次公开发行新股（IPO）
第二节         │               └─ 上市公司发行新股（再融资）
股票发行 ─────┤
              │                 ┌─ 申请人报送募集申请文件
              └─ 我国股票发行注册程序 ─┤
                                └─ 我国股票发行注册程序（以科创板注册制为例）
```

股票发行是指发行人以筹集资金或设立股份有限公司为目的，依照法定条件和程序向社会公众或特定对象出售并交付股票的行为。[1]

一、股票发行条件

股票发行条件在这里指的是股票公开发行条件，按照注册制改革精神，《证券法》精简了股票和债券的发行条件。就股票的发行条件而言，可以分为公司募集设立的公开发行、公司首次公开发行新股及上市公司发行新股这三类情形。

（一）公司募集设立的公开发行

募集是一种单方的意思表示，是发行人向投资者发出要约邀请，主要是指发行人与投资者订立的契约，目的在于劝诱投资者出资购买证券。股份募集的全过程包括：首先，发行人公布招股说明书，属于要约邀请；其次，投资者填写认股书并进行申购，属于要约；最后，发行人核定每位投资者的认

---

[1] 周友苏主编：《证券法新论》，法律出版社2020年版，第156页。

购数额，属于承诺；至此，完成股份募集。股票的设立发行分为：发起设立发行和募集设立发行。发起设立指由发起人认购公司应发行的全部股份而设立公司。因其不涉及公众，符合《公司法》规定的公司发起设立的条件和程序即可，不包含在证券法意义上的股票发行范畴之内。因此，发起设立发行特指募集设立方式下的股票发行。募集设立指由发起人认购公司应发行股份的一部分，其余向社会公开募集或向特定对象募集而设立公司。《证券法》中规定的是募集设立股份有限公司。《证券法》第11条第1款规定："设立股份有限公司公开发行股票，应当符合《中华人民共和国公司法》规定的条件和经国务院批准的国务院证券监督管理机构规定的其他条件……"

（二）公司首次公开发行新股（IPO）

公司首次公开发行新股的条件规定在《证券法》第12条第1款。《证券法》第12条第1款规定："公司首次公开发行新股，应当符合下列条件：（一）具备健全且运行良好的组织机构；（二）具有持续经营能力；（三）最近三年财务会计报告被出具无保留意见审计报告；（四）发行人及其控股股东、实际控制人最近三年不存在贪污、贿赂、侵占财产、挪用财产或者破坏社会主义市场经济秩序的刑事犯罪；（五）经国务院批准的国务院证券监督管理机构规定的其他条件。"

公司首次公开发行新股应当报送的文件适用《证券法》第13条。《证券法》第13条规定："公司公开发行新股，应当报送募股申请和下列文件：（一）公司营业执照；（二）公司章程；（三）股东大会决议；（四）招股说明书或者其他公开发行募集文件；（五）财务会计报告；（六）代收股款银行的名称及地址。依照本法规定聘请保荐人的，还应当报送保荐人出具的发行保荐书。依照本法规定实行承销的，还应当报送承销机构名称及有关的协议。"

（三）上市公司发行新股（再融资）

上市公司发行新股又称为再融资，上市公司发行新股的条件规定在《证券法》第12条第2款。《证券法》授权中国证监会对上市公司发行新股的条件进行规定，包括上市公司向不特定对象发行新股以及向特定对象发行新股。《证券法》第12条第2款具体表述为："上市公司发行新股，应当符合经国务院批准的国务院证券监督管理机构规定的条件，具体管理办法由国务院证券监督管理机构规定。"

2023年2月17日，中国证监会发布《上市公司证券发行注册管理办法》，具体规定了上市公司发行股票、可转换公司债券以及其他证券的条件和程序。根据《上市公司证券发行注册管理办法》的规定，上市公司发行新股的一般条件包括：上市公司的组织机构健全、运行良好，符合规定；上市公司的盈利能力具有可持续性，符合规定；上市公司财务状况良好，符合规定；上市公司最近36个月内财务会计文件无虚假记载，且不存在重大违法行为；上市公司募集资金的数额和适用应当符合规定。同时，该管理办法还列举了禁止发行条件。[①]

上市公司发行新股主要包括增发新股、配售股份和非公开发行股票三种方式。

1. 增发新股的条件

增发新股（简称增发），是指股份公司组建、上市以后为达到增加资金的目的而向不特定对象公开募集股份的行为。增发除应符合《上市公司证券发行注册管理办法》中规定的一般发行条件外，还应当符合下列规定："交易所主板上市公司配股、增发的，应当最近三个会计年度盈利；增发还应当满足最近三个会计年度加权平均净资产收益率平均不低于百分之六；净利润以扣除非经常性损益前后孰低者为计算依据。"[②] "上市公司增发的发行价格应不低于公告招股意向书前二十个交易日或者前一个交易日公司股票均价。"[③]

2. 配售股份的条件

配售股份（简称配股），是指上市公司向现有股东发行股票，具体指公司以一定的价格，按照股东所持股份的一定比例向现有股东出售股票。举例来说，配股是上市公司向原股东进一步发行新股票从而筹集资金的行为，而配股不是想要就能要的。上市公司除了符合上市公司发行证券的一般条件之外，还应当满足几个特殊条件。首先，配股的数量不得超过本次配售股份前公司股份总数的30%，即十股最多配三股。其次，公司要通过董事会决议、股东大会表决，控股股东应当在股东大会召开前公开承诺认配股份的数量。最后，采用代销方式发行。控股股东不履行认配股份的承诺，或者代销期间届满，原股东认购股票的数量未达到拟配售数量的70%的，发行人应当按照发行价

---

① 《上市公司证券发行注册管理办法》第10—11条。
② 《上市公司证券发行注册管理办法》第9条第6项。
③ 《上市公司证券发行注册管理办法》第54条。

并加算同期存款利息返还已经认购的股东。① 上市公司依照比例进行配股，原股东享有优先配股认购权，配股公告当天交易结束后，如果你手上还有该公司的股票，就说明你有配股资格了。

3. 非公开发行股票的条件

非公开发行股票，又称定向发行或定增，是上市公司向特定投资者定向发行股票的行为。定向发行股票的特定对象应当符合下列条件："（一）特定对象符合股东大会规定的条件；（二）发行对象不超过35名。发行对象为境外战略投资者的，应当遵守国家的相关规定。"② 上市公司定向发行股票的条件应当符合以下具体规定："（一）发行价格不低于定价基准日前二十个交易日公司股票均价的百分之八十；（二）本次发行的股份自发行结束之日起，六个月内不得转让；（三）控股股东、实际控制人及其控制的企业认购的股份，十八个月内不得转让；募集资金使用符合本办法第十条的规定；（四）本次发行将导致上市公司控制权发生变化的，还应当符合中国证监会的其他规定。"③此外，还要注意《上市公司证券发行注册管理办法》中规定的七种情形出现时上市公司不得非公开发行股票。④

二、我国股票发行注册程序

（一）申请人报送募集申请文件

1. 公开募集设立发行时报送的募股文件

根据《证券法》第11条的规定，设立股份有限公司公开发行股票，应向国务院证券监督管理机构报送募股申请、公司章程、发起人协议；发起人姓名或者名称，发起人认购的股份数、出资种类及验资证明；招股说明书；代收股款银行的名称及地址；承销机构名称及有关的协议。

公司募集设立公开发行股份时的招股说明书应当附有发起人制定的公司章程，并且载明发起人认购的股份数、每股的票面金额和发行价格、无记名股票的发行总数、募集资金的用途、认股人的权利和义务、本次募股的起止

---

① 《上市公司证券发行注册管理办法》第53条。
② 《上市公司证券发行注册管理办法》第55条。
③ 《上市公司证券发行注册管理办法》第16—59条。
④ 《上市公司证券发行注册管理办法》第11条。

期限以及逾期未募足时认股人可以撤回所认股份的说明。

2. 公开发行新股时报送的募股文件

根据《证券法》第13条的规定，上市公司公开发行新股，应当向国务院证券监督管理机构报送募股申请、公司的营业执照、公司章程、股东大会决议、招股说明书或者其他公开发行募集文件、财务会计报告、代收股款银行的名称及地址、保荐人出具的发行保荐书以及承销机构名称与有关的协议。

上市公司公开发行新股需要报送的文件均规定在《证券法》第13条中，但没有具体区分首次公开发行新股与上市公司发行新股的情形。在实践中，中国证监会分别按照主板、创业板、科创板区分首次公开发行股票并上市、上市公司公开发行证券、上市公司非公开发行证券，并分别规定了申报的具体文件目录。

（二）我国股票发行注册程序（以科创板注册制为例）

2019年修订的《证券法》确立了全面推行注册制的战略部署，具体范围及实施步骤由国务院确定，具体的管理办法由国务院证券监督管理机构规定。

以科创板注册制为例，介绍股票发行注册程序。发行人董事会就本次股票发行的具体方案作出决议，并提请股东大会批准；发行人股东大会就本次发行股票作出决议；发行人制作注册申请文件；由保荐人保荐，并向上交所申报；上交所在5个工作日内作出是否受理的决定，自受理注册申请文件之日起3个月内形成审核意见；证监会收到上交所的审核意见、发行人注册申请文件后，履行发行注册程序；证监会在20个工作日内对发行人的注册申请作出统一注册或不予注册的决定；证监会作出注册决定后、发行人股票上市交易前，发现可能影响本次发行的重大事项的，证监会可以要求发行人暂缓或暂停发行、上市，相关重大事项导致发行人不符合发行条件的，可以撤销注册；证监会撤销注册后，股票尚未发行的，发行人应当停止发行；股票已经发行但尚未上市的，发行人应当按照发行价并加算银行同期存款利息返还股票持有人。

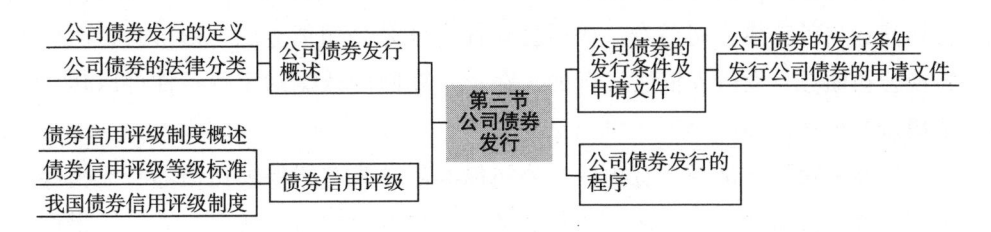

第三节　公司债券发行

本节思维导图

公司债券发行的定义
公司债券的法律分类 → 公司债券发行概述
债券信用评级制度概述
债券信用评级等级标准 → 债券信用评级
我国债券信用评级制度

第三节 公司债券发行
→ 公司债券的发行条件及申请文件 → 公司债券的发行条件 / 发行公司债券的申请文件
→ 公司债券发行的程序

一、公司债券发行概述

（一）公司债券发行的定义

公司债券发行是指股份有限公司或有限责任公司以借贷资金为目的，依照法律规定的条件和程序向投资人出售代表一定债权和兑付条件的债券并交付债券的法律行为。[①] 债券发行是证券发行的重要形式之一，是以债券形式筹措资金的行为过程。通过这一过程，发行者以最终债务人的身份将债券转移到它的最初投资者手中。

这里要注意区分公司债券和企业债券。公司债券和企业债券的发行人范围、法律适用及监管体制是不同的。公司债券的发行人是股份有限公司或有限责任公司，公司债券应当遵守《公司法》与《证券法》的规定。企业债券属于"国务院依法认定的其他证券"，其发行、交易及监管活动受到《企业债券管理条例》的调整。根据《企业债券管理条例》第2条的规定，企业债券发行人是指我国境内具有法人资格的企业，这里的企业包括了公司法人，也包括非公司法人。企业债券与公司债券各有所指，两种债券的发行人不同，企业债券的调整对象特指非公司制企业发行的债券。依据《证券法》第16条的规定，申请公开发行公司债券要么向国务院授权的部门申报，要么向证监

---

① 周友苏主编：《证券法新论》，法律出版社2020年版，第171页。

会申报。按照《企业债券管理条例》第 25 条的规定，中国人民银行及其分支机构和国家证券监督管理机构，依照规定的职责，负责对企业债券的发行和交易活动，进行监督检查。

（二）公司债券的法律分类

公司债券的分类标准有很多。按照公司债券的权利功能，可以分为普通公司债券与可转换公司债券。普通公司债券就是公司债券的一般形式；而可转换公司债券是发行人依法发行的，在一定期间内依据约定的条件可以转化成股份的公司债券。

按照公司债券是否设有担保，公司债券可分为有担保公司债券与无担保公司债券。公司债券下的还本付息义务，如果取得发行人或第三人另行提供的担保，就是有担保公司债券。我国公开发行的公司债券，大多数都属于有担保公司债券。反之，如果没有取得担保，即为无担保公司债券。

按照公司债券的发行人如约还本付息的能力与可信任程度的评估，可以将公司债券的信用等级分为投资级公司债券（A 级）、投机级公司债券（B 级）以及风险级公司债券（C 级）等。

公司债券的分类可通过图 2.7 清晰地呈现出来。

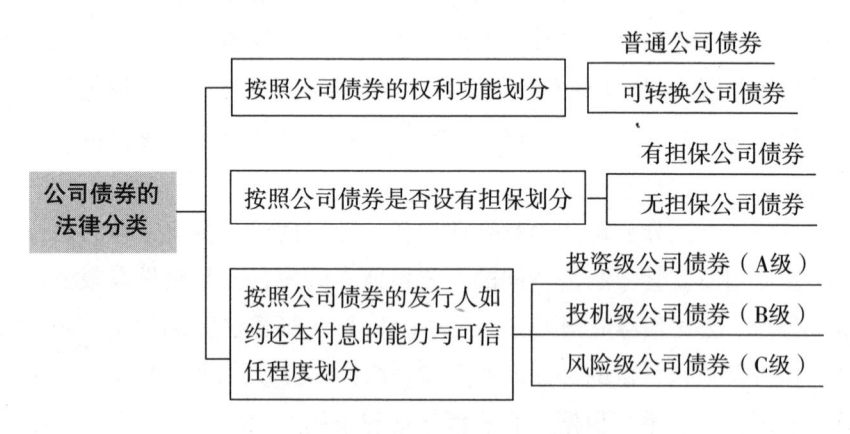

图 2.7 公司债券的法律分类

二、公司债券的发行条件及申请文件

（一）公司债券的发行条件

《公司法》第153条第2款规定："公司发行公司债券应当符合《中华人民共和国证券法》规定的发行条件。"《证券法》仅对公开发行公司债券和可转换公司债券进行了规定。2007年8月14日，中国证监会公布的《公司债券发行试点办法》（已失效）对公司债券发行作出了统一规定。根据该办法，公司债券的发行条件与程序的规定可统一适用于公开发行与非公开发行的公司债券。2014年11月15日，中国证监会审议通过的《公司债券发行与交易管理办法》（2021年修正）对债券公开发行及交易、非公开发行及转让、发行与承销管理等进行了详细规定。

1. 普通公司债券的发行条件

所有公司只要符合《证券法》第15条第1款、第2款规定的公司债券发行条件，均可发行公司债券。《证券法》第15条第1款、第2款规定："公开发行公司债券，应当符合下列条件：（一）具备健全且运行良好的组织机构；（二）最近三年平均可分配利润足以支付公司债券一年的利息；（三）国务院规定的其他条件。公开发行公司债券筹集的资金，必须按照公司债券募集办法所列资金用途使用；改变资金用途，必须经债券持有人会议作出决议。公开发行公司债券筹集的资金，不得用于弥补亏损和非生产性支出。"如果出现《证券法》第17条中的情形之一的，均不得再次发行公司债券。《证券法》第17条规定："有下列情形之一的，不得再次公开发行公司债券：（一）对已公开发行的公司债券或者其他债务有违约或者延迟支付本息的事实，仍处于继续状态；（二）违反本法规定，改变公开发行公司债券所募资金的用途。"

2. 上市公司可转换公司债券的发行条件

可转换公司债券是指发行公司依法发行，在一定期间内依据约定的条件可以转换成股份的公司债券。《证券法》第15条第3款规定了可转换公司债券的较为原则的发行条件，《上市公司证券发行注册管理办法》对可转换公司债券的发行条件进行了较为详细的规定。《证券法》第15条第3款规定："上市公司发行可转换为股票的公司债券，除应当符合第一款规定的条件外，还应当遵守本法第十二条第二款的规定。但是，按照公司债券募集办法，上市公司通过收购本公司股份的方式进行公司债券转换的除外。"

（二）发行公司债券的申请文件

《证券法》第 18 条规定："发行人依法申请公开发行证券所报送的申请文件的格式、报送方式，由依法负责注册的机构或部门规定。"

三、公司债券发行的程序

依据《证券法》第 16 条的规定，申请公开发行公司债券，应当向国务院授权的部门或者国务院证券监督管理机构报送下列文件：公司营业执照；公司章程；公司债券募集办法；国务院授权的部门或者国务院证券监督管理机构规定的其他文件以及保荐人出具的发行保荐书。公司债券发行遵循以下程序：首先进行决议程序，即由董事会决议，如发行可转换债券可由公司股东大会作出决议。其次进行债权人利益代表程序，《债券管理办法》设置了两种组织性保护制度，分别为公司债券受托管理人制度和债券持有人会议制度。接下来进行注册程序，依据《证券法》第 22 条的规定，证监会或国务院授权的部门应当自受理证券发行申请文件之日起 3 个月内，依照法定条件和法定程序作出予以注册或不予注册的决定，发行人根据要求补充、修改发行申请文件的时间不计算在内。不予注册的，应当说明理由。最后，对已经作出的允许公司债券注册发行的决定，发现不符合法定条件或程序且尚未发行的，应当予以撤销，停止发行；已经发行、尚未上市的，撤销注册发行决定，发行人应当按照发行价加算银行同期存款利息返还证券持有人，这就是撤销注册程序。

四、债券信用评级

（一）债券信用评级制度概述

债券信用评级（Bond Credit Rating），是由专门的信用评级机构根据发行人提供的信息材料，并通过调查、预测等手段，运用科学的分析方法，对拟发行的债券资金使用的合理性和按期偿还债券本息的能力及其风险程度所作的综合级别评定。[①] 通过债券评级可以让投资者知晓发行人的信誉和偿债的可靠程度，让投资者充分了解发行人，以有利于规避风险，作出理性的投资决策。

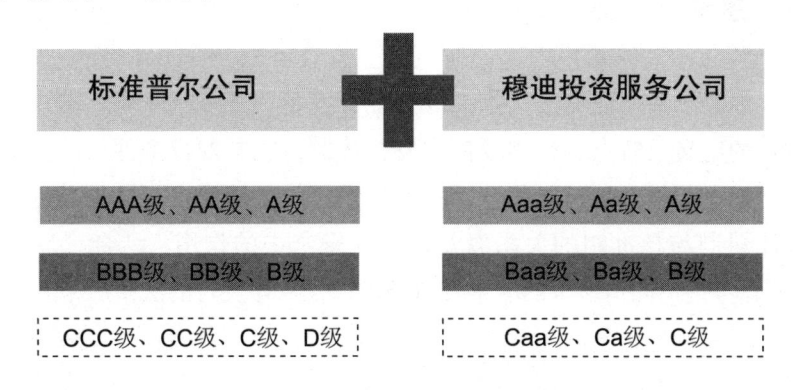

（二）债券信用评级等级标准

债券信用评级等级标准，是指本金和收益的安全性受经济形势影响程度及收益水平。在许多国家都有专门的债券信用评级机构，美国有标准普尔公司（S&P）、穆迪投资服务公司（Moody）、惠誉投资服务公司（Fith Ratings）和达夫菲尔普斯公司（Duff&Phelps），日本有日本公社债研究所、日本投资家服务公司和日本评级研究所，加拿大有自治区债券评级公司和加拿大债券评级公司，英国有国际银行信用分析公司。其中标准普尔公司、穆迪投资服务公司是世界上主流的信用评级机构。它们不受政府控制，也独立于证券交易所和证券公司，所作出的信用评级不具有向投资者推荐这些债券的含义，仅供投资者决策时参考，也不承担任何法律责任。

通常而言，A级公司债券的债券信誉最高，投资风险最小，能够保证本息如期支付。B级公司债券具有一定的投资风险，可能会对还本付息产生一定的影响。C级公司债券投资风险较大，到期后还本付息能力很低。标准普尔公司信用等级标准从高到低划分为：AAA级、AA级、A级、BBB级、BB级、B级、CCC级、CC级、C级、D级。穆迪投资服务公司信用等级标准从高到低划分为：Aaa级、Aa级、A级、Baa级、Ba级、B级、Caa级、Ca级、C级。（如图2.8所示）

图2.8 债券信用评级等级标准

[①] 吴晓求主编：《证券发行与承销》，中国人民大学出版社2001年版，第118页。

(三) 我国债券信用评级制度

我国的债券信用评级业务开展晚、发展慢，还没有形成权威性、独立性较强的合理的信用评级机构。1987年《企业债券管理条例》实施后，我国债券信用评级业务才获得逐步发展。2019年，由中国人民银行牵头，联合发展改革委、财政部和证监会共同制定了《信用评级业管理暂行办法》，规定设立资信评级机构无须政府批准，只要符合《公司法》规定的设立公司的条件即可，设立登记后30日内向业务主管部门备案。[①] 2021年，中国证监会发布的《证券市场资信评级业务管理暂行办法》（2021年修订）对公司债券和资产支持证券的评级规则作出了具体的规定，改变了我国证券市场信用评级业务长期缺乏业务管理规则的局面。尽管我国所有公开发行的公司债券都申请了信用评级，但市场规模小，行业水平要远远落后于发达国家。[②] 1988年我国第一家社会化的债券评估机构——上海远东资信评估有限公司（后更名为：远东资信评估有限公司）成立。在我国的评级机构中，具有代表性的机构除了远东资信评估有限公司外，还有中诚信国际信用评级有限责任公司、中证鹏元资信评估有限公司、联合资信评估股份有限公司和大公国际资信评估有限公司。

第四节　拓展学习

一、思考

本章内容涉及《证券法》第二章"证券发行"第9—34条。本章讲述了证券发行的定义、特点、种类及证券发行体制；股票发行条件、证券承销及股票发行程序；债券发行的概述、债券信用评级、债券发行条件及程序。重点掌握注册制与核准制的关系以及债券在融资中的作用。结合"欣泰电气案"，请思考：不同情形下的股票发行条件以及欺诈发行的法律后果。

[①] 朱锦清著：《证券法学（第五版）》，北京大学出版社2022年版，第109页。
[②] 王建文著：《证券法研究》，中国人民大学出版社2021年版，第134页。

二、参考法律法规

序号	法规名称	发文号	发文单位
1	科创板上市公司持续监管办法（试行）	证监会令第154号	中国证券监督管理委员会
2	证券发行与承销管理办法（2023年修订）	证监会令第208号	中国证券监督管理委员会
3	上市公司证券发行注册管理办法	证监会令第206号	中国证券监督管理委员会

三、本章阅读文献

（一）推荐阅读文章

公司债券非公开发行的规范模式[①]

内容摘要： 我国证券法采用两分法，将公司债券发行分为公开发行与非公开发行，并据此确定了公开发行优先适用证券法、非公开发行直接适用公司法的法律基础。然而，两分法划分标准有失周延，划分结果未必科学，难以适应债券市场的复杂与多变，容易产生规制效果偏离规制目标的情况。为了保护公众投资者利益，规范发行公司的债券融资行为，可以在两分法的基础上引入注册豁免规则，但应避免将注册豁免简单等同于非公开发行，或将之视为公开发行的对立物。通过发展注册豁免事由，将某些看似非公开发行的债券融资纳入发行注册，并将某些看似具备公开性的发行归入注册豁免，再通过引入转售控制规则，降低变相公开发行的概率，增强非公开发行规则的适应性。我国证券法应当确认交易商协会、证券业协会等自律组织在规范公司债券非公开发行中的监管职能。

关键词： 公司债券；非公开发行；私募；非法集资；注册制

[①] 叶林：《公司债券非公开发行的规范模式》，载《法学研究》2021年第3期。

（二）推荐延伸阅读文章

科创板注册制的实施机制与风险防范①

内容摘要：科创板注册制的推出是我国资本市场证券法治的重大变革。科创板实施注册制的总体思路是以市场化为导向，以信息披露为中心，以中介机构把关为基础，着力减少发行审核领域的行政干预，积极发挥市场在资源配置中的决定性作用。本文基于资本市场政府和市场关系的视角，从注册审核、信息披露、中介机构归位尽责、退市制度等几方面探讨科创板与注册制衔接的核心机制与实施路径，并针对科创板实施注册制的发行欺诈风险，从先行赔付制度的构建、投资者赔偿基金的功能转型、加重虚假陈述的责任力度等方面提出切实可行、科学有效的风险防范举措。

关键词：科创板；注册制；实施机制；风险防范

四、欣泰电气欺诈发行案

中国证监会行政处罚决定书（丹东欣泰电气股份有限公司、温德乙、刘明胜等 18 名责任人员）②
丹东欣泰电气股份有限公司与中国证券监督管理委员会行政诉讼案③

【基本案情】

2015 年 5 月，中国证监会在对欣泰电气现场检查时发现其涉嫌财务数据不真实、虚增经营活动现金流等违法线索。2015 年 6 月 17 日，中国证监会对欣泰电气立案调查。2015 年 7 月 14 日，中国证监会向欣泰电气送达调查通知书，就决定对其立案调查予以告知。2016 年 5 月 31 日，中国证监会向欣泰电气送达《行政处罚和市场禁入事先告知书》以及《听证通知书》。2016 年 6 月 17 日，中国证监会举行听证会。欣泰电气陈述申辩认为：（一）欣泰电气在对历年公告的财务报表进行追溯调整后的财务数据显示，其相关年度的净利润等实质发行条件的财务指标符合原《首次公开发行股票并在创业板上市

---

① 陈洁：《科创板注册制的实施机制与风险防范》，载《法学》2019 年第 1 期。
② 中国证监会行政处罚决定书〔2016〕84 号。
③ （2017）京行终 3243 号。

管理暂行办法》所规定的财务指标要求，因此欣泰电气不构成《证券法》第189条所述"发行人不符合发行条件，以欺骗手段骗取发行核准"的行为。（二）欣泰电气虚构收回应收账款的行为发生在2011年12月至2013年6月，已超出《中华人民共和国行政处罚法》（以下简称《行政处罚法》）规定的两年追责期限。（三）欣泰电气积极配合调查，尽力消除违法行为影响，具有从轻、减轻情节。中国证监会认为：（一）公开发行新股不仅要符合原《首次公开发行股票并在创业板上市管理暂行办法》规定的财务指标，更要符合《证券法》第13条规定的发行条件。《证券法》第13条规定，公司公开发行新股，应当符合"最近三年财务会计文件无虚假记载，无其他重大违法行为"的条件。欣泰电气在报送的IPO申请文件中，相关年度财务数据存在虚假记载，不符合《证券法》第13条规定的发行条件，应当按照《证券法》第189条予以处罚。（二）欣泰电气于2014年1月取得核准批复。中国证监会于2015年5月对欣泰电气进行现场检查时发现其违法行为，距2014年1月尚未超过两年，不存在超出法定追责期限的问题。（三）中国证监会在事先告知时，已在拟作出的行政处罚中充分考虑当事人配合调查的相关情节。2016年7月5日，中国证监会作出被诉处罚决定，并于2016年7月7日向欣泰电气送达。欣泰电气不服被诉处罚决定中针对公司的部分，向中国证监会申请行政复议。2016年11月30日，中国证监会作出被诉复议决定，决定维持被诉处罚决定中针对欣泰电气的部分，并于2016年12月8日送达欣泰电气。欣泰电气仍不服，向北京市第一中级人民法院提起本案诉讼。

【审判结果】

2017年2月28日，该案在北京市第一中级人民法院开庭审理。2017年5月4日，北京市第一中级人民法院作出一审公开宣判，认定欣泰电气相关违法行为成立，中国证监会作出的行政处罚并无不当，判决驳回欣泰电气的诉讼请求。欣泰电气不服，提起上诉。

2018年3月26日，北京市高级人民法院就欣泰电气不服证监会行政处罚诉讼案作出终审判决。法院认为，被诉处罚决定和被诉复议决定合法有据，一审判决驳回欣泰电气诉讼请求正确，应予支持；欣泰电气上诉主张不能成立，不予支持。法院判决，驳回上诉，维持一审判决。

【案件意义】

证监会正式认定欣泰电气欺诈发行并作出行政处罚，深交所当即启动退市程序。这意味着，欣泰电气将成为中国资本市场上第一家因为欺诈发行被退市的上市公司。欣泰电气诉证监会一案，二审在北京高院公开开庭审理，中央部级单位负责人首次出庭应诉，对资本市场具有标杆性意义，无疑将推动资本市场依法治市进程，对于维护公开、公平、公正的市场秩序大有裨益。法治是资本市场善治的根基，任何市场参与主体都必须敬畏法律、尊重法律、恪守法律。①

---

① 程丹：《欣泰电气案：依法治市的又一个标杆》，载《证券时报》2017年12月20日，第A01版。

第三章

证券交易

本章思维导图

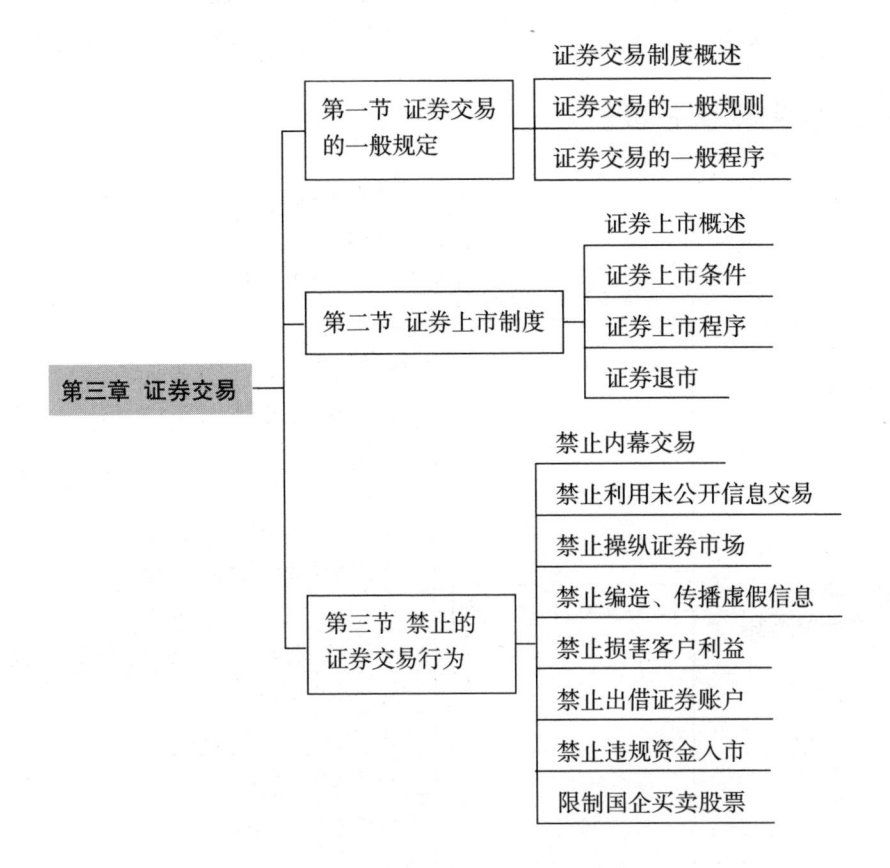

- 第三章 证券交易
  - 第一节 证券交易的一般规定
    - 证券交易制度概述
    - 证券交易的一般规则
    - 证券交易的一般程序
  - 第二节 证券上市制度
    - 证券上市概述
    - 证券上市条件
    - 证券上市程序
    - 证券退市
  - 第三节 禁止的证券交易行为
    - 禁止内幕交易
    - 禁止利用未公开信息交易
    - 禁止操纵证券市场
    - 禁止编造、传播虚假信息
    - 禁止损害客户利益
    - 禁止出借证券账户
    - 禁止违规资金入市
    - 限制国企买卖股票

本章涉及法条

《证券法》第三章"证券交易"第35—61条

第一节　证券交易的一般规定

本节思维导图

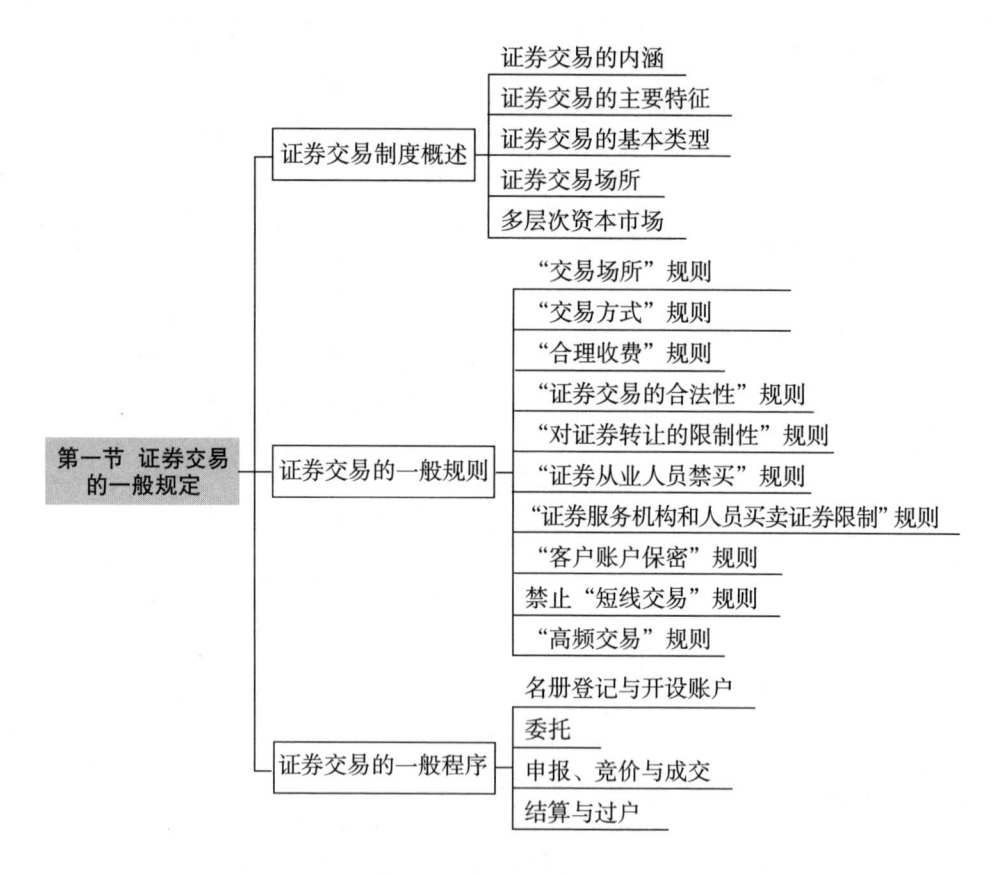

第一节 证券交易的一般规定
- 证券交易制度概述
  - 证券交易的内涵
  - 证券交易的主要特征
  - 证券交易的基本类型
  - 证券交易场所
  - 多层次资本市场
- 证券交易的一般规则
  - "交易场所"规则
  - "交易方式"规则
  - "合理收费"规则
  - "证券交易的合法性"规则
  - "对证券转让的限制性"规则
  - "证券从业人员禁买"规则
  - "证券服务机构和人员买卖证券限制"规则
  - "客户账户保密"规则
  - 禁止"短线交易"规则
  - "高频交易"规则
- 证券交易的一般程序
  - 名册登记与开设账户
  - 委托
  - 申报、竞价与成交
  - 结算与过户

一、证券交易制度概述

（一）证券交易的内涵

证券交易即证券买卖，是指证券持有人依照交易规则，借助证券交易场所，将证券转让给其他投资者的法律行为。证券交易发生在投资者之间，就是投资者在交易市场的买卖行为，包括集中交易、协议交易、场外交易等多种交易方式。①

根据证券交易的定义，可以看出证券交易的主体是参与证券交易活动的各类主体，包括证券市场投资者、中介机构以及证券服务机构。证券交易的客体包括了法定的证券品种。证券交易行为是投资者之间买卖证券的行为，其法律关系的本质是合同关系。②

（二）证券交易的主要特征

证券交易有以下几个特征：首先，证券交易必须在法定证券交易场所进行；其次，证券交易属于金融商品交易，有着一套特殊的交易规则；再次，证券交易的标的属于依法发行并交付的资本证券，其价值体现在证券所代表的财产权利；最后，证券交易是转让的一种，证券转让除了证券交易以外，还有赠与、继承、划拨、公司合并等，但这里的证券交易只限于买卖证券的行为。③

（三）证券交易的基本类型

根据交割期限和投资方式的不同，证券交易可以分为现货交易、期货交易、期权交易和信用交易。从现货交易到期货交易，直至信用交易，证券交易经历了从简单单一到复杂融合的发展过程。这些证券交易形式构成了证券交易的基本类型。

1. 证券现货交易

证券现货交易，是指现货交易的双方分别持有证券和货币，持券方与持币方一手交钱一手交券，现货交易双方在成交后交割证券与资金的交易方式。证券现货交易属于实物交易，交割风险较低。我国A股市场采取的是"T+1"的交易制度，即当日买入的股票，到下一个交易日才能卖出。早期的证券现货交易在成交后即时交付证券和价款，但在现代证券现货交易中，在成交与交割之间，也存在一定时间间隔，应当根据交易所规定的交割日期加以确定。我国1998年《证券法》规定："证券交易以现货进行交易。"2005年修改《证券法》时将此条改为："证券交易以现货和国务院规定的其他方式进行交易。"之后我国的证券期货交易、期权交易逐步都具备了条件。因此，2019年

---

① 邢会强主编：《证券法学（第二版）》，中国人民大学出版社2020年版，第87页。
② 邢会强主编：《证券法学（第二版）》，中国人民大学出版社2020年版，第88页。
③ 王建文著：《证券法研究》，中国人民大学出版社2021年版，第180页。

修订的《证券法》中彻底删除了关于证券现货交易的规定。

2. 证券期货交易

证券期货交易，是一种远期交易的形式，交易对象不是证券本身，而是期货合约，这种合约是由期货交易所统一制定的、规定在将来某一特定的时间和地点交割一定数量证券的标准化合约。[1] 期货交易是在现货交易的基础上发展起来的，与现货交易相对应。根据期货合约，交易的一方应当在交割期限内，向持有期货合约的另一方交付期货合约中指定数量的金融资产，也就是说交付的是金融资产，买的是期货合约。期货合约持有人可在合约期限到来之前转让期货合约，因此，期货合约的持有人会出现变化。期货交易中由于对期货价格走势的判断不同使得买卖双方可以靠"多头交易"[2] 与"空头交易"[3] 赚取价差。

3. 证券期权交易

证券期权交易，又称选择权交易，是指投资者为了获得证券市场价格波动带来的利益，通过支付期权费，约定在一定时间内，以特定价格买进、卖出，或放弃买卖指定证券的交易。证券期权交易不是证券的直接交易，而是赋予投资者一种选择权，其可在规定的时间内选择行使执行买卖证券期货合约的权利，也可以放弃行使该权利。期权交易可以分为看涨期权和看跌期权。看涨期权，又称买进期权，是指在合约规定的有效期内，合约持有人按照约定的价格和数量购进证券的权利，当证券市价高于合约价格加期权费用之和时，期权购买者可按合约规定的价格和数量购买证券，然后按市价出售，获取利润。看跌期权，又称卖出期权，是指投资者买入一个在一定时期内以合约价格卖出证券的权利，当证券价格在看跌期权的有效期内下跌到一定程度后，投资者行使期权，获得利润。

4. 证券信用交易

证券信用交易也可称为做空机制，是指以股指期货和股票期货为主的期货交易，投资者可以按照交易规则在还没有实际持有证券的情况下先行卖出证券，并在未来某一约定的期间再买入证券的交易。如果证券价格呈现下跌

---

[1] 王建文著：《证券法研究》，中国人民大学出版社2021年版，第183页。

[2] 多头交易是指证券投机者预计未来某一时期证券交割会上涨，在期货或期权市场先买入未来某日的期货合约，到期日来临时再卖出合约，以赚取价差获得利润的交易方式。

[3] 空头交易是证券投机者利用证券价格飞涨的时机，先借入大批的证券在市场上高价售出，等到将来证券价格下跌后，再低价买回证券，归还所借的证券，从而获取利益的一种证券投机交易。

走势，投资者就可以在先卖后买的股市下跌过程中获利。最典型的信用交易是保证金交易，投资者必须向经纪人交纳一定数额的保证金，才能进行此种交易。从广义上讲，证券信用交易涵盖证券期货交易、证券期权交易、保证金交易、证券质押贷款等四种形式。我国的证券信用交易仅仅指融资融券业务。[①] 融资融券业务是指向客户出借资金供其买入证券或者出借证券供其卖出，并收取担保物的经营活动。[②] 融资和融券是信用交易的形式。具体而言，融资是指投资人看好后期的证券市场，以一部分自由资金作为担保，向证券公司借钱购买股票，等到投资人卖出证券或者被强制平仓后，由其得到的金额来支付融资的利息及费用。融券是指投资人看跌后期的证券市场，为规避价格下跌风险，交纳一定比例的保证金，向证券公司借证券来卖，在规定期限内，投资人再买入同种类证券归还给证券公司的交易。

《全国法院民商事审判工作会议纪要》（以下简称《九民纪要》）明确将证券市场的信用交易纳入国家统一监管的范围，是维护金融市场透明度和金融稳定的重要内容。融资融券业务作为证券市场的主要信用交易方式，依法属于国家特许经营的金融业务，未经依法批准，任何单位和个人不得非法从事。

（四）证券交易场所

证券交易场所，又称证券流通市场、证券二级市场，是依法设立的、用以从事证券交易的场所，分为场内交易市场和场外交易市场。

场内交易市场又称证券交易所市场或集中交易市场，是指由证券交易所组织的集中交易市场，有固定的交易场所、交易活动时间以及交易规则，证券交易所接受和办理符合有关法律规定的证券上市买卖，投资者则通过证券商在证券交易所进行证券买卖。简单来说，场内交易市场就是证券交易所，包括上海证券交易所、深圳证券交易所和北京证券交易所[③]，场外交易市场是

[①] 王建文著：《证券法研究》，中国人民大学出版社 2021 年版，第 185 页。
[②] 参见《证券公司融资融券业务管理办法》第 2 条第 2 款。
[③] 北京证券交易所于 2021 年 9 月 3 日注册成立，是经国务院批准设立的我国第一家公司制证券交易所，受中国证监会监督管理。经营范围为依法为证券集中交易提供场所和设施、组织和监督证券交易以及证券市场管理服务等业务。

通过证券交易所以外的其他场所来进行证券发行和交易①。

场外交易市场，又称柜台交易市场，即OTC市场或店头市场，是指在证券交易所外进行证券买卖的市场，它没有一个固定的交易场所，没有严格可控的交易制度，也没有规定的会员的资格，交易方式往往是私下一对一的交易，交易主要利用大量分散的像投资银行等经营机构的证券柜台和主要电讯设施进行。在我国，它主要由全国中小企业股份转让系统和区域性股权交易市场构成。场外交易市场为不能在证券交易所上市交易的证券提供流通转让的场所，承担了拓宽融资渠道，改善中小企业融资环境，提供风险分层的金融资产管理渠道等职能。场外交易市场又分为机构间市场和柜台市场，机构间市场如我国的银行间市场，是面向金融机构等机构投资者的批发市场。

（五）多层次资本市场

多层次资本市场是为了适应不同企业、不同发展阶段的差异化融资需求及不同投资者的多元化投资需求而建立的分层次的金融产品交易市场。我国资本市场从20世纪90年代发展至今，形成了以上海证券交易所、深圳证券交易所、北京证券交易所为代表的高级交易所市场，以全国中小企业股份转让系统为代表的初级交易所市场和以区域性股权交易所为代表的场外交易市场。② 其中，证券交易所是我国证券市场的最高层次，在其内部还分为主板、创业板和科创板三个主要的层次。全国中小企业股份转让系统处于多层次资本市场的中间层次。区域性股权市场处于多层次资本市场的底端。《证券法》第37条为我国多层次资本市场发展奠定了良好的法律框架，加上《证券法》第97条"证券交易所、国务院批准的其他全国性证券交易场所可以根据证券品种、行业特点、公司规模等因素设立不同的市场层次"的规定，首次在法律上确立了我国多层次资本市场的体系。

1. 一板市场

第一层级是一板市场，一板市场也称为主板市场，指传统意义上的证券市场（通常指股票市场），是一个国家或地区证券发行、上市及交易的主要场

---

① 值得注意的是，中国证券业协会2015年7月29日发布的《场外证券业务备案管理办法》第2条明确了场外证券业务是指在上海、深圳证券交易所、期货交易所和全国中小企业股份转让系统以外开展的证券业务。

② 徐文鸣、张新悦、陶震：《多层次资本市场建设比较研究》，载《多层次资本市场研究》2021年第3期。

所。我国境内的主板市场在上海证券交易所和深圳证券交易所。截至2023年6月15日，上海证券交易所共有主板上市公司1690家，[1]深圳证券交易所共有主板上市公司1524家。[2]在主板市场上市的企业多为大型成熟企业，具有较大的资产规模及稳定的盈利能力，所以主板市场定位为给大型蓝筹企业提供融资服务。主板的上市条件也要高于其他板块。由于深圳证券交易所的主板和中小板这两个板块上市条件一致、交易规则趋同，早已开始同质化。为了优化深圳证券交易所板块的结构，更好地满足不同阶段企业发展的融资需求，2021年2月5日，中国证监会正式批复深圳证券交易所合并主板与中小板。[3] 2021年4月6日，深圳证券交易所的主板和中小板正式实施两板合并。主板市场是资本市场中最重要的组成部分，很大程度上能够反映经济发展状况，有"国民经济晴雨表"之称。主板市场一般为A股，沪市A股的代码是以600、601、603或605打头，深市A股的代码是以000打头。

2. 二板市场

第二层级是创业板市场，创业板又称二板市场，即第二股票交易市场，是与主板市场不同的一类证券市场，相对于主板而言，创业板上市条件较低。20世纪70年代，西方各国为了发展经济、推动中小型高新技术企业的发展，纷纷在主板市场外建立了创业板市场。创业板市场为中小型高科技企业提供了融资的便利，为其进一步发展提供了资金动力，客观上也积极推动了经济的发展。我国在2004年启动了有别于主板市场的创业板市场，专为暂时无法在主板市场上市的高成长性的创业型企业提供融资途径和成长空间的证券交易市场。创业板上市对象一般是具有潜在成长性的中小企业和新兴企业，对上市条件要求相对较低，交易方式灵活多样，是对主板市场的重要补充，在资本市场占有重要的位置。截至2023年6月15日，深圳证券交易所共有创业板上市公司1271家。[4] 创业板在深交所市场代码是以300打头。

---

[1] 上海证券交易所网：http：//www.sse.com.cn/，最后访问日期：2023年6月16日。
[2] 深圳证券交易所网：http：//www.szse.cn/index/index.html，最后访问日期：2023年6月16日。
[3] 合并深交所主板与中小板的总体思路是"两个统一、四个不变"，即统一业务规则，统一运行监管模式，保持发行上市条件不变、投资者门槛保持不变、交易机制不变、证券代码及简称不变。合并后的结构更简洁，便于统一管理，同步监管。深交所的主板和创业板各有侧重，相互补充发展。
[4] 资料来源：载深圳证券交易所网：http：//www.szse.cn/index/index.html，最后访问日期：2022年5月26日。

3. 科创板

2019年6月，上海证券交易所新开板了科创板市场，科创板是独立于主板市场的一个新兴市场，定位于符合国家战略、具有核心技术、行业领先、有良好发展前景和市场认可度的科技创新企业。① 科创板是我国最早开始试行股票发行注册制的板块。截至2023年6月15日，上海证券交易所共有科创板上市公司534家。② 科创板的代码是以688打头。

4. 新三板

第三层级是三板市场，三板市场的全称是全国中小企业股份转让系统，简称新三板。新三板是由中关村科技园区非上市股份公司进入"代办股份转让系统"脱胎而来。③ "代办股份转让系统"于2001年7月16日正式开办，最早承接原转让系统内的退市企业及原我国证券交易自动换价系统（STAQ系统）、NET系统挂牌公司，称为"老三板"。④ 2006年，中关村科技园区非上市股份公司进入代办股份转让系统进行股份报价转让，称为"新三板"。新三板是全国中小企业股份转让系统股份责任公司运营的全国中小企业股份转让系统，是针对全国进行股改的中小企业的一个交易场所。⑤ 新三板不再局限于中关村科技园区非上市股份有限公司，而是扩展到全国性的非上市股份有限公司股权交易平台，其是与上交所、深交所并立的第三个全国性股权交易市场，主要为创新型、创业型、成长型中小微企业的发展服务。随着新三板市场的逐步完善，在其内部设置了基础层、创新层和精选层，将符合不同标准的挂牌公司分别纳入不同层级进行区别化管理。

2021年11月15日，北京证券交易所开市，新三板精选层的71家挂牌公司平移至北京证券交易所。北京证券交易所上市公司由创新层公司产生，总体平移精选层各项基础制度，维持新三板基础层、创新层与北京证券交易所

---

① 根据《证监会发布关于在上海证券交易所设立科创板并试点注册制的实施意见》，在上海证券交易所设立科创板重点支持新一代信息技术、高端装备、新材料、新能源、节能环保以及生物医药等高新技术产业和战略性新兴产业，推动互联网、大数据、云计算、人工智能和制造业深度融合，引领中高端消费，推动质量变革、效率变革、动力变革。

② 上海证券交易所网：http://www.sse.com.cn/，最后访问日期：2023年6月16日。

③ 朱伟一：《证券法》，中国政法大学2018年版，第324页。

④ STAQ、NET两网系统是国家体改委20世纪90年代初办起的法人股权交易系统，1998年被取缔。

⑤ 新三板虽然有公开交易，但是非常受限，其面向合格投资者和企业内部发行证券，也只能在合格投资者之间进行交易，类似于私募、股权激励，是一种有限的公开发行证券，并不是一个完全流通的市场。

"层层递进"的市场结构，同步试点证券发行注册制。北京证券交易所与新三板现有创新层、基础层坚持统筹协调与制度联动，维护市场结构平衡。截至2023年6月15日，在全国中小企业股份转让系统挂牌的公司（包括基础层与创新层）共计6467家，[①] 在北京证券交易所挂牌的公司共计200家。[②] 北交所设立后，可以在一定程度上缓解我国初级交易所（新三板）发展面临的困境，但若想实现初级交易所与高级交易所良性错位发展，需要进一步提升流动性、交易所声誉资本和降低挂牌成本，与主板市场形成市值—成本的分离均衡。[③]

5. 区域性股权交易市场

第四层级是四板市场，是每个省内的区域股权交易市场，其服务对象为所在省级行政区域内的中小微企业，是为非公开发行证券的发行、转让提供场所和设施的私募市场及区域性市场，是我国多层次资本市场的重要组成部分。四板的交易是针对特定投资者转让，交易方式是协议转让，既提供股权融资，也提供债权融资。中国证监会于2022年1月7日公示了35家全国区域性股权市场运营机构备案名单。[④]

我国正逐步形成由主板、创业板、科创板、新三板、区域性股权交易市场以及投资性众筹交易市场在内的多层次资本市场体系。（如图3.1所示）

[①] 全国中小企业股份转让系统网：http://www.neeq.com.cn/，最后访问日期：2023年6月16日。

[②] 北京证券交易所网：http://www.bse.cn/static/statisticdata.html，最后访问日期：2023年6月16日。

[③] 徐文鸣、张新悦、陶震：《多层次资本市场建设比较研究》，载《多层次资本市场研究》2021年第3期。

[④] 目前全国建成35家区域性股权市场运营机构，包括：北京股权交易中心有限公司、天津滨海柜台交易市场股份公司、河北股权交易所股份有限公司、山西股权交易中心有限公司、内蒙古股权交易中心股份有限公司、辽宁股权交易中心股份有限公司、吉林股权交易所股份有限公司、哈尔滨股权交易中心有限责任公司、上海股权托管交易中心股份有限公司、江苏股权交易中心有限责任公司、浙江省股权交易中心有限公司、安徽省股权托管交易中心有限责任公司、海峡股权交易中心（福建）有限公司、江西联合股权交易中心股份有限公司、齐鲁股权交易中心有限公司、中原股权交易中心股份有限公司、武汉股权托管交易中心有限公司、湖南股权交易所有限公司、广东股权交易中心股份有限公司、广西北部湾股权交易所股份有限公司、海南股权交易中心有限责任公司、重庆股份转让中心有限责任公司、天府（四川）联合股权交易中心股份有限公司、贵州股权交易中心有限公司、云南省股权交易中心有限公司、陕西股权交易中心股份有限公司、甘肃股权交易中心股份有限公司、青海股权交易中心有限公司、宁夏股权托管交易中心（有限公司）、新疆股权交易中心有限公司、大连股权交易中心股份有限公司、宁波股权交易中心有限公司、厦门两岸股权交易中心有限公司、青岛蓝海股权交易中心有限责任公司、深圳前海股权交易中心有限公司。载中国证券监督管理委员会网：http://www.csrc.gov.cn/csrc/c106301/c1785463/content.shtml，最后访问日期：2022年7月22日。

图 3.1　多层次资本市场

二、证券交易的一般规则

证券交易时无法关注投资者的真实意思，而是高度关注证券交易的外观形式，双方完成了全部交易程序，证券交易就已经完成了。各国法律均对证券交易作出了严格限制。证券交易必须符合证券交易的独特规则。我国《证券法》从正反两方面对交易市场进行了规范，一方面是从正面建立证券市场的基本交易规则，规定了"交易场所"规则、"交易方式"规则，"合理收费"规则等；另一方面是从反面明确证券市场禁止交易的行为，包括"证券交易的合法性"规则、"对证券转让的限制性"规则、"证券从业人员禁买"规则、"证券服务机构和人员买卖证券限制"规则、"客户账户保密"规则、禁止"短线交易"规则及"高频交易"规则等。

证券交易规则既适用于股票、公司债券、存托凭证和国务院依法认定的其他证券，也适用于商事交易的政府债券和证券投资基金份额。[①]

（一）"交易场所"规则

《证券法》第 37 条规定："公开发行的证券，应当在依法设立的证券交易所上市交易或者在国务院批准的其他全国性证券交易场所交易。非公开发行的证券，可以在证券交易所、国务院批准的其他全国性证券交易场所、按照国务院规定设立的区域性股权市场转让。"

---

① 何海锋著：《证券法通识》，中国法制出版社 2022 年版，第 95 页。

根据这一条的表述，要注意证券交易场所是证券交易所的上位概念。除了证券交易所之外，还有其他类型的证券交易场所，比如全国中小企业股份转让系统及区域性股权交易市场等。证券交易场所应当依法依规设立，任何个人和机构不得非法开设证券交易场所。此外，还要注意区分对待公开发行证券的交易和非公开发行证券的转让。公开发行的证券必须在交易所及新三板进行上市交易。非公开发行的证券可以在证券交易所、新三板和区域性股权市场上转让。交易场所的多元化，有利于多层次资本市场的形成和培育，也为发展多层次资本市场留下了法律空间。

（二）"交易方式"规则

《证券法》第38条规定："证券在证券交易所上市交易，应当采用公开的集中交易方式或者国务院证券监督管理机构批准的其他方式。"

集中交易是指证券在证券交易所通过公开、集中竞价方式来实现成交的方式，是证券流通的主流交易方式。① 集中交易方式主要包括竞价交易和大宗交易。

竞价交易是指投资者发出买卖指令，证券公司按照时间序号向证券交易所主机输入指令，按照价格优先、时间优先原则，通过竞价方式撮合成交，最终确定证券的买卖价格。竞价交易采用电脑集合竞价和连续竞价两种方式。电脑集合竞价，是指对一段时间内接受的买卖申报一次性集中撮合的竞价方式。② 连续竞价，是指对买卖申报逐笔连续撮合的竞价方式。③ 连续竞价期间未成交的买卖申报，自动进入收盘集合竞价。

大宗交易，是指证券单笔买卖申报达到证券交易所规定的某一数额或规模时，该项证券买卖由证券交易所按照特殊的交易方式成交。我国现行大宗

---

① 周友苏主编：《证券法新论》，法律出版社2020年版，第386页。

② 集合竞价分为开盘集合竞价和收盘集合竞价，我国上海证券交易所仅确认了前者，深圳证券交易所则对两者都进行了确认。按照我国证券交易所的交易规则，每个交易日上午的9：15—9：25是开盘集合竞价时间。按照深圳证券交易所交易规则，14：57—15：00是收盘集合竞价时间。在开盘集合竞价时间内，证券交易所主机只接受买卖申报而不成交，在正式开市前一瞬间，证券交易所主机将所有的买卖盘价格和数量进行处理，开盘集合竞价形成的基准价格，称为该证券当天的开盘价格。深圳证券交易所证券的收盘价通过集合竞价的方式产生。收盘集合竞价不能产生收盘价的，以当日该证券最后一笔交易前一分钟所有交易的成交量加权平均价为收盘价；当日无成交的，以前收盘价为当日收盘价。

③ 上海证券交易所的连续竞价时间是每个交易日的9：30—11：30以及13：00—15：00；深圳证券交易所的连续竞价时间为每个交易日的9：30—11：30以及13：00—14：57。每个交易日在此时间段内按照价格优先及时间优先的原则确定每一笔证券交易的具体价格。

交易采取了买卖双方按照"一对一"模式在场外协商定价，大宗交易的时间是在正常交易时间之外。① 大宗交易在为投资者大量买卖证券提供便利的同时，也避免了单笔交易规模过大对竞价交易产生的冲击。②

除了集中交易方式之外，还有其他的证券交易方式，但必须经过国务院证券监督管理机构批准，包括协议转让及报价转让等。协议转让是"一对一"的交易模式，投资者不借助证券集中竞价交易系统，经交易双方充分协商后订立协议，向证券交易所、证券登记结算机构申请办理上市公司流通股转让的交易方式。报价转让，又称做市商制度，是指由取得做市商资格的证券公司作为特许交易商，不断向投资者报出某些特定证券的买卖价格，投资者按照做市商给出的价格买进证券，或将证券卖给做市商，做市商收取买进和卖出报价的差额。做市商通过这种不断买卖来维持市场的流动性，满足公众投资者的投资需求。《证券法》第120条对证券做市交易进行了明确规定，正式确立了证券做市交易制度。

为了适应社会经济的不断发展，我们还需要逐步丰富交易方式，但为了防止金融风险，保护投资者的合法利益，维护社会经济秩序和社会公共利益，在我国，采取除证券交易所公开的集中交易方式以外的其他方式进行证券交易的，必须经国务院证券监督管理机构批准。

（三）"合理收费"规则

《证券法》第43条规定："证券交易的收费必须合理，并公开收费项目、收费标准和管理办法。"从目前来看，我国证券交易费用主要包括以下三项：发行公司需支付的上市费用；投资者需支付的证券交易费用；券商进入证券交易所从事证券业务，应向证券交易所支付的有关费用。对于投资者而言，证券交易的收费就是指投资者在委托买卖证券时应支付的各种税收和费用的总和，包括印花税、佣金、过户费、经手费、委托费、结算费及其他费用。

（四）"证券交易的合法性"规则

证券的严格监管是为了保护广大投资者的利益，如果允许非依法发行的

---

① 上海证券交易所的大宗交易时间为正常交易日的15：00—15：30进行；深圳证券交易所的大宗交易时间为正常交易日的14：55前输入，每日收盘后由深圳证券交易所进行成交确认。

② 郭锋等著：《中华人民共和国证券法制度精义与条文评注》，中国法制出版社2021年版，第251页。

证券买卖，整个金融市场就无秩序可言。《证券法》第 35 条规定："证券交易当事人依法买卖的证券，必须是依法发行并交付的证券。非依法发行的证券，不得买卖。"《证券法》第 39 条规定："证券交易当事人买卖的证券可以采用纸面形式或者国务院证券监督管理机构规定的其他形式。"按照上述规定，在市场上交易的任何证券都必须是合法的证券，即已经由法定的主管部门核准或批准且已经发行并交付的、形式合法的证券。这是对证券交易的标的所作出的最基本的限制。

（五）"对证券转让的限制性"规则

证券转让对期限及转让主体均进行了限制。《证券法》第 36 条规定："依法发行的证券，《中华人民共和国公司法》和其他法律对其转让期限有限制性规定的，在限定的期限内不得转让。上市公司持有百分之五以上股份的股东、实际控制人、董事、监事、高级管理人员，以及其他持有发行人首次公开发行前发行的股份或者上市公司向特定对象发行的股份的股东，转让其持有的本公司股份的，不得违反法律、行政法规和国务院证券监督管理机构关于持有期限、卖出时间、卖出数量、卖出方式、信息披露等规定，并应当遵守证券交易所的业务规则。"

根据《公司法》第 141 条的规定，发起人及高管的股份转让期限限制包括：（1）发起人持有的本公司股份，自公司成立之日起一年内不得转让。（2）公司公开发行股份前已发行的股份，自公司股票在证券交易所上市交易之日起一年内不得转让。（3）公司董事、监事、高级管理人员应当向公司申报所持有的本公司的股份及其变动情况，在任职期间每年转让的股份不得超过其所持有本公司股份总数的 25%；所持本公司股份自公司股票上市交易之日起一年内不得转让。上述人员离职后半年内，不得转让其所持有的本公司股份。公司章程可以对公司董事、监事、高级管理人员转让其所持有的本公司股份作出其他限制性规定。

（六）"证券从业人员禁买"规则

《证券法》第 40 条规定："证券交易场所、证券公司和证券登记结算机构的从业人员，证券监督管理机构的工作人员以及法律、行政法规规定禁止参与股票交易的其他人员，在任期或者法定限期内，不得直接或者以化名、借他人名义持有、买卖股票或者其他具有股权性质的证券，也不得收受他人赠送的股票或者其他具有股权性质的证券。任何人在成为前款所列人员时，其原已持有的股票或者其他具有股权性质的证券，必须依法转让。实施股权激励计划或者员工持股计划的证券公司的从业人员，可以按照国务院证券监督管理机构的规定持有、卖出本公司股票或者其他具有股权性质的证券。"根据此规定，禁止持有和买卖股票或者其他具有股权性质的证券的人员包括：证券交易场所、证券公司和证券登记结算机构的从业人员；证券监督管理机构的工作人员；法律、行政法规规定禁止参与股票交易的其他人员。上述三类人员不得直接或者以化名、借他人名义持有、买卖股票或者其他具有股权性质的证券；不得收受他人赠送的股票或者其他具有股权性质的证券；在其任职前合法持有的股票或其他具有股权性质的证券必须在任职时依法转让。上述这些被禁止的行为均有任期或法定期限的限制。《证券法》第187条规定，如违反《证券法》第40条的规定，将责令依法处理非法持有的股票、其他具有股权性质的证券，没收违法所得，并处以买卖证券等值以下的罚款；属于国家工作人员的，还应当依法给予处分。

（七）"证券服务机构和人员买卖证券限制"规则

《证券法》第42条还规定了禁止证券服务机构和人员特定时期交易，具体内容为"为证券发行出具审计报告或者法律意见书等文件的证券服务机构和人员，在该证券承销期内和期满后六个月内，不得买卖该证券。除前款规定外，为发行人及其控股股东、实际控制人，或者收购人、重大资产交易方出具审计报告或者法律意见书等文件的证券服务机构和人员，自接受委托之日起至上述文件公开后五日内，不得买卖该证券。实际开展上述有关工作之日早于接受委托之日的，自实际开展上述有关工作之日起至上述文件公开后五日内，不得买卖该证券。"此条是对特定证券服务机构和人员买卖证券的限制规则。《证券法》第188条规定了相应的法律责任，即责令依法处理非法持有的证券，没收违法所得，并处以买卖证券等值以下的罚款。

（八）"客户账户保密"规则

为证券交易开立的证券账户和资金账户，是投资者进行证券交易的记录，也是证明投资者权益的资料凭据。我国证券交易实行实名制，证券交易所、证券公司、证券登记结算机构能够合法掌握证券投资客户账户的信息，但其必须对客户所开立的账户保密，以防止他人非法利用，损害客户利益。《证法》第41条规定："证券交易场所、证券公司、证券登记结算机构、证券服务机构及其工作人员应当依法为投资者的信息保密，不得非法买卖、提供或者公开投资者的信息。证券交易场所、证券公司、证券登记结算机构、证券服务机构及其工作人员不得泄露所知悉的商业秘密。"依据此条规定，特定主体不得非法买卖、提供或者公开投资者的信息，不得泄露商业秘密。

(九) 禁止"短线交易"规则

短线交易是与长线交易相对的短线投资，具体指上市公司内部人在法定期间内对该上市公司的证券为相匹配的反向交易的行为。[1] 我国在证券法中对短线交易归入权制度作出了明确规定。《证券法》第44条规定："上市公司、股票在国务院批准的其他全国性证券交易场所交易的公司持有百分之五以上股份的股东、董事、监事、高级管理人员，将其持有的该公司的股票或者其他具有股权性质的证券在买入后六个月内卖出，或者在卖出后六个月内又买入，由此所得收益归该公司所有，公司董事会应当收回其所得收益。但是，证券公司因购入包销售后剩余股票而持有百分之五以上股份，以及有国务院证券监督管理机构规定的其他情形的除外。前款所称董事、监事、高级管理人员、自然人股东持有的股票或者其他具有股权性质的证券，包括其配偶、父母、子女持有的及利用他人账户持有的股票或者其他具有股权性质的证券。公司董事会不按照第一款规定执行的，股东有权要求董事会在三十日内执行。公司董事会未在上述期限内执行的，股东有权为了公司的利益以自己的名义直接向人民法院提起诉讼。公司董事会不按照第一款的规定执行的，负有责任的董事依法承担连带责任。"根据该规定，短线交易的主体要件为上市公司、股票在国务院批准的其他全国性证券交易场所交易的公司持有百分之五以上股份的股东、董事、监事、高级管理人员。[2] 短线交易的客体为股票或其他具有股权性质的证券。[3] 短线交易的行为要件必须包含一组方向相反的买进与卖出行为。短线交易的期限我国规定为6个月，与各国证券法的规定保持一致。短线交易的后果为短线交益所获得的收益归公司所有。

---

[1] 王建文著：《证券法研究》，中国人民大学出版社2021年版，第213页。
[2] 在我国司法实践中，这些人员的认定通常以公司章程及股东会、董事会决议的记载为依据。参见王建文著：《证券法研究》，中国人民大学出版社2021年版，第213页。
[3] 其他具有股权性质的证券主要是存托凭证，这里排除了债券和基金等其他证券。

(十)"高频交易"规则

高频交易主要倚靠股价在一两秒内的微小变动来迅速进行大批量交易,交易速度有时需用零点几秒来计算,极度频繁的交易和很小的股价变化是高频交易得以赚钱的途径。由于速度非常快,人力完全无法胜任,所以只能依靠大型计算机以及预先设定的计算机程序来承担重任。

过去大型投资机构为了控制风险,也会设定各种计算机程序进行自动交易,这种交易一般是在股价或股市突然剧烈波动时,为了把损失控制在一定程度而强行平仓。《证券法》第45条规定:"通过计算机程序自动生成或者下达交易指令进行程序化交易的,应当符合国务院证券监督管理机构的规定,并向证券交易所报告,不得影响证券交易所系统安全或者正常交易秩序。"

三、证券交易的一般程序

投资者必须通过具有经纪资格的证券公司进行证券交易,投资者通过证券公司进行证券交易的程序为名册登记与开设账户,委托,申报、竞价与成交,结算与过户。(如图3.2所示)

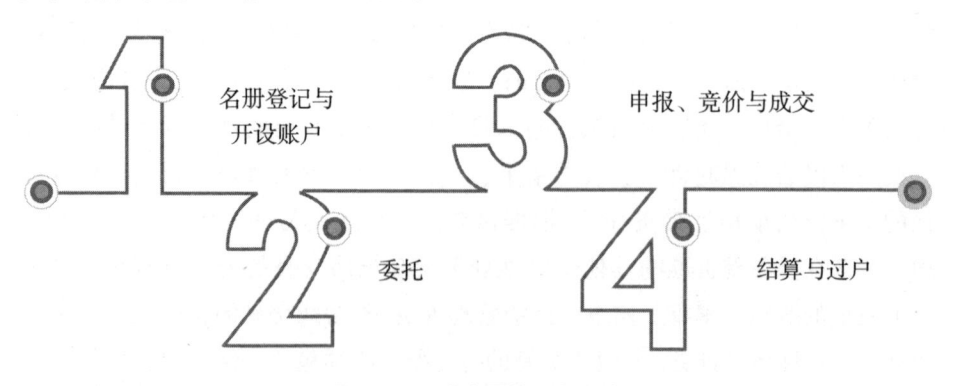

图 3.2　证券交易的一般程序

(一)名册登记与开设账户

名册登记分为个人名册登记和法人名册登记两种。个人名册登记应载明登记日期和委托人的基本情况、联系方式,并留存印鉴或签名式样,如果有委托代理人,还需留存书面授权书。法人名册登记应当载明法定代表人及证券交易执行人的基本情况和法定代表人的书面授权书。根据法律规定,属于下列情况之一者，不予办理个人名册登记，包括：证券从业人员；因违反证券法，经有关机关认定为市场禁入者；未成年人未经法定监护人的代理或允许者。

开设账户就是指投资者在证券公司分别开设证券账户与资金账户，开设账户是投资者进行证券买卖的基本条件。证券账户是为投资者开出的、记载其证券持有及变更的权利凭证，也分为个人证券账户与法人证券账户。在完成证券账户开立后，投资者可以向有资格的证券公司申请开立资金账户，资金账户主要用于存储投资者的存款和卖出股票时的价金，两个账户均开齐才能进行证券交易。在证券交易完成时，只需要在证券账户与资金账户之间进行相应的划拨即可，不用实际支付或提取证券或现金。实践中，投资者在开立证券账户的同时就一并申请开立资金账户。《证券法》第157条第1款规定："投资者委托证券公司进行证券交易，应当通过证券公司申请在证券登记结算机构开立证券账户。证券登记结算机构应当按照规定为投资者开立证券账户。"开立证券账户实行实名制。证券登记结算机构可以直接为投资者开立证券账户，也可以委托证券公司代为办理。《证券法》第131条第1款规定："证券公司客户的交易结算资金应当存放在商业银行，以每个客户的名义单独立户管理。"资金账户中的资金由证券公司代为转存银行。资金账户也实行实名制，与证券账户的户名一致。

（二）委托

投资者不能直接进入证券交易所参与集中竞价交易，必须通过委托其开户的证券公司进行证券买卖。故，证券交易的委托是指投资者在买卖证券时，必须在营业时间内向证券公司发出买卖指令，证券公司审查并接受指令后，与客户形成买卖证券的委托关系。

订立委托合同的大致程序是：首先，委托人交付保证；其次，委托人提出委托，填写委托单；最后，证券公司按照开户协议、交易规则及相关法律法规规定，审查委托指令并接受委托。

投资者向证券公司发出买卖指令时必须详细说明以下内容：股东账户及密码；委托序号和时间；证券名称；委托买进或卖出的数量；交易性质；交易价格；委托期限；证券账户和资金账户等。证券公司不可接受全权交易委托，即由证券公司全权决定买卖的证券种类、数量和价格；也不能接受保证金交易委托，即仅由少量的资金或证券作为保证，作交易量较大的委托。

（三）申报、竞价与成交

申报是证券交易所会员向交易所交易主机发送证券买卖指令的行为。证券竞价交易采用集合竞价和连续竞价两种方式。集合竞价是指规定时间内接受的买卖申报一次性集中撮合的竞价方式。连续竞价是指对买卖申报逐笔连续撮合的竞价方式。当前竞价交易阶段未成交的买卖申报，自动进入当日后续竞价交易阶段。成交是指证券公司相互间通过交易所内竞价，就买卖证券的价格和数量达成一致的行为，一般均是通过计算机进行和完成的。交易所计算机主机收到买卖申报后，即按证券品种、买卖价格和数量排列，发出已接受的通知，并向证券公司打印"买卖申报回单"，确认要约或承诺。计算机将各方买卖申报按规定的顺序原则自动撮合成交。一经成交，即向双方证券公司发出通知。

（四）结算与过户

证券交易的结算是指证券买卖成交后，买卖双方通过交易清算系统进行资金和证券的交付与收讫，具体包括清算和交收两部分。清算是指按照确定的规则计算证券和资金的应收应付数额的行为，并不发生财产的实际转移，清算分为证券公司结算与证券登记结算公司清算两个步骤。交收也称为交割，是指证券登记结算公司根据清算结果，进行证券的转移与资金的划拨。交收也分为两个步骤，证券公司负责办理与客户之间的交收，证券登记结算公司负责办理与证券公司之间的交收。

过户在这里指证券交易成交后，买卖双方通过证券公司以及证券登记结算公司进行证券权利的转移和过户登记。中国证券登记结算有限责任公司建立电子化证券登记簿记系统，根据证券交易的交收结果，由其计算机系统自动办理集中交易过户登记，并提供交割单。[①] 根据现有交易规则，投资者在证券买卖成交后的下一个营业日，证券登记结算机构为其办理完过户登记手续，并提供交割单。所以，投资者买进的证券，只能在下一个营业日卖出，称为"T+1"规则。

---

① 《中国证券登记结算有限责任公司证券登记规则》（中国结算发〔2023〕28号）第15条。

第二节 证券上市制度

本节思维导图

```
第二节 证券上市制度
├── 证券上市概述
│   ├── 证券上市的定义与意义
│   └── 证券上市、证券发行与证券交易的关系
├── 证券上市条件
│   ├── 证券上市的一般条件
│   ├── 证券交易所规定的股票上市条件
│   └── 证券交易所规定的公司债券上市条件
├── 证券上市程序
│   ├── 上市保荐
│   └── 证券上市申请
└── 证券退市
    ├── 终止上市
    └── 复核机制
```

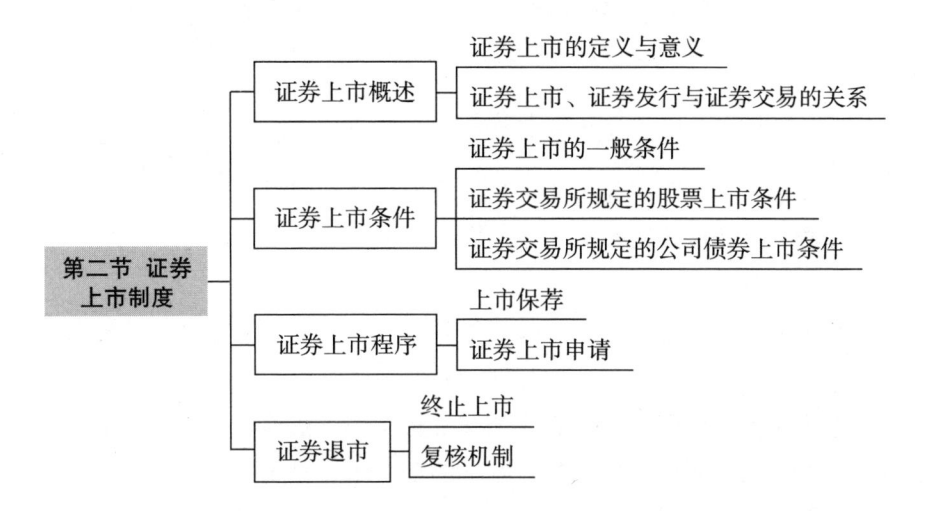

一、证券上市概述

（一）证券上市的定义与意义

证券上市是已经依法发行的证券经证券交易所审核后，在交易所公开挂牌交易的法律行为。

在我国，证券上市均特指在证券交易所上市，不包括在其他交易场所挂牌交易。因此，凡是在证券交易所内买卖的证券均称为上市证券，包括股票、公司债券、存托凭证、基金份额及其他证券衍生品种；因股票上市是证券上市的核心，相应的上市股票的发行人被称为上市公司，其他上市证券的发行人不能被称为上市公司。证券上市简单地说就是使得公司股票进入交易市场，让公司股票流通起来。那公司上市有什么好处呢？

对上市公司而言，首先，公司可以进行更大规模的融资，也提高了证券的流通性和变现能力；其次，可以避免证券集中到少数投资者手中，形成大股东控制公司，有利于提高公司运营能力，完善公司治理机制；再次，公司

上市可以通过股票期权计划或员工认股方案，形成员工激励机制；又次，公司可利用股票进行兼并收购与资产重组，增加公司并购机会，使得公司获得扩张能力；最后，公司上市还能提升公司的信誉和知名度。对于投资者而言，首先，为投资者提供了一个连续、便利买卖证券的市场；其次，信息披露为投资者决策提供了依据，减少了投资风险；最后，通过委托证券公司在证券交易所买卖证券，降低了投资成本。证券上市对于监管者的意义在于证券上市加强了其对上市公司经营行为的监督与检查，从而保障证券市场健康发展。

（二）证券上市、证券发行与证券交易的关系

证券发行之后，要实现在证券交易所进行交易的目标，就必须通过证券上市。证券上市是连接证券发行与证券交易的桥梁。

1. 证券上市与证券发行的关系

发行证券是为了让发行人能够筹集到资金，而证券上市是为了提高证券的流通性。在以前核准制下，公开发行并上市是捆绑的，证监会允许发行股票马上就上市。在注册制下，股票公开发行是一个法律行为，而上市是第二个法律行为，两者是分割的，公开发行的证券未必是上市证券。在证券公开发行中，我国实行注册制，交易所负责审核，证监会负责注册，在本书第二章中已经详细阐述过。证券上市完全是一个契约行为，让上市公司与证券交易所来博弈，签订上市协议，强化了证券交易所的自治地位。现在对于公开发行的门槛降低了，法律不刻意要求发行公司挣钱，但是在上市阶段就有上市要求了，也就是说上市发行的门槛高于公开发行的门槛。只有依法发行的证券，才有申请上市的资格。《证券法》2019年修订后确立了证券发行注册制，由证券交易所确定上市条件，证券交易所审核发行条件和上市条件，证监会注册发行。

2. 证券上市与证券交易的关系

证券上市是让已发行的证券取得在证券交易所上市的资格，其不同于证券交易。证券交易是证券上市的目的，证券上市就是为实现证券的流通。发行人可以申请将所发行的证券在证券交易所进行交易，也可以选择在其他证券交易场所进行挂牌转让。发行人没有获得证券交易所的交易资格的，只能在场外市场进行交易。因此，证券上市是启动证券场内交易和场外交易的前提，上市证券必须在证券交易所内进行交易。

二、证券上市条件

(一) 证券上市的一般条件

各国证券法大多仅就证券上市条件进行了原则性的规定,具体的上市条件由证券交易所进行规定。我国《证券法》也没有对证券上市条件作具体的规定,而是由证券交易所执行证券上市审核权,并授权证券交易所通过上市规则进行规定。根据《证券法》第 46 条规定:"申请证券上市交易,应当向证券交易所提出申请,由证券交易所依法审核同意,并由双方签订上市协议。证券交易所根据国务院授权的部门的决定安排政府债券上市交易。"根据《证券法》第 47 条规定:"申请证券上市交易,应当符合证券交易所上市规则规定的上市条件。证券交易所上市规则规定的上市条件,应当对发行人的经营年限、财务状况、最低公开发行比例和公司治理、诚信记录等提出要求。"

(二) 证券交易所规定的股票上市条件

证券交易所对在主板、科创板及创业板首次公开发行股票的上市条件进行了具体的规定,但交易所没有明确地规定上市公司发行新股的上市条件,因此,上市公司发行新股的上市条件仅符合《证券法》规定的最低标准的上市条件即可。

1. 主板股票上市条件

《上海证券交易所股票上市规则》(2023 年 8 月修订) 第 3.1.1 条[①]与《深圳证券交易所股票上市规则》(2023 年修订) 第 3.1.1 条对首次公开发行股票的上市条件作了完全相同的规定。按照其规定,发行人首次公开发行股票后申请其股票上市,应当符合下列条件:(1) 股票经中国证监会核准已公开发行;(2) 具备健全且运行良好的组织机构;(3) 具有持续经营能力;(4) 公司股本总额不少于人民币 5000 万元;(5) 公开发行的股份达到公司股

[①] 《上海证券交易所股票上市规则》(2023 年 8 月修订) 第 3.1.1 规定:"境内发行人申请首次公开发行股票并在本所上市,应当符合下列条件:(一) 符合《证券法》、中国证监会规定的发行条件;(二) 发行后的股本总额不低于 5000 万元;(三) 公开发行的股份达到公司股份总数的 25% 以上;公司股本总额超过 4 亿元的,公开发行股份的比例为 10% 以上;(四) 市值及财务指标符合本规则规定的标准;(五) 本所要求的其他条件。本所可以根据市场情况,经中国证监会批准,对上市条件和具体标准进行调整。"

份总数的 25% 以上；公司股本总额超过人民币 4 亿元的，公开发行股份的比例为 10% 以上；（6）公司及其控股股东、实际控制人最近 3 年不存在贪污、贿赂、侵占财产、挪用财产或者破坏社会主义市场经济秩序的刑事犯罪；（7）最近 3 个会计年度财务会计报告均被出具无保留意见审计报告；（8）本所要求的其他条件。

2. 创业板股票上市条件

《深圳证券交易所创业板股票上市规则》（2023 年修订）第 2.1.1 条对发行人申请在深圳证券交易所创业板首次公开发行的股票上市，规定了下列条件：（1）符合中国证监会规定的创业板发行条件；（2）发行后股本总额不低于 3000 万元；（3）公开发行的股份达到公司股份总数的 25% 以上；公司股本总额超过 4 亿元的，公开发行股份的比例为 10% 以上；（4）市值及财务指标符合本规则规定的标准；（5）本所要求的其他上市条件。

3. 科创板股票上市条件

《上海证券交易所科创板股票上市规则》（2020 年修订）第 2.1.1 条对发行人申请在上海证券交易所科创板首次公开发行的股票上市，规定了下列条件：（1）符合中国证监会规定的发行条件；（2）发行后股本总额不低于人民币 3000 万元；（3）公开发行的股份达到公司股份总数的 25% 以上；公司股本总额超过人民币 4 亿元的，公开发行股份的比例为 10% 以上；（4）市值及财务指标符合本规则规定的标准；（5）本所规定的其他上市条件。

（三）证券交易所规定的公司债券上市条件

我国《证券法》对公司债券上市条件没有作出特别规定，因此，关于公司债券上市条件适用《证券法》第 47 条关于证券上市条件的原则性规定，并适用证券交易所关于债券上市规则的具体上市条件。

1. 公司债券上市条件

《上海证券交易所公司债券上市规则》（2023 年修订）第 2.1 条[①]与《深

[①] 《上海证券交易所公司债券上市规则》（2023 年修订）第 2.1 条规定："发行人申请债券上市，应当符合下列条件：（一）符合《证券法》等法律、行政法规规定的公开发行条件；（二）经有权部门注册并依法完成发行；（三）债券持有人符合本所投资者适当性管理规定；（四）本所规定的其他条件。本所可以根据市场情况，调整债券上市条件。"

圳证券交易所公司债券上市规则》（2022 年修订）第 2.1 条及 2.2 条[①]对公司债券上市条件作出了大致相同的具体规定。按照上述规定，企业申请债券上市，应当符合下列条件：（1）符合《证券法》规定的上市条件；（2）经有权部门核准并依法完成发行；（3）债券持有人符合证券交易所投资者适当性管理规定；（4）交易所规定的其他条件。

2. 可转换公司债券上市条件

《上海证券交易所股票上市规则》（2023 年 8 月修订）与《深圳证券交易所股票上市规则》（2023 年修订）对可转换公司债券上市条件进行了完全相同的规定。按照其规定，上市公司申请新股、可转换公司债券上市时，仍应当符合股票、可转换公司债券的相关发行条件。[②]

三、证券上市程序

证券上市程序不可缺少上市保荐人的保荐，之后由证券发行人按照证券交易所要求的文件进行上市申请，公司债券在上市申请之前还有一个预审核程序；接下来是证券交易所的上市委员会对证券上市申请进行审核，审核通过后由证券发行人与证券交易所签订上市协议；之后由证券发行人于上市前发布上市公告；最后，证券发行人挂牌交易，完成证券上市程序。

（一）上市保荐

《上海证券交易所股票上市规则》（2023 年 8 月修订）第 12.2.1 条与《深圳证券交易所股票上市规则》（2023 年修订）第 12.2.1 条均规定："本所实行股票及其衍生品种上市保荐制度。发行人、上市公司向本所申请股票及其衍生品种在本所上市，以及股票被终止上市后公司申请其股票重新上市的，应当由保荐人保荐。中国证监会和本所另有规定的除外。保荐人应当为同时

[①] 《深圳证券交易所公司债券上市规则》（2023 年修订）第 2.1 条规定："发行人申请债券在本所上市，应当符合下列条件：（一）符合《证券法》等法律、行政法规规定的公开发行条件；（二）经有权部门同意予以注册并依法完成发行；（三）符合本所投资者适当性管理相关规定；（四）本所规定的其他条件。本所可以根据市场情况，调整债券上市条件。"第 2.2 条规定："债券申请在本所上市的，发行人应当在发行前根据相关法律法规、本规则以及本所其他相关规定，明确交易机制和投资者适当性安排。"

[②] 参见《上海证券交易所股票上市规则》（2023 年 8 月修订）第 3.2.5 条与《深圳证券交易所股票上市规则》（2023 年修订）第 3.2.5 条。

具有保荐业务资格和本所会员资格的证券公司。"按照沪深两个交易所股票上市规则的规定，保荐人应当与发行人、上市公司签订保荐协议，明确双方在公司申请上市期间、申请重新上市期间和持续督导期间的权利和义务。保荐人应当在签订保荐协议时指定两名保荐代表人具体负责保荐工作，作为保荐人与本所之间的指定联络人。保荐人保荐股票及其衍生品种上市时，应当向本所提交上市保荐书、保荐协议、保荐人和保荐代表人的相关证明文件、保荐代表人专项授权书，以及与上市保荐工作有关的其他文件。①

（二）证券上市申请

1. 股票上市申请

《上海证券交易所股票上市规则》（2023年8月修订）、《深圳证券交易所股票上市规则》（2023年修订）及《深圳证券交易所公司债券上市规则》（2023年修订）对首次公开发行的股票上市申请、上市公司新股和可转换公司债券的上市申请时需要向证券交易所报送的文件进行了具体的规定。②《证

---

① 参见《上海证券交易所股票上市规则》（2023年8月修订）第12.2.2条、第12.2.3条、第12.2.4条及《深圳证券交易所股票上市规则》（2023年修订）第12.2.2条、第12.2.3条及第12.2.4条。

② 《上海证券交易所股票上市规则》（2023年8月修订）第3.1.1条规定："境内发行人申请首次公开发行股票并在本所上市，应当符合下列条件：（一）符合《证券法》、中国证监会规定的发行条件；（二）发行后的股本总额不低于5000万元；（三）公开发行的股份达到公司股份总数的25%以上；公司股本总额超过4亿元的，公开发行股份的比例为10%以上；（四）市值及财务指标符合本规则规定的标准；（五）本所要求的其他条件。本所可以根据市场情况，经中国证监会批准，对上市条件和具体标准进行调整。"第3.2.6条规定："上市公司向本所申请向不特定对象发行的股票上市，应当提交下列文件：（一）上市申请书；（二）按照有关规定编制的上市公告书；（三）发行结束后经会计师事务所出具的验资报告；（四）中国结算对新增股份已登记托管的书面确认文件；（五）董事、监事和高级管理人员持股情况变动的报告；（六）本所要求的其他文件。"第3.2.7条规定："上市公司向本所申请可转换公司债券上市，应当提交下列文件：（一）上市申请书；（二）按照有关规定编制的上市公告书；（三）发行结束后经会计师事务所出具的验资报告；（四）中国结算对新增可转换公司债券已登记托管的书面确认文件；（五）受托管理协议；（六）本所要求的其他文件。"第3.2.8条规定："上市公司应当在向不特定对象发行的股票或者可转换公司债券等证券上市至少3个交易日前，在符合条件的媒体披露下列文件和事项：（一）上市公告书；（二）本所要求的其他文件和事项。"

《深圳证券交易所公司债券上市规则》（2023年修订）第3.1.1条规定："信息披露义务人应当根据法律法规、本规则以及本所其他相关规定，及时、公平地披露信息，并保证所披露或者报送的信息真实、准确、完整，简明清晰，通俗易懂，不得有虚假记载、误导性陈述或者重大遗漏。不能保证信息披露的真实、准确、完整的，应当作出相应声明并说明理由。"第3.2.6条规定："发行人应当在债券本金或者利息兑付日前披露本金、利息兑付安排情况的公告。"第3.2.7条规定："债券附投资者回售条款的，发行人应当在回售申报起始日前披露回售程序、回售申报期、回售价格、回售资金到账日和转售安排等内容，并在回售申报结束日前至少披露三次。回售、转售（如有）完成后，发行人应当及时披露债券回售、转售（如有）情况及其影响。"第3.2.8条规定："债券附发行人调整票面利率条款的，发行人应当按照约定的日期披露票面利率调整公告；调整票面利率条款与回售业务相关的，发行人应当于回售申报起始日前至少披露三次票面利率调整相关公告。"

券法》中对股份有限公司申请股票上市交易应向证券交易所报送的文件没有作出规定，但两个交易所具体规定了需要报送的申请文件，两个交易所的规定除个别差别外，要求基本相同。

2. 公司债券上市申请

我国《证券法》没有对申请公司债券上市交易应向证券交易所报送的文件进行明确的规定，但《上海证券交易所公司债券上市规则》（2023年修订）与《深圳证券交易所公司债券上市规则》（2023年修订）对公司债券上市申请作出了基本相同的规定，[1] 且均规定了公司债券发行人应当在发行前向交易所申请债券上市预审核。

股票上市程序和债券上市程序，如图3.3所示。

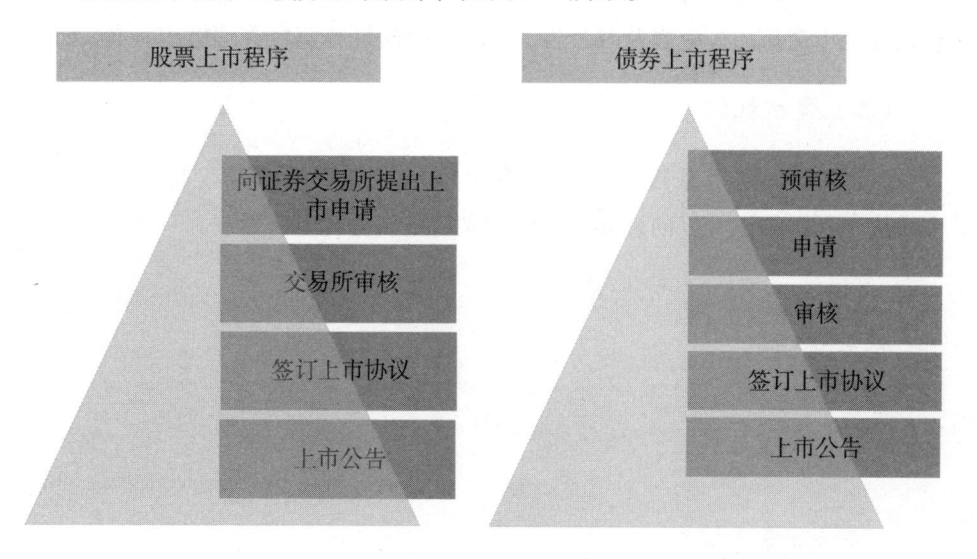

股票上市程序
- 向证券交易所提出上市申请
- 交易所审核
- 签订上市协议
- 上市公告

债券上市程序
- 预审核
- 申请
- 审核
- 签订上市协议
- 上市公告

图3.3 证券上市程序

四、证券退市

公司证券上市后也不是一劳永逸，仍然要认真经营，如果不努力经营公

---

[1] 《上海证券交易所公司债券上市规则》（2023年修订）第2.2条规定："债券申请在本所上市的，发行人应当在发行前根据相关法律法规、本规则及本所其他规则的规定，明确交易机制和投资者适当性安排。"

《深圳证券交易所公司债券上市规则》（2023年修订）第2.2条规定："债券申请在本所上市的，发行人应当在发行前根据相关法律法规、本规则以及本所其他相关规定，明确交易机制和投资者适当性安排。"

司，出现了证券交易所规定的终止上市的情形，那就会面临退市的风险。退市由交易所决定，报证监会备案。交易所针对不同板块的特点对其股票强制退市的部分标准作出了差异化的规定，具体见交易所的股票上市规则。证券退市具有优化金融资源的配置，保护投资公众的利益，以及提高上市公司的整体质量的积极意义。当然，对证券交易所作出的终止上市交易决定不服的，可以向证券交易所设立的复核机构申请复核。

（一）终止上市

《证券法》第48条规定，"上市交易的证券，有证券交易所规定的终止上市情形的，由证券交易所按照业务规则终止其上市交易。证券交易所决定终止证券上市交易的，应当及时公告，并报国务院证券监督管理机构备案。"

（二）复核机制

《证券法》第49条规定，"对证券交易所作出的不予上市交易、终止上市交易决定不服的，可以向证券交易所设立的复核机构申请复核。"

第三节 禁止的证券交易行为

本节思维导图

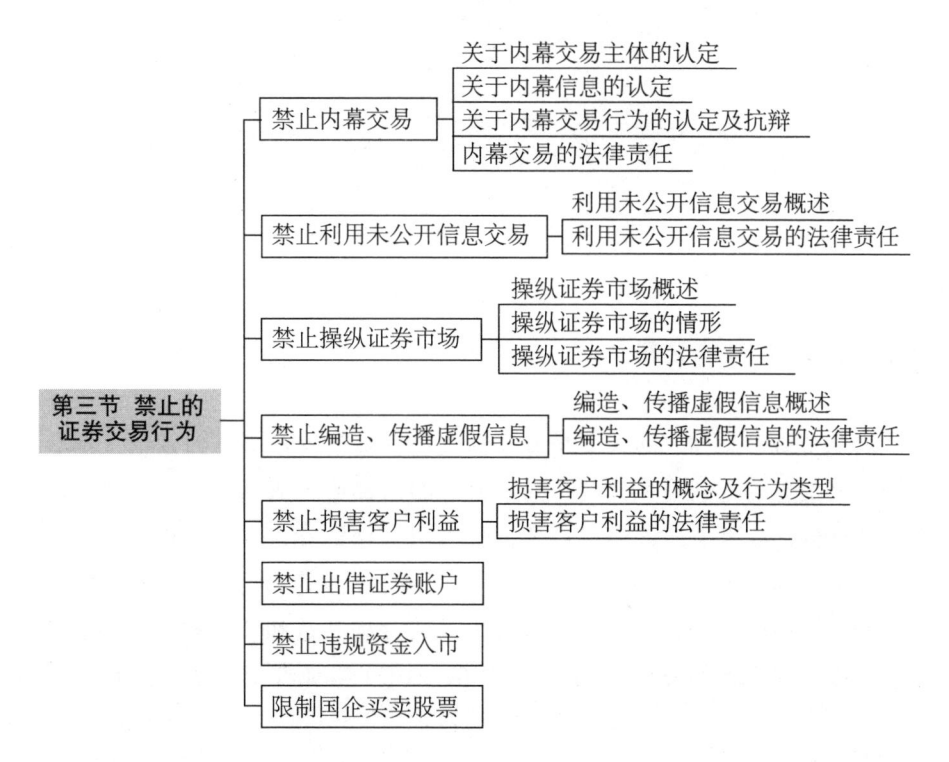

```
第三节 禁止的证券交易行为
├── 禁止内幕交易
│   ├── 关于内幕交易主体的认定
│   ├── 关于内幕信息的认定
│   ├── 关于内幕交易行为的认定及抗辩
│   └── 内幕交易的法律责任
├── 禁止利用未公开信息交易
│   ├── 利用未公开信息交易概述
│   └── 利用未公开信息交易的法律责任
├── 禁止操纵证券市场
│   ├── 操纵证券市场概述
│   ├── 操纵证券市场的情形
│   └── 操纵证券市场的法律责任
├── 禁止编造、传播虚假信息
│   ├── 编造、传播虚假信息概述
│   └── 编造、传播虚假信息的法律责任
├── 禁止损害客户利益
│   ├── 损害客户利益的概念及行为类型
│   └── 损害客户利益的法律责任
├── 禁止出借证券账户
├── 禁止违规资金入市
└── 限制国企买卖股票
```

证券市场是为投资者进行公平的交易而设立的，禁止不正当的证券交易行为。《证券法》第 5 条规定："证券的发行、交易活动，必须遵守法律、行政法规；禁止欺诈、内幕交易和操纵证券市场的行为。"不正当的证券交易行为主要包括内幕交易、利用非公开信息交易、操纵证券市场、编造、传播虚假信息、损害客户利益、出借证券账户、违规资金入市及限制国企买卖股票等，具体规定在《证券法》的第 50—61 条。（如图 3.4 所示）

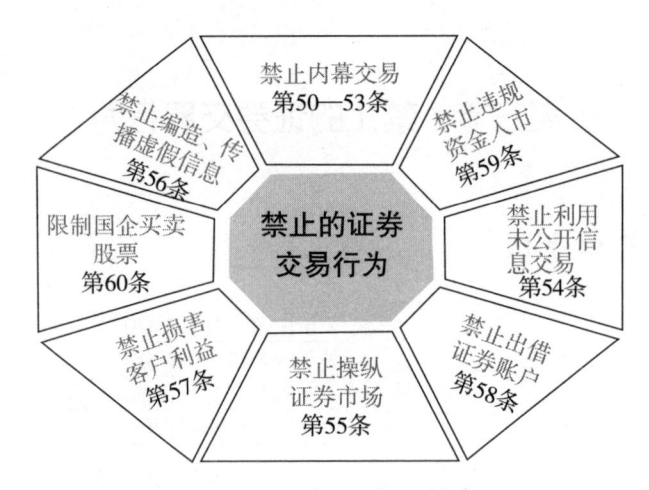

图 3.4　八种禁止的证券交易行为

一、禁止内幕交易

内幕交易，又称内部人交易或知情交易，是指内幕信息的知情人和非法获取内幕信息的人利用掌握的、尚未公开的内部信息买入或卖出所持有的该公司的证券，或者泄露该信息或建议他人买卖该证券，以期获得额外利益或者避免损失的行为。[①] 内幕交易属于证券交易中的欺诈行为，会给投资者的整体信心带来损害，不利于保护投资者个人的合法利益和市场利益，必须进行禁止，以实现市场的公平。[②] 美国最早在《1934 年证券交易法》中规定了包

[①] 施天涛著：《商法学》（第五版），法律出版社 2018 年版，第 266 页。

[②] 反欺诈理论（anti-fraud theory）和市场理论（market theory）是各国禁止内幕交易立法的基础理论。其中，反欺诈理论认为：知悉公司重大且未公开信息之人，在其买卖证券时，如果未披露相关信息，对于不知道该项信息的交易对方即构成欺诈。此理论为基础的内幕交易制度保护的核心利益是投资者个人利益。美国《1934 年证券交易法》是此理论的典型代表。市场理论认为：一个健全的市场应当使投资者享有平等获取信息的权利，保障投资者之间在信息平等的基础上进行公平交易，才能使其对证券市场充满信心。此理论为基础的内幕交易制度所保护的核心利益为市场利益，即证券市场的诚信。世界上在禁止内幕交易方面占主导地位的理论是市场理论/信息平等理论。欧盟《禁止内幕交易和市场操纵指令》和英国 2000 年《金融服务与市场法》是市场理论的典型代表。转引自傅穹、曹理：《禁止内幕交易立法理念转换及其体系效应——从反欺诈到市场诚信》，载《法律科学》2013 年第 6 期。

括禁止内幕交易在内的各种证券欺诈行为①，之后法国于 1970 年通过修法明确禁止内幕交易。直到 1980 年，美国与法国仍然是全球仅有的两个全面禁止内幕交易的国家，之后各国逐渐立法禁止内幕交易。② 内幕交易的三个核心要素是知情人、内幕信息和内幕交易行为，《证券法》第 50 条、第 51 条、第 52 条、第 53 条以及第 191 条对内幕交易进行了具体的规定。

（一）关于内幕交易主体的认定

内幕交易的主体为内幕信息的知情人和非法获取内幕信息的人。不同国家对其的称谓不同，有的称为内幕人，有的称为内部人。根据《证券法》的规定，知情人依法承担禁止买卖义务、保密义务和禁止建议他人买卖证券的法定义务。

所谓内幕信息的知情人，又称内幕人、内部人，是指知悉证券交易内幕信息的知情人员，具体包括：（1）发行人及其董事、监事、高级管理人员；（2）持有公司 5%以上股份的股东及其董事、监事、高级管理人员，公司的实际控制人及其董事、监事、高级管理人员；（3）发行人控股或者实际控制的公司及其董事、监事、高级管理人员；（4）由于所任公司职务或者因与公司业务往来可以获取公司有关内幕信息的人员；（5）上市公司收购人或者重大资产交易方及其控股股东、实际控制人、董事、监事和高级管理人员；（6）因职务、工作可以获取内幕信息的证券交易场所、证券公司、证券登记结算机构、证券服务机构的有关人员；（7）因职责、工作可以获取内幕信息的证券监督管理机构工作人员；（8）因法定职责对证券的发行、交易或者对上市公司及其收购、重大资产交易进行管理可以获取内幕信息的有关主管部门、监管机构的工作人员；（9）国务院证券监督管理机构规定的可以获取内幕信息的其他人员。

从上述列举我们可以看出，我国《证券法》规定的内幕人既包括与公司有直接关系的公司内部人员，也包括来自公司外部、与公司有业务联系的人员，还包括从上述人处取得尚未公开的内幕消息的人员。从这里可以看出，

---

① 美国《参议院银行与货币委员会 1934 年报告》表明："公司的董事和高管公然背叛其执业诚信义务而运用其信托和在其职位上所能接触秘密信息的地位在市场行为中为其提供帮助是小组委员会的听证所发掘出的最不道德的行为。与这种滥用紧密相连的是大股东对内部信息肆无忌惮地利用……从而使其能够获得他人不能获得的信息并利用其牟利。"转引自［美］路易斯·罗思、乔尔·赛里格曼著：《美国证券监管法基础》，张路等译，法律出版社 2008 年版，第 483 页。

② 王建文：《证券法研究》，中国人民大学出版社 2021 年版，第 523 页。

我国《证券法》规定的内幕人范围包括了所有知悉内幕信息的人,已经没有太多限制。此外,实践中还有一些通过非法手段或非法途径获得内幕信息的人,如窃取、骗取内幕信息的人,这里不包括被动型获取内幕信息的人员,我们把他们归为非法获取内幕信息的人,他们也属于禁止的主体对象。

(二) 关于内幕信息的认定

内幕信息,是指证券交易活动中,涉及发行人的经营、财务或者对该发行人证券的市场价格有重大影响的尚未公开的信息。[①] 根据这个定义,我们可以看出内幕信息有两个要素:第一,内幕信息是涉及发行人的经营、财务或者证券价格敏感的尚未公开的信息;第二,内幕信息是对证券价格产生重大影响的信息。未公开性主要是指对于应当披露的信息尚未依照法定时间和法定的程序予以公开。重大性是指对证券价格产生重大影响的可能性,根据《证券法》的规定,只有符合重大性标准的信息才能构成内幕信息。《证券法》第80条和第81条分别规定了可能对股票的交易价格产生重大影响的内幕信息[②]

[①] 《证券法》第52条第1款。

[②] 依据《证券法》第80条第2款的规定,可能对公司的股票交易价格产生较大影响的重大事件包括:(一) 公司的经营方针和经营范围的重大变化;(二) 公司的重大投资行为,公司在一年内购买、出售重大资产超过公司资产总额百分之三十,或者公司营业用主要资产的抵押、质押、出售或者报废一次超过该资产的百分之三十;(三) 公司订立重要合同、提供重大担保或者从事关联交易,可能对公司的资产、负债、权益和经营成果产生重要影响;(四) 公司发生重大债务和未能清偿到期重大债务的违约情况;(五) 公司发生重大亏损或者重大损失;(六) 公司生产经营的外部条件发生的重大变化;(七) 公司的董事、三分之一以上监事或者经理发生变动,董事长或者经理无法履行职责;(八) 持有公司百分之五以上股份的股东或者实际控制人持有股份或者控制公司的情况发生较大变化,公司的实际控制人及其控制的其他企业从事与公司相同或者相似业务的情况发生较大变化;(九) 公司分配股利、增资的计划,公司股权结构的重要变化,公司减资、合并、分立、解散及申请破产的决定,或者依法进入破产程序、被责令关闭;(十) 涉及公司的重大诉讼、仲裁,股东大会、董事会决议被依法撤销或者宣告无效;(十一) 公司涉嫌犯罪被依法立案调查,公司的控股股东、实际控制人、董事、监事、高级管理人员涉嫌犯罪被依法采取强制措施;(十二) 国务院证券监督管理机构规定的其他事项。

公司的控股股东或者实际控制人对重大事件的发生、进展产生较大影响的,应当及时将其知悉的有关情况书面告知公司,并配合公司履行信息披露义务。

以及可能对上市交易公司债券的交易价格产生较大影响的重大事件。①

(三) 关于内幕交易行为的认定及抗辩

根据《证券法》第53条第1款的规定，内幕交易行为，是指证券交易内幕信息的知情人和非法获取内幕信息的人，在内幕信息公开前买卖该公司的证券，或者泄露该内幕信息，或者建议他人买卖该证券的行为。因此，内幕交易行为包括了买卖相关证券、泄露内幕信息及建议他人买卖证券。泄露内幕信息是指知情人将内幕信息泄露给其他不应当知悉内幕消息的人。买卖证券包括以自己名义或委托他人以他人名义买卖证券。建议他人买卖证券是指知情人推荐、劝说他人进行证券买卖。

1. 内幕交易行为的认定

2012年公布的《最高人民法院、最高人民检察院关于办理内幕交易、泄露内幕信息刑事案件具体应用法律若干问题的解释》（法释〔2012〕6号），明确规定内幕交易行为包括：（1）内幕信息知情人的交易；（2）利用窃取、骗取、套取、窃听、利诱、刺探或者私下交易等手段获取内幕信息的交易；（3）内幕信息知情人员的近亲属或者其他与内幕信息知情人员关系密切的人员，在内幕信息敏感期内，从事或者明示、暗示他人从事，或者泄露内幕信息导致他人从事与该内幕信息有关的证券、期货交易，相关交易行为明显异常，且无正当理由或者正当信息来源的；（4）在内幕信息敏感期内，与内幕信息知情人员联络、接触，从事或者明示、暗示他人从事，或者泄露内幕信息导致他人从事与该内幕信息有关的证券、期货交易，相关交易行为明显异

---

① 依据《证券法》第81条第2款的规定，可能对上市交易公司债券的交易价格产生较大影响的重大事件包括：（一）公司股权结构或者生产经营状况发生重大变化；（二）公司债券信用评级发生变化；（三）公司重大资产抵押、质押、出售、转让、报废；（四）公司发生未能清偿到期债务的情况；（五）公司新增借款或者对外提供担保超过上年末净资产的百分之二十；（六）公司放弃债权或者财产超过上年末净资产的百分之十；（七）公司发生超过上年末净资产百分之十的重大损失；（八）公司分配股利，作出减资、合并、分立、解散及申请破产的决定，或者依法进入破产程序、被责令关闭；（九）涉及公司的重大诉讼、仲裁；（十）公司涉嫌犯罪被依法立案调查，公司的控股股东、实际控制人、董事、监事、高级管理人员涉嫌犯罪被依法采取强制措施；（十一）国务院证券监督管理机构规定的其他事项。

常，且无正当理由或者正当信息来源的。①

人民法院可以通过以下情形确认内幕交易行为成立，具体包括：（1）《证券法》第 74 条规定的证券交易内幕信息知情人，进行了与该内幕信息有关的证券交易活动；（2）《证券法》第 74 条规定的内幕信息知情人的配偶、父母、子女以及其他有密切关系的人，其证券交易活动与该内幕信息基本吻合；（3）因履行工作职责知悉上述内幕信息并进行了与该信息有关的证券交易活动；（4）非法获取内幕信息，并进行了与该内幕信息有关的证券交易活动；（5）内幕信息公开前与内幕信息知情人或知晓该内幕信息的人联络、接触，其证券交易活动与内幕信息高度吻合。②

2. 内幕交易行为的抗辩

在明确了内幕交易的认定标准之后，我们再来梳理一下内幕交易的抗辩理由，主要包括法律上的规定、司法解释的规定以及监管部门的规定。

法律上的抗辩事由就是《证券法》规定的公司收购情形。具体指持有或通过协议、其他安排与他人共同持有上市公司 5% 以上股份的自然人、法人或其他组织收购该上市公司的股份。

《最高人民法院、最高人民检察院关于办理内幕交易、泄露内幕信息刑事案件具体应用法律若干问题的解释》中所列的抗辩事由主要包括四点：第一，

---

① 《最高人民法院、最高人民检察院关于办理内幕交易、泄露内幕信息刑事案件具体应用法律若干问题的解释》第 1 条规定："下列人员应当认定为刑法第一百八十条第一款规定的'证券、期货交易内幕信息的知情人员'：（一）证券法第七十四条规定的人员；（二）期货交易管理条例第八十五条第十二项规定的人员。"第 2 条规定："具有下列行为的人员应当认定为刑法第一百八十条第一款规定的'非法获取证券、期货交易内幕信息的人员'：（一）利用窃取、骗取、套取、窃听、利诱、刺探或者私下交易等手段获取内幕信息的；（二）内幕信息知情人员的近亲属或者其他与内幕信息知情人员关系密切的人，在内幕信息敏感期内，从事或者明示、暗示他人从事，或者泄露内幕信息导致他人从事与该内幕信息有关的证券、期货交易，相关交易行为明显异常，且无正当理由或者正当信息来源的；（三）在内幕信息敏感期内，与内幕信息知情人员联络、接触，从事或者明示、暗示他人从事，或者泄露内幕信息导致他人从事与该内幕信息有关的证券、期货交易，相关交易行为明显异常，且无正当理由或者正当信息来源的。"

② 最高人民法院 2011 年发布的《关于审理证券行政处罚案件证据若干问题的座谈会纪要》（法〔2011〕225 号）第 5 条关于内幕交易行为的认定问题中认为："监管机构提供的证据能够证明以下情形之一，且被处罚人不能作出合理说明或者提供证据排除其存在利用内幕信息从事相关证券交易活动的，人民法院可以确认被诉处罚决定认定的内幕交易行为成立：（一）证券法第七十四条规定的证券交易内幕信息知情人，进行了与该内幕信息有关的证券交易活动；（二）证券法第七十四条规定的内幕信息知情人的配偶、父母、子女以及其他有密切关系的人，其证券交易活动与该内幕信息基本吻合；（三）因履行工作职责知悉上述内幕信息并进行了与该信息有关的证券交易活动；（四）非法获取内幕信息，并进行了与该内幕信息有关的证券交易活动；（五）内幕信息公开前与内幕信息知情人或知晓该内幕信息的人联络、接触，其证券交易活动与内幕信息高度吻合。"

持有或通过协议、其他安排与他人共同持有上市公司5%以上股份的自然人、法人或其他组织收购该上市公司股份的；第二，按照事先订立的书面合同、指令、计划从事相关证券、期货交易的；第三，依据已被他人披露的信息而交易的；第四，交易具有其他正当理由或者正当信息来源的。①

从禁止内幕交易的立法目的考量，对禁止内幕交易制度进行重构时，内幕信息不应再局限于发行人内部信息，而只需具备重大性和未公开性；内幕交易主体无须具备特定身份，而只需知悉内幕信息；内幕交易行为也不必以交易结果为条件，而只需滥用不公平的信息优势。对于由此可能产生的规制过度的风险，则完全可以通过增加法定除外情形的方式予以消除。如此方能维护公平诚信的市场秩序及提升投资者信心。②

（四）内幕交易的法律责任

内幕交易违法行为同时涉及了民事责任、行政责任和刑事责任。

1. 民事责任

《证券法》第53条第3款规定，内幕交易行为给投资者造成损失的，应当依法承担赔偿责任。依据此条，《证券法》正式确立了内幕交易民事赔偿责任。民事损害赔偿责任的制度设计是规制内幕交易的最好手段，通过对赔偿主体的确定、因果关系及规则的认定、损失额的确定等制度设计，平衡其他投资者与内幕交易侵权人之间的利益。③ 这一条明确的责任主体是内幕信息的知情人与非法获取内幕信息的人，但由于缺乏具体的赔偿规则，内幕交易的赔偿十分困难。

（1）内幕交易民事诉讼原告资格的认定

《证券法》并没有对内幕交易原告资格作出规定，司法实践中内幕交易的民事赔偿案件也极为少见。从学理上看，被告为内幕交易的行为人，原告为与内幕交易行为进行相反交易的投资者。原告需要具备四个要件：第一，内

---

① 《最高人民法院、最高人民检察院关于办理内幕交易、泄露内幕信息刑事案件具体应用法律若干问题的解释》第4条规定："具有下列情形之一的，不属于刑法第一百八十条第一款规定的从事与内幕信息有关的证券、期货交易：（一）持有或者通过协议、其他安排与他人共同持有上市公司百分之五以上股份的自然人、法人或者其他组织收购该上市公司股份的；（二）按照事先订立的书面合同、指令、计划从事相关证券、期货交易的；（三）依据已被他人披露的信息而交易的；（四）交易具有其他正当理由或者正当信息来源的。"

② 曹理：《新〈证券法〉下内幕交易认定的理念转换与制度重构——以光大证券"乌龙指"案为对象的分析》，载《西南民族大学学报》（人文社会科学版）2022年第1期。

③ 崔金珍：《从法律责任视角论证券市场内幕交易行为监管》，载《法学杂志》2018年第6期。

幕交易赔偿请求权人必须是善意的，即不知道内幕消息。第二，必须是实际买卖证券的人。第三，实施了与被告交易行为相反的操作。第四，操作必须是内幕交易期间①从事相反交易的人。

（2）内幕交易民事责任因果关系的认定

内幕交易中，原告通常很难证明其损害与内幕交易违法行为之间存在因果关系。为此，一些国家和地区确立了内幕交易民事责任因果关系推定原则，即只要投资者在内幕交易的同时作出反向投资并由此在价格上表现出受到损失，就可以推定其损失与内幕交易之间存在因果关系，再无须投资者证明损失因果关系存在。②易言之，凡是从事与内幕交易行为方向相反交易的投资者，其所受到的损失即推定为知情人内幕交易所造成的损失。我国目前对此尚未有明确规定。

（3）内幕交易损害赔偿的范围与计算方法

《证券法》仅对内幕交易损害赔偿进行了原则性的规定，并没有具体规定损害赔偿的范围与计算方法。司法实践中，内幕交易损害赔偿民事诉讼数量较少，法院通常依据个案来酌情确定。通常是按照投资者在内幕交易时间段内的交易价格与基准价格的差额，乘以具体的交易数量，来确定投资者的损失。

2. 行政责任

《证券法》第191条对内幕交易的行政责任进行了明确规定。依据《证券法》第191条，证券交易内幕信息的知情人和非法获取内幕信息的人，在内幕信息公开前，不得买卖该公司的证券，或者泄露该信息，或者建议他人买卖该证券。内幕交易行为给投资者造成损失的，责令依法处理非法持有的证券，没收违法所得，并处以违法所得1倍以上5倍以下的罚款；没有违法所得或者违法所得不足3万元的，处以3万元以上60万元以下的罚款。单位从事内幕交易的，还应当对直接负责的主管人员和其他直接责任人员给予警告，并处以3万元以上30万元以下的罚款。证券监督管理机构工作人员进行内幕交易的，从重处罚。

3. 刑事责任

《刑法》第180条第1款、第2款、第3款规定了内幕交易、泄露内幕信

---

① 目前各国（地区）理论和司法实践通常将同期交易限定为与内幕交易发生的同一天。转引自：王建文著：《证券法研究》，中国人民大学出版社2021年版，第532页。

② 王建文著：《证券法研究》，中国人民大学出版社2021年版，第533页。

息罪,具体内容为:"证券、期货交易内幕信息的知情人员或者非法获取证券、期货交易内幕信息的人员,在涉及证券的发行,证券、期货交易或者其他对证券、期货交易价格有重大影响的信息尚未公开前,买入或者卖出该证券,或者从事与该内幕信息有关的期货交易,或者泄露该信息,或者明示、暗示他人从事上述交易活动,情节严重的,处五年以下有期徒刑或者拘役,并处或者单处违法所得一倍以上五倍以下罚金;情节特别严重的,处五年以上十年以下有期徒刑,并处违法所得一倍以上五倍以下罚金。单位犯前款罪的,对单位判处罚金,并对其直接负责的主管人员和其他直接责任人员,处五年以下有期徒刑或者拘役。内幕信息、知情人员的范围,依照法律、行政法规的规定确定。"

根据上述规定,犯罪主体是任何内幕信息的知情人员,包括个人和单位。主观态度必须是故意,目的是通过内幕交易、泄露内幕信息以及建议他人交易等,为自己或他人谋取利益。本罪所侵害的是双重客体,既破坏了金融管理秩序,又损害了其他市场参与者的合法权益。本罪的客观方面的要件包括两个方面,一方面实施了违法行为,另一方面在程度要件上达到情节严重。违法行为是内幕信息知情人在内幕信息尚未公开时,买卖该证券,或泄露该信息,或明示、暗示他人从事相关交易活动。程度要件上要求达到情节严重具体是指内幕交易的数额巨大,多次进行内幕交易或泄露内幕信息行为的,致使交易价格和交易量异常波动的,以及造成影响恶劣的这几种情形。[①] 单位犯罪时对直接负责的主管人员和其他直接责任人员采取双罚制。

二、禁止利用未公开信息交易

(一)利用未公开信息交易概述

利用未公开信息交易行为俗称"老鼠仓"行为。《证券法》第54条规定:"禁止证券交易场所、证券公司、证券登记结算机构、证券服务机构和其他金融机构的从业人员、有关监管部门或者行业协会的工作人员,利用因职务便利获取的内幕信息以外的其他未公开的信息,违反规定,从事与该信息相关的证券交易活动,或者明示、暗示他人从事相关交易活动。利用未公开信息

---

① 李东方著:《证券法》,北京大学出版社2020年版,第263页。

进行交易给投资者造成损失的，应当依法承担赔偿责任。"从本条可以看出，利用未公开信息交易的主体为法律明确规定的金融机构类主体及从业人员，具体包括证券交易场所、证券公司、证券登记结算机构、证券服务机构和其他金融机构的从业人员、有关监管部门或者行业协会的工作人员。利用未公开信息交易的客体是内幕信息以外的其他未公开的信息，包括证券、期货的投资决策、交易执行信息；证券持仓数量及变化、资金数量及变化、交易动向信息；其他可能影响证券、期货交易活动的信息。[①] 此外，利用未公开信息进行交易要求主体从事了与未公开信息相关的证券交易活动，或者明示、暗示他人从事相关交易活动。

（二）利用未公开信息交易的法律责任

利用未公开信息交易的民事、行政及刑事责任均有明确的依据。《证券法》第54条第2款规定了利用未公开信息进行交易给投资者造成损失的，应当依法承担赔偿责任。依据该条，《证券法》正式确立了利用内幕信息以外的其他未公开信息的民事赔偿责任。

《证券法》第191条对利用未公开信息的行政责任进行了明确规定。依照其规定，违反《证券法》利用未公开信息进行交易的，依照内幕交易的处罚措施进行处罚，具体包括：责令依法处理非法持有的证券，没收违法所得，并处以违法所得1倍以上10倍以下的罚款；没有违法所得或者违法所得不足50万元的，处以50万元以上500万元以下的罚款。单位从事内幕交易的，还应当对直接负责的主管人员和其他直接责任人员给予警告，并处以20万元以上200万元以下的罚款。国务院证券监督管理机构工作人员从事内幕交易的，从重处罚。

在利用未公开信息的刑事责任方面，《刑法》第180条第4款规定了利用未公开信息交易罪，具体内容为："证券交易所、期货交易所、证券公司、期货经纪公司、基金管理公司、商业银行、保险公司等金融机构的从业人员以及有关监管部门或者行业协会的工作人员，利用因职务便利获取的内幕信息以外的其他未公开的信息，违反规定，从事与该信息相关的证券、期货交易活动，或者明示、暗示他人从事相关交易活动，情节严重的，依照第一款的规定处罚。"

[①] 参见《最高人民法院、最高人民检察院关于办理利用未公开信息交易刑事案件适用法律若干问题的解释》（法释〔2019〕10号）第1条。

根据此条，犯罪主体是特定金融机构的从业人员以及有关监管部门或行业协会的工作人员。主观态度必须是故意。本罪所侵害的是多重客体，包括破坏了金融管理秩序，影响了其他市场参与者的合法权益，降低了金融行业信誉，也损害了从业人员所在单位的利益。本罪的客观方面要件包括：一方面，违法行为是利用职务便利获取未公开信息后，从事相关交易活动或明示、暗示他人从事相关交易活动；另一方面，程度要件上要求达到情节严重，比如多次建仓，非法获利数额巨大，对客户财产造成严重减损。

三、禁止操纵证券市场

（一）操纵证券市场概述

操纵证券交易市场，又称操纵行情，主要是指操纵行为人通过不正当方式影响证券交易价格或者证券交易量，制造证券市场虚假繁荣，以操纵证券交易价格，诱导其他投资者在不了解真相的情况下作出错误的投资决定，为自己谋取不正当利益的行为。[①] 操纵行为人指任何直接或间接实施操纵行为的人，包括自然人和单位。操纵证券市场具有以下几个特征：操纵证券市场是具有主观故意的行为；操纵证券市场属于禁止的证券交易行为；操纵证券市场是影响证券价格或成交量的行为。

（二）操纵证券市场的情形

为了保护广大投资者的利益，维持证券交易公正合理的秩序，必须严格禁止操纵证券市场的行为。《证券法》第55条规定："禁止任何人以下列手段操纵证券市场，影响或者意图影响证券交易价格或者证券交易量：（一）单独或者通过合谋，集中资金优势、持股优势或者利用信息优势联合或者连续买卖；（二）与他人串通，以事先约定的时间、价格和方式相互进行证券交易；（三）在自己实际控制的账户之间进行证券交易；（四）不以成交为目的，频繁或者大量申报并撤销申报；（五）利用虚假或者不确定的重大信息，诱导投资者进行证券交易；（六）对证券、发行人公开作出评价、预测或者投资建议，并进行反向证券交易；（七）利用在其他相关市场的活动操纵证券市场；

[①] 周友苏主编：《证券法新论》，法律出版社2020年版，第254页。

（八）操纵证券市场的其他手段。① 操纵证券市场行为给投资者造成损失的，应当依法承担赔偿责任。"

（三）操纵证券市场的法律责任

操纵证券市场的法律责任包括民事责任、行政责任与刑事责任。《证券法》第 55 条第 2 款对操纵市场的民事责任进行了原则性的规定，该条明确了操纵证券市场行为给投资者造成损失的，应当依法承担赔偿责任。依据此条，《证券法》正式确立了操纵市场民事赔偿责任，其责任主体是任何操纵市场的人，但证券法却没有给出具体的赔偿标准。

《证券法》第 192 条对操纵市场的行政责任进行了明确规定，按照其规定，证券投资者违反《证券法》，操纵证券市场的，责令依法处理其非法持有的证券，没收违法所得，并处以违法所得 1 倍以上 10 倍以下的罚款；没有违法所得或者违法所得不足 100 万元的，处以 100 万元以上 1000 万元以下的罚款。单位操纵证券市场的，还应当对直接负责的主管人员和其他直接责任人员给予警告，并处以 50 万元以上 500 万元以下的罚款。

在操纵证券市场的刑事责任方面，《刑法》第 182 条规定："有下列情形之一，操纵证券、期货市场，影响证券、期货交易价格或者证券、期货交易量，情节严重的，处五年以下有期徒刑或者拘役，并处或者单处罚金；情节特别严重的，处五年以上十年以下有期徒刑，并处罚金：（一）单独或者合谋，集中资金优势、持股或者持仓优势或者利用信息优势联合或者连续买卖的；（二）与他人串通，以事先约定的时间、价格和方式相互进行证券、期货

---

① 《最高人民法院、最高人民检察院关于办理操纵证券、期货市场刑事案件适用法律若干问题的解释》（法释〔2019〕9 号）第 1 条规定："行为人具有下列情形之一的，可以认定为刑法第一百八十二条第一款第四项规定的'以其他方法操纵证券、期货市场'：（一）利用虚假或者不确定的重大信息，诱导投资者作出投资决策，影响证券、期货交易价格或者证券、期货交易量，并进行相关交易或者谋取相关利益的；（二）通过对证券及其发行人、上市公司、期货交易标的公开作出评价、预测或者投资建议，误导投资者作出投资决策，影响证券、期货交易价格或者证券、期货交易量，并进行与其评价、预测、投资建议方向相反的证券交易或者相关期货交易的；（三）通过策划、实施资产收购或者重组、投资新业务、股权转让、上市公司收购等虚假重大事项，误导投资者作出投资决策，影响证券交易价格或者证券交易量，并进行相关交易或者谋取相关利益的；（四）通过控制发行人、上市公司信息的生成或者控制信息披露的内容、时点、节奏，误导投资者作出投资决策，影响证券交易价格或者证券交易量，并进行相关交易或者谋取相关利益的；（五）不以成交为目的，频繁申报、撤单或者大额申报、撤单，误导投资者作出投资决策，影响证券、期货交易价格或者证券、期货交易量，并进行与申报相反的交易或者谋取相关利益的；（六）通过囤积现货，影响特定期货品种市场行情，并进行相关期货交易的；（七）以其他方法操纵证券、期货市场的。"

交易的；（三）在自己实际控制的帐户之间进行证券交易，或者以自己为交易对象，自买自卖期货合约的；（四）不以成交为目的，频繁或者大量申报买入、卖出证券、期货合约并撤销申报的；（五）利用虚假或者不确定的重大信息，诱导投资者进行证券、期货交易的；（六）对证券、证券发行人、期货交易标的公开作出评价、预测或者投资建议，同时进行反向证券交易或者相关期货交易的；（七）以其他方法操纵证券、期货市场的。单位犯前款罪的，对单位判处罚金，并对其直接负责的主管人员和其他直接责任人员，依照前款的规定处罚。"

根据此条，犯罪主体是任何主体，包括个人和单位。主观态度必须是故意，旨在通过操纵市场谋取高额利润或规避风险。本罪侵害的客体是双重的，既破坏了金融管理秩序，又损害了投资者的合法权益。本罪的客观方面表现在：一方面，犯罪主体实施了操纵证券交易价格的行为，违法行为就是《刑法修正案（十一）》中增加规定的7项操纵市场的情形[①]；另一方面，在程度要件上要求达到情节严重，比如非法获利数额巨大，证券交易价格和交易量波动异常，以暴力、威胁手段强迫他人操纵交易价格等。单位犯罪时对直接负责的主管人员和其他直接责任人员采取双罚制。

四、禁止编造、传播虚假信息

（一）编造、传播虚假信息概述

编造、传播虚假信息，是指单位和个人编造虚假信息或者误导性信息，并通过他人或者机构将其进行传播的情形。有的国家称之为"违反信息公开义务"，这种行为与信息公开原则相悖，常常使人信以为真，导致投资判断失

[①] 《中华人民共和国刑法修正案（十一）》第13条规定："将刑法第一百八十二条第一款修改为：'有下列情形之一，操纵证券、期货市场，影响证券、期货交易价格或者证券、期货交易量，情节严重的，处五年以下有期徒刑或者拘役，并处或者单处罚金；情节特别严重的，处五年以上十年以下有期徒刑，并处罚金：（一）单独或者合谋，集中资金优势、持股或者持仓优势或者利用信息优势联合或者连续买卖的；（二）与他人串通，以事先约定的时间、价格和方式相互进行证券、期货交易的；（三）在自己实际控制的帐户之间进行证券交易，或者以自己为交易对象，自买自卖期货合约的；（四）不以成交为目的，频繁或者大量申报买入、卖出证券、期货合约并撤销申报的；（五）利用虚假或者不确定的重大信息，诱导投资者进行证券、期货交易的；（六）对证券、证券发行人、期货交易标的公开作出评价、预测或者投资建议，同时进行反向证券交易或者相关期货交易的；（七）以其他方法操纵证券、期货市场的。'"

误。《证券法》第 56 条第 1 款、第 2 款、第 3 款规定："禁止任何单位和个人编造、传播虚假信息或者误导性信息，扰乱证券市场。禁止证券交易场所、证券公司、证券登记结算机构、证券服务机构及其从业人员，证券业协会、证券监督管理机构及其工作人员，在证券交易活动中作出虚假陈述或者信息误导。各种传播媒介传播证券市场信息必须真实、客观，禁止误导。传播媒介及其从事证券市场信息报道的工作人员不得从事与其工作职责发生利益冲突的证券买卖。"《证券法》从两个方面对编造、传播虚假信息或误导性信息作了限制：一是禁止证券交易场所、证券公司、证券登记结算机构、证券服务机构及其从业人员，证券业协会、证券监督管理机构及其工作人员，在证券交易活动中作出虚假陈述或者信息误导；二是禁止传播媒介从业人员和有关人员编造、传播虚假信息，严重影响证券交易。

（二）编造、传播虚假信息的法律责任

《证券法》第 56 条明确了编造、传播虚假信息或者误导性信息，扰乱证券市场，给投资者造成损失的，应当依法承担赔偿责任。这条规定明确了其责任主体可为任何主体，使得我国正式确立了编造、传播虚假信息的民事赔偿责任。

《证券法》第 193 条对编造、传播虚假信息的行政责任进行了明确规定。该条规定："违反本法第五十六条第一款、第三款的规定，编造、传播虚假信息或者误导性信息，扰乱证券市场的，没收违法所得，并处以违法所得一倍以上十倍以下的罚款；没有违法所得或者违法所得不足二十万元的，处以二十万元以上二百万元以下的罚款。违反本法第五十六条第二款的规定，在证券交易活动中作出虚假陈述或者信息误导的，责令改正，处以二十万元以上二百万元以下的罚款；属于国家工作人员的，还应当依法给予处分。传播媒介及其从事证券市场信息报道的工作人员违反本法第五十六条第三款的规定，从事与其工作职责发生利益冲突的证券买卖的，没收违法所得，并处以买卖证券等值以下的罚款。"

《刑法》第 181 条第 1 款规定了编造并传播证券、期货交易虚假信息罪，具体内容为："编造并且传播影响证券、期货交易的虚假信息，扰乱证券、期货交易市场，造成严重后果的，处五年以下有期徒刑或者拘役，并处或者单处一万元以上十万元以下罚金。"

根据此条，犯罪主体可以是任何主体，包括个人和单位。主观态度必须是故意。本罪的客体是双重客体，既破坏了金融管理秩序，又损害了投资者的合法权益。本罪的客观方面表现为：一方面，违法行为是编造并传播的虚假信息能够扰乱证券、期货市场；另一方面，程度要件上要求达到造成严重后果，具体是指虚假信息引起证券价格和交易量发生大幅度异常波动，或在投资者中引起恐慌造成巨大经济损失，或造成恶劣的社会影响。

五、禁止损害客户利益

（一）损害客户利益的概念及行为类型

损害客户利益，是指证券公司及其从业人员在证券交易活动中诱骗投资者买卖证券以及其他违背客户真实意愿、损害客户利益的行为。按照《证券法》第57条第1款的规定，证券公司及其从业人员损害客户利益的行为主要包括以下五种情形：（一）违背客户的委托为其买卖证券；（二）不在规定时间内向客户提供交易的确认文件；（三）未经客户的委托，擅自为客户买卖证券，或者假借客户的名义买卖证券；（四）为牟取佣金收入，诱使客户进行不必要的证券买卖；（五）其他违背客户真实意思表示，损害客户利益的行为。损害客户利益行为人是特殊主体，为证券公司及其从业人员。行为人的主观方面是故意损害客户利益。

（二）损害客户利益的法律责任

《证券法》第57条第2款明确了证券公司及其从业人员从事了损害客户利益的行为，给客户造成损失的，应当依法承担赔偿责任，表明证券法正式确立了欺诈客户民事赔偿责任。这一条的责任主体是证券公司及其从业人员，权利主体是证券公司的客户。证券公司及其从业人员从事了损害客户利益的行为，让客户产生了损失，且其违法行为与客户损失之间存在因果关系，则应当依法承担赔偿责任。

《证券法》第194条对证券公司及其从业人员从事了损害客户利益的行为进行了行政责任的规定。依照此条规定，证券公司及其从业人员有损害客户利益行为的，给予警告，没收违法所得，并处以违法所得1倍以上10倍以下的罚款；没有违法所得或者违法所得不足10万元的，处以10万元以上100万元以下的罚款；情节严重的，暂停或者撤销相关业务许可。

六、禁止出借证券账户

证券账户实行实名制管理，证券账户的真实是证券交易的基本前提。对此，我国证券法有一系列的规定。《证券法》第 106 条规定："投资者应当与证券公司签订证券交易委托协议，并在证券公司实名开立账户，以书面、电话、自助终端、网络等方式，委托该证券公司代其买卖证券。"第 157 条规定："投资者委托证券公司进行证券交易，应当通过证券公司申请在证券登记结算机构开立证券账户。证券登记结算机构应当按照规定为投资者开立证券账户。投资者申请开立账户，应当持有证明中华人民共和国公民、法人、合伙企业身份的合法证件。国家另有规定的除外。"第 129 条规定："证券公司的自营业务必须以自己的名义进行，不得假借他人名义或者以个人名义进行。证券公司的自营业务必须使用自有资金和依法筹集的资金。证券公司不得将其自营账户借给他人使用。"第 131 条规定："证券公司客户的交易结算资金应当存放在商业银行，以每个客户的名义单独立户管理。证券公司不得将客户的交易结算资金和证券归入其自有财产。禁止任何单位或者个人以任何形式挪用客户的交易结算资金和证券。证券公司破产或者清算时，客户的交易结算资金和证券不属于其破产财产或者清算财产。非因客户本身的债务或者法律规定的其他情形，不得查封、冻结、扣划或者强制执行客户的交易结算资金和证券。"

实践中，各类证券交易违法行为都是通过借用或控制他人证券账户来进行的，如果允许出借账号会导致整个证券监管失灵。所以，《证券法》第 58 条规定："任何单位和个人不得违反规定，出借自己的证券账户或者借用他人的证券账户从事证券交易。"在法律责任上，《证券法》第 195 条对账户出借方和账户借用方的行政责任均作了明确规定。依照其规定，证券投资者违反《证券法》规定，出借自己的证券账户或者借用他人的证券账户从事证券交易的，要责令改正，给予警告，可以处 50 万元以下的罚款。

七、禁止违规资金入市

《证券法》第 59 条规定："依法拓宽资金入市渠道，禁止资金违规流入股市。禁止投资者违规利用财政资金、银行信贷资金买卖证券。"为促进证券市场发展，证券法鼓励依法拓宽合规资金入市渠道，但同时禁止违规资金入市。这里特别禁止了两类资金买卖证券，即财政资金、银行信贷资金。财政资金是以国家财政为中心的预算资金、国债资金及其他财政性资金，具有强烈的政府功能属性和公共事务属性，应当专款专用，不应当用于买卖证券。[1]

银行信贷资金是借款人通过信用或担保方式，从银行金融机构借取的资金。信贷资金入市会放大信贷业务的风险，造成证券市场动荡。

八、限制国企买卖股票

《证券法》第60条规定："国有独资企业、国有独资公司、国有资本控股公司买卖上市交易的股票，必须遵守国家有关规定。"国有独资企业是指根据我国全民所有制工业企业法所设立的由国家独立出资、依法自主经营、自负盈亏、独立核算的社会主义商品生产和经营单位。国有独资公司是国家单独出资、由国务院或地方人民政府授权本级人民政府国有资产监督管理机构履行出资人职责的优先责任公司。国有资本控股公司是指通过持有其他公司达到决定性表决权的股份，而对该公司进行经营控制，并主要从事资本经营及其他生产经营的国有公司。[2]

此外，证券从业机构及其人员要依据《证券法》第61条的规定对证券交易中发现的禁止的交易行为，应当及时向证券监督管理机构报告。

第四节　拓展学习

一、余思

本章内容涉及《证券法》第三章"证券交易"第35—61条。本章主要介绍了证券交易的一般规则、程序和证券上市制度，以及禁止的证券交易行为。重点需要掌握证券交易的一般规则和禁止的证券交易行为；了解沪深证券交

---

[1] 郭锋等：《中华人民共和国证券法制度精义与条文评注》，中国法制出版社2021年版，第317—318页。

[2] 郭锋等：《中华人民共和国证券法制度精义与条文评注》，中国法制出版社2021年版，第320页。

易所上市规则中规定的股票及债券的上市条件及终止上市的情形。结合"杭萧钢构案",请思考泄露内幕信息罪、内幕交易罪的犯罪主体问题和内幕信息的界定问题在理解和适用上的争议。

二、参考法律法规

序号	法规名称	发文号	发文单位
1	全国中小企业股份转让系统有限责任公司管理暂行办法（2017修正）	中国证券监督管理委员会令第89号	中国证券监督管理委员会
2	科创板上市公司持续监管办法（试行）	中国证券监督管理委员会令第154号	中国证券监督管理委员会
3	上市公司证券发行注册管理办法	中国证券监督管理委员会令第206号	中国证券监督管理委员会
4	公司债券发行与交易管理办法（2021年修订）	中国证券监督管理委员会令第180号	中国证券监督管理委员会
5	上海证券交易所股票上市规则（2023年8月修订）	上证发〔2023〕127号	上海证券交易所
6	深圳证券交易所股票上市规则（2023年修订）	深证上〔2023〕92号	深圳证券交易所
7	深圳证券交易所创业板股票上市规则（2023年修订）	深证上〔2023〕93号	深圳证券交易所
8	上海证券交易所科创板股票上市规则（2020年12月修订）	上证发〔2020〕101号	上海证券交易所
9	上海证券交易所公司债券上市规则（2023年修订）	上证发〔2023〕164号	上海证券交易所
10	深圳证券交易所公司债券上市规则（2023年修订）	深证上〔2023〕974号	深圳证券交易所
11	证券发行上市保荐业务管理办法（2023年修订）	中国证券监督管理委员会令第207号	中国证券监督管理委员会
12	银行间债券市场债券登记托管结算管理办法	中国人民银行令〔2009〕第1号	中国人民银行
13	最高人民法院、最高人民检察院关于办理操纵证券、期货市场刑事案件适用法律若干问题的解释	法释〔2019〕9号	最高人民法院、最高人民检察院

序号	法规名称	发文号	发文单位
14	最高人民法院、最高人民检察院关于办理利用未公开信息交易刑事案件适用法律若干问题的解释	法释〔2019〕10号	最高人民法院、最高人民检察院
15	最高人民法院、最高人民检察院关于办理内幕交易、泄露内幕信息刑事案件具体应用法律若干问题的解释	法释〔2012〕6号	最高人民法院、最高人民检察院

三、本章阅读文献

(一) 推荐阅读文章

内幕交易惩罚性赔偿制度的构造原理与现实选择[①]

内容摘要：在证券市场内幕交易领域实行惩罚性赔偿制度有其合理性，惩罚性赔偿数额为惩罚基准与惩罚倍数的乘积。当违法者的收益大于或等于其给受害者造成的损失时，内幕交易的惩罚基准应该是违法者的收益。只有当违法者的收益小于其给受害者造成的损失时，内幕交易的惩罚基准才能是受害者的损失。而内幕交易的惩罚倍数有两种确定方式：根据原告举证的被告逃脱惩罚的概率来确定或直接由法律推定。法律推定宜规定一个固定的倍数，但它仅为"默认选项"，可以被当事人的举证所推翻。《证券法》在内幕交易领域引入惩罚性赔偿制度是必要的，这有利于对违法违规者形成威慑压力，减少内幕交易等违法违规行为，增强投资者对我国资本市场的信心，助力我国证券市场法治化的进程。

关键词：内幕交易；惩罚性赔偿；成本内化法；证券法修改

[①] 邢会强：《内幕交易惩罚性赔偿制度的构造原理与现实选择》，载《中国社会科学》2018年第4期。

（二）推荐延伸阅读文章

泄露内幕信息罪、内幕交易罪的若干问题探析
——由"杭萧钢构案"展开①

内容摘要： "杭萧钢构案"作为中国第一起非内幕人员内幕交易案，由浙江省丽水市中级人民法院开庭审理并于今年 2 月 4 日作出一审判决。通过本案，折射出我国证券市场中存在的一系列违法犯罪行为，也反映出我国现行法律的不完善，从而导致社会对法律理解的差异和司法对此类案件认定的尴尬。本文针对有争议的几个问题，分析目前法律规定的欠缺，借鉴国外的通行做法，提出了相应的修改建议。

关键词： 证券；内幕信息；内幕交易

四、杭萧钢构内幕交易案

中国证监会行政处罚决定书（杭萧钢构及单银木等人）②

【基本案情】

2007 年 1 月至 2 月初，杭萧钢构与中国国际基金有限公司（以下简称中基公司）就安哥拉住宅建设项目（以下简称安哥拉项目）举行了多次谈判。2 月 8 日，双方就安哥拉项目合同的价格、数量、付款方式、工期等主要内容达成一致意见。2 月 10 日至 13 日，双方就合同细节进行谈判，并于 13 日签署合同草案，合同总金额折合人民币 313.4 亿元。2 月 12 日下午 3 点，正值杭萧钢构和中基公司的合同谈判处于收尾阶段，公司董事长单银木在公司 2006 年度总结表彰大会的讲话中称，2007 年对杭萧来说是一个新的起点，如国外的大项目正式启动，2008 年股份公司争取达到 120 亿元，集团目标为 150 亿元。

安哥拉项目合同金额巨大，自 2006 年 11 月起，公司主要领导、公司设

---

① 陈海鹰、朱卫明、叶建平：《泄露内幕信息罪、内幕交易罪的若干问题探析——由"杭萧钢构案"展开》，载《法治研究》2008 年第 3 期。
② 证监罚字 [2007] 16 号。

计部、投标办、市场营销部和法务部等十多人参与了该项目工作,信息泄露的风险已经很大。相关证据显示,2007年2月8日,双方已就项目主要内容达成一致;2月11日上午,公司开始布置设计部门进行工作,表明该合同已难以保密;2月12日下午,公司董事长单银木在公司年度总结表彰大会的讲话中泄露了信息;2月13日,公司股价连续两个涨停,上海证券交易所询问公司有无经营异常情况,公司称没有异常情况。上海证券交易所要求公司作进一步的了解,并提醒公司如有异常情况要及时公告,但公司一直到2月15日才披露正在商谈一个境外合同项目。

2007年2月15日,杭萧钢构发布公告称,"公司正与有关业主洽谈一境外建设项目,该意向项目整体涉及总金额折合人民币约300亿元,该意向项目分阶段实施,建设周期在两年左右。若公司参与该意向项目,将会对公司2007年业绩产生较大幅度增长",这与安哥拉项目合同草案实际约定的"各施工点现场具备施工条件后二年内完工"内容存在严重不符,足以对投资者产生误导,使投资者以为该项目的实施条件不存在重大不确定性,能够在两年左右的时间内完工,会使公司2007年业绩产生较大幅度增长。

2007年3月13日,杭萧钢构发布公告称,"中国国际基金有限公司与安哥拉共和国政府签订了公房发展EPC合同,为安哥拉兴建公房项目,总工期为五年"。根据有关证据材料,杭萧钢构并未看到过该公房发展合同。由于该公房发展合同是杭萧钢构与中基公司签定的合同的基础,因此,该公房发展合同的真实性与可行性对于投资者的投资判断具有重大影响。杭萧钢构没有在3月13日的公告中披露其未看到中基公司与安哥拉政府签定的公房发展合同这一重大事实,这一行为足以对投资者产生误导,使投资者以为公司所签合同的基础不存在重大不确定性和风险。

2007年4月4日,中国证监会向杭萧钢构下发了《立案调查通知书》,通知公司因公司股价异常波动,涉嫌存在违法违规行为,根据《证券法》的有关规定,决定立案调查。4月5日上午公司进行了公告,当日下午,公司董事会秘书潘金水先后接受了多家媒体记者采访,对媒体发表"大家都误解了公告的内容","(证监会)调查的对象主要是二级市场的违规行为","证监会调查已基本结束","我可以负责任地说,我们公司在信息披露等方面,并不存在违规情况"等言论。多家媒体和网站对此迅速做了报道或转载。事实上,中国证监会向杭萧钢构下发《立案调查通知书》时,有关调查才刚刚开始,并不是所谓的"已基本结束",而且也未排除公司在信息披露方面存在违法违规行为。因此，上述陈述对投资者产生了误导。

杭萧钢构对于应当立即予以披露的重大事件，没有按照《证券法》和《上市公司信息披露管理办法》的规定立即予以披露，其行为违反了《证券法》和《上市公司信息披露管理办法》的规定，构成了《证券法》第193条所述"未按照规定披露信息"的行为。同时，违反了《证券法》第63条"发行人、上市公司依法披露的信息，必须真实、准确、完整，不得有虚假记载、误导性陈述或者重大遗漏"的规定，构成了《证券法》第193条所述的所披露的信息有"误导性陈述"的行为。

【案件意义】

"杭萧钢构案"是中国第一起非内幕人员内幕交易案。庭审中，被告人及其辩护人对控方出示的证据真实性并无异议，但是对于证据的证明力、案件的定性等问题，控辩双方展开了激烈的论辩。[1]

该案折射出我国证券市场中一系列违法犯罪行为，也反映出我国现行法律的不完善，导致社会对法律理解的差异和司法对此类案件认定的尴尬，难以有力打击证券市场中的违法犯罪行为，不利于证券市场的健康发展。[2]

---

[1] （2008）浙刑二终字第40号。

[2] 陈海鹰、朱卫明、叶建平：《泄露内幕信息罪、内幕交易罪的若干问题探析——由"杭萧钢构案"展开》，载《法治研究》2008年第3期。

第四章

上市公司的收购

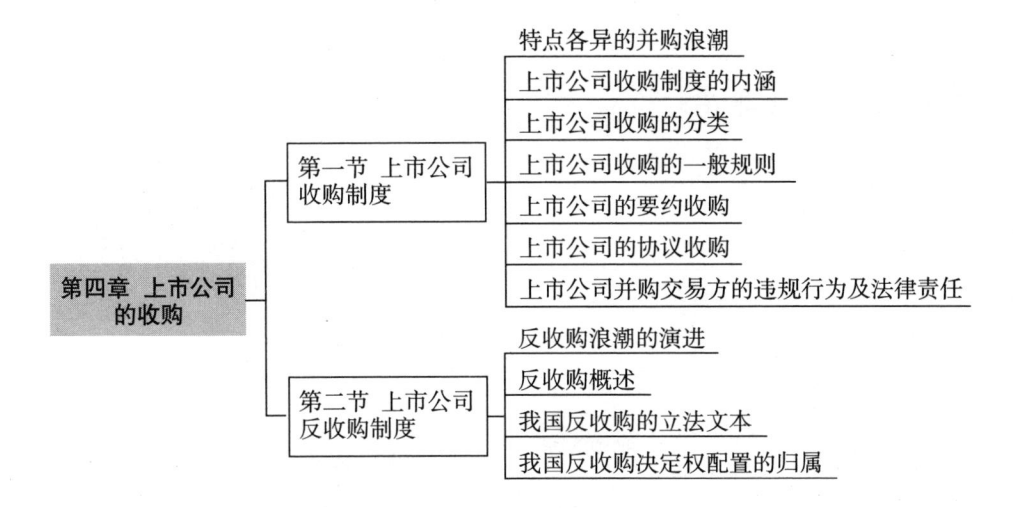

本章思维导图

- 第四章 上市公司的收购
  - 第一节 上市公司收购制度
    - 特点各异的并购浪潮
    - 上市公司收购制度的内涵
    - 上市公司收购的分类
    - 上市公司收购的一般规则
    - 上市公司的要约收购
    - 上市公司的协议收购
    - 上市公司并购交易方的违规行为及法律责任
  - 第二节 上市公司反收购制度
    - 反收购浪潮的演进
    - 反收购概述
    - 我国反收购的立法文本
    - 我国反收购决定权配置的归属

本章涉及法条

《证券法》第四章"上市公司的收购"第 62—77 条

第一节　上市公司收购制度

本节思维导图

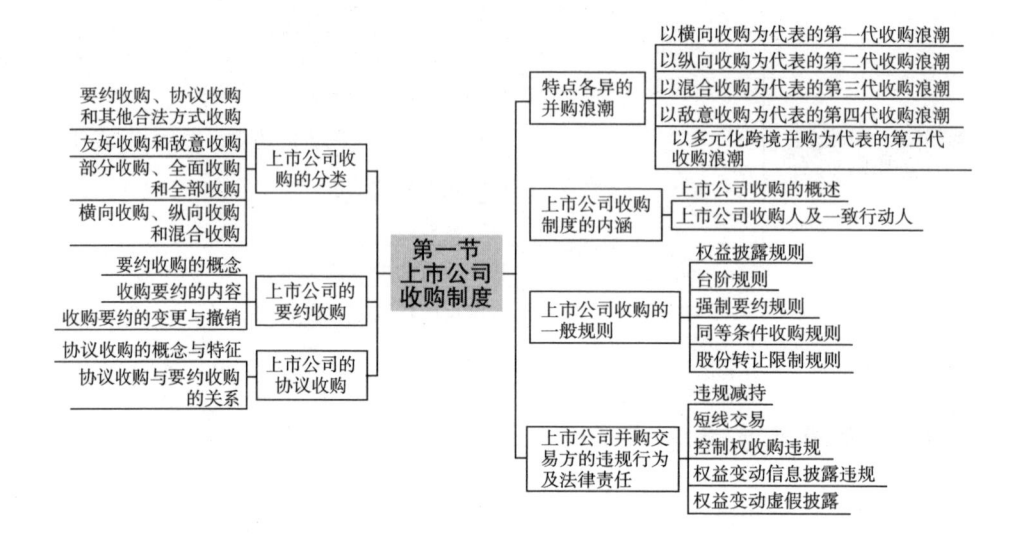

```
                            ┌─ 要约收购、协议收购和其他合法方式收购
                            │  友好收购和敌意收购
              ┌─ 上市公司收购的分类 ─┤ 部分收购、全面收购和全部收购
              │             │  横向收购、纵向收购和混合收购
              │             
              │             ┌─ 要约收购的概念
              │  上市公司的  │  收购要约的内容
              ├─ 要约收购 ───┤  收购要约的变更与撤销
              │             
              │  上市公司的  ┌─ 协议收购的概念与特征
              ├─ 协议收购 ───┤  协议收购与要约收购的关系
  第一节      │             
 上市公司 ────┤             ┌─ 以横向收购为代表的第一代收购浪潮
 收购制度     │             │  以纵向收购为代表的第二代收购浪潮
              ├─ 特点各异的 ─┤ 以混合收购为代表的第三代收购浪潮
              │  并购浪潮   │  以敌意收购为代表的第四代收购浪潮
              │             └─ 以多元化跨境并购为代表的第五代收购浪潮
              │             
              │  上市公司收购 ┌─ 上市公司收购的概述
              ├─ 制度的内涵 ─┤ 上市公司收购人及一致行动人
              │             
              │             ┌─ 权益披露规则
              │  上市公司收购 │  台阶规则
              ├─ 的一般规则 ─┤  强制要约规则
              │             │  同等条件收购规则
              │             └─ 股份转让限制规则
              │             
              │  上市公司并购 ┌─ 违规减持
              │  交易方的违规 │  短线交易
              └─ 行为及法律 ─┤  控制权收购违规
                 责任        │  权益变动信息披露违规
                            └─ 权益变动虚假披露
```

一、特点各异的收购浪潮

公司收购作为企业扩张的重要手段，在西方国家已有百余年历史，现在已逐步走向成熟，并向更高层次发展。公司收购最早出现于英国，后来发展到德国、美国、日本等国家，并出现了一次次的席卷全球的收购浪潮。其中，美国是最具代表性的国家，其 100 多年的企业发展史就是一部并购史。[①] 美国的公司治理体系已成为公司治理发展的典范，[②] 且具有五次收购浪潮的周期性特征的控制权市场。

[①] 《风雨 100 年，美国百年企业发展史就是一部并购史！》，新浪财经网：http://finance.sina.com.cn/money/smjj/smdt/2016-04-07/doc-ifxrcuyk2407314.shtml，最后访问日期：2017 年 10 月 2 日。

[②] Ronald Gilson, "Globalizing corporate governance：convergence of form or function", 49 *The American Journal of Comparative Law*（2001）329：p. 330.

（一）以横向收购为代表的第一代收购浪潮

首次收购浪潮，发生在 19 世纪末 20 世纪初，开启于 1883 年后的大萧条，于 1898 年至 1902 年达到高峰，结束于 1904 年。[①] 此次收购浪潮主要是同行业间的横向收购，横向收购产生了垄断，损害了消费者利益，要求管制的呼声逐渐增高。这次收购的主要后果是企业数量大幅度减少，造就了大型的垄断企业。1904 年股票市场崩溃，紧接着银行业出现恐慌使得收购缺乏融资来源，导致本次横向收购浪潮逐渐消退。诞生于第一代收购浪潮末期的《谢尔曼反托拉斯法》与《克莱顿反托拉斯法》对抑制当时的企业力量发挥了重大作用。

（二）以纵向收购为代表的第二代收购浪潮

第二次收购浪潮，发生于 1916 年至 1929 年。[②] 由于横向收购受到了反垄断法规的约束，此次浪潮中没有出现大规模的横向收购，而是以纵向收购（Vertical M&As）为主。这种纵向收购方式可加速生产流程，节约交易费用。此外，第二次收购仍然延续着第一次收购中产生垄断企业的现象，存在大量的横向收购。这一时期产生了通用汽车、IBM 等著名公司。加之，很多不相关的行业中的企业开始出现合并，混合收购渐渐出现。20 世纪 20 年代的反托拉斯环境比第一轮收购浪潮之前更加严峻，但由于《谢尔曼反托拉斯法》及《克莱顿反托拉斯法》对收购的防御约束，大规模的横向收购并没有出现，对市场结构的冲击没有第一次收购浪潮的冲击大。随着美国 1929 年股市危机的爆发，第二次收购浪潮也随之结束。

（三）以混合收购为代表的第三代收购浪潮

第三次收购浪潮，发生于 20 世纪 60 年代，具体是 1965—1969 年的混合收购时期（Conglomerate M&As）。[③] 这一时期，跨行业混合收购成为主流，企

[①] 这一时期的绝大多数收购发生在金属、食品、石油、化工、交通设备、金属制品、机械及煤炭这八个行业。参见［美］帕特里克·A. 高根著：《兼并、收购和公司重组（第 4 版）》，顾苏秦、李朝晖译，中国人民大学出版社 2010 年版，第 30 页。

[②] ［美］帕特里克·A. 高根著：《兼并、收购和公司重组（第 4 版）》，顾苏秦、李朝晖译，中国人民大学出版社 2010 年版，第 36 页。

[③] ［美］帕特里克·A. 高根著：《兼并、收购和公司重组（第 4 版）》，顾苏秦、李朝晖译，中国人民大学出版社 2010 年版，第 40 页。

业收购的主要目的是分散风险和深化规模经济。① 同时，随着经济全球化的开端，企业开始寻求国际市场的扩张。美国公司的敌意收购在 20 世纪 60 年代开始出现并日渐风靡。此时，联邦和各州也开始关注对要约收购和收购防御进行立法，美国联邦政府在 1968 年颁布了《威廉姆斯法案》，旨在关注股东利益的保护及收购与防御双方的利益平衡。

（四）以敌意收购为代表的第四代收购浪潮

第四次收购浪潮，发生于 20 世纪 80 年代，具体是 1984 年至 1989 年间。② 敌意收购是这次收购浪潮的主题。宽松的金融业管制环境以及垃圾债券的充斥为敌意收购提供了资金，金融手段的创新以及杠杆收购策略的大量运用，使得小公司有了收购大公司的可能。反收购措施也随敌意收购案件的增多而得以呈类型多样化发展态势。这次收购目标的规模远远超过前三次收购，演变成超级收购，收购的方式也更加凌厉，如开展"两段式"收购，使敌意收购活动发展到了一个顶峰，同时，目标公司的反收购措施也迅速地丰富起来，如毒丸计划（Poison Pill）③、白衣骑士（White Knight）④、锁定策略等。此间，收购与反收购不断升级，而相关的立法与判例也不断地丰富，特别是州层面的立法与判例。随着 1990 年后美国经济进入萧条时期，第四次收购浪潮逐渐减弱。

（五）以多元化跨境收购为代表的第五代收购浪潮

第五次收购浪潮，发生于 20 世纪 90 年代至 21 世纪初。⑤ 从 1992 年开始，收购数量再次激增，以全球性为特征，更多是通过股权进行融资，战略收购较多。此次收购是一场名副其实的全球性收购浪潮，包括美洲、欧洲、亚洲，跨国收购已经成为焦点。收购形式更加多样化，尤其强调联合和换股

---

① 参见朱宝宪：《公司并购与重组》，清华大学出版社 2006 年版，第 63 页。
② [美] 帕特里克·A. 高根：《兼并、收购和公司重组（第 4 版）》，顾苏秦、李朝晖译，中国人民大学出版社 2010 年版，第 54 页。
③ 毒丸计划又称"股权摊薄反收购措施"。目标公司授予股东特定的优先权利，使得收购人的收购成本增加从而放弃收购。通常以敌意收购者获得目标公司的股份达到一定程度为触发条件，触发后收购人所持目标公司的股份及表决权就被大量稀释，如同服下毒丸般痛苦。
④ 在面临敌意收购时，目标公司邀请一家有实力的友好公司发出竞争要约，迫使敌意收购人提高收购价格，增加其收购成本，并促成友好公司的收购。我国关于此类反收购措施的典型案例为"AB 公司、SAB 公司哈啤竞购案，本案中 AB 公司就以获得了哈啤管理层的支持的友好收购即"白衣骑士"的身份对哈啤展开了收购，最终 AB 公司在这次收购中大获全胜。
⑤ [美] 帕特里克·A. 高根：《兼并、收购和公司重组（第 4 版）》，顾苏秦、李朝晖译，中国人民大学出版社 2010 年版，第 60 页。

收购方式。由于20世纪80年代发展起来的花样翻新的反收购措施使得敌意收购成功概率较低，所以此次收购浪潮中，反收购已经成为司空见惯的防御行为，而法院也自20世纪80年代以来，对反收购采取宽容态度。

五次收购浪潮都分别具有其独特的背景、特点及影响。与敌意收购相伴相随的收购防御随着第三次收购浪潮逐渐发展起来。前四次收购浪潮与我国并无太大关系，而受经济全球化的影响，第五次收购浪潮给我国各行业带来了巨大冲击，同时我国的第一例反收购章程也诞生在第五次收购浪潮中。

我国内地公司的收购大体经历了四个发展阶段：萌芽阶段（1990—1993年）、高速发展阶段（1994—1998年）、规范发展阶段（1999—2005年）以及股改后的市场主导阶段（2006年至今）。[1] 我国萌芽阶段的收购活动总体不活跃，证券市场尚处于初始阶段。这一时期的主要收购案例是"宝延事件"，也是我国的第一例敌意收购。此时，正处于第五次收购大浪潮之中，正是在美国的第二次州立反收购浪潮之后。由于我国上市公司反收购的外部环境和内部运作环境均不完善，[2] 我国自1993年9月第一起上市公司反收购"宝延事件"发生至2004年，仅有20多起反收购。到了我国股改后的市场主导阶段，我国收购的数量和金额均呈现出快速增长趋势，同时出现了大型的收购案例。截至2014年年底，我国市场已经成为仅次于美国市场的全球第二大收购市场。[3] 2020年仅深市就完成收购事项665家次，收购交易的金额达到3011亿元。[4]

二、上市公司收购制度的内涵

（一）上市公司收购的概述

广义的公司收购，是指公司并购（Merger and Acquisition，M&A），是企业扩张重组的重要手段，包括公司合并（Merger）和狭义的公司收购（Acquisition）。公司合并包括吸收合并和新设合并，产生的法律后果为公司法人资格

---

[1] 金剑锋著：《关联公司法律制度研究》，法律出版社2016年版，第202—204页。
[2] 反收购运行的外部环境包括经济环境、法律环境和金融市场环境等，内部环境涉及上市公司的内部治理结构的股权结构、组织结构及内部激励机制等。参见北京大学光华管理学院课题组：《中国上市公司的反收购措施及其规制》，载《上证联合研究计划第7期课题报告》2003年1月，第99页。
[3] 金剑锋著：《关联公司法律制度研究》，法律出版社2016年版，第205页。
[4] 深圳证券交易所网：2020年深市并购重组市场情况综述，http://www.szse.cn/aboutus/trends/news/t20210124_584380.html，最后访问日期：2023年6月25日。

发生变化，至少一方或交易双方的法人地位消灭，由存续公司概括承受合并各方的债权债务。狭义的公司收购指通过购买其他公司的资产或股权，使得公司实现业务范围、资产结构等方面的重大变更。其核心意思是通过吸纳、受让或公开收购目标公司的股份达到一定的比例，进而通过控制目标公司的股东大会并改组其管理层的方式来实现。狭义的公司收购的基本方式包括资产收购（Asset Acquisition）和股权收购（Stock Acquisition），这种收购方式不以取得被收购方全部股份和资产为限，交易结束后目标公司仍然作为独立的法律实体而存续。① 本书分析的公司收购属于狭义的公司收购的一种形式，对象仅限于上市公司，收购者通过在公开交易市场上获取股份，旨在争夺目标上市公司的控制权，即上市公司收购。②

上市公司收购，是指收购人（投资者及其一致行动人）拥有权益的股份达到或者超过一个上市公司已发行股份的法定比例，导致其获得或可能获得以及巩固对该公司的实际控制权的行为。③ 上市公司收购是上市公司的收购人与上市公司股东之间的股份转让行为。我国的法律文件中，只有中国证监会2002年9月28日发布的《上市公司收购管理办法》中对上市公司收购进行过明确的法律界定，后经过历次修正删除了关于上市公司收购的定义。④

上市公司收购的目的通常在于通过购买目标公司一定数量的有表决权股份，获得或者巩固对上市公司的控制权。在资本多数决的原则下，收购人只有掌握了多数有表决权的股份才能实现对公司的控制。关于获取控制权需要多少股份，各国家和地区立法不一。⑤ 收购的主体是收购人，包括投资者及其一致行动人。收购的目标是上市公司。收购的客体包括了上市公司公开发行的有表决权的证券⑥，以及通过股东投票权委托征集、股东投票权信托等非股

---

① 汤欣著：《公司治理与上市公司收购》，中国人民大学出版社2001年版，第163页。
② 曹清清著：《上市公司章程反收购条款法律规制研究》，法律出版社2021年版，第28页。
③ 王建文著：《证券法研究》，中国人民大学出版社2021年版，第259页。
④ 《上市公司收购管理办法》第2条规定："本办法所称上市公司收购，是指收购人通过在证券交易所的股份转让活动持有一个上市公司的股份达到一定比例、通过证券交易所股份转让活动以外的其他合法途径控制一个上市公司的股份达到一定程度，导致其获得或者可能获得对该公司的实际控制权的行为。"
⑤ 《上市公司收购管理办法》（2020年修正）第84条规定："有下列情形之一的，为拥有上市公司控制权：（一）投资者为上市公司持股50%以上的控股股东；（二）投资者可以实际支配上市公司股份表决权超过30%；（三）投资者通过实际支配上市公司股份表决权能够决定公司董事会半数以上成员选任；（四）投资者依其可实际支配的上市公司股份表决权足以对公司股东大会的决议产生重大影响；（五）中国证监会认定的其他情形。"
⑥ 我国《证券法》将存托凭证作为有表决权股份的特殊形式，所以，应当将存托凭证纳入上市公司股份的范围，作为上市公司收购的客体。

份转让方式获得的投票权。收购的场所仅在证券交易所。

上市公司的收购对经济发展有着积极的意义。一方面，上市公司的收购会迫使公司的管理层致力于公司的发展，不断改善公司的经营管理，对公司治理具有直接的作用。另一方面，上市公司的收购能够形成规模经济效益，优化产业结构，降低经营风险并提高竞争能力。

（二）上市公司收购人及一致行动人

1. 上市公司收购人

上市公司收购人，是指通过出资或其他安排获取一定数量上市公司股票的人。根据《上市公司收购管理办法》的规定，上市公司收购人必须要满足一定的条件，具有下列情形之一的，不得收购上市公司：收购人负有数额较大债务，到期未清偿，且处于持续状态；收购人最近3年有重大违法行为或者涉嫌有重大违法行为；收购人最近3年有严重的证券市场失信行为；收购人为自然人的，存在《公司法》第146条规定情形；法律、行政法规规定以及中国证监会认定的不得收购上市公司的其他情形。

2. 一致行动人

《上市公司收购管理办法》中定义的一致行动，是指投资者通过协议、其他安排，与其他投资者共同扩大其所能够支配的一个上市公司股份表决权数量的行为或者事实。一致行动人就是与收购人一致行动收购上市公司的人。[1]

---

[1] 《上市公司收购管理办法》（2020年）第83条规定："本办法所称一致行动，是指投资者通过协议、其他安排，与其他投资者共同扩大其所能够支配的一个上市公司股份表决权数量的行为或者事实。在上市公司的收购及相关股份权益变动活动中有一致行动情形的投资者，互为一致行动人。如无相反证据，投资者有下列情形之一的，为一致行动人：（一）投资者之间有股权控制关系；（二）投资者受同一主体控制；（三）投资者的董事、监事或者高级管理人员中的主要成员，同时在另一个投资者担任董事、监事或者高级管理人员；（四）投资者参股另一投资者，可以对参股公司的重大决策产生重大影响；（五）银行以外的其他法人、其他组织和自然人为投资者取得相关股份提供融资安排；（六）投资者之间存在合伙、合作、联营等其他经济利益关系；（七）持有投资者30%以上股份的自然人，与投资者持有同一上市公司股份；（八）在投资者任职的董事、监事及高级管理人员，与投资者持有同一上市公司股份；（九）持有投资者30%以上股份的自然人和在投资者任职的董事、监事及高级管理人员，其父母、配偶、子女及其配偶、配偶的父母、兄弟姐妹及其配偶、配偶的兄弟姐妹及其配偶等亲属，与投资者持有同一上市公司股份；（十）在上市公司任职的董事、监事、高级管理人员及其前项所述亲属同时持有本公司股份的，或者与自己或其前项所述亲属直接或者间接控制的企业同时持有本公司股份；（十一）上市公司董事、监事、高级管理人员和员工与其所控制或者委托的法人或其他组织持有本公司股份；（十二）投资者之间具有其他关联关系。一致行动人应当合并计算其所持有的股份。投资者计算其所持有的股份，应当包括登记在其名下的股份，也包括登记在其一致行动人名下的股份。投资者认为其与他人不应被视为一致行动人的，可以向中国证监会提供相反证据。"

三、上市公司收购的分类

（一）要约收购、协议收购和其他合法方式收购

按照收购采用的方式，上市公司收购可分为要约收购、协议收购和其他合法方式收购。要约收购与协议收购是上市公司收购的两种基本方式。要约收购，是指已经获得或者计划获得目标公司股份达到目标公司已经发行股份30%以上的投资者，向该公司所有股东发出收购要约并收购其所持全部或部门股份的行为。协议收购是指收购人与目标公司股东签订并实施收购协议或者股份转让协议，取得目标公司股东所持有的公司股份的行为。此外，其他合法方式的收购通常包括集中竞价交易、裁决转让、大宗交易、行政划拨、继承及赠与等方式。

（二）友好收购和敌意收购

根据目标公司管理层对待收购的态度，上市公司收购也可分为敌意收购（Hostile Takeover）与友好收购（Friendly Acquisition）。敌意收购是指目标公司管理层拒绝与收购者合作的收购。在敌意收购中，由于收购人会越过目标公司管理层直接与其股东接触，并最终改组目标公司的管理结构，所以往往造成所有者意志与管理者意志的分离，引发目标公司管理层的反收购行动。与其对应的是获得目标公司管理层同意配合收购者的友好收购。

应当注意对这两个词的区分，否则会影响社会舆论，进而影响政策决策等。敌意收购应当区别于恶意收购。[①]

（三）部分收购、全面收购和全部收购

依据收购目标公司股份的比例和数量，上市公司收购可分为部分收购、全面收购和全部收购。部分收购，是指收购人按照计划收购目标公司一定比例或数量的股份。我国《证券法》认可部分收购，但收购上市公司部分股份

[①] 敌意收购与恶意收购是两个不同的概念。敌意收购是一个中性词汇，主要体现的是收购者和目标公司管理层在敌意收购中的对立关系，在面临敌意收购时，由于目标公司管理层不愿意被收购，所以会采取各种防御措施，其对收购本身是好是坏并无评价；而恶意收购（Malicious Takeover）是带有主观价值判断的，上市公司章程中通常出于原股东自身情感而把敌意收购表述为恶意收购。

的收购要约应当约定，目标公司股东承诺出售的股份超过预定收购的股份数额的，收购人按比例进行收购。全面收购，是指收购人为了获得目标公司的绝对控制权而去收购目标公司绝大多数的股票。全部收购，是指收购人收购目标公司发行在外的全部股份。

（四）横向收购、纵向收购和混合收购

根据收购人与目标公司是否处于同一行业部门，可以将上市公司收购分为横向收购（Horizontal M&As）、纵向收购（Vertical M&As）和混合收购。横向收购是属于同一产业或行业的两家有竞争关系的企业间的并购，通常会增加并购者对市场的占有率，扩大同类产品的生产规模，消除竞争，继而可能会因为违反竞争的效应而触发反垄断审查。[1]。纵向收购主要发生在具有销售关系的上下游企业之间。[2] 混合收购，是指这一时期不在同一行业、既非竞争者也不具有购销关系、以多元化产业发展为目标的跨行业并购。

四、上市公司收购的一般规则

（一）权益披露规则

投资者持有上市公司发行的股票达到某一法定比例时，或者在持股达到法定比例后又发生一定比例的增减变化时，必须依照法定程序公开其持股权益。根据《证券法》第63条的规定，权益披露规则适用于以下情形：第一种情形，通过证券交易所持有一家上市公司已发行的有表决权的股份达到5%时，应当依照权益披露规则进行披露。具体做法是应当自该事实发生之日起三日内，向国务院证券监督管理机构及证券交易所作出书面报告，向上市公司发出通知，在证监会制定的媒体刊登公告。第二种情形，通过证券交易所持有一家上市公司已发行的有表决权的股份达到5%后，其所持有股份的数量每增加或减少5%时，应当按照权益披露规则进行披露。具体披露方式与第一种情形相同。第三种情形，通过证券交易所持有一家上市公司已发行的有表决权股份达到5%后，其所持有表决权股份的比例每增加或减少1%，应当进行公告。具体做法是在发生该事实的次日通知该上市公司，并予公告。

---

[1] 王军著：《中国公司法》，高等教育出版社2015年版，第423页。
[2] 汤欣著：《公司治理与上市公司收购》，中国人民大学出版社2001年版，第159页。

权益披露时进行公告的内容，根据《证券法》第 64 条的规定，应当包括：持股人的名称、住所；持有的股票的名称、数额；持股达到法定比例或者持股增减变化达到法定比例的日期、增持股份的资金来源；在上市公司中拥有有表决权的股份变动的时间及方式。

（二）台阶规则

台阶规则，又称为"慢走规则"，其核心是控制投资者大量买卖公司股票的节奏。《证券法》第 63 条第 2 款与第 3 款规定："投资者持有或者通过协议、其他安排与他人共同持有一个上市公司已发行的有表决权股份达到百分之五后，其所持该上市公司已发行的有表决权股份比例每增加或者减少百分之五，应当依照前款规定进行报告和公告，在该事实发生之日起至公告后三日内，不得再行买卖该上市公司的股票，但国务院证券监督管理机构规定的情形除外。投资者持有或者通过协议、其他安排与他人共同持有一个上市公司已发行的有表决权股份达到百分之五后，其所持该上市公司已发行的有表决权股份比例每增加或者减少百分之一，应当在该事实发生的次日通知该上市公司，并予公告。"此规则增加了信息供给，保证中小股东在敏感期间及时获得知情权并尽快做出行情判断。违反权益披露规则与台阶规则的规定，买入上市公司有表决权的股份的，在买入后的 36 个月内，对该超过规定比例部分的股份不得行使表决权。

我国《证券法》第 63 条规定了大额持股变动规则。从内容上看，我国大额持股变动规则包括两方面内容：权益披露规则与交易限制规则。在权益披露方面，第 63 条对行为人规定了初始披露义务（达到 5%）和持续披露义务（增减持超过 5%）。在交易限制方面，第 63 条规定在触发事件发生后的一定期限内"不得再行买卖该上市公司的股票"，即所谓的"慢走规则"。第 63 条配套的法律责任，一般认为主要是《证券法》第 197 条的信息披露违法责任，即责令改正，给予警告及罚款。① 大额持股变动规则的立法目的是解决投资者之间因信息不对称而导致的交易不公，而不是维护目标公司大股东或管理层的控制权。大额持股变动违法属于证券交易问题，而不是公司组织问题。然而，长期限制表决权是解决公司组织问题的典型措施。应当沿着交易问题的

---

① 龚浩川：《论敌意收购中大额持股变动违法之法律责任——基于证券监管与司法裁判的实证研究》，载《当代法学》2019 年第 2 期。

规制逻辑，对其进行"罚款"的处罚。①

（三）强制要约规则

为了使目标公司的中小股东免受新晋控股股东的排挤，1948年英国《公司法》规定了新的控股股东在取得了公司90%的售股承诺时，必须将剩余的未受承诺股票全部买下来，从而确立了强制收购与强制出售制度。② 我国《证券法》第65条规定，通过证券交易所的证券交易，投资者持有或者通过协议、其他安排与他人共同持有一个上市公司已发行的有表决权股份达到30%时，继续进行收购的，应当依法向该上市公司所有股东发出收购上市公司全部或者部分股份的要约。这就是触发强制要约收购的条件，简单来说就是持有目标公司有表决权股份达到30%，继续增持就触发强制要约收购。收购上市公司部分股份的要约应当约定，被收购公司股东承诺出售的股份数额超过预定收购的股份数额的，收购人按比例进行收购。我国规定的强制要约收购义务的触发点为30%，收购人可自由选择进行全面要约收购或部分要约收购。

（四）同等条件收购规则

我国《证券法》第69条规定了同等条件收购规则，即收购要约提出的各项收购条件，适用于被收购公司的所有股东。上市公司发行不同种类股份的，收购人可以针对不同种类股份提出不同的收购条件。

（五）股份转让限制规则

为了防止收购人利用上市公司收购套取非法利益，《证券法》第75条对收购人的股份转让进行了限制，具体规定为，在上市公司收购中，收购人持有的被收购的上市公司的股票，在收购行为完成后的18个月内不得转让。

---

① 龚浩川：《论敌意收购中大额持股变动违法之法律责任——基于证券监管与司法裁判的实证研究》，载《当代法学》2019年第2期。
② 王建文著：《证券法研究》，中国人民大学出版社2021年版，第296页。

五、上市公司的要约收购

(一) 要约收购的概念

要约收购，就是通过公开的方式向目标公司的全体股东要约，以高出市场的价格，在较短的时间内，用现金或证券作为对价收购他们手中的股票。①从定义中可以看出，首先，要约收购是要式行为，要约收购应当采取书面形式，载明收购的各种条件；其次，要约收购是收购人的单方意思表示，意思表示一旦发出，就对收购人产生约束力，在收购要约确定的承诺期限内，收购人不得撤销其收购要约；再次，要约收购的相对人为目标公司的所有股东，而非部分股东，但上市公司发行不同种类股份的，收购人可以针对不同种类股份提出不同的收购条件；最后，收购人支付的对价可以是现金，也可以是现金以外的其他代价。

(二) 收购要约的内容

强制要约收购时，收购人必须公告上市公司收购报告书，并载明下列事项：收购人的名称、住所；收购人关于收购的决定；被收购的上市公司名称；收购目的；收购股份的详细名称和预定收购的股份数额；收购期限、收购价格；收购所需资金额及资金保证；公告上市公司收购报告书时持有被收购公司股份数占该公司已发行的股份总数的比例。

(三) 收购要约的变更与撤销

收购要约的变更，是指收购要约生效后，要约人对要约条件进行的修改。收购要约一经公布就立刻生效，要约人在要约期内不能随意变更。但在要约收购的过程中情况复杂，确实存在着一些允许要约人变更要约条件的特殊情形。按照我国《证券法》规定，在收购要约确定的承诺期限内，收购人不得撤销其收购要约。收购人需要变更收购要约的，应当及时公告，载明具体变更事项，且不得做出对被收购公司股东不利的变更，如降低收购价格、减少预定收购股份数额、缩短收购期限以及国务院证券监督管理机构规定的其他

---

① 朱锦清著：《证券法学（第五版）》，北京大学出版社2022年版，第319页。

情形。

收购要约的撤销，是指收购要约生效后，受要约人做出承诺之前，要约人欲将收购要约取消的行为。由于撤销已生效的收购要约往往不利于被收购公司的股东，损害证券市场秩序，所以各国立法都规定收购要约不可撤销。但由于收购过程的复杂性，一味地严禁收购要约被撤销，反而会不利于收购的发展。因此，收购要约的撤销在法律规定的特殊情况下是可以被允许的，立法上尚需对收购要约可撤销的具体情形进行明确的规定。

六、上市公司的协议收购

（一）协议收购的概念和特征

协议收购是收购人不通过证券市场集中交易系统，而同目标公司持股较多的股东就股票价格、数量等进行私下协商，在法律法规允许的范围内，对收购涉及的核心条款协商一致后，达成股份转让协议，以达到巩固或获得目标公司控制权的行为。各国（地区）证券立法基本上都以要约收购为规制中心，很少甚至根本不涉及协议收购制度。

要约收购与协议收购是上市公司收购中最基本的两种形式。相比于要约收购，协议收购可以更充分地发挥转让双方的意思自治，在收购价格、比例、交割条件等方面具有较强的灵活性，既可以用于取得控制权，也可以用于巩固控制权。其主要有以下特点：首先，协议收购制度的核心是允许双方当事人在法律规定的范围内充分发挥意思自治的优势进行协议定价。其次，协议收购主要是在证券交易所外进行的，不通过证券市场集中交易系统。再次，协议收购的交易对手具有特定性，通常是目标公司的大股东，并不包含目标公司所有的股东。最后，协议收购的交易程序因法律规制较少且交易费用较低，而颇具便捷性。

（二）协议收购与要约收购的关系

要约收购相较协议收购更开放、更市场化，我国从股改之后就从协议收购向要约收购过渡。我国虽然明确规定了协议收购制度，但相较于要约收购制度显得过于简单。总体而言，协议收购与要约收购在立法原则、信息披露等具体制度方面具有相似性，两者之间的联系主要规定在我国《证券法》第

70 条中。《证券法》第 70 条明确了进行要约收购的同时能否进行协议收购，具体规定为，采取要约收购方式的，收购人在收购期限内，不得卖出被收购公司的股票，也不得采取要约规定以外的形式和超出要约的条件买入被收购公司的股票。协议收购与要约收购的区别主要表现在以下几个方面。

1. 立法目的不同

在要约收购中，由于目标公司股东在整个要约收购中处于被动的地位，容易受到侵害，所以，立法者在制定要约收购制度时，主要考虑保护目标公司股东的利益以及维护证券市场秩序。协议收购中，交易双方地位平等，立法者无须对交易一方进行特别保护，法律更注重的是信息披露的规制，这使得私下进行的协议收购成为公开透明的行为，从而平衡其他股东的权益。协议收购的信息披露主要为向证券监管机构的报告义务，只是在实施收购之后才将收购报告书予以公告，并在收购结束后将收购完成情况予以报告和公告。

2. 收购态度不同

要约收购是直接公开向被收购公司全体股东发出要约，并不需要与被收购公司管理层协商，所以要约收购通常为敌意收购。协议收购是收购人与被收购公司股东在双方达成一致意见的基础上签订收购协议，因此协议收购往往是善意收购。

3. 目标公司股权结构不同

要约收购往往偏向于股权分散、控股股东地位不突出的目标公司。协议收购会偏向于股权集中的目标公司，其仅限于收购人与少数几个特定的大股东之间进行协商而实现收购。《上市公司收购管理办法》（2020 年修正）第 52 条和第 53 条分别对收购人及控股股东协议转让股份的义务进行了特别规定。[①]

4. 交易地点不同

协议收购的交易地点可以为证券交易所之外的场所，而要约收购的交易

[①] 《上市公司收购管理办法》（2020 年修订）第 52 条规定："以协议方式进行上市公司收购的，自签订收购协议起至相关股份完成过户的期间为上市公司收购过渡期（以下简称过渡期）。在过渡期内，收购人不得通过控股股东提议改选上市公司董事会，确有充分理由改选董事会的，来自收购人的董事不得超过董事会成员的 1/3；被收购公司不得为收购人及其关联方提供担保；被收购公司不得公开发行股份募集资金，不得进行重大购买、出售资产及重大投资行为或者与收购人及其关联方进行其他关联交易，但收购人为挽救陷入危机或者面临严重财务困难的上市公司的情形除外。"第 53 条规定："上市公司控股股东向收购人协议转让其所持有的上市公司股份的，应当对收购人的主体资格、诚信情况及收购意图进行调查，并在其权益变动报告书中披露有关调查情况。控股股东及其关联方未清偿其对公司的负债，未解除公司为其负债提供的担保，或者存在损害公司利益的其他情形，被收购公司董事会应当对前述情形及时予以披露，并采取有效措施维护公司利益。"

地点只能是证券交易所。

七、上市公司并购交易方的违规行为及法律责任

（一）违规减持

《证券法》第 36 条规定："依法发行的证券，《中华人民共和国公司法》和其他法律对其转让期限有限制性规定的，在限定的期限内不得转让。上市公司持有百分之五以上股份的股东、实际控制人、董事、监事、高级管理人员，以及其他持有发行人首次公开发行前发行的股份或者上市公司向特定对象发行的股份的股东，转让其持有的本公司股份的，不得违反法律、行政法规和国务院证券监督管理机构关于持有期限、卖出时间、卖出数量、卖出方式、信息披露等规定，并应当遵守证券交易所的业务规则。"

《证券法》第 186 条规定："违反本法第三十六条的规定，在限制转让期内转让证券，或者转让股票不符合法律、行政法规和国务院证券监督管理机构规定的，责令改正，给予警告，没收违法所得，并处以买卖证券等值以下的罚款。"

根据《证券法》第 36 条、第 186 条的规定，对于违规减持人要给予责令改正，警告，没收违法所得，并处以买卖证券等值以下的罚款。

（二）短线交易

《证券法》第 44 条规定："上市公司、股票在国务院批准的其他全国性证券交易场所交易的公司持有百分之五以上股份的股东、董事、监事、高级管理人员，将其持有的该公司的股票或者其他具有股权性质的证券在买入后六个月内卖出，或者在卖出后六个月内又买入，由此所得收益归该公司所有，公司董事会应当收回其所得收益。但是，证券公司因购入包销售后剩余股票而持有百分之五以上股份，以及有国务院证券监督管理机构规定的其他情形的除外。前款所称董事、监事、高级管理人员、自然人股东持有的股票或者其他具有股权性质的证券，包括其配偶、父母、子女持有的及利用他人账户持有的股票或者其他具有股权性质的证券。公司董事会不按照第一款规定执行的，股东有权要求董事会在三十日内执行。公司董事会未在上述期限内执行的，股东有权为了公司的利益以自己的名义直接向人民法院提起诉讼。公

司董事会不按照第一款的规定执行的，负有责任的董事依法承担连带责任。"

《证券法》第189条规定："上市公司、股票在国务院批准的其他全国性证券交易场所交易的公司的董事、监事、高级管理人员、持有该公司百分之五以上股份的股东，违反本法第四十四条的规定，买卖该公司股票或者其他具有股权性质的证券的，给予警告，并处以十万元以上一百万元以下的罚款。"

根据《证券法》第44条、第189条的规定，对于违反禁止短线交易规则的主体给予警告，并处以罚款。

（三）控制权收购违规

《证券法》第54条规定："禁止证券交易场所、证券公司、证券登记结算机构、证券服务机构和其他金融机构的从业人员、有关监管部门或者行业协会的工作人员，利用因职务便利获取的内幕信息以外的其他未公开的信息，违反规定，从事与该信息相关的证券交易活动，或者明示、暗示他人从事相关交易活动。利用未公开信息进行交易给投资者造成损失的，应当依法承担赔偿责任。"

《证券法》第196条规定："收购人未按照本法规定履行上市公司收购的公告、发出收购要约义务的，责令改正，给予警告，并处以五十万元以上五百万元以下的罚款。对直接负责的主管人员和其他直接责任人员给予警告，并处以二十万元以上二百万元以下的罚款。收购人及其控股股东、实际控制人利用上市公司收购，给被收购公司及其股东造成损失的，应当依法承担赔偿责任。"

根据《证券法》第54条、第196条的规定，收购人未按照本法规定履行上市公司收购的公告、发出收购要约义务的，责令改正，给予警告，并处以罚款。对直接责任人给予警告和罚款。给股东造成损失的，收购人及其控股股东、实际控制人依法承担赔偿责任。

（四）权益变动信息披露违规

《证券法》第197条第1款规定："信息披露义务人未按照本法规定报送有关报告或者履行信息披露义务的，责令改正，给予警告，并处以五十万元以上五百万元以下的罚款；对直接负责的主管人员和其他直接责任人员给予警告，并处以二十万元以上二百万元以下的罚款。发行人的控股股东、实际控制人组织、指使从事上述违法行为，或者隐瞒相关事项导致发生上述情形的，处以五十万元以上五百万元以下的罚款；对直接负责的主管人员和其他直接责任人员，处以二十万元以上二百万元以下的罚款。"

根据《证券法》第197条第1款的规定，信息披露义务人违规履行信息披露义务的，责令改正，给予警告，并处以罚款；对直接责任人给予警告和罚款。发行人的控股股东、实际控制人组织、指使从事或隐瞒相关事项的，处以罚款，对直接责任人处以罚款。

（五）权益变动虚假披露

《证券法》第197条第2款规定："信息披露义务人报送的报告或者披露的信息有虚假记载、误导性陈述或者重大遗漏的，责令改正，给予警告，并处以一百万元以上一千万元以下的罚款；对直接负责的主管人员和其他直接责任人员给予警告，并处以五十万元以上五百万元以下的罚款。发行人的控股股东、实际控制人组织、指使从事上述违法行为，或者隐瞒相关事项导致发生上述情形的，处以一百万元以上一千万元以下的罚款；对直接负责的主管人员和其他直接责任人员，处以五十万元以上五百万元以下的罚款。"

根据《证券法》第197条第2款的规定，信息披露义务人报送的报告或者披露的信息有虚假记载、误导性陈述或者重大遗漏的，责令改正，给予警告，并处以罚款；对直接责任人给予警告和罚款。发行人的控股股东、实际控制人组织、指使从事上述行为的，处以罚款；对直接责任人处以罚款。

第二节　上市公司反收购制度

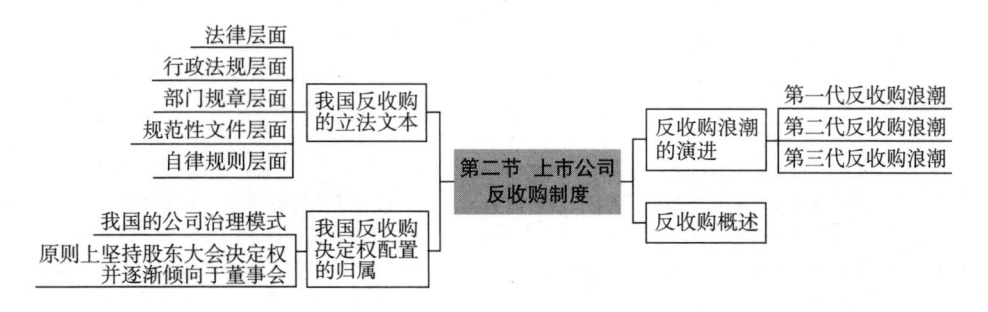

本节思维导图

```
                 法律层面
                 行政法规层面
                 部门规章层面    我国反收购              第一代反收购浪潮
                 规范性文件层面   的立法文本    反收购浪潮  第二代反收购浪潮
                 自律规则层面              第二节 上市公司  的演进    第三代反收购浪潮
                                        反收购制度
                 我国的公司治理模式  我国反收购               反收购概述
                 原则上坚持股东大会决定权 决定权配置
                 并逐渐倾向于董事会      的归属
```

一、反收购浪潮的演进

五次收购浪潮均有各自不同的背景和特点。敌意收购及与之相伴相随的反收购活动出现在第三次收购浪潮之后。美国各州为了抵御敌意收购者的入侵,纷纷掀起了反收购运动,形成了三次大的州反收购浪潮。

(一) 第一代反收购浪潮

第三次收购浪潮之后,美国各州政府仍认为联邦立法《威廉姆斯法案》不足以抵御敌意收购者,于是为了保护本州企业,纷纷修改本州的公司法或者出台远比联邦法更严格烦琐的州反收购立法来应对20世纪60年代末期的敌意收购活动。[①] 1968年到1982年,以伊利诺伊州为代表的36个州颁布的第一代州反收购立法紧随着1968年的《威廉姆斯法案》推出。[②] 第一代反收购立法旨在寻求直接规制收购过程,通过限制敌意收购方购买目标公司股票或拖延收购进程来抵御外来收购方,要求在发起收购要约后提交相应的披露材料,重点监管股权收购中的信息披露。其应用对象通常为在该州只有少量业务的公司。

1982年,在埃德加诉米特公司案 (Edgar v. MITE Corporation)[③] 中,美国联邦最高法院裁定伊利诺伊州的反收购法因违宪而无效[④],进而否决了与该州反收购法律基本类似的第一次州立反收购法的合法性,制度创新的萌芽被"扼杀"了,也标志着第一次反收购立法浪潮的终止。敌意收购不可避免地造

[①] 州政府和联邦政府产生了冲突,上市公司游说地方立法通过,而联邦政府却认为地方反收购法案破坏了各州之间的商业往来,各州政府则认为这是为了保护本州实体企业的基本权益。

[②] 从1968年的弗吉尼亚州始截止到1982年美国联邦最高法院裁定伊利诺伊州的反收购法无效,这一时期美国有36个州颁布了州立反收购法律,构成了所谓的"第一代反收购浪潮"。参见沈艺峰:《公司控制权市场理论的现代演变(下)——美国三十五个州反收购立法的理论意义》,载《中国经济问题》2000年第3期。

[③] Edgar v. MITE Corporation, 457 U.S. 624, 630 (1982).

[④] 伊利诺伊州反收购法规定该州的州务卿可对收购要约的公平性进行审查,如果收购方没有遵守该州法律对信息披露的要求,被发现信息披露存在不完全或欺诈,就可以禁止其实施收购。如此一来,州立反收购法就赋予了州务卿限制要约收购的权利,也就限制了收购方从该州公司股东手中溢价购买股票的行为。此反收购法规阻止全国性的以该州公司为目标的股权收购,限制了跨州交易,是违宪的,且阻碍了《威廉姆斯法案》目的的实现。

成了无序、侵扰和利益再分配,并最终引起美国各州反收购立法的反弹。[1] 实际上,美国各州从未停止过对反收购立法的尝试,陆续制定了更加关注于公司治理问题的第二代州反收购立法。

(二) 第二代反收购浪潮

1987年,以印第安纳州、新泽西州、纽约州、特拉华州及宾夕法尼亚州为代表的美国35个州掀起了第二次反收购浪潮。[2] 1987年3月,西迪斯诉美国动力公司案(CTS Corp v. Dynamics Corporation of America)[3] 中,美国最高法院裁决印第安纳州反收购法中规定的控制股份条款符合宪法,承认了印第安纳州第二代反收购立法的效力,更是助推了此次反收购立法浪潮的发展。[4] 之后,美国许多州都制定了反收购法规,并且绝大多数州都有着某种类型的反收购法规,如特拉华州反收购法规、宾夕法尼亚反收购法规、纽约州反收购法规等。潜在的目标公司设置了各种新奇的反收购措施加以防御。宾夕法尼亚州于1990年通过了《宾夕法尼亚州1310法案》,也把美国第二次反收购浪潮推向了顶峰。

截止到1991年6月1日,美国有至少44个州均以某种形式设置了反收购法规。尽管各州现有的反收购立法存在各种各样的形式,但总体上它们均反映出了一些共同元素,包括州立反收购法授予管理层对抗要约收购的权利以及通过公司治理来规制敌意收购。至1996年,美国事实上建立起全国范围内"统一的"反收购的法律制度。[5] 许多州采纳了包括不止一种措施的反收购立法,这些措施主要包括商业合并条款、董事补偿条款、控制股份条款、公平

---

[1] Robert · W. Hamilton, *Corporations* Fifth Edition (Minnesota: West Publishing Co., 1994), p.1165.
[2] 沈艺峰:《公司控制权市场理论的现代演变(下)——美国三十五个州反收购立法的理论意义》,载《中国经济问题》2000年第3期。
[3] CTS Corp v. Dynamics Corporation of America, 481 U.S. 69 (1987).
[4] 印第安纳州反收购法规定收购人获得控股股份时,该股份并不当然具有表决权,需要目标公司多数的无利害关系的股东投票表决通过后,方可有权利实施其投票权。
[5] 参见 Joseph A. Grundfest, "Just Vote No: A Minimalist Strategy for Dealing with Barbarians Inside the Gates", 45*Stanford Law Review* (1993) 857: p.858.

价格条款、披露条款、现金挤出条款、利益相关者条款等。① 此外，许多州还立法扩大董事自由裁量权，以此来支持董事会作出反收购决策，包括董事义务条款以及股权计划认可条款或者其他具有反收购效果的立法包括反绿邮条款及现金赎回权条款。其中，马里兰州立法机关于 1983 年制定了公司章程中的绝对多数表决条款和公平价格表决条款，禁止敌意收购者在收购目标公司股份超过一定比例时，在第二阶段进行挤压收购，除非以公平价格进行后续阶段的收购。②

第一次州反收购立法关注的对象仅仅是在该州有少量业务的公司，反收购立法对于收购公司来说不公平。与第一次州反收购立法相比，第二次州反收购立法的手段不再针对要约收购本身，其内容是限制敌意收购方通过购买目标公司股东手中的股票而获取利益，重点关注在公司的治理问题上，以印第安纳州、纽约州和特拉华州为代表。第二次州反收购立法浪潮也影响着公司内部治理结构的演变，董事会的关注点不仅仅是股东，而且扩大到了利益相关者层面。

(三) 第三代反收购浪潮

1989 年，阿曼达收购公司诉环球食品公司案（Amanda Acquisition Corporation v. Universal Foods Corporation）③ 进一步肯定了第二次反收购法，也催生了第三代反收购立法。美国最高法院不同意阿曼达公司认为威斯康星州的反

---

① 商业合并条款（Business Combination Provision）指为了应对杠杆收购，防止收购方出售目标公司资产，在公司章程中规定收购方与被收购方在一定时期内不得进行营业合并。董事补偿条款又称金伞计划（Golden Parachute），为了激励目标公司管理层在收购防御中为股东尽最大利益，金伞计划在美国第四次收购浪潮中吸引了很多注意力，此反收购条款可以补偿管理者面对敌意收购可能丧失的利益，调和管理者的敌对情绪。公平价格条款（Fair Price Provision）指为应对双层要约，在章程中规定一旦要约收购成功，曾经决定不接受要约的股东有权与接受要约的股东按照同样的价格出售股份；控股股份的投票权限制条款（Control Share Provision）规定收购方收购目标公司发行在外的超过限定额度的股份时不享有表决权，除非经过非关联股东多数通过。现金挤出条款（Cash-out Statute）指为限制要约收购，规定收购方已经购买了目标公司发行在外的一定数量的股份时，就必须以相同的价格购买剩余股份。此条款使得没有能力进行全面收购的收购方也无法对目标公司进行部分收购。利益相关者条款允许目标公司董事会在进行收购防御时考虑到雇员、债权人、社区及其他利益相关者的利益，有时可以拒绝有利于股东利益的要约，在 1990 年《宾夕法尼亚州 1310 法案》中首次规定。

② Stephen Kenyon-Slade, *Mergers and Takeovers in the US and UK Law and Practice* (Oxford: Oxford University Press, 2004), p. 186.

③ *Amanda Acquisition Corporation v. Universal Foods Corporation*, 877 F. 2d 496 (7th Cir. 1989).

收购法律阻止了其对环球食品公司的股权收购计划的指控,[1] 并拒绝审理针对威斯康星州的反收购法,此做法表明了美国最高法院进一步肯定了第二次州立反收购法的法律地位,此案件也确立了各州有权利规范本州内公司内部治理事宜。使得美国各州自 20 世纪 80 年代末开始了更加激进的第三代反收购活动。此次反收购活动以毒丸计划、董事补偿条款以及利益相关者条款等为代表。

美国最高法院对 CTS 案进行裁决之后,威斯康星州颁布了它的第三代商业合并条款。第三代反收购立法以改良版的商业合并条款为代表,该条款首先被特拉华州和纽约州制定,禁止已经获得目标公司一定比例表决权(通常为 10% 到 20%)的收购者在特定时期内进行与目标公司的各种并购后期的商业合并交易,除非商业合并是经过目标公司董事会或绝对多数非利益相关股东批准,此条款在美国已经被超过 30 个州以同一种或另外的形式制定出来。[2] 从 MITE 案到 CTS 案再到 Amanda 案的判决结果也是法院奉行法律现实主义哲学的必然选择。[3]

收购浪潮与反收购浪潮的演进历史可以通过图 4.1 清晰地展现出来。

图 4.1 收购浪潮的演进历史

二、反收购概述

敌意收购作为降低监督和代理成本的有效手段,能够迅速扩大公司规模、提高企业竞争力,被市场主体所广泛使用。然而,有收购必有反收购,近年

---

[1] 威斯康星州反收购法律要求,购买了目标公司 10% 以上股票的收购方必须获得目标公司其他股东的同意,或者在 3 年的等候期之后再完成收购,这将使得收购者付出高昂的收购成本。Amanda 公司认为该州的反收购法律干涉了州际的商业往来且损害了股东利益。美国第七巡回上诉法院支持了威斯康星州商业合并法案的合宪性,是上诉法院支持商业合并条款效力的第一例案件。

[2] Stephen Kenyon-Slade, *Mergers and Takeovers in the US and UK Law and Practice* (Oxford: Oxford University Press, 2004), p.193.

[3] 四方:《美国反收购立法合法性问题》,载《金融法苑》2003 年第 8 期。

来在我国 A 股市场中，上市公司纷纷在章程中设置形形色色的反收购条款以应对愈演愈烈的敌意收购。反收购是针对敌意收购而言的，也称作反敌意收购。

反收购并不是一个法条上的法律名词，只代表一种商业运作的实践性行为。对于我国上市公司反收购的规制应当作为《证券法》第四章"上市公司的收购"中重要的一节来研究。反收购条款通常被称为驱鲨剂条款（Shark Repellents）①，是指目标公司为抵御敌意收购，通过股东大会批准在公司章程中加入具有反收购效果的条款，以增大收购成本或增加收购者获得公司控制权的难度从而阻止收购行为。反收购是针对敌意收购而言的，也称作反敌意收购，是指目标公司为防止公司控制权的转移，维护公司、股东以及利益相关者的长期利益，对不确定的敌意收购的潜在威胁而设置的预防措施以及敌意收购发起后目标公司采取的防御行为。② 20 世纪 80 年代，敌意收购活动发展到了一个顶峰。收购、反收购不断升级。为了应对野蛮人的入侵，潜在的目标公司设置了各种新奇的反收购措施加以防御。

反收购措施种类繁多，包括驱鲨剂条款、降落伞计划（Parachutes）③、毒丸计划、白衣骑士、白衣护卫（White Guard）④、皇冠明珠（Crown Jewel）⑤、焦土战略（Scorched Earth）⑥、虚胖战术（Puffiness tactics）⑦、绿色邮件

---

① 目标公司章程中设置的为抵抗敌意收购的防御条款，用于阻吓和驱逐门口的野蛮人。主要有绝对多数表决条款（Super-majority Provision）、公平价格条款（Fair Price Provision）、分类董事会条款（Staggered Board）等。

② 徐洪涛：《公司反收购法律制度研究》，载《深圳证券交易所综合研究所研究报告》2006 年 3 月，第 6 页。

③ 通常包括金色降落伞（Golden Parachute）、银色降落伞（Pension Parachute）和锡降落伞（Tin Parachute）。分别指目标公司与其高管人员、中层管理者和普通雇员签订协议，规定在公司控制权发生变更时，与公司签订降落伞协议的人员将获得大额的补偿金，使得其能够软着陆。目的是确保目标公司的人员在面对收购压力时能继续对公司忠诚，同时降落伞计划也增加了收购成本。该类条款通常订立于相关聘任协议或公司章程之中。

④ 面对敌意收购时，目标公司的股东将部分股份转让给友好第三方，或要求对方锁定所持股权而不转让给敌意收购方或由该第三方吸纳在外流通的股本从而减少敌意收购人可吸纳的流通股筹码，而其本身并不谋求对目标公司的控制，也并不会将其持有的目标公司股份转让给敌意收购方。我国关于此类反收购措施的典型案例为"广发证券对中信证券的反收购"案和"山东胜利股份对广州通百惠的反收购"案。

⑤ 目标公司将最有价值、最吸引收购者的公司资产出售给第三方，或者赋予第三方购买该资产的期权，迫使收购人对目标公司失去收购兴趣。

⑥ 目标公司大量出售公司资产，对公司造成破坏性的损坏，以挫败敌意收购人的收购意图。但这也是目标公司的自杀性反收购措施。

⑦ 目标公司通过高价买入大量不良资产或无价值资产或提前对外偿债等方式来降低公司价值。

（Green Mail）、[1] 帕克曼式防御（Pac-man Defense）[2] 以及提起诉讼[3]等，分别可以起到提高收购公司收购成本、降低目标公司收购价值、增加公司控制权转移难度、拖延收购进程的效果。

反收购措施多种多样，学界多对其进行分类梳理以方便进行类别化的法律分析。按照实施的时间来划分：目标公司采取的这些反收购措施中在敌意收购要约发出之前未雨绸缪所采取的措施称为预防性（Preventative）反收购措施；在敌意收购开始后直接针对敌意收购而采取的措施称为主动性（Active）反收购措施。依据反收购使用的手段的差异，反收购措施可以划分为四类：提高收购成本，降低目标公司的收购价值；提高相关者的持股比例，增加收购者获得控股权的难度；制定策略性的公司章程；贿赂外部收购者。[4] 按照反收购条款的功能划分：目标公司采取的反收购条款可以分为收购股份稀释敌意收购方比例的条款、控制股东大会条款、控制董事会条款、离职补偿条款四类。[5]

反收购一方面能从敌意收购中保护目标公司的股东利益，另一方面会阻碍敌意收购作为有效的外部监督手段的作用的发挥。有敌意收购就必然有反敌意收购，而反收购措施是否能够增加股东权益的争议自从反收购措施产生之日起就从未停止，对于上市公司反收购的价值判断在理论界一直存在两种声音。反收购的支持派和反对派在理论假说中各持立场，难以形成定论。支持反收购的学者主张，收购行为只能使目标公司股东获得短期内溢价收益，这是不经济或不正当的，并且也不利于目标公司和利益相关者的长远利益。[6] 反收购的反对者们认为敌意收购不仅使得目标公司免遭管理层因为不忠实

---

[1] 绿色邮件又称股份回购（Targeted Stock Repurchases）或绿色讹诈赎金（Green Blackmail）。是指目标公司以较高的溢价回购公司股票，以减少在外流通的股本数量，进而提升股价，增加收购成本，促使收购者把股票出售给目标公司获得一定的利润，而放弃收购。

[2] 目标公司向收购公司发起要约收购，以达到以守为攻的效果，使得敌意收购者迫于自卫放弃收购目标公司的计划。

[3] 由于缺乏发达的股东派生诉讼制度及董事信义义务审查标准，在我国上市公司以提起诉讼作为反收购措施能起到的作用十分有限，但是也可以在一定程度上拖延收购进程。

[4] 北京大学光华管理学院课题组：《中国上市公司的反收购措施及其规制》，载《上证联合研究计划第7期课题报告》2003年1月，第98页。

[5] 傅穹：《敌意收购的法律立场》，载《中国法学》2017年第3期。

[6] 较有影响力的理论有：马丁·利普顿（Martin Lipton）提出的"业务判断标准理论"（the Business Judgement Rule Theory）；查尔斯·R. 克内贝尔（Charles R. Knoeber）提出的"股东利益理论"（the Stockholder Interests Hypothesis）；杰里米·C. 斯坦（Jeremy C. Stein）提出的"管理层短视理论"（the Managerial Myopia Theory）。详见曹清清：《上市公司章程反收购条款法律规制研究》，法律出版社2021年版，第5—6页。

（misfeasance）和不尽忠（malfeasance）等消极无为原因而带来的"误政"，[1] 还会带来财务及业务经营上的协同效益（synergy）。[2]

三、我国反收购的立法文本

我国的反收购立法还无相关的法律进行专门性规范，均散见于并购法律规范之中。对于并购的法律规制我国已经有了一系列由法律、行政法规、部门规章和规范性文件、自律性规则和司法解释组成的多层次、多角度的多位一体的监管立法体系。[3]

（一）法律层面

《公司法》于1993年制定，历经1999年、2004年、2013年及2018年四次修正及2005年的一次修订，规定了并购的决策机关、表决程序、股东的权利和义务、董事的职权和信义义务等。在第九章用专章对公司并购重组进行了规范，主要涉及并购的行使、程序和债权债务的承担等。《公司法》规定了反收购的决定权掌握在股东大会手中，主要突出了对公司所有权人股东利益的保护，以及管理层在收购与反收购过程中的忠实勤勉义务。

1998年的《证券法》以法律的形式规定了要约收购制度。之后历经2004年、2013年、2014年三次修正，以及2005年、2019年两次修订，始终坚持保护中小投资者利益的原则。《证券法》第四章对上市公司收购进行专门规范，主要包括公司收购的方式及程序等，相较于《公司法》，更加强调公平、公正与公开。2018年修订的《证券法》全面涉及了举牌上市公司、要约收购、持股期限、收购人的法律责任等要点。

2007年颁布的《反垄断法》，其目的在于保护市场公平竞争，规制对竞

---

[1] Stephen M. Bainbridge, *Merges and Acquisitions*, Third Edition, （Mineola: The Foundation Press, 2012），p.40.

[2] 亨利·G. 曼内（Henry G. Manne）提出的"管理层自保假说"（the Management Entrenchment Hypothesis）；弗兰克·H. 伊斯特布鲁克（Frank H. Easterbrook）、丹尼尔·R. 菲谢尔（Daniel R. Fischel）认为"反收购增加收购成本"；罗纳德·J. 吉尔森（Ronald J. Gilson）的"结构理论"（the Structure Theory），详见曹清清著：《上市公司章程反收购条款法律规制研究》，法律出版社2021年版，第6—7页。

[3] 金剑锋著：《关联公司法律制度研究》，法律出版社2016年版，第243—246页。

争秩序有重大影响的企业合并,防止企业合并后形成市场进入壁垒。①

(二) 行政法规层面

1993年的《股票发行与交易管理暂行条例》首次规定了"收购要约"。分别用第四章和第六章的整章篇幅规定上市公司的收购与信息披露,对股票发行与交易应当遵循的原则、具备的条件程序及规范的信息披露进行了详细规定。

(三) 部门规章层面

规范反收购的部门规章主要有证监会的《上市公司收购管理办法》《上市公司重大资产重组管理办法》及《上市公司信息披露管理办法》等,目的是提高上市公司信息披露的质量、抑制内幕交易及提升监管的有效性。

《上市公司收购管理办法》于2002年由中国证监会颁布,历经2006年、2008年、2012年、2014年及2020年五次修订,在A股上市公司收购、上市公司股东权益变动履行程序和信息披露等方面一直起着至关重要的作用。在历次修订的过程中逐步强化信息披露、贯彻"放松管制、加强监管"的市场化监管理念。2002年的《上市公司收购管理办法》第三章的第23—46条早已确定了大宗持股披露规则及慢走规则、强制要约规则、股东待遇平等规则以及价格从高规则。② 2006年的《上市公司收购管理办法》取消了强制要约规则,更加突出目标公司管理层的信义义务,在第8条第2款中明确了目标公司董事会不得滥用职权对收购设置不适当的障碍。此规范一直延续至现行《上市公司收购管理办法》中。2020年中国证监会对《上市公司收购管理办法》参照新《证券法》进行了配套调整,进一步完善对持股5%以上股东持股变动的监管要求,细化对持股变动信息的披露要求,明确对免除要约收购义务的监管安排,强化事中事后监管机制。域外学者认为此办法结合了英国《城市法典》和美国特拉华州公司法路径,属于非常完备的预防性立法。③ 但现行《上市公司收购管理办法》中关于上市公司反收购的规制仍然过于笼统和简单。

---

① 各国法律均对这四类企业合并予以禁止:卡特尔(Cartel)、辛迪加(Syndicate)、托拉斯(Trust)以及康采恩(Konzern)。
② 金剑锋著:《关联公司法律制度研究》,法律出版社2016年版,第230—231页。
③ 傅穹:《敌意收购的法律立场》,载《中国法学》2017年第3期。

上市公司重大资产重组是上市公司及其控股或者控制的公司在日常经营活动之外购买、出售资产或者通过其他方式进行资产交易达到规定的比例，导致上市公司的主营业务、资产、收入发生重大变化的资产交易行为。[①] 上市公司及其控股或者控制的公司购买、出售资产，达到下列标准之一的，构成重大资产重组：（1）购买、出售的资产总额占上市公司最近一个会计年度经审计的合并财务会计报告期末资产总额的比例达到50%以上；（2）购买、出售的资产在最近一个会计年度所产生的营业收入占上市公司同期经审计的合并财务会计报告营业收入的比例达到50%以上；（3）购买、出售的资产净额占上市公司最近一个会计年度经审计的合并财务会计报告期末净资产额的比例达到50%以上，且超过5000万元人民币。[②] 证券法并没有重大资产重组的专章，但是有关于"重大资产交易"的条文。并购和重组都是上市公司控制权变动的主要方式。中国证监会于2008年颁布了《上市公司重大资产重组管理办法》，首次确立了在重大资产重组中控股股东的补偿制度的具体规范，具体规定了上市公司重大资产重组的定义、标准、原则、程序、信息管理、发行股份购买资产、发行新股或公司债券、监督管理和法律责任。经过了2011年、2014年、2016年、2019年、2020年、2023年六次修改，对构成上市公司重大资产重组的规范进行了完善。

中国证监会于2007年发布了《上市公司信息披露管理办法》，规范信息披露行为，保护投资者合法权益。该办法对信息披露主体、程序、披露内容以及违反披露义务的监管措施等内容作出了详细的规范。为落实2020年3月1日起施行的新《证券法》，持续加强信息披露监管，证监会于2021年3月4日审议通过《上市公司信息披露管理办法（2021年修订）》，进一步完善了信息披露基本要求，完善了定期报告制度，细化了临时报告要求，完善了信息披露事务管理制度，提升了监管执法效能。

（四）规范性文件层面

中国证监会颁布的《上市公司章程指引》经过2006年、2014年（两次修订）、2016年、2019年及2022年的六次修订，旨在维护公司、股东和债权人的合法权益，规范公司的组织和行为。该规范性文件对并购相关事项、股份的发行及转让、股东大会和董事会的职权划分、董事的忠实勤勉义务以及

---

① 《上市公司重大资产重组管理办法》（2020年修正）第2条。
② 《上市公司重大资产重组管理办法》（2020年修正）第12条。

部分章程反收购条款进行了具体的指引规范。

(五) 自律规则层面

上海证券交易所发布的《上海证券交易所股票上市规则》及深圳证券交易所发布的《深圳证券交易所股票上市规则》对并购相关事项进行了自律性规范，规则主要以股价异动作为监管的重点，完善细化了信息披露及市场监管机制。

相对于先进国家及地区的反收购规制立法，我国对于反收购条款的立法规制尚存在很大差距和缺陷。世界先进国家和地区的制定法为我国反收购的法律规制提供了文本依据。对反收购的法律规制立法离不开比较法上的横向观察。目前我国对于反收购条款的法律规制体系涉及了标准、原则、程序、信息披露、责任承担等实体和程序的诸多方面，对于反收购的规制文本大都还存在于《公司法》及《证券法》的原理中，尤其是直接规范反收购的立法文件如《上市公司收购管理办法》《上市公司章程指引》《股票上市规则》等处于相对较低的法律位阶，且散见于各个法规中，并无法律层面上具体的规制文本，缺失统一的对反收购的立法规制，未来可考虑镜鉴先进国家或地区的立法文本来完善规制体系。[①]

四、我国反收购决定权配置的归属

(一) 我国的公司治理模式

从股权结构而言，虽然有股权逐步分散的趋势，但目前上市公司的现状仍然是股权集中程度较高；从治理模式而言，我国依旧是股东会中心主义。此外，我国的相关制度构建仍然有待完善，如信息披露制度、董事信义义务的细化等因素，我国应当坚持将公司章程反收购措施的决定权赋予股东大会。但现实的发展表明我国的公司治理局面正经历一场由股东会中心主义向董事会中心主义的转变过程。公司的所有权与经营权日益分离，董事会的地位得到提升，董事会中心主义因其顺应社会经济生活发展潮流而成为一大趋势，

[①] 先进国家或地区的立法文本具体包括美国市场中成熟的立法文本、欧盟市场中各异的立法文本以及新兴控制权市场中继受的立法文本。详见曹清清：《上市公司章程反收购条款法律规制研究》，法律出版社2021年版，第178—196页。

这为管理层享有反收购决定权提供了最直接和最有力的依据。同时赋予董事会更大的职权有利于提高公司的效率，提升公司竞争力。① 一个具有说服力的例证就是与大陆同根同源的我国台湾地区 1995 年发布的"公开收购公开发行公司有价证券管理办法"（2016 年修正）第 14-2 条，倾向董事会优先原则，确立了反收购中董事会的支配性地位。

笔者在章程实践中也发现了章程条款中通过列举加概括性授权的方式，预留了董事会决策多种反收购措施的实施。② 由于《上市公司收购管理办法》第 33 条的限制，所以在收购开始后，董事会几乎无行动的空间。我国《公司法》第 37 条、第 99 条以及第 46 条、第 108 条分别对有限责任公司和股份有限公司中的股东大会及董事会的职权范围进行了列举式的规定。《公司法》虽采取了列举董事会职权的立法模式，但仍然为在公司章程中丰富董事会职权留下了充足的空间，董事会可通过章程采取一定的反收购措施。

（二）原则上坚持股东大会决定权并逐渐倾向于董事会

在我国上市公司股权结构高度集中的大背景下，如果将反收购决策权不加以改良地授予股东大会，则很难避免控制股东操纵股东大会，利用公司章程制定出长期占有公司控制权侵害少数股东权益的反收购条款。我国或许可以借鉴英国的立法模式，不绝对禁止目标公司的管理层采取章程反收购措施。我国公司治理模式改良的方向首先是坚持股东会中心主义的反收购决定权，但在一定情况下可以倾向于董事会具有一定的反收购措施的决策权。如可以允许目标公司管理层寻找白衣骑士加入收购竞争，旨在使得股东有机会获得较高的溢价。但对于董事在采取章程反收购措施时的信义义务要加以详细具体的规定，尤其是细化对董事合理注意义务的规定。③

《公司法》应为以董事会为中心的治理结构留出相应的制度空间，④ 并在董事会中心主义与股东会中心主义间寻求平衡。在股东会与董事会之间，《公

---

① 赵万一：《民法典时代中国公司法的修改与完善（下）》，https://mp.weixin.qq.com/s/9hqiZ5vMgFu3lV0rZ2JKIA.，最后访问日期：2022 年 1 月 16 日。

② 如佰利联（002601）规定目标公司在遭遇恶意收购时，管理层可以为公司选择白衣骑士、调整公司股权结构、采取金伞计划、帕克曼防御以及法律诉讼策略等一系列反收购措施。华神集团（000790）在董事会职权中规定了在公司发生恶意收购的情况下，目标公司董事会有权采取和实施不损害公司和其他股东权益的反收购措施。

③ 郭富青：《论公司要约收购与反收购中少数股东利益的保护》，载《法商研究》2000 年第 3 期。

④ 参见彭冰：《敌意收购引发的立法思辨》，载《财经》2016 年第 1 期。

司法》应该是亲股东主义的——赋予股东会更多实际权力。资本方（股东）出于对公司实施控制的目的，选择最"听话"的人，而非最有利于企业发展的人出任董事。故要防止野蛮收购变成强盗，为了更加适应市场的瞬息变化，应对目前"股东会中心主义"进行适当纠偏。股东会的部分权力有必要剥离给董事会，从而使得有股权的股东不能通过股东大会肆意行使公司经营决策权力、有经营权的人没有股权，让企业变成真正的企业所有权与企业经营权分离，从而使得股东会中心主义向董事会中心主义转变。如日本 1950 年修改商法时，特意在第 230 条之一规定："股东大会可做出限于本法或章程规定的事项的决议"。无不体现出股东大会权力的受限，董事会权力的扩大。

第三节　拓展学习

一、余思

本章内容涉及《证券法》第四章"上市公司的收购"第 62—77 条。本章分两节内容分别讲述了上市公司收购制度与反收购制度。流水不腐，户枢不蠹，上市公司收购鼓励公平竞争，促进控制权市场的不断发展。当然，公司收购也会产生一些消极的后果，如横向收购在形成规模经济效益的同时可能导致垄断，破坏竞争。收购的过程中也会引起股市的震荡，并常常伴有恶意收购、证券欺诈等证券违法行为。收购立法的任务应当是通过法律的设计尽可能将公司收购的积极意义发挥到极致，并将公司收购带来的负面影响降到最低程度。只有充满预见性、合法性、确定的、降低交易成本的反收购条款的治理清单，才是立法者、司法者、法学界与实业界均认可的示范版本。

结合"宝万之争"及"海利生物案"，请思考：上市公司收购与反收购的价值是什么？同时，选择自己感兴趣的某一种反收购条款进行合法性分析，并试着提出示范性版本。

二、参考法律法规

序号	法规名称	发文号	发文单位
1	上市公司收购管理办法（2020年修正）	中国证券监督管理委员会令第166号	中国证券监督管理委员会
2	非上市公众公司收购管理办法（2020年修正）	中国证券监督管理委员会令第166号	中国证券监督管理委员会
3	上市公司重大资产重组管理办法（2023年修正）	中国证券监督管理委员会令第214号	中国证券监督管理委员会
4	非上市公众公司重大资产重组管理办法（2023年修正）	中国证券监督管理委员会令第213号	中国证券监督管理委员会
5	上市公司章程指引（2022年修订）	中国证券监督管理委员会公告〔2022〕2号	中国证券监督管理委员会
6	中国证券监督管理委员会上市公司并购重组审核委员会工作规程（2021年修正）	中国证券监督管理委员会公告〔2021〕42号	中国证券监督管理委员会
7	最高人民法院关于人民法院为企业兼并重组提供司法保障的指导意见	法发〔2014〕7号	最高人民法院

三、本章阅读文献

（一）推荐阅读文章

敌意收购的法律立场[①]

内容摘要：争夺上市公司控制权的敌意收购，既可以成为提升公司治理的手段，也可能演变为掠夺公司财富的工具。趋利避害的关键在于，立法者为收购各方提供公平的游戏规则，维护利益相关者的权益，确保上市公司持续承担社会责任。我国上市公司收购监管规则，对敌意收购行为相对较为宽松，限制

[①] 傅穹：《敌意收购的法律立场》，载《中国法学》2017年第3期。

了反收购活动的展开。对敌意收购方权益披露违规行为的监管应趋严而非放松。我国公司法未来应考虑引入授权资本制与类别股份制度，公司治理由股东会中心主义转向董事会中心主义，从而为反收购活动的展开提供法律空间。上市公司章程指引之中不妨提供反收购条款的示范清单，以降低缔约成本，解决司法判断反收购条款合法性的难题。

关键词：敌意收购；上市公司控制权争夺；反收购条款；章程自治

（二）推荐延伸阅读文章

上市公司反收购：政策导向、实施偏好与法律边界[①]

内容摘要：企业并购在我国的不同历史阶段都承担着重要使命，这样的背景使得我国的法律政策始终对上市公司收购持支持、鼓励的态度，进而对反收购进行严格的规范与限制。具体而言，股东会中心主义、证券发行核准制、法定资本制以及《公司法》《证券法》中的其他禁止性规定均对反收购措施的空间构成挤压。在这种制度环境下，为了抵抗收购方，公司常常偏好于在章程中设置反收购预防条款，而且倾向于选择不改变资本结构的措施。判定反收购条款合法性的标准包括反收购条款是否违背法律的强制性规定并获得股东大会的批准、反收购是否符合公司的经营利益以及反收购措施是否适度。鉴于违法的反收购条款也可能对收购方形成"稻草人"效应，在客观上阻却收购，有必要通过工商、证券监管和司法裁判的方式对不当的反收购条款进行清除。

关键词：反收购；政策导向；章程条款；合法标准

四、海利生物公司决议效力确认纠纷案

中证中小投资者服务中心有限责任公司诉上海海利生物技术股份有限公司公司决议效力确认纠纷案[②]

【基本案情】

原告中证中小投资者服务中心有限责任公司诉称：董事的提名权是股东

[①] 郭富青：《上市公司反收购：政策导向、实施偏好与法律边界》，载《法学》2018年第11期。
[②] （2017）沪0120民初13112号。

选择管理者权利的重要内容之一，是股东的基本权利，对这种权利的保护属于《公司法》中的强制性规定，不属于股东会自治性规定的范畴，非依法律法规的规定，任何人不得以任何方式加以限制和剥夺。单独或者合并持有3%以上股份的股东无论持股期限长短，均有权向公司提出包括董事候选人在内的提案，公司章程无权限制股东的上述权利。被告公司章程第82条增加"连续90天以上"的持股时间限制，违反了《公司法》第4条和第102条第2款的规定，限制和剥夺了部分股东参与选择公司管理者的权利。依据《公司法》第22条的规定，提起本案诉讼。

被告上海海利生物技术股份有限公司辩称：被告在收到原告的建议后进行了回复，在原告提出质询和诉讼后，又对章程进行了自查，发现原告提出的建议合法、合理，故已于2017年6月30日召开第二届董事会第二十九次会议，审议通过了《关于修订公司章程议案》，已经按照原告的建议修改章程，并提请召开2017年第三次临时股东大会审议，获有效通过，新的公司章程已依法生效，故认为原告的诉讼请求已无事实依据与现实意义。

法院经审理查明，被告上海海利生物技术股份有限公司于1981年7月18日成立，当前公司类型为股份有限公司（台港澳与外国投资者合资、上市），原告中证中小投资者服务中心有限责任公司为持有被告230股股份的股东。

2014年6月30日，被告发出《上海海利生物技术股份有限公司2015年第一次临时股东大会决议公告》，该公告中有关议案审议情况第14项为关于修订公司章程并办理工商变更登记，该议案以100%同意的比例通过。根据上述股东大会作出的决议内容，被告办理了公司章程的工商变更登记。该份章程中第82条第2款第1项内容为："董事会、连续90天以上单独或合并持有公司3%以上股份的股东有权向董事会提出非独立董事候选人的提名，董事会经征求被提名人意见并对其任职资格进行审查后，向股东大会提出提案。"

2017年4月17日，原告通过邮件方式向被告递交《股东质询建议函》，向被告提出两个建议，其中之一为关于取消限制股东权利的建议。原告认为被告公司章程第82条第2款第1项中有关"连续90天以上单独或合并持有公司3%以上股份"的内容不合理地限制了股东对董事、监事候选人的提名权，并将归属于股东大会的董事候选人审查、决策权变相转移至董事会，违反了《公司法》及相关规定，建议取消此限制类条款。

2017年4月24日，被告作出回复，认为《公司法》《上市公司章程指引》等法律、法规及规范性文件虽然没有对单独或合并持有3%以上股份的股东提名董事、监事候选人的权利作出持股时间上的限制，但也没有对公司章程能否就该条款进行自行规定作出禁止性规定，《上市公司章程指引》第82条的注释明确公司应当在章程中规定董事、监事提名的方式和程序，该规定赋予公司章程在未违反法律法规及规范性文件禁止性规定的前提下对公司董事、监事提名权进行自治性设定的权利。

【裁判理由】

法院生效裁判认为，本案的争议焦点为：被告于2015年6月29日作出的2015年第一次临时股东大会决议中《公司章程》第82条第2款第1项内容是否应确认无效。对该争议焦点，法院对原告的诉讼请求予以支持，理由如下：

一、根据《公司法》的规定，公司股东依法享有资产收益，参与重大决策和选择管理者等权利。在权利的具体行使方式上，单独或者合并持有公司百分之三以上股份的股东，可以在股东大会召开十日前提出临时提案并书面提交董事会。上述规定表明，只要具有公司股东身份，就有选择包括非独立董事候选人在内的管理者的权利，在权利的行使上并未附加任何的限制条件。分析被告在2015年第一次临时股东大会决议中有关公司章程第82条第2款第1项内容，其中设定"连续90天以上"的条件，违反了《公司法》的规定，限制了部分股东就非独立董事候选人提出临时提案的权利，该决议内容应认定为无效。

二、被告虽于2017年第三次临时股东大会作出决议，通过了修订《公司章程》的议案，取消了"连续90天以上"的限制条件，但鉴于上述限制条件存在于2015年第一次临时股东大会决议中，该决议自作出之日起即客观存在且发生效力，后作出的股东大会决议与此前形成的股东大会决议分属相互独立的不同法律行为，并不能当然补正此前股东大会中相关内容的法律效力。另考虑到被告作出2017年第三次临时股东大会决议的时间是在原告提起本案诉讼之后，庭审中经询问，被告对原告的诉讼请求及事实和理由亦未持异议。综合以上因素，法院仍支持原告的诉讼请求。就被告而言，其在原告起诉后修订公司章程，消除限制条件，且在庭审中同意原告主张，上述行为对依法完善公司治理规则亦有积极意义，法院予以认同。

【裁判结果】

上海市奉贤区人民法院于2018年4月28日作出（2017）沪0120民初13112号判决：确认被告上海海利生物技术股份有限公司于2015年6月29日作出的2015年第一次临时股东大会决议中有关公司章程第82条第2款第1项

内容无效。一审判决后，原、被告双方均未上诉，判决已发生法律效力。

【裁判意义】

"宝万之争"以来，我国的上市公司为了防止所谓的"野蛮人"入侵，纷纷修改公司章程设置反收购条款，但许多的反收购条款均有违相关的法律强制性规定，产生了较大的负面影响。这是首例反收购条款司法确认案件，具有较强的示范意义，为解决反收购条款的合法性问题提供有效借鉴，有助于消除上市公司设置反收购条款的乱象。

第五章

信息披露

本章思维导图

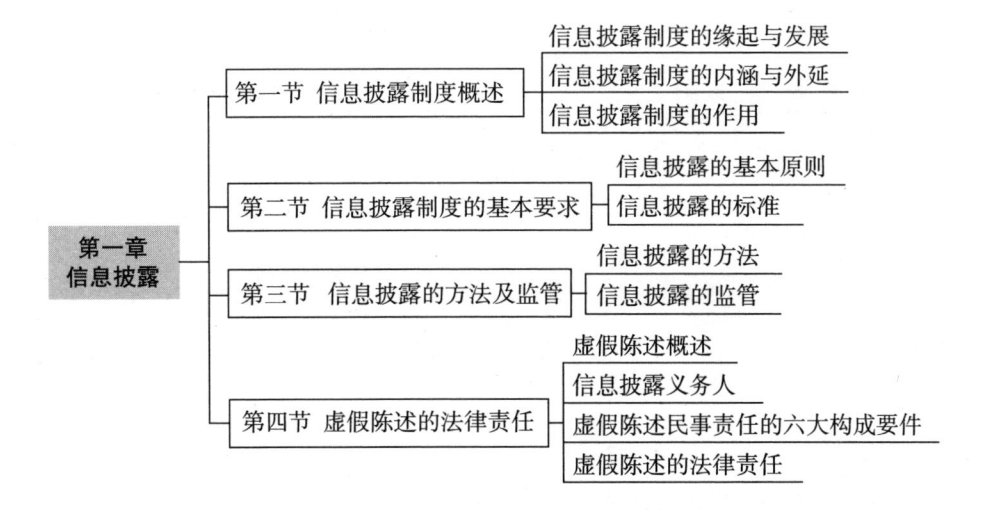

- **第一章 信息披露**
  - 第一节 信息披露制度概述
    - 信息披露制度的缘起与发展
    - 信息披露制度的内涵与外延
    - 信息披露制度的作用
  - 第二节 信息披露制度的基本要求
    - 信息披露的基本原则
    - 信息披露的标准
  - 第三节 信息披露的方法及监管
    - 信息披露的方法
    - 信息披露的监管
  - 第四节 虚假陈述的法律责任
    - 虚假陈述概述
    - 信息披露义务人
    - 虚假陈述民事责任的六大构成要件
    - 虚假陈述的法律责任

本章涉及法条

《证券法》第五章"信息披露"第78—87条

第一节　信息披露制度概述

👆 **本节思维导图**

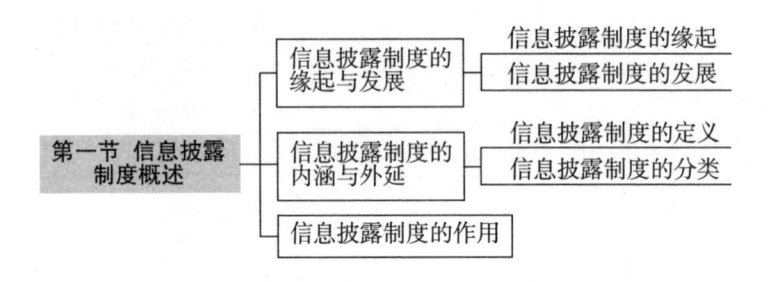

```
                        ┌─信息披露制度的    ─信息披露制度的缘起
                        │ 缘起与发展        ─信息披露制度的发展
第一节 信息披露──────────┤ 信息披露制度的   ─信息披露制度的定义
       制度概述          │ 内涵与外延        ─信息披露制度的分类
                        └─信息披露制度的作用
```

一、信息披露制度的缘起与发展

（一）信息披露制度的缘起

信息披露制度起源于 1844 年英国《合股公司法》关于招股说明书的规定，明确了公司募股必须经由公开说明书注册。[①] 这样规定的目的就是让投资者在购买股票之前可以充分了解发行公司的相关信息，自行决定是否购买。信息披露制度在美国逐渐发展成熟。美国在《1933 年证券法》与《1934 年证券交易法》中对信息披露制度进行了完善，其核心是强制性信息披露制度。我国于 1993 年 4 月 22 日发布施行《股票发行与交易管理暂行条例》，其中第六章为《上市公司的信息披露》，是我国证券市场信息披露制度的开端。

（二）信息披露制度的发展

对于信息披露，1993 年 6 月，中国证监会发布了《公开发行股票公司信息披露实施细则（试行）》（已失效），对我国公开发行股票必须公开披露进行了详细的规定。1998 年《证券法》与 2005 年《证券法》将信息披露分散规定在证券发行、证券交易、上市公司收购等各章节中。2019 年《证券法》

[①] 周友苏主编：《证券法新论》，法律出版社 2020 年版，第 314 页。

专章规定了信息披露制度，增补部分涉及以下五个方面：扩大信息披露义务人范围、明确信息披露的原则、增加应予披露的信息内容、强化信息披露义务人的民事赔偿责任以及加大信息披露违规行为的处罚力度。（如图5.1所示）

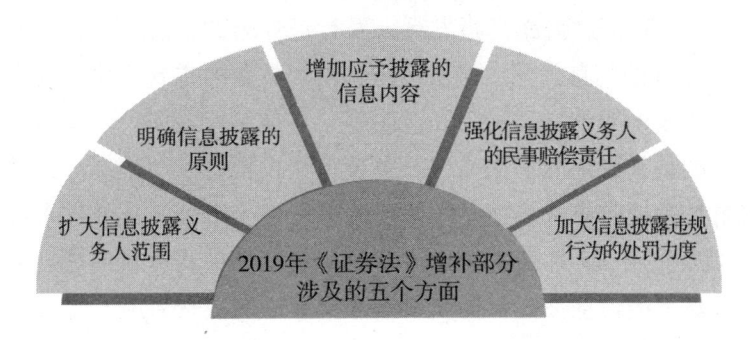

图 5.1　2019 年《证券法》增补部分涉及的五个方面

二、信息披露制度的内涵与外延

（一）信息披露制度的定义

信息披露制度指证券发行公司以及相关人员在证券发行、上市、交易过程中，依法将与其证券有关的一切真实信息予以公开，以供投资者作出证券投资判断参考的一项法律制度。它是证券法上的一个重要制度，是公开原则的具体体现。信息披露制度包括证券发行的信息披露制度和持续性信息披露制度两种基本方式。信息披露文件包括定期报告、临时报告、招股说明书、募集说明书、上市公告书、收购报告书等。发行信息的披露是为了向社会公众募集或发行证券而进行的信息披露。持续性信息披露是发行信息披露的继续，是在证券发行完成之后进入证券交易阶段的义务，具体是指在证券进入证券交易所上市交易之后，证券发行人及法律、行政法规和国务院证券监督管理机构规定的其他信息披露义务人，依法向社会投资者披露对投资者作出投资决策有重大影响的信息。[①]

[①] 王建文著：《证券法研究》，人民大学出版社 2021 年版，第 249 页。

(二) 信息披露制度的分类

1. 发行信息披露与持续性信息披露

根据信息披露时间与目的的不同，可将其分为发行信息披露与持续性信息披露。证券发行信息披露是指发行人发行证券时的信息公开，又称证券发行（一级）市场的信息公开或初次披露。初次披露的主要法律表现形式是招股说明书。招股说明书，又称公开说明书，它是发行人向公众发出的、邀请公众认购或购买其股票的书面文件。宗旨是让投资者了解情况。持续性信息披露，又称继续披露或持续披露。持续披露是指上市公司证券进入市场流通时的公司信息公开，又称证券流通市场的公司信息披露。目的是规范上市公司在流通市场上的信息披露行为，使证券交易中的投资者能有足够的信息对证券投资的价值作出判断。

2. 定期报告与临时报告

持续信息披露包括定期报告和临时报告。上市公司应当披露的定期报告包括年度报告、中期报告。年度报告应当在每个会计年度结束之日起四个月内编制完成并披露，中期报告应当在每个会计年度的上半年结束之日起两个月内编制完成并披露。定期报告内容应当经上市公司董事会审议通过，未经董事会审议通过的定期报告不得披露。[1]《证券法》第79条规定："上市公司、公司债券上市交易的公司、股票在国务院批准的其他全国性证券交易场所交易的公司，应当按照国务院证券监督管理机构和证券交易场所规定的内容和格式编制定期报告，并按照以下规定报送和公告：（一）在每一会计年度结束之日起四个月内，报送并公告年度报告，其中的年度财务会计报告应当经符合本法规定的会计师事务所审计；（二）在每一会计年度的上半年结束之日起二个月内，报送并公告中期报告。"

与定期报告相对的是临时报告。临时报告的核心在于对"重大事件"的界定。重大事件，指发生可能对上市公司证券及其衍生品种交易价格产生较大影响的事件，投资者尚未得知时，上市公司应当立即披露，说明事件的起因、目前的状态和可能产生的影响。[2] 依据证券种类的不同，可将临时信息披露分为公司股票的临时信息披露与公司债券的临时信息披露。

《证券法》第80条规定了公司股票临时信息披露。具体内容为："发生可

---

[1] 参见《上市公司重大资产重组管理办法》（2023年修正）。
[2] 《上市公司重大资产重组管理办法》（2023年修正）第22条。

能对上市公司、股票在国务院批准的其他全国性证券交易场所交易的公司的股票交易价格产生较大影响的重大事件，投资者尚未得知时，公司应当立即将有关该重大事件的情况向国务院证券监督管理机构和证券交易场所报送临时报告，并予公告，说明事件的起因、目前的状态和可能产生的法律后果。前款所称重大事件包括：（一）公司的经营方针和经营范围的重大变化；（二）公司的重大投资行为，公司在一年内购买、出售重大资产超过公司资产总额百分之三十，或者公司营业用主要资产的抵押、质押、出售或者报废一次超过该资产的百分之三十；（三）公司订立重要合同、提供重大担保或者从事关联交易，可能对公司的资产、负债、权益和经营成果产生重要影响；（四）公司发生重大债务和未能清偿到期重大债务的违约情况；（五）公司发生重大亏损或者重大损失；（六）公司生产经营的外部条件发生的重大变化；（七）公司的董事、三分之一以上监事或者经理发生变动，董事长或者经理无法履行职责；（八）持有公司百分之五以上股份的股东或者实际控制人持有股份或者控制公司的情况发生较大变化，公司的实际控制人及其控制的其他企业从事与公司相同或者相似业务的情况发生较大变化；（九）公司分配股利、增资的计划，公司股权结构的重要变化，公司减资、合并、分立、解散及申请破产的决定，或者依法进入破产程序、被责令关闭；（十）涉及公司的重大诉讼、仲裁，股东大会、董事会决议被依法撤销或者宣告无效；（十一）公司涉嫌犯罪被依法立案调查，公司的控股股东、实际控制人、董事、监事、高级管理人员涉嫌犯罪被依法采取强制措施；（十二）国务院证券监督管理机构规定的其他事项。公司的控股股东或者实际控制人对重大事件的发生、进展产生较大影响的，应当及时将其知悉的有关情况书面告知公司，并配合公司履行信息披露义务。"

《证券法》第81条规定了公司债券临时信息披露。具体内容为，"发生可能对上市交易公司债券的交易价格产生较大影响的重大事件，投资者尚未得知时，公司应当立即将有关该重大事件的情况向国务院证券监督管理机构和证券交易场所报送临时报告，并予公告，说明事件的起因、目前的状态和可能产生的法律后果。前款所称重大事件包括：（一）公司股权结构或者生产经营状况发生重大变化；（二）公司债券信用评级发生变化；（三）公司重大资产抵押、质押、出售、转让、报废；（四）公司发生未能清偿到期债务的情况；（五）公司新增借款或者对外提供担保超过上年末净资产的百分之二十；（六）公司放弃债权或者财产超过上年末净资产的百分之十；（七）公司发生超过上年末净资产百分之十的重大损失；（八）公司分配股利，作出减资、合并、分立、解散及申请破产的决定，或者依法进入破产程序、被责令关闭；（九）涉及公司的重大诉讼、仲裁；（十）公司涉嫌犯罪被依法立案调查，公司的控股股东、实际控制人、董事、监事、高级管理人员涉嫌犯罪被依法采取强制措施；（十一）国务院证券监督管理机构规定的其他事项。"

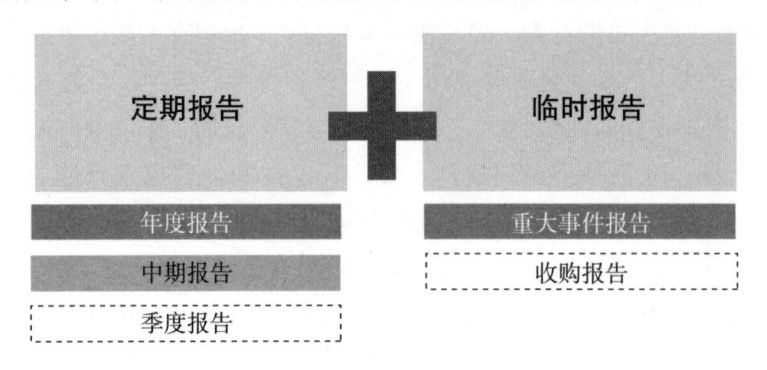

```
┌─────────────────────────────────────────────┐
│        定期报告      ＋      临时报告         │
├─────────────────────────────────────────────┤
│        年度报告              重大事件报告     │
│        中期报告              收购报告         │
│        季度报告                               │
└─────────────────────────────────────────────┘
```

图 5.2　持续信息披露制度的分类

三、信息披露制度的作用

信息披露制度的第一个作用就是保护投资者的知情权。对投资者而言，判断证券的交易价值的基础完全在于相关信息披露的内容，而公开市场的投资者多数实力较小，也不理性，他们并不会自发集合起来督促发行人作出有效的披露，而是会盲目跟风，轻易追逐进行虚假宣传的证券，信息公开可以让投资者在平等且充分地了解发行公司的有关信息的基础上作出证券交易价值的判断。

信息披露制度的第二个作用是从证券发行人角度考量，促使发行公司提高公司治理水平。证券发行人也通过信息披露取信于投资者，若没有可信的披露，投资者就不会有意愿购买证券。同样，如果没有强制信息披露制度，发行人的自愿披露就会存在道德风险。

信息披露制度的第三个作用是有利于证券市场上发行与交易价格的合理形成。证券价格受到多种因素的影响，证券发行公司必须将这些对证券价格具有重要影响的信息进行披露，使投资者在全面了解发行公司情况的基础上作出合理判断，从而促使合理证券价格的形成。

此外，信息披露制度为证券监管提供了便利。信息披露制度被认为是证券监管的主导性制度创新，使监管机构能够在促进证券市场自由竞争的同时，在无须政府直接干预的情况下保障交易的公正性。[①]

最后，信息披露制度的建立可以有效地防止证券欺诈，维护证券市场秩序，有助于提高公众对资本市场的信心。

第二节　信息披露制度的基本要求

本节思维导图

```
                          ┌─ 信息披露的基本原则
第二节 信息披露制度的基本要求 ┤
                          │                ┌─ 真实性要求
                          │                ├─ 准确性要求
                          │                ├─ 完整性要求
                          └─ 信息披露的标准 ┼─ 简明清晰、通俗易懂要求
                                           ├─ 及时性要求
                                           ├─ 公平要求
                                           ├─ 同时披露要求
                                           ├─ 要式披露要求
                                           └─ 易得性要求
```

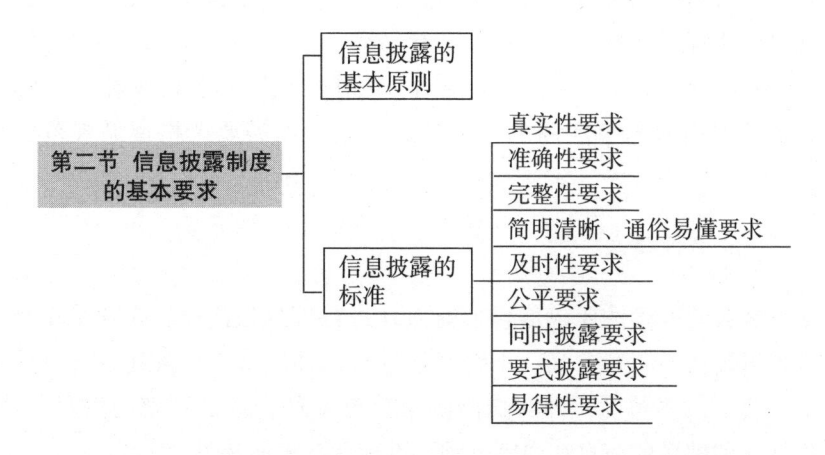

一、信息披露的基本原则

《证券法》第78条规定："发行人及法律、行政法规和国务院证券监督管理机构规定的其他信息披露义务人，应当及时依法履行信息披露义务。信息披露义务人披露的信息，应当真实、准确、完整，简明清晰，通俗易懂，不得有虚假记载、误导性陈述或者重大遗漏。证券同时在境内境外公开发行、交易的，其信息披露义务人在境外披露的信息，应当在境内同时披露。"我国信息披露的原则是信息披露义务人应当及时依法履行信息披露义务。

[①] 王建文著：《证券法研究》，中国人民大学出版社2021年版，第243—244页。

二、信息披露的标准

信息披露义务人披露的信息应当遵循真实性、准确性、完整性、简明清晰、通俗易懂、及时性、公平、同时披露、要式披露及易得性要求。

(一) 真实性要求

信息披露的真实性是信息披露制度最根本、最重要的要求，要求披露的信息必须具有客观性、一致性和规范性，不得作虚假陈述。[1] 真实性标准要求上市公司披露的信息应当对既存的事实进行客观描述和如实呈现。为使披露的信息尽可能客观，就必须采用为法律所确认的披露方式。尤其是上市公司对自身经营状况进行预测性信息披露时，因作出预测的客观基础会发生变化，可能导致披露内容与事实间的较大差异，故特别需要严格遵循规范的披露方式。

(二) 准确性要求

信息披露的准确性要求信息披露人在进行信息披露时，必须采用精确的表述方式以确切表明其含义，不得有误导性陈述。误导性陈述通常有两大基本特征：第一，多解性，即对披露的信息有多种合理的理解与解释；第二，非显见性，即披露的信息在内容上的不准确并非显而易见。

对于不同的信息，准确性原则的要求有不同的标准。把所有影响投资者决策的信息划分为"硬信息"和"软信息"。"硬信息"包括招股说明书、上市公告书、配股说明书、年度报告和中期报告、重大事项披露报告、分红配股政策、收购兼并决定等；"软信息"主要集中在前瞻性说明，如盈利预测、估算、前景展望等。对于"硬信息"，准确性的要求相对严格，即要求信息披露者意图表达的信息必须与客观事实相符，用某种表达方式呈现的客观信息必须与信息接受者所理解或感知的结果相一致。而"软信息"则因具有对未来判断的或然性，其准确性要求不同于"硬信息"。

(三) 完整性要求

在披露某一具体信息时，必须对其所有方面进行全面、充分的揭示，不

---

[1] 王建文著：《证券法研究》，中国人民大学出版社 2021 年版，第 245 页。

得有所侧重、故意隐瞒或有重大遗漏。但法律、法规予以保护并允许不予披露的商业秘密、证券监管机构在调查违法行为过程中获得的非公开信息及依法可以不披露的其他信息除外。且对自己有利和不利的信息均应当予以发布。所以，上市公司发布的信息应有质和量的标准，即"质"上保证对证券价格有影响的重大信息，"量"上必须使投资者有足够的投资判断依据。

（四）简明清晰、通俗易懂要求

简明清晰、通俗易懂披露是指应当以简明清晰、通俗易懂的方式披露信息，而不能一味充斥晦涩难懂的专业术语，以便被具有一般文化知识和经营知识的投资者所理解。简明清晰原则事关投资者权益和证券市场的长远发展。《证券法》在第78条第2款增加了信息披露义务人披露的信息应当简明清晰、通俗易懂的要求。

（五）及时性要求

信息披露的及时性要求义务人必须在合理的时间内尽可能迅速地披露其应公开的信息，不得有迟延。由于公司的经营活动是持续进行的且处于不断变动的状态，公司应当保证所有披露信息的最新状态，不应给公众过时陈旧的信息。因此，信息披露的及时性要求是一个持续性义务，即从公开发行到上市的持续经营活动期间，向投资者披露的应当始终是最新的、及时的信息。主要体现在：对于定期披露的报告，必须在法律规定的期限内制作并公布；对于临时发生且不可预见的重大事件，法律规定应当立即披露，并在规定时间内编制书面报告向证券监管机构及证券交易所报告；当公司已经披露在外的信息由于客观因素不再具有真实性、准确性、完整性时，法律规定公司有义务及时发布相关信息修改、更正或者澄清这些信息。《证券法》在第78条、第80条、第81条、第82条、第87条都明确了及时性披露的要求。

（六）公平要求

公平信息披露，是指信息披露义务人应当同时向所有投资者公开披露重大信息，确保所有投资者可以平等获取同一信息，不能私下或提前向任何单位和个人泄露信息，任何人也不得非法要求信息披露义务人披露依法应当公开披露的信息，提前获悉者应当保密。按照《证券法》第83条的规定，信息披露义务人披露的信息应当同时向所有投资者披露，不得提前向任何单位和个人泄露。但是，法律、行政法规另有规定的除外。同时，为了实现公平披露，就需要有一个良好的信息披露环境，这要求任何单位和个人不得非法要求信息披露义务人提供依法需要披露但尚未披露的信息。任何单位和个人提前获知的前述信息，在依法披露前应当保密，不能泄露信息或非法利用信息展开证券交易或建议他人交易证券。实践中，有些机构和个人滥用职权或以威逼、利诱、恐吓、欺骗等非法手段要求信息披露义务人提供依法需要披露但尚未披露的信息，应当依法承担法律责任。[1]

（七）同时披露要求

同时披露，是指信息披露义务人必须要向所有投资者公开披露信息，让所有投资者能够同时获得同样信息。《证券法》第78条第3款明确规定："证券同时在境内境外公开发行、交易的，其信息披露义务人在境外披露的信息，应当在境内同时披露。"

（八）要式披露要求

要式披露，是指信息披露义务人在披露信息时应当按照法定的内容和格式要求进行披露。《证券法》第79条明确了上市公司、公司债券上市交易的公司、股票在国务院批准的其他全国性证券交易场所交易的公司，应当按照国务院证券监督管理机构和证券交易场所规定的内容和格式编制定期报告，并按照规定报送和公告。

（九）易得性要求

信息披露的完整性要求公开披露的信息易为一般公众投资者所获取，即公开披露的信息应具有易得性。信息披露人应将披露的信息通过证监会指定的媒体及相关机构的网站予以披露，或将招股说明书、上市公告书等文件备置于证券监管机构、证券交易所、证券公司等指定场所供公众查阅。

---

[1] 郭锋等著：《中华人民共和国证券法制度精义与条文评注》，中国法制出版社2021年版，第391页。

第三节 信息披露的方法及监管

本节思维导图

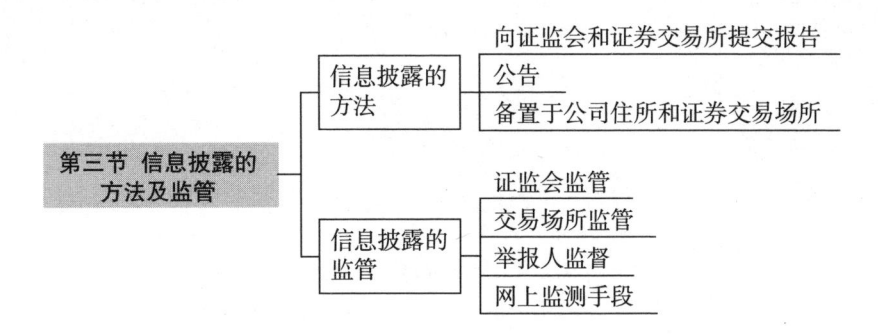

第三节 信息披露的方法及监管
- 信息披露的方法
  - 向证监会和证券交易所提交报告
  - 公告
  - 备置于公司住所和证券交易场所
- 信息披露的监管
  - 证监会监管
  - 交易场所监管
  - 举报人监督
  - 网上监测手段

一、信息披露的方法

（一）向证监会和证券交易所提交报告

上市公司、公司债券上市交易的公司、股票在国务院批准的其他全国性证券交易场所交易的公司，应当按照国务院证券监督管理机构和证券交易场所规定的内容和格式编制定期报告，并按照规定报送和公告。

（二）公告

《证券法》第79条规定："上市公司、公司债券上市交易的公司、股票在国务院批准的其他全国性证券交易场所交易的公司，应当按照国务院证券监督管理机构和证券交易场所规定的内容和格式编制定期报告，并按照以下规定报送和公告：（一）在每一会计年度结束之日起四个月内，报送并公告年度报告，其中的年度财务会计报告应当经符合本法规定的会计师事务所审计；（二）在每一会计年度的上半年结束之日起二个月内，报送并公告中期报告。"

（三）备置于公司住所和证券交易场所

《证券法》第86条规定："依法披露的信息，应当在证券交易场所的网站和符合国务院证券监督管理机构规定条件的媒体发布，同时将其置备于公司住所、证券交易场所，供社会公众查阅。"

信息披露的方法如图 5.3 所示：

向证监会和证券交易所提交报告	公告	备置于公司住所和证券交易场所
《证券法》第79条	《证券法》第79条	《证券法》第86条

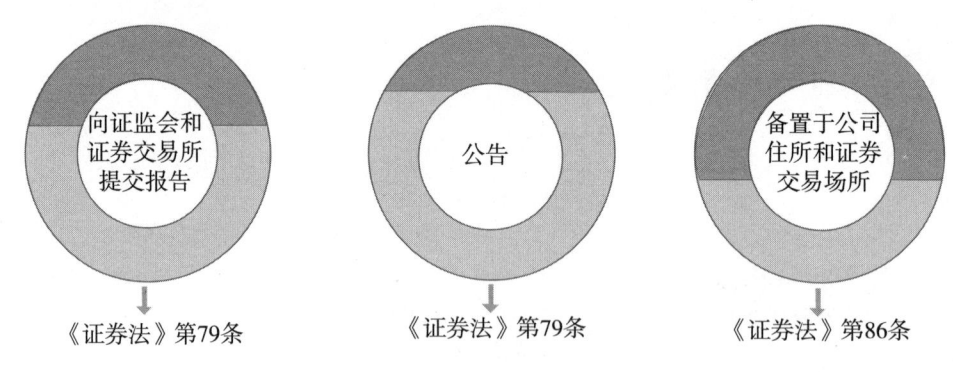

图 5.3　信息披露的方法

二、信息披露的监管

（一）证监会监管

《证券法》第 87 条第 1 款规定："国务院证券监督管理机构对信息披露义务人的信息披露行为进行监督管理。"

（二）交易场所监管

《证券法》第 87 条第 2 款规定："证券交易场所应当对其组织交易的证券的信息披露义务人的信息披露行为进行监督，督促其依法及时、准确地披露信息。"

（三）举报人监督

《证券法》第 176 条规定："对涉嫌证券违法、违规行为，任何单位和个人有权向国务院证券监督管理机构举报。对涉嫌重大违法、违规行为的实名举报线索经查证属实的，国务院证券监督管理机构按照规定给予举报人奖励。国务院证券监督管理机构应当对举报人的身份信息保密。"

（四）网上监测手段

1. 交易所监测

证券交易所应当加强对证券交易的风险监测，出现重大异常波动的，证券交易所可以按照业务规则采取限制交易、强制停牌等处置措施，并向国务院证券监督管理机构报告；严重影响证券市场稳定的，证券交易所可以按照业务规则采取临时停市等处置措施并公告。[1]

2. 证监会监测平台

根据《证券法》第169条第7项的规定，国务院证券监督管理机构对证券市场依法监测并防范、处置证券市场风险。证监会应充分利用大数据，与交易所等具有交易行为的单位合作，对涉案者的交易行为规律进行对比分析、锁定核心证据，一有异常立即查证。[2]

2012年8月，证监会成立了中证资本市场运行统计检测中心有限责任公司，后于2020年更名为中证数据有限责任公司。其经营范围包括提供资本市场运行统计监测服务；对证券期货交易结算进行监测并提供相关支持服务；建设、运行、维护资本市场运行统计监测系统；评估证券期货市场系统性风险状况，配合处置风险事件；数据加工处理；统计咨询、统计调查与市场调查；证券市场分析与咨询；经证监会依法批准的其他业务。

---

[1] 《证券法》第113条。
[2] 崔金珍：《从法律责任视角论证券市场内幕交易行为监管》，载《法学杂志》2018年第6期。

第四节　虚假陈述的法律责任

本节思维导图

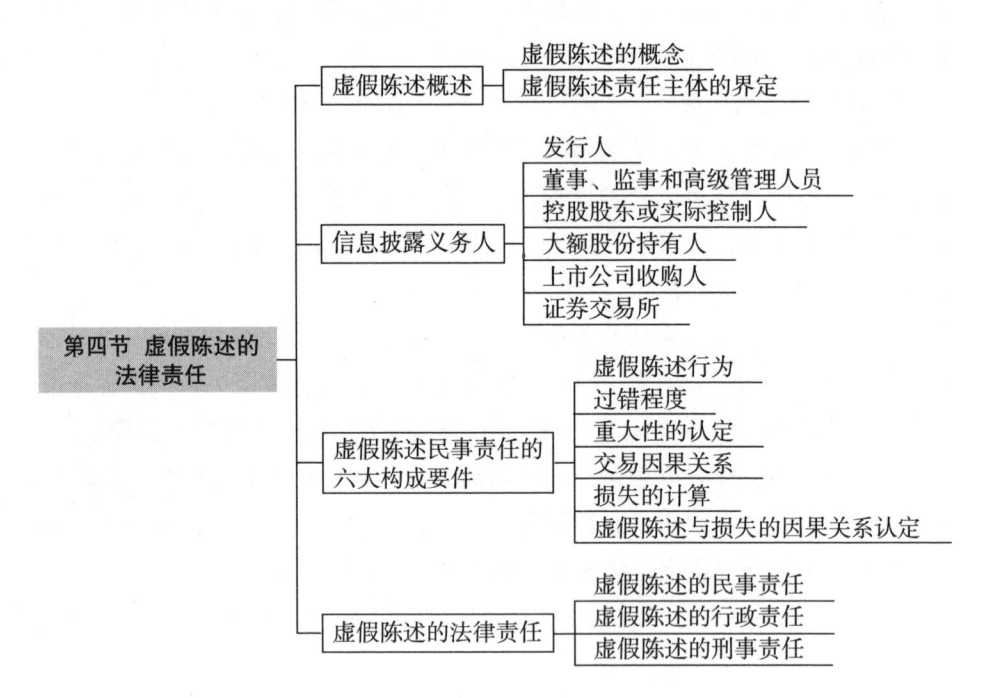

第四节 虚假陈述的法律责任
- 虚假陈述概述
  - 虚假陈述的概念
  - 虚假陈述责任主体的界定
- 信息披露义务人
  - 发行人
  - 董事、监事和高级管理人员
  - 控股股东或实际控制人
  - 大额股份持有人
  - 上市公司收购人
  - 证券交易所
- 虚假陈述民事责任的六大构成要件
  - 虚假陈述行为
  - 过错程度
  - 重大性的认定
  - 交易因果关系
  - 损失的计算
  - 虚假陈述与损失的因果关系认定
- 虚假陈述的法律责任
  - 虚假陈述的民事责任
  - 虚假陈述的行政责任
  - 虚假陈述的刑事责任

一、虚假陈述概述

（一）虚假陈述的概念

虚假陈述的内容主要散见于《证券法》的不同条款，并集中规定在 2022 年 1 月 22 日起施行的《虚假陈述规定》中。虚假陈述就是指信息披露义务人违反法律、行政法规、监管部门制定的规章和规范性文件关于信息披露的规定，在披露的信息中存在虚假记载、误导性陈述或者重大遗漏。[①] 虚假陈述本质上是违反了证券法信息披露中"真实、准确、完整"的要求。

[①] 《最高人民法院关于审理证券市场虚假陈述侵权民事赔偿案件的若干规定》第 4 条第 1 款。

（二）虚假陈述责任主体的界定

《证券法》在信息披露违规责任追究上表现出"责任主体扩张+处罚力度上升"的责任强化倾向。① 根据《证券法》第 85 条的规定，虚假陈述责任主体不仅包括信息披露义务人，而且包括对信息披露承担法律责任的其他主体。根据《虚假陈述规定》，虚假陈述责任人具体包括：（1）证券发行人和上市公司；（2）发行人（上市公司）的董事、监事、高级管理人员、独立董事和其他直接责任人员；（3）发行人（上市公司）的控股股东、实际控制人；（4）证券承销商、证券上市保荐人；（5）会计师事务所、律师事务所、资信评级机构、资产评估机构、财务顾问等证券服务机构；（6）公司重大资产重组的交易对方；（7）配合发行人财务造假的发行人的供应商、客户，以及为发行人提供服务的金融机构等。

二、信息披露义务人

根据《证券法》的规定，信息披露义务人主要包括发行人和其他信息披露义务人。发行人是我国证券市场中最主要的信息披露义务人。其他信息披露义务人主要包括发行人的控股股东或者实际控制人、大额股份持有人、上市公司收购人、破产管理人及其高级管理人员、证券交易所。②

（一）发行人

按照《证券法》第 78 条的规定，发行人及法律、行政法规和国务院证券监督管理机构规定的其他信息披露义务人属于信息披露义务人，应当及时依法履行信息披露义务，披露的信息，应当真实、准确、完整，简明清晰，通俗易懂，不得有虚假记载、误导性陈述或者重大遗漏。证券同时在境内境外公开发行、交易的，其信息披露义务人在境外披露的信息，应当在境内同时披露。这里的发行人不仅包括公开发行证券的公司，也包括非公开发行但股份公开转让的新三板挂牌公司。

---

① 冯果、王怡丞：《证券市场虚假陈述中责任人员类型划分的制度逻辑》，载《法律适用》2020 年第 21 期。
② 郭锋等著：《证券法制度精义与条文评注》，中国法制出版社 2020 年版，第 394 页。

(二) 董事、监事和高级管理人员

《证券法》第 82 条完善了董监高对上市公司信息披露的保证责任。该条中规范了董事、监事和高级管理人员对信息披露文件的确认、保证和异议的行为,具体规定了发行人的董事、高级管理人员在信息披露中的义务为应当对证券发行文件和定期报告签署书面确认意见。发行人的监事会应当对董事会编制的证券发行文件和定期报告进行审核并提出书面审核意见。监事应当签署书面确认意见。发行人的董事、监事和高级管理人员应当保证发行人及时、公平地披露信息,所披露的信息真实、准确、完整。董事、监事和高级管理人员无法保证证券发行文件和定期报告内容的真实性、准确性、完整性或者有异议的,应当在书面确认意见中发表意见并陈述理由,发行人应当披露。发行人不予披露的,董事、监事和高级管理人员可以直接申请披露。此条的第 4 款新增了上市公司董监高信息披露异议制度。异议主体为发行人的董监高;异议对象涵盖从发行到上市交易的整个信息披露环节,包括年报、半年报、季报、定期报告及发行文件等;异议方式要求董事、监事提出异议的,应当投反对票或弃权票,同时在书面意见中发表意见并陈述理由,高级管理人员提出异议的,应当在书面意见中发表意见并陈述理由。[①] 但《证券法》此条对于董监高异议制度激励机制的规定仍然有所欠缺,同时异议规则本身也有待完善,实践中暴露出规则被滥用的问题,对此应当打通董监高异议制度与董监高责任减免的关系,并将董监高免责的一种"示范动作"作为该款功能之一,如强调一种行为上的示范作用——通过对信息披露内容表达异议并陈述理由,可以获得减免责任的机会,并以此引导董监高的行为。建立该制度正向激励机制,同时以"陈述理由"为核心,结合"陈述理由"的类型划分实现异议规则的规范化和责任减免机制的构建,以助力董监高异议制度现实功能的实现。[②]

[①] 《上市公司信息披露管理办法》(2021 年修订)第 16 条第 4 款、第 5 款规定:"董事、监事无法保证定期报告内容的真实性、准确性、完整性或者有异议的,应当在董事会或者监事会审议、审核定期报告时投反对票或者弃权票。董事、监事和高级管理人员无法保证定期报告内容的真实性、准确性、完整性或者有异议的,应当在书面确认意见中发表意见并陈述理由,上市公司应当披露。上市公司不予披露的,董事、监事和高级管理人员可以直接申请披露。"

[②] 张梁:《上市公司董监高信息披露异议制度何去何从——以新〈证券法〉第 82 条第四款为视角》,载《法学评论》2022 年第 3 期。

(三) 控股股东或实际控制人

公司的控股股东或者实际控制人在信息披露中的义务是对重大事件的发生、进展产生较大影响的，应当及时将其知悉的有关情况书面告知公司，并配合公司履行信息披露义务。[1] 发行人及其控股股东、实际控制人、董事、监事、高级管理人员等作出公开承诺的，应当披露。不履行承诺给投资者造成损失的，应当依法承担赔偿责任。[2]

(四) 大额股份持有人

通过证券交易所的证券交易，投资者持有或者通过协议、其他安排与他人共同持有一个上市公司已发行的有表决权股份达到百分之五时，应当在该事实发生之日起三日内披露相关信息；之后，其所持该上市公司已发行的有表决权股份比例每增加或者减少百分之一，应当在该事实发生的次日通知该上市公司，并予以公告。违反上述规定买入上市公司有表决权的股份的，在买入后的36个月内，对该超过规定比例部分的股份不得行使表决权。[3]

(五) 上市公司收购人

《证券法》对于上市公司收购人的信息披露义务主要规定在第73条中，具体表述为："采取协议收购方式的，收购人收购或者通过协议、其他安排与他人共同收购一个上市公司已发行的有表决权股份达到百分之三十时，继续进行收购的，应当依法向该上市公司所有股东发出收购上市公司全部或者部分股份的要约。但是，按照国务院证券监督管理机构的规定免除发出要约的除外。收购人依照前款规定以要约方式收购上市公司股份，应当遵守本法第六十五条第二款、第六十六条至第七十条的规定。"

(六) 证券交易所

《证券法》第111条规定："因不可抗力、意外事件、重大技术故障、重大人为差错等突发性事件而影响证券交易正常进行时，为维护证券交易正常秩序和市场公平，证券交易所可以按照业务规则采取技术性停牌、临时停市

---

[1] 《证券法》第80条第3款。
[2] 《证券法》第84条第2款。
[3] 《证券法》第63条。

等处置措施,并应当及时向国务院证券监督管理机构报告。因前款规定的突发性事件导致证券交易结果出现重大异常,按交易结果进行交收将对证券交易正常秩序和市场公平造成重大影响的,证券交易所按照业务规则可以采取取消交易、通知证券登记结算机构暂缓交收等措施,并应当及时向国务院证券监督管理机构报告并公告。证券交易所对其依照本条规定采取措施造成的损失,不承担民事赔偿责任,但存在重大过错的除外。"

第113条规定:"证券交易所应当加强对证券交易的风险监测,出现重大异常波动的,证券交易所可以按照业务规则采取限制交易、强制停牌等处置措施,并向国务院证券监督管理机构报告;严重影响证券市场稳定的,证券交易所可以按照业务规则采取临时停市等处置措施并公告。证券交易所对其依照本条规定采取措施造成的损失,不承担民事赔偿责任,但存在重大过错的除外。"

三、虚假陈述民事责任的六大构成要件

(一)虚假陈述行为

根据《证券法》第85条的规定,虚假陈述行为包括虚假记载、误导性陈述、重大遗漏和未按规定披露信息四种具体形态。虚假记载,是指对相关财务数据进行重大不实记载,或者对其他重要信息作出与真实情况不符的描述。误导性陈述,是指信息披露义务人披露的信息隐瞒了与之相关部分的重要事实,或者未及时披露相关更正、确认信息,致使已经披露的信息因不完整、不准确而具有误导性。重大遗漏,是指信息披露义务人违反关于信息披露的规定,对重大事件或者重要事项等应当披露的信息未予披露。未按规定披露信息,是指信息披露义务人未按照规定的内容、地点、时间、方式和格式要求及时、公平地披露信息[①]。

(二)过错程度

《虚假陈述规定》第13条规定了故意和重大过失两种情形,并未规定"一般过失"。上述两种情形即行为人故意制作、出具存在虚假陈述的信息披

---

① 郭锋等著:《中华人民共和国证券法制度精义与条文评注》,中国法制出版社2021年版,第441页。

露文件，或者明知信息披露文件存在虚假陈述而不予指明、予以发布；行为人严重违反注意义务，对信息披露文件中虚假陈述的形成或者发布存在过失。所以，如果行为人是轻微的过失，不应当承担责任。

（三）重大性的认定

行政处罚前置程序的取消让重大性的认定成为了司法实践中法院必须面对的问题。《虚假陈述规定》第10条第1款明确了重大性的认定标准：（1）虚假陈述的内容属于《证券法》第80条第2款、第81条第2款规定的重大事件；（2）虚假陈述的内容属于监管部门制定的规章和规范性文件中要求披露的重大事件或者重要事项；（3）虚假陈述的实施、揭露或者更正导致相关证券的交易价格或者交易量产生明显的变化。此外，《九民纪要》第85条规定，重大性是指可能对投资者进行投资决策具有重要影响的信息，虚假陈述已经被监管部门行政处罚的，应当认为是具有重大性的违法行为。该条并未进一步规定相应的抗辩事由，实际上认可了行政处罚中虚假陈述内容应被推定具有重大性。

《虚假陈述规定》第10条第2款规定了重大性的抗辩规则，被告提交证据足以证明虚假陈述并未导致相关证券交易价格或者交易量明显变化的，人民法院应当认定虚假陈述的内容不具有重大性，而《虚假陈述规定》第10条第3款确定了重大性抗辩成立的法律效果，即被告得以不承担民事责任。

（四）交易因果关系

《虚假陈述规定》不仅认可了原告的投资决定与虚假陈述之间的交易因果关系的独立法律地位，还就交易因果关系的抗辩规则作出了明确规定。《虚假陈述规定》第11条明确了交易因果关系的确定规则。即原告能够证明信息披露义务人实施了虚假陈述；原告交易的是与虚假陈述直接关联的证券；以及原告在虚假陈述实施日之后、揭露日或更正日之前实施了相应的交易行为，即在诱多型虚假陈述中买入了相关证券，或者在诱空型虚假陈述中卖出了相关证券的，就应当认定为交易因果关系成立。

《虚假陈述规定》第12条则明确了交易因果关系的抗辩规则。该条规定："被告能够证明下列情形之一的，人民法院应当认定交易因果关系不成立：（一）原告的交易行为发生在虚假陈述实施前，或者是在揭露或更正之后；（二）原告在交易时知道或者应当知道存在虚假陈述，或者虚假陈述已经被证券市场广泛知悉；（三）原告的交易行为是受到虚假陈述实施后发生的上市公司的收购、重大资产重组等其他重大事件的影响；（四）原告的交易行为构成内幕交易、操纵证券市场等证券违法行为的；（五）原告的交易行为与虚假陈述不具有交易因果关系的其他情形。"

（五）损失的计算

《虚假陈述规定》第24—30条对虚假陈述损害赔偿的范围与计算方法进行了详细规定。证券市场投资者因虚假陈述受到的损害，是因为善意信赖虚假陈述而参加证券交易，最终遭受财产上的损失，多数国家将这个损失的范围界定为实际损失，遵循"填平规则"。《虚假陈述规定》第25条规定，信息披露义务人在证券交易市场承担民事赔偿责任的范围，以原告因虚假陈述而实际发生的损失为限。原告实际损失包括投资差额损失、投资差额损失部分的佣金和印花税。在损失额确定上，核心是对虚假陈述的实施日、揭露日或更正日以及基准日这四个时点的认定。虚假陈述实施日，是指信息披露义务人作出虚假陈述或者发生虚假陈述之日。虚假陈述揭露日，是指虚假陈述在具有全国性影响的报刊、电台、电视台或监管部门网站、交易场所网站、主要门户网站、行业知名的自媒体等媒体上，首次被公开揭露并为证券市场知悉之日。虚假陈述更正日，是指信息披露义务人在证券交易场所网站或者符合监管部门规定条件的媒体上，自行更正虚假陈述之日。投资差额损失计算的基准日，是指在虚假陈述揭露或更正后，为将原告应获赔偿限定在虚假陈述所造成的损失范围内，确定损失计算的合理期间而规定的截止日期。

（六）虚假陈述与损失的因果关系认定

《虚假陈述规定》第31条第1款规定了权益侵害与投资者损失之间的因果关系的认定规则，以明确赔偿责任范围，实质是对损害赔偿范围的限制。第31条第2款将损失因果关系的抗辩效果确定为减轻或免除责任，规定了系统性风险以及非系统性风险的扣除规则，当被告能够证明原告的部分或全部损失系他人操纵市场、证券市场的风险、证券市场对特定事件的过度反应、上市公司内外部经营环境等其他因素所导致的，均可以向法院主张减轻或免除责任。这一规定允许法院通过认定损失因果关系，合理减轻或免除被告责任，有助于准确计算投资者的真实损失。这里要注意，司法解释对因果关系的规定是为了保护投资者，因此是非排他性的规定，应允许投资者主动提出更为合理的交易因果关系和损失因果关系证明方式。①

四、虚假陈述的法律责任

(一) 虚假陈述的民事责任

信息披露违法行为的民事责任规范体系，是以《证券法》为核心主线，以《虚假陈述规定》《全国法院审理债券纠纷案件座谈会纪要》和《九民纪要》的有关内容为重要组成部分的一整套体系。②

《证券法》第85条规定了信息披露民事责任，具体规定为："信息披露义务人未按照规定披露信息，或者公告的证券发行文件、定期报告、临时报告及其他信息披露资料存在虚假记载、误导性陈述或者重大遗漏，致使投资者在证券交易中遭受损失的，信息披露义务人应当承担赔偿责任；发行人的控股股东、实际控制人、董事、监事、高级管理人员和其他直接责任人员以及保荐人、承销的证券公司及其直接责任人员，应当与发行人承担连带赔偿责任，但是能够证明自己没有过错的除外。"按照此条的规定，信息披露义务人但凡存在虚假陈述行为以及信息披露的违规行为，致使投资者在证券交易中遭受损失的，就要承担民事赔偿责任。本条规定了信息披露义务人应承担严格责任。同时还规定了民事赔偿责任实行过错推定的范围包括了发行人的控股股东和实际控制人、董事、监事、高级管理人员和其他直接责任人员以及保荐人、承销的证券公司及其直接责任人员，目的是更好地遏制违规的信息披露，保护投资者利益。

《虚假陈述规定》充实和完善了证券虚假陈述民事责任制度，具体表现在以下几个方面。第一，取消了前置程序。规定人民法院不得仅以虚假陈述未经监管部门行政处罚或者人民法院生效刑事判决的认定为由裁定不予受理。③第二，完善了责任承担主体范围。不仅确定了发行人的控股股东、实际控制人对投资者责任属于直接责任，而且规定了帮助虚假陈述者的民事责任。同

---

① 彭冰：《证券虚假陈述民事赔偿中的因果关系——司法解释的新发展评析》，载《法律适用》2022年第5期。
② 何海峰著：《证券法通识》，中国法制出版社2022年版，第211页。
③ 《全国法院审理债券纠纷案件座谈会纪要》第9条中取消了欺诈发行以及债券虚假陈述相关民事诉讼的前置程序。

时，还规定了提供虚假信息致使发行人虚假陈述的重大资产重组交易对方的民事责任。第三，《虚假陈述规定》明确了虚假陈述民事责任的六大构成要件包括虚假陈述行为、故意或重大过失的过错程度、虚假陈述民事责任应具有重大性、交易因果关系、损失的计算以及损失因果关系。第四，《虚假陈述规定》明确了信息披露义务人披露预测性信息时，得以免除信息披露义务人及其董监高的责任。《证券法》第84条第1款规定："除依法需要披露的信息之外，信息披露义务人可以自愿披露与投资者作出价值判断和投资决策有关的信息，但不得与依法披露的信息相冲突，不得误导投资者。"但《证券法》却并未明确预测性信息披露不实的法律后果。《虚假陈述规定》第6条规定，当虚假陈述所涉信息为预测性信息时，被告不因该信息存在虚假陈述而承担民事责任。[①]

（二）虚假陈述的行政责任

对比证券虚假陈述民事责任，证券虚假陈述的其他类型责任在最近几年得到了相应的完善。《证券法》《信息披露管理办法》《收购管理办法》等规范性文件的修订强化了证券虚假陈述行政责任。《证券法》第197条将信息披露违法行为分为"未按照本法规定报送有关报告或履行信息披露义务"的一般信息披露违法行为和"报送的报告或披露的信息有虚假记载、误导性陈述或重大遗漏"的欺诈行为两大类。[②]

《证券法》第197条规定："信息披露义务人未按照本法规定报送有关报告或履行信息披露义务的，责令改正，给予警告，并处以五十万元以上五百万元以下的罚款；对直接负责的主管人员和其他直接责任人员给予警告，并处以二十万元以上二百万元以下的罚款。发行人的控股股东、实际控制人组织、指使从事上述违法行为，或者隐瞒相关事项导致发生上述情形的，处以五十万元以上五百万元以下的罚款；对直接负责的主管人员和其他直接责任人员，处以二十万元以上二百万元以下的罚款。信息披露人报送的报告或披露的信息有虚假记载、误导性陈述或重大遗漏的，责令改正，给予警告，并处以一百万元以上一千万元以下的罚款；对直接负责的主管人员和其他直接责任人员给予警告，并处以五十万元以上五百万元以下的罚款。发行人的控

---

① 参见汤欣、李卓卓：《新修虚假陈述民事赔偿司法解释评析》，载《法律适用》2022年2月号。

② 何海峰著：《证券法通识》，中国法制出版社2022年版，第230页。

股股东、实际控制人组织、指使从事上述违法行为,或者隐瞒相关事项导致发生上述情形的,处以一百万元以上一千万元以下的罚款;对直接负责的主管人员和其他直接责任人员,处以五十万元以上五百万元以下的罚款。"

(三) 虚假陈述的刑事责任

我国《刑法》第161条专门规定了违规披露、不披露重要信息罪。具体内容为:"依法负有信息披露义务的公司、企业向股东和社会公众提供虚假的或者隐瞒重要事实的财务会计报告,或者对依法应当披露的其他重要信息不按照规定披露,严重损害股东或者其他人利益,或者有其他严重情节的,对其直接负责的主管人员和其他直接责任人员,处五年以下有期徒刑或者拘役,并处或者单处罚金;情节特别严重的,处五年以上十年以下有期徒刑,并处罚金。前款规定的公司、企业的控股股东、实际控制人实施或者组织、指使实施前款行为的,或者隐瞒相关事项导致前款规定的情形发生的,依照前款的规定处罚。犯前款罪的控股股东、实际控制人是单位的,对单位判处罚金,并对其直接负责的主管人员和其他直接责任人员,依照第一款的规定处罚。"

证券虚假陈述的刑事责任还通过《刑法修正案(十一)》得以强化,该项修订对《刑法》第160条欺诈发行证券罪、第161条违规披露、不披露重要信息罪以及第229条提供虚假证明文件罪作出了修改,加重了责任。

(四) 虚假陈述的自律责任

对于信息披露违法行为,除了民事责任、行政责任及刑事责任之外,各大证券交易所通过《股票上市规则》、证券业协会通过多项自律性规则,都逐步建立和完善了关于信息披露的自律性规范体系。上市公司信息披露违规案件中,证券交易所对相关人员采取的纪律处分措施主要包括三类:通报批评、公开谴责以及公开认定其不适合担任上市公司董事、监事、高级管理人员,严重程度依次递增。[①]

---

① 上市公司治理研究课题组:《独立董事在上市公司信息披露中法律责任问题研究》,载《证券市场导报》2022年5月号。

第五节　拓展学习

一、思考

本章内容涉及《证券法》第五章"信息披露"第78—87条。主要介绍了信息披露制度概述、信息披露的基本要求、信息披露的方法、信息披露的监管以及虚假陈述的法律责任。结合"五洋债案",请思考:虚假陈述的法律责任以及信息披露将如何从为申报发行而披露逐步趋向于为多目的而披露。

二、参考法律法规

序号	法规名称	发文号	发文单位
1	上市公司信息披露管理办法（2021年修订）	中国证券监督管理委员会令第182号	中国证券监督管理委员会
2	非上市公众公司信息披露管理办法（2021年第二次修正）	中国证券监督管理委员会令第191号	中国证券监督管理委员会
3	关于审理证券市场虚假陈述侵权民事赔偿案件的若干规定	法释〔2022〕2号	最高人民法院
4	全国法院审理债券纠纷案件座谈会纪要	法〔2020〕185号	最高人民法院
5	信息披露违法行为行政责任认定规则	中国证券监督管理委员会公告〔2011〕11号	中国证券监督管理委员会
6	非上市公众公司监督管理办法（2023年修正）	中国证券监督管理委员会令第212号	中国证券监督管理委员会

三、本章阅读文献

（一）推荐阅读文章

注册制下我国上市公司信息披露制度的重构与完善[①]

内容摘要： 注册制改革把对公司进行价值判断的权利更多地交还投资者，而要避免可能随之而来的"柠檬市场"，则须进一步完善我国的信息披露制度。从信息披露系统内部看，我国资本市场信息尚未实现有效流动，存在"信息堆积"现象；从信息披露系统外部看，机制参与主体单一，对信息披露质量的监督力量匮乏。重构上市公司信息披露制度，需要进行披露内容形式简明化与有效化改革，完成信息披露由"监管者导向"向"投资者导向"的逻辑转变；同时，有必要引导证监会之外的市场多元主体力量在信息披露机制中发挥更大作用，推动注册制下的中国证券市场持续革新。

关键词： 投资者导向信息披露；简明有效披露；多元互动监管；注册制；中概股

（二）推荐延伸阅读文章

注册制背景下债市虚假陈述司法裁判的金融逻辑
——以五洋债代表人诉讼为例[②]

内容摘要： 五洋债代表人诉讼作为我国债市虚假陈述引发的民事赔偿第一案，具有重要的理论价值和示范意义。一审判决在适格投资者和损害赔偿范围的认定上存在瑕疵，未能区分因不能履行到期债务而导致的违约责任与因虚假陈述引发的侵权责任。厘清证券侵权损害赔偿范围的关键在于确定虚假陈述违法行为的实施日和揭露日。对证监会行政处罚、上交所自律处分和信息披露公告的整理显示，虚假陈述揭露日为债券长期停牌后的首个复牌日；以此为基准应用事件研究法对适格原告的损失进行估计可以发现，原告因虚假陈述侵权行

[①] 郭雳：《注册制下我国上市公司信息披露制度的重构与完善》，载《商业经济与管理》2020年第9期。

[②] 徐文鸣：《注册制背景下债市虚假陈述司法裁判的金融逻辑——以五洋债代表人诉讼为例》，载《证券市场导报》2021年5月号。

为而遭受的损失显著低于一审法院认定的数额。本文提供了使用事件研究法估计因债市虚假陈述而产生损失的操作案例，对后续司法裁判具有一定的参考价值。

关键词：证券法；虚假陈述；债券市场；损害赔偿；五洋债

四、五洋债证券虚假陈述案

北京信远健利资产管理中心与五洋建设集团股份有限公司、陈志樟、德邦证券股份有限公司、大信会计师事务所、上海市锦天城律师事务所、大公国际资信评估有限公司证券虚假陈述责任纠纷案[①]

【基本案情】

2015年8月15日，五洋建设集团股份有限公司（以下简称五洋建设），公开发行债券"15五洋债"，总额8亿元，期限3年，并约定2年后债券持有人可以选择行使回售权，2017年8月15日即回售日。同年9月11日，五洋建设发行了"15五洋02"，总额5.6亿元，期限5年，第三年有回售选择权。两个债券均为主体评级AA，债项评级AA。陈志樟为五洋建设实际控制人和董事长，德邦证券股份有限公司为本次发行的主承销商及受托管理人，大信会计师事务所为本次发行依据之审计报告的会计，上海市锦天城律师事务所为本次发行的律师，大公国际资信评估有限公司为本次发行的评级机构。2016年公布的公司2015年年报、2016年年中报，两只债券均未见任何异常。五洋建设2015年报告期内实现营业总收入153.68亿元，实现归母净利润4.42亿元，同比增长121.53%；而2016年上半年，公司营收78.35亿元，实现归母净利润1.57亿元，同比增长37.23%。

2016年4月，上海证券交易所出具纪律处分决定书，认定五洋建设募集资金管理不规范，未决诉讼披露不完整。2016年7月，浙江证监局出具警示函，认定五洋建设募集资金使用与债券募集说明书不一致。2016年12月28日，上交所突然发布公告，以五洋建设有重大事项没有公布，勒令其"15五洋债"和"15五洋02"即刻停牌。同日，主承销商德邦证券对五洋建设发行的两期债券"15五洋债"和"15五洋02"提示风险，表示五洋建设已于

[①] （2019）浙01民初1408号。

2016年12月被列入全国法院失信被执行人名单。2017年8月,证监会正式对五洋建设立案调查。8月14日,五洋建设公告无法按时足额支付应付本金及利息;22日德邦证券公告五洋债提前到期。至此,五洋建设本次公开发行的债券全面违约,并于2018年12月破产重整。2018年,五洋债券各主体均接受证监会调查,其中五洋建设、德邦证券、大信会计均被证监会行政处罚。2018年1月19日,证监会向五洋建设出具《行政处罚事先通知书》,于同年7月6日出具《行政处罚决定书》。其后,浙江证监局向德邦证券下发调查通知书,证监会于2019年11月11日出具《行政处罚决定书》。2019年1月22日,证监会向大信会计出具《行政处罚决定书》。2020年7月13日,杭州市中级人民法院立案受理原告王放等487人与五洋建设集团股份有限公司、陈志樟、德邦证券股份有限公司、大信会计师事务所、上海市锦天城律师事务所、大公国际资信评估有限公司证券虚假陈述责任纠纷代表人诉讼一案,并于2020年9月4日公开开庭进行了审理。

【审判结果】

法院认为,发行人财务造假骗取债券发行资格,承销商与中介机构不勤勉尽责履职不当,严重影响市场信用,危及市场秩序,损害广大投资者的合法权益。信息披露不实者、怠于勤勉履职者均应付出违法违规的成本,对广大投资者的损失予以赔偿。根据《证券法(2014修正)》第20条、第31条、第63条、第69条、第173条,《破产法》第46条,《会计法》第4条、第13条第3款、第26条,《最高人民法院关于审理证券市场虚假陈述引发的民事赔偿案件的若干规定》第17条、第18条、第20条,《最高人民法院关于审理涉及会计师事务所在审计业务活动中民事侵权赔偿案件的若干规定》第5条第1款第2项、第6条第2款第7项,《民事诉讼法》第64条、第119条第1款之规定,判决确认北京信远健利资产管理中心对五洋建设集团股份有限公司享有2218553.81元的债权。北京信远健利资产管理中心于本判决生效之日起10日内向五洋建设集团股份有限公司交回债券,五洋建设集团股份有限公司可依据生效法律文书申请债券登记结算机构注销该债券;陈志樟、德邦证券股份有限公司、大信会计师事务所对五洋建设集团股份有限公司的上述第一项债务承担连带赔偿责任;上海市锦天城律师事务所对五洋建设集团股份有限公司的上述第一项债务在5%范围内承担连带赔偿责任;大公国际资信评估有限公司对五洋建设集团股份有限公司的上述第一项债务在10%范围内承担连带赔偿责任。

【案件意义】

五洋债代表人诉讼是我国债市虚假陈述引发的民事赔偿第一案，杭州中院部分支持了投资者的损害赔偿请求，并责令涉案证券服务机构承担连带责任，这一判决具有重要的理论价值和示范意义，将显著影响债券市场主体的预期。① 杭州中院认为，资本市场的健康发展依托于市场主体的诚信建设，切实而严肃地践行信息披露制度是证券市场健康繁荣的根本保证，也是投资者在充分了解真实情况的基础上自行作出交易判断、承担交易风险的前提。虚假陈述是证券市场的传统痼疾，不仅会直接损害投资者的利益，更会对公平公开的投资环境造成极大的破坏。让破坏者付出破坏的代价，让装睡的"看门人"不敢装睡，是司法审判对证券市场虚假陈述行为的基本态度。五洋债案民事终审判决对于惩治发行人及实际控制人"首恶"责任、倒逼中介机构履行"看门人"责任、完善比例赔偿责任以及推动司法机关形成裁判共识方面将产生深远影响。②

---

① 徐文鸣：《注册制背景下债市虚假陈述司法裁判的金融逻辑——以五洋债代表人诉讼为例》，载《证券市场导报》2021年5月号。

② 潘崴伟、苏成弘：《完善债券民事赔偿机制守护市场良好信用生态——五洋债案终审对市场的影响浅谈》，载《债券》2022年第3期。

第六章

投资者保护

第六篇

民族文献志

本章思维导图

- 第六章 投资者保护
  - 第一节 投资者保护的必要性
    - 证券投资者概述
    - 为何保护投资者
    - 投资者保护机构
    - 投资者保护独立成章的意义
  - 第二节 投资者保护的具体措施
    - 投资者适当性制度
    - 股东权利征集制度
    - 上市公司现金分红制度
    - 公司债券持有人保护制度
  - 第三节 多元化纠纷解决机制
    - 先行赔付制度
    - 投资者保护机构支持制度

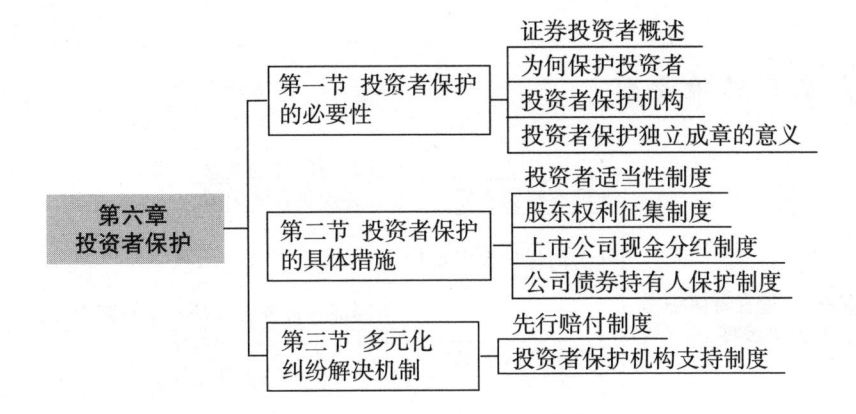

本章涉及法条

《证券法》第六章"投资者保护"第88—95条

第一节 投资者保护的必要性

本节思维导图

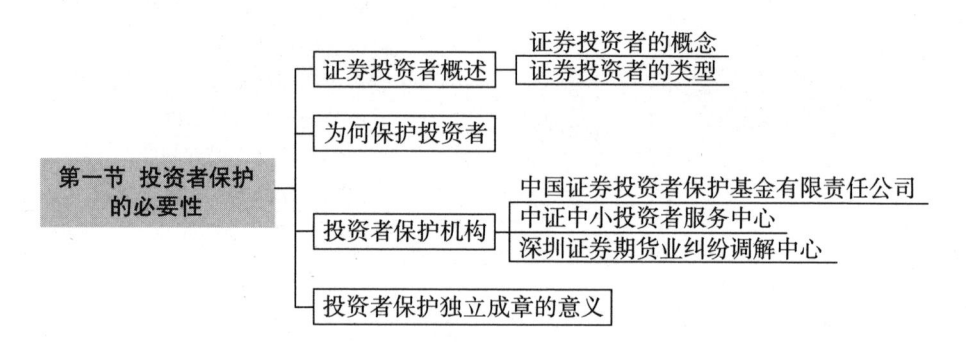

```
                   ┌─ 证券投资者概述 ──┬─ 证券投资者的概念
                   │                   └─ 证券投资者的类型
                   │
                   ├─ 为何保护投资者
第一节 投资者保护  │
的必要性           ├─ 投资者保护机构 ──┬─ 中国证券投资者保护基金有限责任公司
                   │                   ├─ 中证中小投资者服务中心
                   │                   └─ 深圳证券期货业纠纷调解中心
                   │
                   └─ 投资者保护独立成章的意义
```

一、证券投资者概述

(一) 证券投资者的概念

一般认为，证券法上的"投资者"指的是为了获得利息、股息或资本收益而以证券为工具进行投资的自然人、法人和其他组织。[1] 自然人投资者是指从事证券投资的社会自然人，是证券市场最广泛的投资主体，具有分散性、流动性及非理性等特点。机构投资者指用自有资金或从分散的公众手中筹集的资金，以获得证券投资收益为主要经营目的的专业团体机构或企业。机构投资者具有资金规模化、投资结构组合化、投资管理专业化与投资行为规范化的特征。

(二) 证券投资者的类型

证券投资者根据投资者身份可以分为自然人投资者与机构投资者，机构投资者又可以分为境内专业机构投资者（基金、证券、保险、信托等境内投资机构）、境外机构投资者（QFII、RQFII、陆股通）、产业资本（各类产业集

---

[1] 周友苏主编：《证券法新论》，法律出版社2020年版，第353页。

团及其投资公司）和政府机构投资者（建银投资及地方国资运营平台）。[1] 根据出资比例、对公司的控制能力，可以将投资者划分为大投资者（如控股股东、大股东、收购人、实际控制人）和中小投资者。根据证券持有时间长短可分为短线投资者、中线投资者和长线投资者。根据投资者的心理因素不同可分为稳健型投资者、冒险型投资者和中庸型投资者。（如图 6.1 所示）

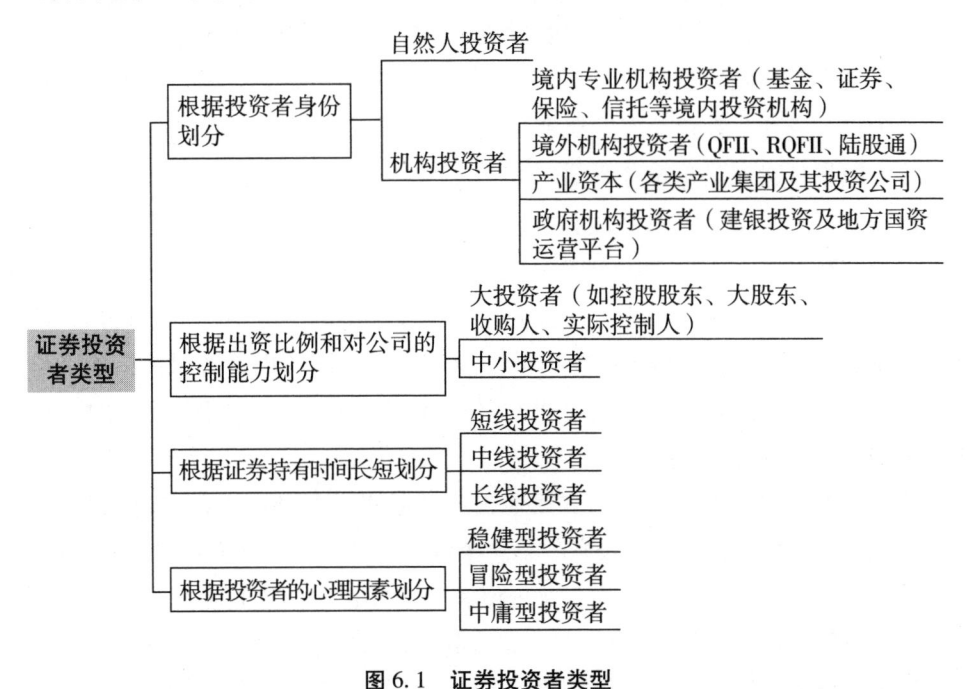

图 6.1　证券投资者类型

证券投资者类型
- 根据投资者身份划分
  - 自然人投资者
  - 机构投资者
    - 境内专业机构投资者（基金、证券、保险、信托等境内投资机构）
    - 境外机构投资者（QFII、RQFII、陆股通）
    - 产业资本（各类产业集团及其投资公司）
    - 政府机构投资者（建银投资及地方国资运营平台）
- 根据出资比例和对公司的控制能力划分
  - 大投资者（如控股股东、大股东、收购人、实际控制人）
  - 中小投资者
- 根据证券持有时间长短划分
  - 短线投资者
  - 中线投资者
  - 长线投资者
- 根据投资者的心理因素划分
  - 稳健型投资者
  - 冒险型投资者
  - 中庸型投资者

二、为何保护投资者

众所周知，投资者是资本市场发展的基础，是证券市场中资金的供给方，给上市公司提供融资渠道。融资者与投资者依存是证券市场最基本的平衡关系，如果不保护好投资者，会造成资金的离场，造成证券市场的崩溃。考虑到中国证券市场中的投资者包括自然人投资者、一般法人投资者、境内专业机构投资者和境外机构投资者四类，而在这四类投资者中，个人投资者从数量和交易量上均占据了很大的比例。[2] 根据中国证券登记结算有限责任公司发

---

[1] 周友苏主编：《证券法新论》，法律出版社 2020 年版，第 353 页。
[2] 何海锋著：《证券法通识》，中国法制出版社 2022 年版，第 240 页。

布的2021年《中国证券登记结算统计年鉴》，截至2021年年末，投资者（包括持有未注销、未休眠的A股、B股账户的一码通账户数量）为19740.85万户，其中自然人投资者为19693.91万户，占全部投资者户数的99.76%，而非自然人投资者仅为46.94万户，占全部投资者户数的0.24%。[①] 自然人投资者占全体投资者户数的绝对多数比例。

自然人投资者，也就是俗称的散户，往往是不太理性的资金供给方，其投资决策容易受到或然信息的影响，交易频繁的特点非常明显。比如，大多数的散户投资者一看到某支股票涨得很好就会跟着购买，而股价一旦下跌就会马上抛售，这就是追涨杀跌，大多数不理性的散户投资者往往难以避免，其意图通过短线交易谋取差额利润。另外，由于证券市场中信息不对称，欺诈问题一直存在。投资者尤其是个人投资者面临着多重侵害，包括发行人、上市公司等信息披露义务人，证券公司、会计师事务所等中介服务机构，甚至是来自机构投资者的侵害，所以就要通过设立具体的投资者保护措施来消减信息不对称的问题。基于上述两方面的问题，在中国证券市场上，对于投资者保护的任务将更加严峻。

投资者保护并不是要不切实际地去追求股市总是持续上涨和制造牛市，也不是且不可能保证每一个投资者总能赚钱，而是要保护投资者的平等权利，保障证券市场在长期中能反映企业价值和经济成长，形成鼓励和分享价值创造，而不只是投机套利的机制。[②] 自我国资本市场建立以来，监管部门就一直在探索投资者保护的有效途径，尤其是在新证券法下，更是在证券发行制改革、信息披露制度完善、设立投资者保护专章以及全面提高违法成本等方面，进一步体现了投资者保护理念。

综上所述，保护投资者的原因可以归纳如下（见图6.2）：

[①] 参见《中国证券登记结算统计年鉴（2021）》，第7页，载http://www.chinaclear.cn/zdjs/editor_file/20220708181527897.pdf，最后访问日期：2022年7月15日。

[②] 华生著：《万科模式控制权之争与公司治理》，人民东方出版传媒、东方出版社2017年版，第73页。

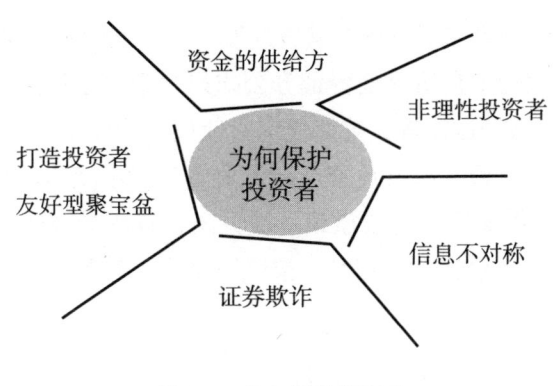

图 6.2　为何保护投资者

三、投资者保护机构

投资者权益保护机构主要包括中国证券投资者保护基金有限责任公司、中证中小投资者服务中心有限责任公司、深圳证券期货业纠纷调解中心。《证券法》第六章以四个条文（全章共八个条文）对投资者保护机构的定位、职能予以规范，也是《证券法》的一大特色。

（一）中国证券投资者保护基金有限责任公司

《证券法》第 126 条规定："国家设立证券投资者保护基金。证券投资者保护基金由证券公司缴纳的资金及其他依法筹集的资金组成，其规模以及筹集、管理和使用的具体办法由国务院规定。"2005 年 6 月，国务院批准中国证监会、财政部、中国人民银行发布《证券投资者保护基金管理办法》，并由中央财政出资成立了中国证券投资者保护基金公司，归中国证监会管理，作为证券投资者保护基金（以下简称投保基金）的运作管理机构。[1] 这标志着我国证券投资者保护基金制度的建立。投保基金公司是负责保护基金筹集、管理和使用，不以营利为目的的国有独资公司。

《证券投资者保护基金管理办法》于 2016 年进行了修订，自 2016 年 6 月 1 日起施行。《证券投资者保护基金管理办法》的宗旨是建立防范和处置证券公司风险的长效机制，维护社会经济秩序和社会公共利益，保护证券投资者

---

[1] 中国证券投资者保护基金有限责任公司官网：https://www.sipf.com.cn/gywm/gsjj/index.shtml，最后访问日期：2022 年 7 月 27 日。

的合法权益,促进证券市场有序、健康发展。

投保基金的用途是在防范处置证券公司风险中用于保护证券投资者利益的资金,[1] 具体指按照国家有关政策规定对债权人予以偿付;[2] 投资者在证券投资活动中因证券市场波动或投资产品价值本身发生变化所导致的损失,由投资者自行负担;[3] 证券公司被撤销、被关闭、破产或被证监会实施行政接管、托管经营等强制性监管措施时,按照国家有关政策规定对债权人予以偿付。[4] 投保基金的来源有多个渠道。[5]

(二) 中证中小投资者服务中心

2013 年,国务院办公厅针对长期以来投资者保护存在的突出问题,出台了《关于进一步加强资本市场中小投资者合法权益保护工作的意见》(国办发〔2013〕110 号),构建了资本市场中小投资者权益保护的制度体系。2014 年 12 月 5 日,经中国证监会批准设立并直接管理的中证中小投资者服务中心在上海注册成立,是证券金融类公益机构。

(三) 深圳证券期货业纠纷调解中心

深圳证券期货业纠纷调解中心是中国内地资本市场第一个紧密结合调解与仲裁功能的纠纷解决机构,由中国证监会深圳监管局和深圳国际仲裁院共同推动,由深圳国际仲裁院和深圳市证券业协会、深圳市期货业协会和深圳

---

[1] 《证券投资者保护基金管理办法》(2016 年修订) 第 2 条第 1 款规定:"证券投资者保护基金(以下简称基金) 是指按照本办法筹集形成的、在防范和处置证券公司风险中用于保护证券投资者利益的资金。"

[2] 《证券投资者保护基金管理办法》(2016 年修订) 第 3 条规定:"基金主要用于按照国家有关政策规定对债权人予以偿付。"

[3] 《证券投资者保护基金管理办法》(2016 年修订) 第 4 条规定:"证券交易活动实行公开、公平、公正和投资者投资决策自主、投资风险自担的原则。投资者在证券投资活动中因证券市场波动或投资产品价值本身发生变化所导致的损失,由投资者自行负担。"

[4] 《证券投资者保护基金管理办法》(2016 年修订) 第 19 条规定:"基金的用途为:(一) 证券公司被撤销、被关闭、破产或证监会实施行政接管、托管经营等强制性监管措施时,按照国家有关政策规定对债权人予以偿付;(二) 国务院批准的其他用途。"

[5] 《证券投资者保护基金管理办法》(2016 年修订) 第 14 条规定:"基金的来源:(一) 上海、深圳证券交易所在风险基金分别达到规定的上限后,交易经手费的 20% 纳入基金;(二) 所有在中国境内注册的证券公司,按其营业收入的 0.5 - 5% 缴纳基金;经营管理或运作水平较差、风险较高的证券公司,应当按较高比例缴纳基金。各证券公司的具体缴纳比例由基金公司根据证券公司风险状况确定后,报证监会批准,并按年进行调整。证券公司缴纳的基金在其营业成本中列支;(三) 发行股票、可转债等证券时,申购冻结资金的利息收入;(四) 依法向有关责任方追偿所得和从证券公司破产清算中受偿收入;(五) 国内外机构、组织及个人的捐赠;(六) 其他合法收入。"

市投资基金同业公会共同设立，是经深圳市事业单位登记管理局批准登记成立的公益性事业单位法人。[①]

详见表6.1。

表6.1 投资者保护机构

机构名称	性质	职责	监管部门	成立时间
中国证券投资者保护基金有限责任公司	国有独资保护基金公司	1. 管理和运作证券投资者保护基金； 2. 监测证券公司风险，参与证券公司风险处置工作	证监会管理	2005年6月
中证中小投资者服务中心	证券金融类公益机构	1. 公益性持有证券并行权； 2. 纠纷调解； 3. 股东诉讼与支持诉讼； 4. 投资者教育	证监会批准成立和直接管理	2014年12月
深圳证券期货业纠纷调解中心	公益性事业单位法人	综合调节与仲裁解决资本市场平等主体之间纠纷	深圳证监局业务指导	2013年

四、投资者保护独立成章的意义

《证券法》第六章被称为投资者保护专章。这里需要注意的是：投资者保护关涉资本市场的方方面面，几乎每项证券法律制度都渗透着保护投资者的理念与思维。保护投资者是整个证券法的目标，证券法每一章的安排都是为了投资者保护，而非仅仅是《证券法》第六章才规定了投资者保护。

《证券法》第六章这种单独成章的立法方式是为了强化投资者保护。一方面，有利于唤起整个市场对投资者保护的关注；另一方面，便于整个市场充分利用证券法提供的投资者权益保护机制。《证券法》不仅把难以被其他章节吸收的内容，一并纳入第六章"投资者保护"的专章规定中，更重要的是建构了以投资者权利为本位的规范架构与思维范式，即以投资者与证券公司、投资者与上市公司、投资者与债券发行人、投资者与发行人的控股股东、实

[①] 深圳证券期货业纠纷调解中心网：http://www.sfdrc.cn/About/index.html，最后访问日期：2022年7月27日。

际控制人等各类证券市场主体的关系为主线，明确了投资者可以让渡的权利、让渡的途径以及接受权利让渡的投资者保护机构为保护投资者权益可以采用的方式。①

第二节　投资者保护的具体措施

本节思维导图

```
                              ┌─ 投资者适当性制度 ─┬─ 证券公司的适当性义务
                              │                    └─ 普通投资者的特别保护
                              │
第二节 投资者保护 ─────────────┼─ 股东权利征集制度
    的具体措施                │
                              ├─ 上市公司现金分红制度
                              │
                              └─ 公司债券持有人保护制度 ─┬─ 债券持有人会议
                                                         └─ 债券受托管理人
```

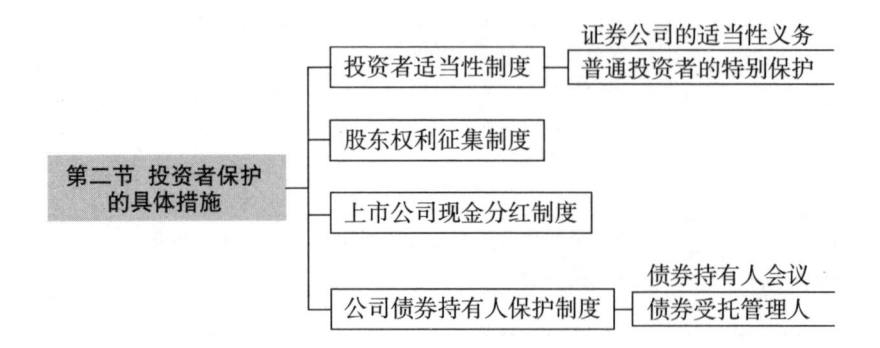

《证券法》就如何切实高效地实现投资者的民事赔偿权利做了适应我国国情的重大探索与制度创新，具体包括投资者适当性制度、普通投资者的特别保护、股东权利征集制度、上市公司现金分红制度、债券持有人保护机制、多元化纠纷解决机制以及代表人诉讼制度等。

一、投资者适当性制度

（一）证券公司的适当性义务

投资者适当性管理是指证券从业机构在向投资者销售证券、提供服务时，应当履行特定客户的财务状况、投资目标、知识经验以及风险承受能力等特征与向投资者提供的证券或服务相互匹配的义务，避免证券或服务的风险登

---

① 陈洁：《新证券法投资者保护制度的三大"中国特色"》，http://www.zqrb.cn/stock/gupiaoyaowen/2020-03-14/A1584138502411.html，最后访问日期：2023年6月28日。

记与投资者风险承受能力错配而损害投资者利益。① 投资者适当性管理是1939年美国证券交易商协会的自律组织规则中首创的，目前已经被很多国家和地区所采纳，成为资本市场投资者保护的基础性制度。我国最早在创业板引入这一制度，《证券法》首次以立法形式对投资者适当性管理制度作出了规定。《证券法》第88条规定："证券公司向投资者销售证券、提供服务时，应当按照规定充分了解投资者的基本情况、财产状况、金融资产状况、投资知识和经验、专业能力等相关信息；如实说明证券、服务的重要内容，充分揭示投资风险；销售、提供与投资者上述状况相匹配的证券、服务。投资者在购买证券或者接受服务时，应当按照证券公司明示的要求提供前款所列真实信息。拒绝提供或者未按照要求提供信息的，证券公司应当告知其后果，并按照规定拒绝向其销售证券、提供服务。证券公司违反第一款规定导致投资者损失的，应当承担相应的赔偿责任。"根据此条规定，我们可以看出证券公司的投资者适当性管理义务的内容主要有了解义务、说明义务和匹配义务。

除了《证券法》的规定外，我国针对投资者适当性管理的专门规范还包括中国证监会发布的《证券期货投资者适当性管理办法》以及中国证券业协会发布的《证券经营机构投资者适当性管理实施指引（试行）》。

《九民纪要》第72—78条对关于金融消费者权益保护纠纷案件的审理进行了详细的规定，要求证券公司要在正确的时间、以正确的方式，将正确的产品销售给正确的消费者。"将适当的证券产品销售给适当的投资者"，这是对投资者适当性制度最精要的概括。随着中国资本市场的创新发展，投资者适当性制度已经成为资本市场的一项基础制度。② 《九民纪要》中"关于金融消费者权益保护纠纷案件的审理"传递了两个信息：第一是坚持"卖者尽责、买者自负"的原则，第二是明确了适当性义务。《九民纪要》第72条将"适当性规则/原则"发展为"适当性义务"，并明确了适当性义务是指卖方机构在向金融消费者推介、销售银行理财产品、保险投资产品、信托理财产品、券商集合理财计划、杠杆基金份额、期权及其他场外衍生品等高风险等级金融产品，以及为金融消费者参与融资融券、新三板、创业板、科创板、期货等高风险等级投资活动提供服务的过程中，必须履行的了解客户、了解产品、将适当的产品（或者服务）销售（或者提供）给适合的金融消费者等义务。

---

① 周友苏主编：《证券法新论》，法律出版社2020年版，第367页。
② 赵旭东：《实施投资者适当性制度的重要规则》，http://m.cnr.cn/news/20161220/t20161220_523365710.html，最后访问日期：2023年9月30日。

根据第 73 条的规定，在确定卖方机构适当性义务时，应以合同法、证券法、证券投资基金法、信托法等法律规定的基本原则和国务院发布的规范性文件作为主要依据，且可参照适用部门规章及规范性文件。

关于举证责任的分配，《九民纪要》第 75 条规定："在案件审理过程中，金融消费者应当对购买产品（或者接受服务）、遭受的损失等事实承担举证责任。卖方机构对其是否履行了适当性义务承担举证责任。卖方机构不能提供其已经建立了金融产品（或者服务）的风险评估及相应管理制度、对金融消费者的风险认知、风险偏好和风险承受能力进行了测试、向金融消费者告知产品（或者服务）的收益和主要风险因素等相关证据的，应当承担举证不能的法律后果。"

证券公司违反投资者适当性管理义务导致投资者损失的应当承担相应的赔偿责任。投资者可以请求金融产品的发行人承担赔偿责任，也可以请求金融产品的销售者承担赔偿责任，还可以请求发行人和销售者承担连带赔偿责任。

（二）普通投资者的特别保护

对投资者进行分类，进行有针对性的差别化管理，是落实投资者适当性管理义务的重要举措。《证券法》规定了投资者分类管理制度，区分了专业投资者与普通投资者，确保对普通投资者实行特别保护。《证券法》第 89 条规定："根据财产状况、金融资产状况、投资知识和经验、专业能力等因素，投资者可以分为普通投资者和专业投资者。专业投资者的标准由国务院证券监督管理机构规定。普通投资者与证券公司发生纠纷的，证券公司应当证明其行为符合法律、行政法规以及国务院证券监督管理机构的规定，不存在误导、欺诈等情形。证券公司不能证明的，应当承担相应的赔偿责任。"第 89 条第 2 款规定了普通投资者举证责任倒置，也是考虑到了普通投资者由于信息不对称等因素，通常很难举证。所以把举证责任安排给了证券公司，相当于是过错推定责任。

关于投资者分类早就存在了，如科创板有准入、新三板也有准入，《九民纪要》也提到了银行金融市场有准入、衍生品期货市场也有准入。中国证监会发布的《证券期货投资者适当性管理办法》中也对普通投资者的保护制定了具体的措施,包括了区分专业投资者与普通投资者,①并对普通投资者加以特别保护;②对普通投资者的细化分类和管理;③主动告知信息;④禁止经营机构从事的活动;⑤

---

① 《证券期货投资者适当性管理办法》第8条规定:"符合下列条件之一的是专业投资者:(一)经有关金融监管部门批准设立的金融机构,包括证券公司、期货公司、基金管理公司及其子公司、商业银行、保险公司、信托公司、财务公司等;经行业协会备案或者登记的证券公司子公司、期货公司子公司、私募基金管理人。(二)上述机构面向投资者发行的理财产品,包括但不限于证券公司资产管理产品、基金管理公司及其子公司产品、期货公司资产管理产品、银行理财产品、保险产品、信托产品、经行业协会备案的私募基金。(三)社会保障基金、企业年金等养老基金,慈善基金等社会公益基金,合格境外机构投资者(QFII)、人民币合格境外机构投资者(RQFII)。(四)同时符合下列条件的法人或者其他组织:1.最近1年末净资产不低于2000万元;2.最近1年末金融资产不低于1000万元;3.具有2年以上证券、基金、期货、黄金、外汇等投资经历。(五)同时符合下列条件的自然人:1.金融资产不低于500万元,或者最近3年个人年均收入不低于50万元;2.具有2年以上证券、基金、期货、黄金、外汇等投资经历,或者具有2年以上金融产品设计、投资、风险管理及相关工作经历,或者属于本条第(一)项规定的专业投资者的高级管理人员、获得职业资格认证的从事金融相关业务的注册会计师和律师。前款所称金融资产,是指银行存款、股票、债券、基金份额、资产管理计划、银行理财产品、信托计划、保险产品、期货及其他衍生产品等。"
《证券期货投资者适当性管理办法》第10条规定:"专业投资者之外的投资者为普通投资者。经营机构应当按照有效维护投资者合法权益的要求,综合考虑收入来源、资产状况、债务、投资知识和经验、风险偏好、诚信状况等因素,确定普通投资者的风险承受能力,对其进行细化分类和管理。"
② 《证券期货投资者适当性管理办法》第7条规定:"投资者分为普通投资者与专业投资者。普通投资者在信息告知、风险警示、适当性匹配等方面享有特别保护。"
③ 《证券期货投资者适当性管理办法》第10条规定:"专业投资者之外的投资者为普通投资者。经营机构应当按照有效维护投资者合法权益的要求,综合考虑收入来源、资产状况、债务、投资知识和经验、风险偏好、诚信状况等因素,确定普通投资者的风险承受能力,对其进行细化分类和管理。"
④ 《证券期货投资者适当性管理办法》第21条规定:"经营机构应当根据投资者和产品或者服务的信息变化情况,主动调整投资者分类、产品或者服务分级以及适当性匹配意见,并告知投资者上述情况。"
《证券期货投资者适当性管理办法》第23条规定:"经营机构向普通投资者销售产品或者提供服务前,应当告知下列信息:(一)可能直接导致本金亏损的事项;(二)可能直接导致超过原始本金损失的事项;(三)因经营机构的业务或者财产状况变化,可能导致本金或者原始本金亏损的事项;(四)因经营机构的业务或者财产状况变化,影响客户判断的重要事由;(五)限制销售对象权利行使期限或可解除合同期限等全部限制内容;(六)本办法第二十九条规定的适当性匹配意见。"
《证券期货投资者适当性管理办法》第24条规定:"经营机构对投资者进行告知、警示,内容应当真实、准确、完整,不存在虚假记载、误导性陈述或者重大遗漏,语言应当通俗易懂;告知、警示应当采用书面形式送达投资者,并由其确认已充分理解和接受。"
⑤ 《证券期货投资者适当性管理办法》第22条规定:"禁止经营机构进行下列销售产品或者提供服务的活动:(一)向不符合准入要求的投资者销售产品或者提供服务;(二)向投资者就不确定事项提供确定性的判断,或者告知投资者有可能使其误认为具有确定性的意见;(三)向普通投资者主动推介风险等级高于其风险承受能力的产品或者服务;(四)向普通投资者主动推介不符合其投资目标的产品或者服务;(五)向风险承受能力最低类别的投资者销售或者提供风险等级高于其风险承受能力的产品或者服务;(六)其他违背适当性要求,损害投资者合法权益的行为。"

举证责任倒置;① 适当性匹配意见;② 注意义务③及留痕安排④等。（如表 6.2 所示）

表 6.2 《证券期货投资者适当性管理办法》中保护投资者的具体措施

措施	对应条款
进行区分，特别保护	第 7 条
了解客户，分类管理	第 10 条
主动告知信息	第 21 条、第 24 条
告知信息	第 23 条
禁止行为	第 22 条
举证责任倒置	第 34 条
适当性匹配意见	第 29 条
注意义务	第 20 条
留痕安排	第 25 条

证券公司的适当性义务与普通投资者的特殊保护都是从投资者与证券公司的关系展开而建立起的投资者保护脉络。

---

① 《证券期货投资者适当性管理办法》第 34 条规定："经营机构应当妥善处理适当性相关的纠纷，与投资者协商解决争议，采取必要措施支持和配合投资者提出的调解。经营机构履行适当性义务存在过错并造成投资者损失的，应当依法承担相应法律责任。经营机构与普通投资者发生纠纷的，经营机构应当提供相关资料，证明其已向投资者履行相应义务。"

② 《证券期货投资者适当性管理办法》第 29 条规定："经营机构应当制定适当性内部管理制度，明确投资者分类、产品或者服务分级、适当性匹配的具体依据、方法、流程等，严格按照内部管理制度进行分类、分级，定期汇总分类、分级结果，并对每名投资者提出匹配意见。经营机构应当制定并严格落实与适当性内部管理有关的限制不匹配销售行为、客户回访检查、评估与销售隔离等风控制度，以及培训考核、执业规范、监督问责等制度机制，不得采取鼓励不适当销售的考核激励措施，确保从业人员切实履行适当性义务。"

③ 《证券期货投资者适当性管理办法》第 20 条规定："经营机构向普通投资者销售高风险产品或者提供相关服务，应当履行特别的注意义务，包括制定专门的工作程序，追加了解相关信息，告知特别的风险点，给予普通投资者更多的考虑时间，或者增加回访频次等。"

④ 《证券期货投资者适当性管理办法》第 25 条规定："经营机构通过营业网点向普通投资者进行本办法第十二条、第二十条、第二十一条和第二十三条规定的告知、警示，应当全过程录音或者录像；通过互联网等非现场方式进行的，经营机构应当完善配套留痕安排，由普通投资者通过符合法律、行政法规要求的电子方式进行确认。"

二、股东权利征集制度

股东权利征集的核心是表决权的征集，具体指符合法定条件的自然人或机构公开请求上市公司股东委托其代为出席股东大会，并代为行使提案权、表决权等股东权利的行为。股东权利代理征集的作用主要体现在增强中小股东话语权和获取公司控制权方面。《证券法》第 90 条首次以立法形式对股东权代理征集制度作出了明确的规定，具体内容为："上市公司董事会、独立董事、持有百分之一以上有表决权股份的股东或者依照法律、行政法规或者国务院证券监督管理机构的规定设立的投资者保护机构（以下简称投资者保护机构），可以作为征集人，自行或者委托证券公司、证券服务机构，公开请求上市公司股东委托其代为出席股东大会，并代为行使提案权、表决权等股东权利。依照前款规定征集股东权利的，征集人应当披露征集文件，上市公司应当予以配合。禁止以有偿或者变相有偿的方式公开征集股东权利。公开征集股东权利违反法律、行政法规或者国务院证券监督管理机构有关规定，导致上市公司或者其股东遭受损失的，应当依法承担赔偿责任。"

《证券法》第 90 条包含了六层意思：第一，适格的征集主体为上市公司董事会、独立董事、持有百分之一以上有表决权股份的股东或者依照法律、行政法规或者国务院证券监督管理机构的规定设立的投资者保护机构。第二，征集的方式为公开征集。可以自行公开征集，也可以委托证券公司、证券服务机构公开征集。第三，要进行信息披露。征集人应当披露征集文件，上市公司应当予以配合。第四，可征集的股东权利范围。必须委托的事项是代为出席股东大会的权利，可以委托的事项是与表决权有关的股东权利，如代为行使提案权、表决权等股东权利。第五，禁止以有偿或者变相有偿的方式公开征集股东权利。第六，《证券法》规定了违规征集表决权的法律责任，包含民事责任和行政责任。民事责任规定在《证券法》第 90 条第 4 款。行政责任规定在《证券法》第 199 条，具体内容为："违反本法第九十条的规定征集股东权利的，责令改正，给予警告，可以处五十万元以下的罚款。"

我国资本市场征集股东权利的案例已经有数千起，但由市场自发形成的股东权利征集活动较为匮乏，仍然未能在公司治理中发挥积极作用。投保机构作为股东权利的征集者，可以发挥先导和示范作用，激发中小股东参与上市公司治理的积极性,加强中小股东权益保护和实现社会公共利益。[1]

三、上市公司现金分红制度

投资者投资股票的目的就在于获得丰厚的现金股利[2],上市公司在分配现金股利时必须考虑有足够的留存收益,以及有足够的现金。为了促进上市公司积极落实现金分红制度,《证券法》第 91 条规定了上市公司现金股利分配制度,具体表述为:"上市公司应当在章程中明确分配现金股利的具体安排和决策程序,依法保障股东的资产收益权。上市公司当年税后利润,在弥补亏损及提取法定公积金后有盈余的,应当按照公司章程的规定分配现金股利。"

现金分红在本质上是公司自治的范畴,对司法干预之手应当予以严格的控制。《证券法》第 91 条坚持现金分红的基本立场,规定了现金分红要以具备现金分红的条件为前提,且要遵守公司章程的安排。投资者在投资前应该关注该上市公司章程,章程应明确现金股利的分配安排及程序;当年税后利润在弥亏及提取法定公积金后有盈余的,按章程分配现金股利。

股东权利征集制度与上市公司现金分红制度都是从投资者与上市公司的关系展开而建立起的投资者保护脉络。

四、公司债券持有人保护制度

公司债券是资本市场中重要的融资工具,投资者通过购买公司债券向公司出借资金,成为公司的债券持有人,其权利应当受到法律保护。我国《证券法》以法律形式对公司债券持有人保护制度进行明确的规定。《证券法》第 92 条规定:"公开发行公司债券的,应当设立债券持有人会议,并应当在募集说明书中说明债券持有人会议的召集程序、会议规则和其他重要事项。公开发行公司债券的,发行人应当为债券持有人聘请债券受托管理人,并订立债券受托管理协议。受托管理人应当由本次发行的承销机构或者其他经国务院证券监督管理机构认可的机构担任,债券持有人会议可以决议变更债券受托管理人。债券受托管理人应当勤勉尽责,公正履行受托管理职责,不得损

---

[1] 范黎红:《投资者保护机构公开征集股东权利的法律规制》,载《证券市场导报》2022 年 7 月号。

[2] 现金股利就是以现金形式分配给股东的股利。

害债券持有人利益。债券发行人未能按期兑付债券本息的,债券受托管理人可以接受全部或者部分债券持有人的委托,以自己名义代表债券持有人提起、参加民事诉讼或者清算程序。"根据这一规定,债券持有人保护制度从投资者与债券发行人的关系展开,在法律层面上确立了债券持有人会议制度和债券受托管理人制度。

(一) 债券持有人会议

债券持有人会议是一种由债券持有人组成的、集体行使权利的、即时召集的、临时性的议决机构。[①] 根据《公司债券发行与交易管理办法》第 63 条的规定,债券受托管理人应当按规定或约定召集债券持有人会议,其主要情形包括:(1) 拟变更债券募集说明书的约定;(2) 拟修改债券持有人会议规则;(3) 拟变更债券受托管理人或受托管理协议的主要内容;(4) 发行人不能按期支付本息;(5) 发行人减资、合并等可能导致偿债能力发生重大不利变化,需要决定或者授权采取相应措施;(6) 发行人分立、被托管、解散、申请破产或者依法进入破产程序;(7) 保证人、担保物或者其他偿债保障措施发生重大变化;(8) 发行人、单独或合计持有本期债券总额百分之十以上的债券持有人书面提议召开;(9) 发行人管理层不能正常履行职责,导致发行人债务清偿能力面临严重不确定性;(10) 发行人提出债务重组方案的;(11) 发生其他对债券持有人权益有重大影响的事项。在债券受托管理人应当召集而未召集债券持有人会议时,单独或合计持有本期债券总额百分之十以上的债券持有人有权自行召集债券持有人会议。[②]

各国证券法都将公司债券持有人保护制度纳入投资者保护制度之中,《公司债券发行与交易管理办法》(2021 年修订)也专章详细规定了"债券持有人权益保护"。《公司债券发行与交易管理办法》第 62 条规定:"发行公司债券,应当在债券募集说明书中约定债券持有人会议规则。债券持有人会议规则应当公平、合理。债券持有人会议规则应当明确债券持有人通过债券持有人会议行使权利的范围,债券持有人会议的召集、通知、决策生效条件与决策程序、决策效力范围和其他重要事项。债券持有人会议按照本办法的规定及会议规则的程序要求所形成的决议对全体债券持有人有约束力,债券持有人会议规则另有约定的除外。"

---

① 王建平著:《证券法研究》,中国人民大学出版社 2021 年版,第 379 页。
② 《公司债券发行与交易管理办法》(2021 年修订)第 63 条。

（二）债券受托管理人

证券受托管理人制度是重要的投资者保护机制之一，证监会在2015年1月发布的《公司债券发行与交易管理办法》中引入该制度。公开发行公司债券的，发行人应当为债券持有人聘请债券受托管理人，并订立债券受托管理协议；非公开发行公司债券的，发行人应当在募集说明书中约定债券受托管理事项。在债券存续期限内，由债券受托管理人按照规定或协议的约定维护债券持有人的利益。发行人应当在债券募集说明书中约定，投资者认购或持有本期公司债券视作同意债券受托管理协议、债券持有人会议规则及债券募集说明书中其他有关发行人、债券持有人权利义务的相关约定。① 债券受托管理人由本次发行的承销机构或其他经中国证监会认可的机构担任。债券受托管理人应当为中国证券业协会会员。为本次发行提供担保的机构不得担任本次债券发行的受托管理人。债券受托管理人应当勤勉尽责，公正履行受托管理职责，不得损害债券持有人利益。对于债券受托管理人在履行受托管理职责时可能存在的利益冲突情形及相关风险防范、解决机制，发行人应当在债券募集说明书及债券存续期间的信息披露文件中予以充分披露，并同时在债券受托管理协议中载明。②

公开发行公司债券的受托管理人履行下列职责：（1）持续关注发行人和保证人的资信状况、担保物状况、增信措施及偿债保障措施的实施情况，出现可能影响债券持有人重大权益的事项时，召集债券持有人会议；（2）在债券存续期内监督发行人募集资金的使用情况；（3）对发行人的偿债能力和增信措施的有效性进行全面调查和持续关注，并至少每年向市场公告一次受托管理事务报告；（4）在债券存续期内持续督导发行人履行信息披露义务；（5）预计发行人不能偿还债务时，要求发行人追加担保，并可以依法申请法定机关采取财产保全措施；（6）在债券存续期内勤勉处理债券持有人与发行人之间的谈判或者诉讼事务；（7）发行人为债券设定担保的，债券受托管理人应在债券发行前或债券募集说明书约定的时间内取得担保的权利证明或其他有关文件，并在增信措施有效期内妥善保管；（8）发行人不能按期兑付债券本息或出现募集说明书约定的其他违约事件的，可以接受全部或部分债券持有人的委托，以自己的名义代表债券持有人提起、参加民事诉讼或者破产

---

① 《公司债券发行与交易管理办法》（2021年修订）第57条。
② 《公司债券发行与交易管理办法》（2021年修订）第58条。

等法律程序，或者代表债券持有人申请处置抵质押物。①

第三节 多元化纠纷解决机制

本节思维导图

```
                    ┌── 先行赔付制度
第三节 多元化       │
纠纷解决机制        │                      ┌── 证券纠纷调解机制
                    └── 投资者保护机构支持制度 ── 涉投资者证券纠纷的诉讼制度
                                           └── 证券代表人诉讼制度
```

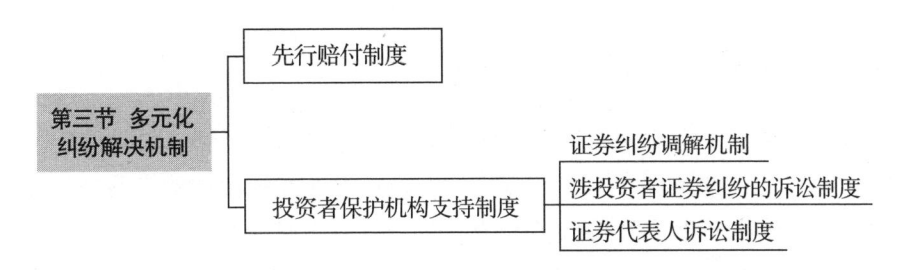

一、先行赔付制度

证券市场的先行赔付制度，是指证券市场中发生虚假陈述案件给投资者造成损失的，在行政处罚、司法裁判作出之前，由虚假陈述民事赔偿责任的可能的连带责任人之一先行垫资向投资者承担赔偿责任，然后再由先行赔付责任主体向未参与先行赔付的其他责任人进行追偿的一种制度。② 先行赔付制度对投资者权益的及时维护和快速实现证券市场安定具有重要的意义。

《证券法》第 93 条规定："发行人因欺诈发行、虚假陈述或者其他重大违法行为给投资者造成损失的，发行人的控股股东、实际控制人、相关的证券公司可以委托投资者保护机构，就赔偿事宜与受到损失的投资者达成协议，予以先行赔付。先行赔付后，可以依法向发行人以及其他连带责任人追偿。"根据这一条表述，先行赔付制度的本质是一种诉讼程序之外的民事和解，是证券民事纠纷的当事人双方自行达成的纠纷解决协议。③ 其规定的先行赔付的使用范围包括欺诈发行、虚假陈述或者其他重大违法行为给投资者造成损失的情形。先行赔付责任主体仅限于发行人的控股股东、实际控制人、相关的

---

① 《公司债券发行与交易管理办法》（2021 年修订）第 59 条。
② 陈洁：《证券市场先期赔付制度的引入及适用》，载《法律适用》2015 年第 8 期。
③ 陈洁：《证券市场先期赔付制度的引入及适用》，载《法律适用》2015 年第 8 期。

证券公司。先行赔付的方式既可以是由先行赔付责任主体直接对受损失的投资者予以先行赔付，也可以是委托投资者保护机构进行先行赔付。先行赔付人先行赔付后享有追偿权，可以依法向发行人以外的其他连带责任人追偿。先行赔付目前已经有万福生科案、海联讯案和欣泰电器案的司法实践。

二、投资者保护机构支持制度

（一）证券纠纷调解机制

涉投资者证券纠纷调解，是指由投资者保护机构依申请主持证券纠纷双方以非诉讼方式化解证券纠纷的方式。涉投资者证券纠纷调解机制与投保机构支持投资者起诉制度及投保机构的股东代表诉讼制度共同组成了我国投资者保护机构支持制度。《最高人民法院、中国证券监督管理委员会关于在全国部分地区开展证券期货纠纷多元化解机制试点工作的通知》，确定了 8 家机构为证券期货纠纷多元化解机制试点调解组织，这些调解组织在证券纠纷解决过程中发挥了重要作用。2018 年发布的《关于全面推进证券期货纠纷多元化解机制建设的意见》，对调解组织管理、诉调对接工作机制等作出了明确规定。《证券法》第 94 条第 1 款规定："投资者与发行人、证券公司等发生纠纷的，双方可以向投资者保护机构申请调解。普通投资者与证券公司发生证券业务纠纷，普通投资者提出调解请求的，证券公司不得拒绝。"证券法确认了证券纠纷的调解制度，强调对普通投资者在纠纷解决机制的选择上给予重点保护，给普通投资者创造出与证券公司进行"平等协商"的条件。

（二）涉投资者证券纠纷的诉讼制度

1. 投保机构支持投资者诉讼制度

支持投资者起诉制度来源于民事诉讼法的支持起诉制度，《民事诉讼法》第 15 条规定："机关、社会团体、企业事业单位对损害国家、集体或者个人民事权益的行为，可以支持受损害的单位或者个人向人民法院起诉。"这是我国支持诉讼制度的主要法律依据。证券支持诉讼主要体现在给投资者以经济支持、法律支持以及技术支持。投保机构支持投资者诉讼是投保机构出于保护投资者的目的，针对损害投资者自身利益的行为，支持援助投资者向人民法院提起诉讼。投保机构在支持投资者诉讼中不具有原告的诉讼主体地位，也不承受诉讼所产生的法律后果，其支持投资者诉讼的行为具有公益性质，是推动投资者进行诉讼的辅助力量。①《证券法》第 94 条第 2 款规定："投资者保护机构对损害投资者利益的行为，可以依法支持投资者向人民法院提起诉讼。"2016 年，中证中小投资者服务中心有限责任公司接受 9 名因匹凸匹金融信息服务（上海）股份有限公司虚假陈述行为受损的投资者委托，协助受损投资者准备诉讼材料，向上海市一中院提起诉讼并最终胜诉。② 中证中小投资者服务中心有限责任公司率先在证券领域引入了支持起诉制度，这是民事诉讼法规定的支持诉讼制度在证券市场领域的首次实践，被各方称为"证券支持诉讼制度建设的破冰之旅"。③

2. 投保机构股东代表诉讼制度

股东代表诉讼源于英国衡平法，创设之初就着眼于对少数股东权益的保护，又被称为股东派生诉讼，具体是指当公司的合法权益受到不法侵害而公司却怠于起诉时，符合法定条件的股东有权为了公司的利益而以自己的名义代表公司提起诉讼，所获赔偿归于公司的一种诉讼制度。我国《公司法》第 151 条规定了这一制度④。

投保机构股东代表诉讼是投资者保护机构持股行权的重要表现，从性质上看是公司法上的股东代表诉讼的表现形式。《证券法》第 94 条第 3 款规定："发行人的董事、监事、高级管理人员执行公司职务时违反法律、行政法规或者公司章程的规定给公司造成损失，发行人的控股股东、实际控制人等侵犯公司合法权益给公司造成损失，投资者保护机构持有该公司股份的，可以为公司的利益以自己的名义向人民法院提起诉讼，持股比例和持股期限不受《中华人民共和国公司法》规定的限制。"《证券法》对《公司法》第 151 条中所作出的股东持股比例、持股期限和前置条件的限制均有了突破。典型案

---

① 周友苏主编：《证券法新论》，法律出版社 2020 年版，第 378 页。
② （2016）沪 01 民初 166 号。
③ 丁冬：《证券支持诉讼的示范意义》，载《人民法院报》2016 年 11 月 23 日，第 7 版。
④ 《公司法》第 151 条规定："董事、高级管理人员有本法第一百四十九条规定的情形的，有限责任公司的股东、股份有限公司连续一百八十日以上单独或者合计持有公司百分之一以上股份的股东，可以书面请求监事会或者不设监事会的有限责任公司的监事向人民法院提起诉讼；监事有本法第一百四十九条规定的情形的，前述股东可以书面请求董事会或者不设董事会的有限责任公司的执行董事向人民法院提起诉讼。监事会、不设监事会的有限责任公司的监事，或者董事会、执行董事收到前款规定的股东书面请求后拒绝提起诉讼，或者自收到请求之日起三十日内未提起诉讼，或者情况紧急、不立即提起诉讼将会使公司利益受到难以弥补的损害的，前款规定的股东有权为了公司的利益以自己的名义直接向人民法院提起诉讼。他人侵犯公司合法权益，给公司造成损失的，本条第一款规定的股东可以依照前两款的规定向人民法院提起诉讼。"

件有海利生物案。[①]

先行赔付制度、证券纠纷调解制度、投资者保护机构支持投资者起诉制度以及投资者保护机构的股东代位诉讼制度都是多元化纠纷解决机制的具体方式。

(三) 证券代表人诉讼制度

《民事诉讼法》第56条、第57条针对当事人人数众多的群体性纠纷规定了代表人诉讼制度。[②] 投资者保护机构作为证券诉讼代表人制度是在《民事诉讼法》规定的代表人诉讼制度和其他法律规定的基础上，借鉴了我国台湾地区的团体诉讼、美国和韩国的退出制集团诉讼等群体性诉讼制度，作出的突破性创新。《证券法》第95条正式在法律上确立了证券纠纷代表人诉讼制度，被称为中国特色的证券集体诉讼制度，具体内容为："投资者提起虚假陈述等证券民事赔偿诉讼时，诉讼标的是同一种类，且当事人一方人数众多的，可以依法推选代表人进行诉讼。对按照前款规定提起的诉讼，可能存在有相同诉讼请求的其他众多投资者的，人民法院可以发出公告，说明该诉讼请求的案件情况，通知投资者在一定期间向人民法院登记。人民法院作出的判决、裁定，对参加登记的投资者发生效力。投资者保护机构受五十名以上投资者委托，可以作为代表人参加诉讼，并为经证券登记结算机构确认的权利人依照前款规定向人民法院登记，但投资者明确表示不愿意参加该诉讼的除外。"第95条第1款是针对人数确定的情形，第2款是针对人数不确定的情形。《证券法》第95条的第1款与第2款仍然是在民事诉讼法的框架内规范的，采用"明示加入，默示退出"的规则，判决效力只及于参加登记的原告。《证

---

① (2017) 沪0120民初13112号。
② 《民事诉讼法》第56条规定："当事人一方人数众多的共同诉讼，可以由当事人推选代表人进行诉讼。代表人的诉讼行为对其所代表的当事人发生效力，但代表人变更、放弃诉讼请求或者承认对方当事人的诉讼请求，进行和解，必须经被代表的当事人同意。"
《民事诉讼法》第57条规定："诉讼标的是同一种类、当事人一方人数众多在起诉时人数尚未确定的，人民法院可以发出公告，说明案件情况和诉讼请求，通知权利人在一定期间向人民法院登记。向人民法院登记的权利人可以推选代表人进行诉讼；推选不出代表人的，人民法院可以与参加登记的权利人商定代表人。代表人的诉讼行为对其所代表的当事人发生效力，但代表人变更、放弃诉讼请求或者承认对方当事人的诉讼请求，进行和解，必须经被代表的当事人同意。人民法院作出的判决、裁定，对参加登记的全体权利人发生效力。未参加登记的权利人在诉讼时效期间提起诉讼的，适用该判决、裁定。"

券法》第95条第3款正式确立了"明示退出，默示加入"① 的原则，判决效力及于除明示退出外的所有权利人。投资者保护机构是中国式集体诉讼的唯一代表人，但前提是其接受50名以上的投资者的委托，且要经过登记。要注意的是，针对同一代表人诉讼，原则上应当由一个投资者保护机构作为代表人参加诉讼。两个以上的投资者保护机构分别受50名以上投资者委托，且均决定作为代表人参加诉讼的，应当协商处理；协商不成的，由人民法院指定其中一个作为代表人参加诉讼。根据证监会2020年7月31日发布的《关于做好投资者保护机构参加证券纠纷特别代表人诉讼相关工作的通知》，能够参加证券纠纷特别代表人诉讼相关工作的投资者保护机构是指中证中小投资者服务中心有限责任公司、中国证券投资者保护基金有限责任公司。②

2020年7月30日最高人民法院发布的《最高人民法院关于证券纠纷代表人诉讼若干问题的规定》（以下简称《代表人诉讼规定》）对证券纠纷代表人诉讼制度作了详细规定。根据《代表人诉讼规定》第1条的规定，证券纠纷代表人包括因证券市场虚假陈述、内幕交易、操纵市场等行为引发的普通代表人诉讼和特别代表人诉讼。普通代表人诉讼的法律依据是《民事诉讼法》（2021年修正）第56条、第57条以及《证券法》第95条第1款、第2款。特别代表人诉讼的法律依据是《证券法》第95条第3款。这里要注意的是特别代表人诉讼案件，由涉诉证券集中交易的证券交易所、国务院批准的其他全国性证券交易场所所在地的中级人民法院或者专门法院管辖。③ 康美药业案是我国首单证券纠纷特别代表人诉讼案件。

本节相关制度的法条如图6.3所示：

---

① 《最高人民法院关于证券纠纷代表人诉讼若干问题的规定》第34条规定："投资者明确表示不愿意参加诉讼的，应当在公告期间届满后十五日内向人民法院声明退出。未声明退出的，视为同意参加该代表人诉讼。对于声明退出的投资者，人民法院不再将其登记为特别代表人诉讼的原告，该投资者可以另行起诉。"
② 《中国证监会关于做好投资者保护机构参加证券纠纷特别代表人诉讼相关工作的通知》（证监发〔2020〕67号）第2条规定："本通知所称投资者保护机构是指中证中小投资者服务中心有限责任公司、中国证券投资者保护基金有限责任公司。"
③ 就我国的实际情况来看就是上交所与深交所所在的上海与深圳，以及新三板所在的北京这三个地方有管辖权的法院进行管辖。

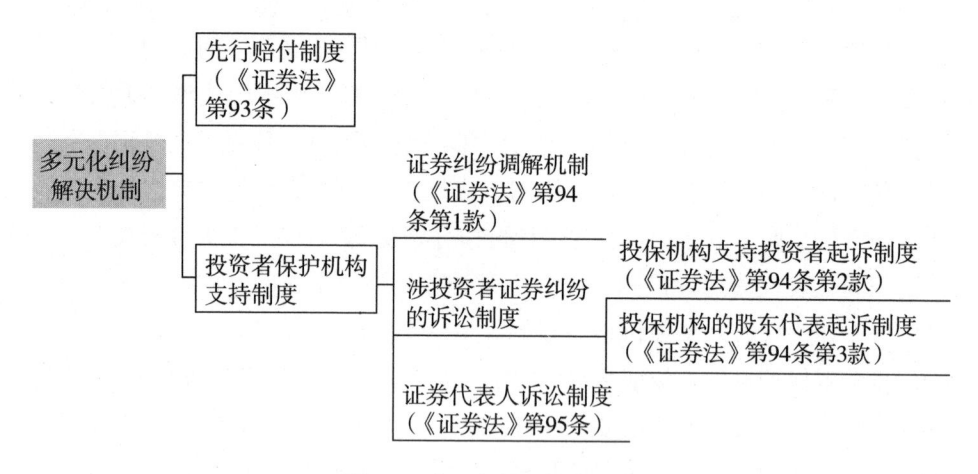

图 6.3　多元化纠纷解决机制

第四节　拓展学习

一、思考

本章内容涉及《证券法》第六章"投资者保护"第 88—95 条。在主要介绍了保护证券投资者的必要性之后，又谈到了保护证券投资者的具体措施和多元化纠纷解决机制。《九民纪要》中第六章第一节共计 7 个条款特别就"证券虚假陈述"问题进行了规定。《证券法》的专章规定更是从法律的高度为投资者保护奠定了坚实的基础。请从《证券法》《九民纪要》的具体条文规定出发，结合康美药业案，思考：除去法条规定的投资者保护的具体措施，这一教科书级的案例还给我们提供了哪些保护投资者的可行性措施可供立法者参考？我国全新的证券投资者保护体系是否已经初步建成？

二、参考法律法规

序号	法规名称	发文号	发文单位
1	证券期货投资者适当性管理办法（2022年修订）	中国证券监督管理委员会令第202号	中国证券监督管理委员会
2	证券投资者保护基金管理办法	中国证券监督管理委员会令第124号	中国证券监督管理委员会
3	全国法院民商事审判工作会议纪要	法〔2019〕254号	最高人民法院
4	最高人民法院关于证券纠纷代表人诉讼若干问题的规定	法释〔2020〕5号	最高人民法院
5	中证中小投资者服务中心特别代表人诉讼业务规则（试行）	投服中心发〔2020〕30号	中证中小投资者服务中心
6	上海金融法院关于证券纠纷示范判决机制的规定		上海金融法院

三、本章阅读文献

（一）推荐阅读文章

新《证券法》投资者保护制度的"三大特色"[①]

内容摘要：证券市场的运行特点以及投资者在证券市场中的基础地位，决定了证券法要以保护投资者权益为宗旨。我国《证券法》自1998年颁行，历经4次修订，在2019年大修之际，设专章规定投资者保护制度，并对证券市场历经实践检验符合市场需求的创新安排加以制度化、规范化，切实增强我国投资者权益保护的整体效能，彰显我国资本市场对投资者保护的决心、对投资者保护制度功能的积极探索以及努力构建具有中国特色的投资者保护机制的立法智慧与制度自信。新《证券法》对投资者权利保护系统的全新打造和科学构建，不仅是因应一种强烈而现实的市场运行和社会发展需求的重大举措，也是我国

[①] 陈洁：《新〈证券法〉投资者保护制度的"三大特色"》，载《投资者》2020年第2期。

证券市场迈向法治化、成熟化的重要标志。

关键词：投资者保护机构；证券民事赔偿；中国特色

（二）推荐延伸阅读文章

康美药业案综论[①]

内容摘要：康美药业案作为教科书级的案例，启示我们，废除证券虚假陈述等民事诉讼的行政前置程序是证券市场发展的现实需求和司法改革的方向，虚假陈述构成的认定需要增加"预测性信息安全港"制度，需整体考虑实施日、揭露日和更正日的界定，以及虚假陈述行为的责任类型是严格责任还是过错责任。另外，应唤醒证券市场中介服务机构这一"看门人"，独立董事要承担更明确的公司信义义务，并有更清晰的合法免责抗辩可能，应根据不同情况选择科学的模型来计算上市公司欺诈行为给投资者带来的损失。康美药业案是新《证券法》确立中国特色证券特别代表人诉讼制度后的首单案件，使投资者保护机构走向前台，有利于受损的中小投资者得到公平、高效的赔偿。此案涉及多项刑事犯罪事实，其证券虚假陈述民事赔偿案与刑事案件的审理几乎同时进行，做到了法律效果与社会效果的统一。康美药业的重整是市场化、法治化、专业化的重整，有利于系统性风险防范，检验了府院协调和高度复杂案件并行审理的能力。

关键词：康美药业；证券虚假陈述；特别代表人诉讼；破产重整；金融类犯罪

四、康美药业证券虚假陈述案

顾华骏、刘淑君等 11 名投资者与康美药业股份有限公司等证券虚假陈述责任纠纷案[②]

【基本案情】

2016 年 1 月 1 日至 2018 年 6 月 30 日，康美药业通过财务不记账、虚假记账，伪造、变造大额定期存单或银行对账单，配合营业收入造假伪造销售

[①] 李曙光：《康美药业案综论》，载《法律适用》2022 年第 2 期。
[②] （2020）粤 01 民初 2171 号。

回款等方式，虚增货币资金。通过上述方式，康美药业《2016年年度报告》虚增货币资金22548513485.42元，占公司披露总资产的41.13%和净资产的76.74%；《2017年年度报告》虚增货币资金29944309821.45元，占公司披露总资产的43.57%和净资产的93.18%；《2018年半年度报告》虚增货币资金36188038359.50元，占公司披露总资产的45.96%和净资产的108.24%。《2018年年度报告》中存在虚假记载，虚增固定资产、在建工程、投资性房地产。《2016年年度报告》《2017年年度报告》《2018年年度报告》中存在重大遗漏，未按规定披露控股股东及其关联方非经营性占用资金的关联交易情况。2016年1月1日至2018年12月31日，康美药业在未经决策审批或授权程序的情况下，累计向控股股东及其关联方提供非经营性资金11619130802.74元用于购买股票、替控股股东及其关联方偿还融资本息、垫付解质押款或支付收购溢价款等。中国证监会认为，康美药业虚增营业收入、利息收入、营业利润，虚增货币资金、固定资产、在建工程、投资性房地产，所披露的《2016年年度报告》《2017年年度报告》《2018年半年度报告》和《2018年年度报告》存在虚假记载，康美药业未按规定披露控股股东及其关联方非经营性占用资金的关联交易情况，所披露的《2016年年度报告》《2017年年度报告》和《2018年年度报告》存在重大遗漏。

【审判结果】

法院认为，康美药业应对投资者损失共计2458928544元承担赔偿责任。依据《证券法》（2014年修正）第63条、第69条、第173条，《合伙企业法》第57条第1款，《最高人民法院关于审理证券市场因虚假陈述引发的民事赔偿案件的若干规定》第7条、第17条、第18条、第19条、第20条、第21条、第33条，《民事诉讼法》第53条、第54条、第64条，《最高人民法院关于证券纠纷代表人诉讼若干问题的规定》第24条、第26条、第32条、第34条、第39条、第41条之规定，判决如下：被告康美药业股份有限公司向原告顾华骏、黄梅香等52037名投资者赔偿投资损失2458928544元；被告马兴田、许冬瑾、邱锡伟、庄义清、温少生、马焕洲对本判决第一项确定的被告康美药业股份有限公司债务承担连带清偿责任；被告马汉耀、林大浩、李石、罗家谦、林国雄、李建华、韩中伟、王敏在本判决第一项确定的被告康美药业股份有限公司债务的20%范围内承担连带清偿责任；被告江镇平、李定安、张弘在本判决第一项确定的被告康美药业股份有限公司债务的10%范围内承担连带清偿责任；被告郭崇慧、张平在本判决第一项确定的被告康美药业股份有限公司债务的 5%范围内承担连带清偿责任；被告广东正中珠江会计师事务所（特殊普通合伙）、杨文蔚对本判决第一项确定的被告康美药业股份有限公司债务承担连带清偿责任。

【判决意义】

康美药业案一审判决出炉，标志着 2019 年新修订的《证券法》所设立的中国特色证券集团诉讼制度的首次实践，开启了投资者保护的新篇章。康美药业案作为教科书级的案例，展现出我国当前整体的立法水平、执法水平、司法水平、法律服务水平和法学学术水平，开启了"刑行民民金破"六类型的多重交叉，创造了我国司法史上的多个第一。康美药业案使得投资者保护机构走向前台，有利于受损的中小投资者得到公平、高效的赔偿。[①] 康美药业民事赔偿一案是目前法院审理的原告人数最多、赔偿金额最高的上市公司虚假陈述民事赔偿案件，该案的整个诉讼模式已成为检验我国证券纠纷特别代表人诉讼规则的经典范例。康美特别代表人诉讼案的判决是落实新修订的《证券法》和《关于依法从严打击证券违法活动意见》的开创性举措，是我国资本市场历史上具有划时代意义的里程碑事件。该判决不仅宣告了证券犯罪违法成本过低时代的结束，也震慑了相关上市公司、中介机构，同时还彰显了证监会维护投资者合法权益的决心。[②]

[①] 李曙光：《康美药业案综论》，载《法律适用》2022 年第 2 期。
[②] 邢萌：《中国证监会副主席王建军：康美药业判例震慑了相关上市公司和中介机构》，载《证券日报》2021 年 12 月 6 日，第 A03 版。

第七章

证券市场主体

第七篇

西周制度

👆 本章思维导图

```
第七章 证券市场主体
├── 第一节 证券发行人
│   ├── 证券发行人概述
│   └── 证券发行人的分类
├── 第二节 证券交易场所
│   ├── 证券交易场所概述
│   ├── 证券交易所
│   └── 证券交易所的监管职权
├── 第三节 证券公司
│   ├── 证券公司概述
│   ├── 证券公司的业务
│   └── 证券公司的监管规则
├── 第四节 证券登记结算机构
│   ├── 证券登记结算机构概述
│   └── 证券登记结算机构的业务规则
├── 第五节 证券服务机构
│   ├── 证券服务机构概述
│   └── 证券服务机构的义务与责任
└── 第六节 证券业协会
    ├── 证券业协会概述
    └── 证券业协会的职责
```

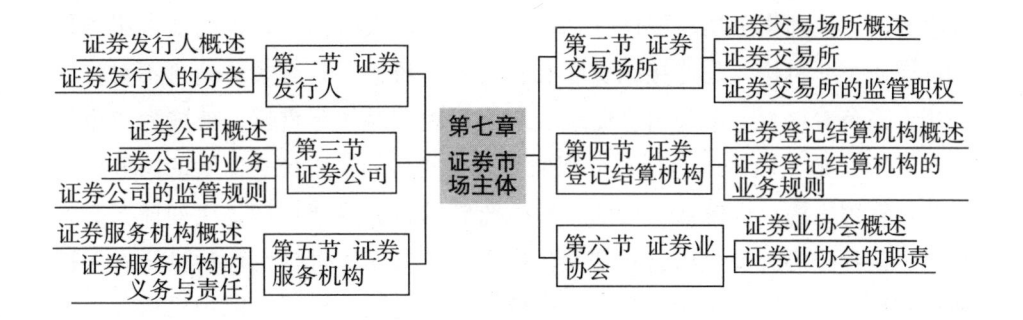

👆 本章涉及法条

《证券法》第 96—167 条

证券市场中的主要参与主体包括证券投资者、证券投资者保护机构、证券发行人、证券交易场所、证券公司、证券登记结算机构、证券服务机构、证券业协会、证券监督管理机构。在这九类主体中，证券公司以及包括会计师事务所、律师事务所、资产评估机构、信用评级机构等在内的证券服务机构都属于中介机构，是连接融资者和投资者的桥梁，具有缓解信息不对称的作用，肩负着培育上市公司、促进上市公司规范运作等重任，被称为"市场看门人"。[1] 监管机构既包括对全国证券市场实行的集中统一监管的国务院证券监督管理机构，也包括实行的自律性监管的行业自律机构，比如证券交易场所、证券业协会及上市公司协会。广义上，自律性机构也包括投资者保护机构和证券登记结算机构。其中，证券投资者与证券投资者保护机构在本书的第六章已经详细谈到，此处不做赘述。证券监督管理机构作为监管者会在第八章专章讲述。本章将对剩余的证券市场主体的组织和行为规则进行逐一分析。

第一节　证券发行人

本节思维导图

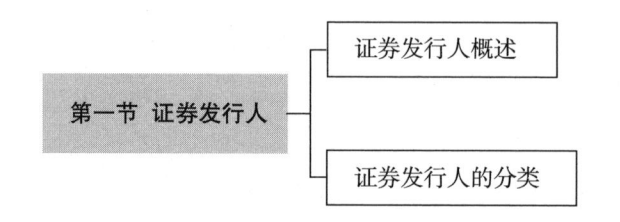

```
                        ┌── 证券发行人概述
第一节 证券发行人 ──────┤
                        └── 证券发行人的分类
```

一、证券发行人概述

证券发行人，指为筹措资金而发行债券、股票、存托凭证等证券的发行主体，其与证券投资者是证券市场实现资金融通的两端。发行人是证券的制造者，是与投资者相对应的市场主体，在我国应当包括募集设立的股份有限

---

[1] 邢会强：《证券中介机构法律责任配置》，载《中国社会科学》2022 年第 5 期。

公司、发起设立的股份有限公司、其他发行债券的企业和政府。由于证券交易所流通的都是已经上市的募集设立的股份有限公司所发行的股票，所以所谓的发行人主要指上市公司，从广义上说，新三板上的公司也都是发行人。①

二、证券发行人的分类

发行人分为公开发行证券的发行人和非公开发行证券的发行人，而证券法主要规范的对象是前者。根据《证券法》第37条第1款规定，对于公开发行证券的发行人按照发行地点的不同还可以分为证券在交易所交易的发行人和证券在国务院批准的其他全国性证券交易场所交易的发行人。② 我们把证券交易所交易的股票发行人称为上市公司。③

非公开发行的证券不得采用广告、公开劝诱和变相公开方式。④ 根据《证券法》的规定，非公开发行证券的发行人分为在证券交易所转让证券的发行人、国务院批准的其他全国性证券交易场所转让证券的发行人和区域性股权市场转让证券的发行人。⑤ 其中，区域性股权市场为非公开发行证券的发行、转让提供场所和设施，具体管理办法由国务院规定。

针对发行人证券法主要规定了义务和责任，最重要的是规定了信息披露义务。对于不同的发行人而言，证券法规定的义务和责任的种类、范围等不尽相同。

---

① 朱锦清著：《证券法学》（第五版），北京大学出版社2022年版，第100页。
② 何海峰著：《证券法通识》，中国法制出版社2022年版，第285页。
③ 《公司法》第120条规定，本法所称上市公司，是指其股票在证券交易所上市交易的股份有限公司。
④ 《证券法》第9条第3款。
⑤ 《证券法》第37条第2款规定："非公开发行的证券，可以在证券交易所、国务院批准的其他全国性证券交易场所、按照国务院规定设立的区域性股权市场转让。"

第二节 证券交易场所

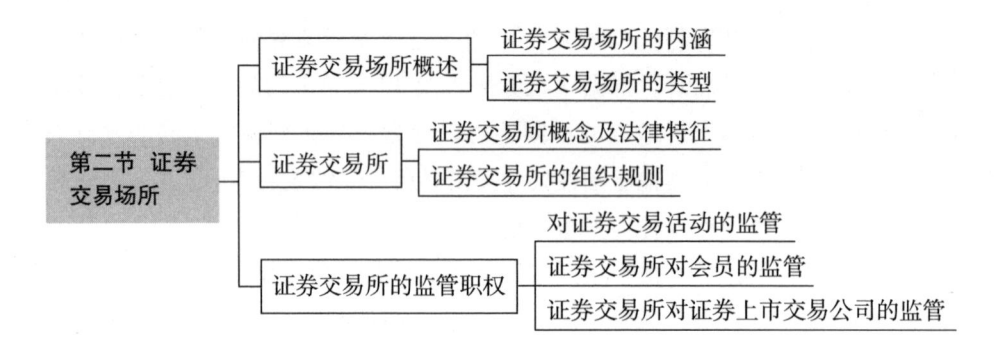

本节思维导图

```
                          ┌─ 证券交易场所概述 ─┬─ 证券交易场所的内涵
                          │                    └─ 证券交易场所的类型
第二节 证券              │
交易场所 ────────────────┼─ 证券交易所 ───────┬─ 证券交易所概念及法律特征
                          │                    └─ 证券交易所的组织规则
                          │
                          └─ 证券交易所的监管 ─┬─ 对证券交易活动的监管
                             职权              ├─ 证券交易所对会员的监管
                                               └─ 证券交易所对证券上市交易公司的监管
```

一、证券交易场所概述

（一）证券交易场所的内涵

证券交易场所，是依法设立的，为证券集中交易提供场所和设施，组织和监督证券交易，实施自律管理，依法登记取得法人资格的机构。[1] 证券交易场所包括证券交易所及国务院批准的其他全国性证券交易场所为证券集中交易提供场所和设施，[2] 也包括区域性股权市场为非公开发行证券提供场所和设施[3]。证券交易场所的功能在于为证券交易提供场所和设施，还在于组织和监督证券交易，实行自律管理。

法律授权证券交易场所可以设立不同的市场板块，这使得 2009 年推出的创业板、2013 年确立的新三板及 2019 年设立的科创板都在法律上获得了明确

---

[1] 何海峰著：《证券法通识》，中国法制出版社 2022 年版，第 293 页。

[2] 《证券法》第 96 条规定："证券交易所、国务院批准的其他全国性证券交易场所为证券集中交易提供场所和设施，组织和监督证券交易，实行自律管理，依法登记，取得法人资格。证券交易所、国务院批准的其他全国性证券交易场所的设立、变更和解散由国务院决定。国务院批准的其他全国性证券交易场所的组织机构、管理办法等，由国务院规定。"

[3] 《证券法》第 98 条规定："按照国务院规定设立的区域性股权市场为非公开发行证券的发行、转让提供场所和设施，具体管理办法由国务院规定。"

的认可,[①] 并基本形成了我国结构合理的多层次资本市场体系。关于多层次资本市场体系在本书第三章中已经有了详细的介绍。

(二) 证券交易场所的类型

我国《证券法》自1998年颁布以来,所确定的证券交易场所仅仅限定为证券交易所。2019年修订后的证券法拓展了证券交易场所的范围,将证券交易场所分为三大类,包括证券交易所、全国中小企业股份转让系统及区域性股权交易市场。证券交易所和全国中小企业股份转让系统均是全国性证券交易场所,主要在具体的服务对象和交易方式上有所不同。区域性股权交易市场为非公开发行证券的发行、转让提供场所和设施,具体管理办法由国务院规定。区域性股权交易市场主要服务于所在省级行政区划内中小微企业的私募股权市场,原则上不得进行跨区域融资。

证券交易场所属于特许经营的机构。全国性证券交易场所的设立、变更和解散都由国务院决定,区域性股权交易市场也需要按照国务院规定设立。非法开设证券交易场所的要予以取缔,没收违法所得,并处以罚款等行政处罚。[②] 擅自设立证券交易所,甚至要受到刑事处罚。[③]

二、证券交易所

(一) 证券交易所概念及法律特征

1. 证券交易所的概念

美国《1934年证券交易法》第3(a)(1)条对交易所的定义是:"交易

[①] 《证券法》第97条规定:"证券交易所、国务院批准的其他全国性证券交易场所可以根据证券品种、行业特点、公司规模等因素设立不同的市场层次。"

[②] 《证券法》第200条第1款规定:"非法开设证券交易场所的,由县级以上人民政府予以取缔,没收违法所得,并处以违法所得一倍以上十倍以下的罚款;没有违法所得或者违法所得不足一百万元的,处以一百万元以上一千万元以下的罚款。对直接负责的主管人员和其他直接责任人员给予警告,并处以二十万元以上二百万元以下的罚款。"

[③] 《刑法》第174条规定:"未经国家有关主管部门批准,擅自设立商业银行、证券交易所、期货交易所、证券公司、期货经纪公司、保险公司或者其他金融机构的,处三年以下有期徒刑或者拘役,并处或者单处二万元以上二十万元以下罚金;情节严重的,处三年以上十年以下有期徒刑,并处五万元以上五十万元以下罚金。伪造、变造、转让商业银行、证券交易所、期货交易所、证券公司、期货经纪公司、保险公司或者其他金融机构的经营许可证或者批准文件的,依照前款的规定处罚。单位犯前两款罪的,对单位判处罚金,并对其直接负责的主管人员和其他直接责任人员,依照第一款的规定处罚。"

所是为了将证券买卖双方汇集在一起，或以其他方式就证券履行通常由一般所理解的证券交易所来履行的各项职能而构成、维持或提供一种市场或各种设施的任何法人、非法人组织、协会或团体，包括由该等交易所维持的市场和市场设施。"根据我国《证券法》第 96 条的规定，证券交易所是为证券集中交易提供场所和设施，组织和监督证券交易，实行自律管理，依法登记的法人。证券交易所本身并不参与证券交易，也不决定证券价格，它只是为证券交易提供场所、设备和服务的场内市场，以集中交易方式使证券交易能够顺利进行，同时依法履行自律管理的职能。

2. 证券交易所的法律特征

根据证券交易所的概念，可以看出证券交易所具有以下几个法律特征。第一，证券交易所是经特许设立的法人组织。交易所的设立和运作均受到国家严格的监管。第二，证券交易所是实行自律管理的法人。《证券法》第 99 条第 1 款规定："证券交易所履行自律管理职能，应当遵守社会公共利益优先原则，维护市场的公平、有序、透明。"交易所对会员及上市公司实行自我管理和约束，其自律管理职能是政府行政监管职能的延伸。第三，证券交易所是提供证券交易场所、设施的场内市场。随着计算机和通信技术的发展，有形的交易大厅和交易席位不再是交易所必备，很多交易所甚至取消了有形的交易大厅和交易席位。第四，证券交易所为证券集中交易提供场所和设施。集中交易主要是通过集中竞价交易机制来形成证券价格的，集中竞价交易是我国证券市场最主要的交易方式。第五，证券交易所履行组织和监督证券交易的职能。证券交易所不仅有着严密的组织形式，还有着一整套业务规则。证券交易所的业务规则包括上市规则、交易规则、会员规则及其他与证券交易活动有关的规则。

(二) 证券交易所的组织规则

1. 证券交易所的设立

(1) 证券交易所要有自己的名称

《证券法》第 100 条规定："证券交易所必须在其名称中标明证券交易所字样。其他任何单位或者个人不得使用证券交易所或者近似的名称。"

(2) 证券交易所要有自己的章程

章程是证券交易所自律管理的重要基础，是全体会员或股东的意思自治。《证券法》第 99 条第 2 款规定："设立证券交易所必须制定章程。证券交易所章程的制定和修改，必须经国务院证券监督管理机构批准。"证券交易所章程应当包括设立目的、名称、主要办公及交易场所和设施所在地、职能范围、会员资格和加入退出程序等事项。①

（3）证券交易所要有一定数量的会员或股东

证券交易所作为社团法人，必定要有一定数量的会员或股东。我国《证券法》及《证券交易所管理办法》均未对交易所的会员或股东数量作出明确规定，只是在《证券法》第105条规定了只有会员才能进入证券交易所参与集中交易。

（4）证券交易所要有必要的财产或最低注册资本

我国证券法律法规没有对采取会员制的证券交易所规定最低注册资本。上海证券交易所成立时以会员交纳席位费的一部分作为注册资本的来源，深圳证券交易所成立时的注册资本源自政府借款，后来以交易所历年盈余偿还，但目前以会员的全部席位费作为实收资本。②《证券法》第101条规定："证券交易所可以自行支配的各项费用收入，应当首先用于保证其证券交易场所和设施的正常运行并逐步改善。实行会员制的证券交易所的财产积累归会员所有，其权益由会员共同享有，在其存续期间，不得将其财产积累分配给会员。"同时要注意的是，证券交易所的收入和财产要严格与投资者的资金、财产进行隔离，不得擅自动用投资者的资金和财产。

（5）证券交易所要有自己的组织机构

证券交易所作为法人组织，必须建立相应的组织机构才能正常运作。

2. 证券交易所的解散

《证券法》第96条第2款规定证券交易所、国务院批准的其他全国性证券交易场所的设立、变更和解散由国务院决定，但没有规定具体的解散事由。

---

① 《证券交易所管理办法》（证监会令第192号）第19条规定："会员制证券交易所章程应当包括下列事项：（一）设立目的；（二）名称；（三）主要办公及交易场所和设施所在地；（四）职能范围；（五）会员的资格和加入、退出程序；（六）会员的权利和义务；（七）对会员的纪律处分；（八）组织机构及其职权；（九）理事、监事、高级管理人员的产生、任免及其职责；（十）资本和财务事项；（十一）解散的条件和程序；（十二）其他需要在章程中规定的事项。公司制证券交易所章程应当包括下列事项：（一）前款第（一）项至第（四）项、第（八）项、第（十）项和第（十一）项规定的事项；（二）董事、监事、高级管理人员的产生、任免及其职责；（三）其他需要在章程中规定的事项。会员制证券交易所章程的制定和修改经会员大会通过后，报中国证监会批准。公司制证券交易所的章程由股东共同制定，并报中国证监会批准；章程的修改由股东会通过后，报中国证监会批准。"

② 周友苏主编：《证券法新论》，法律出版社2020年版，第401页。

3. 证券交易所的组织机构

各国的证券交易所的组织形式可以分为两种类型：会员制证券交易所和公司制证券交易所。会员制证券交易所为非营利性的事业法人，属于自律管理组织，其财产积累归会员所有，其权益由会员共享。公司制证券交易所是以营利为目的，采取公司形式设立运行的企业法人。上海证券交易所与深圳证券交易所是实行自律性管理的会员制事业法人，而北京证券交易所采取的是公司制形式。实行会员制的证券交易所设会员大会、理事会、总经理和监事会。实行有限责任公司制的证券交易所设股东会、董事会、总经理和监事会。①

（1）会员大会

《证券法》第 105 条规定："进入实行会员制的证券交易所参与集中交易的，必须是证券交易所的会员。证券交易所不得允许非会员直接参与股票的集中交易。"由于我国证券交易所接纳的会员应当是经批准设立并具有法人地位的境内证券经营机构。② 因此，在我国，会员大会由证券交易所全体会员，也就是证券公司组成，形成了会员制证券交易所的最高机构。会员大会行使下列职权：（1）制定和修改证券交易所章程；（2）选举和罢免会员理事、会员监事；（3）审议和通过理事会、监事会和总经理的工作报告；（4）审议和通过证券交易所的财务预算、决算报告；（5）法律、行政法规、部门规章和证券交易所章程规定的其他重大事项。③ 会员大会每年召开一次，由理事会召集，理事长主持，必要时还可以召开临时会员大会。

会员大会应当有三分之二以上的会员出席，其决议须经出席会议的会员过半数表决通过。

股东会会议的议事规则应当符合证券交易所章程的规定。会员大会或者股东会会议结束后十个工作日内，证券交易所应当将大会全部文件及有关情

---

① 《证券交易所管理办法》第 17 条规定："实行会员制的证券交易所设会员大会、理事会、总经理和监事会。实行有限责任公司制的证券交易所设股东会、董事会、总经理和监事会。证券交易所为一人有限责任公司的，不设股东会，由股东行使股东会的职权。"

② 《证券交易所管理办法》第 50 条第 1 款规定："证券交易所接纳的会员应当是经批准设立并具有法人地位的境内证券经营机构。"

③ 《证券交易所管理办法》第 18 条第 1 款规定："会员大会为会员制证券交易所的最高权力机构。会员大会行使下列职权：（一）制定和修改证券交易所章程；（二）选举和罢免会员理事、会员监事；（三）审议和通过董事会、监事会和总经理的工作报告；（四）审议和通过证券交易所的财务预算、决算报告；（五）法律、行政法规、部门规章和证券交易所章程规定的其他重大事项。"

况向中国证监会报告。①

（2）理事会

会员大会是证券交易所的权利机构，但不是常设机构，会员大会的决议由理事会负责执行。理事会每一届有任期限制，其对会员大会负责。理事会设理事长一人，可以设副理事长一至二人。总经理应当是理事会成员。理事长、董事长是证券交易所的法定代表人。

理事会是会员制证券交易所的决策机构，行使下列职权：（1）召集会员大会，并向会员大会报告工作；（2）执行会员大会的决议；（3）审定总经理提出的工作计划；（4）审定总经理提出的年度财务预算、决算方案；（5）审定对会员的接纳和退出；（6）审定取消会员资格的纪律处分；（7）审定证券交易所业务规则；（8）审定证券交易所上市新的证券交易品种或者对现有上市证券交易品种作出较大调整；（9）审定证券交易所收费项目、收费标准及收费管理办法；（10）审定证券交易所重大财务管理事项；（11）审定证券交易所重大风险管理和处置事项，管理证券交易所风险基金；（12）审定重大投资者教育和保护工作事项；（13）决定高级管理人员的聘任、解聘及薪酬事项，但中国证监会任免的除外；（14）会员大会授予和证券交易所章程规定的其他职权。②

（3）总经理

总经理是理事会领导下负责证券交易所日常经营管理的必设机构。证券交易所的总经理、副总经理、首席专业技术管理人员每届任期三年。《证券法》第102条第2款规定："证券交易所设总经理一人，由国务院证券监督管理机构任免。"会员制证券交易所的总经理行使下列职权：（1）执行会员大会

---

① 《证券交易所管理办法》第21条。
② 《证券交易所管理办法》第22条规定："理事会是会员制证券交易所的决策机构，行使下列职权：（一）召集会员大会，并向会员大会报告工作；（二）执行会员大会的决议；（三）审定总经理提出的工作计划；（四）审定总经理提出的年度财务预算、决算方案；（五）审定对会员的接纳和退出；（六）审定取消会员资格的纪律处分；（七）审定证券交易所业务规则；（八）审定证券交易所上市新的证券交易品种或者对现有上市证券交易品种作出较大调整；（九）审定证券交易所收费项目、收费标准及收费管理办法；（十）审定证券交易所重大财务管理事项；（十一）审定证券交易所重大风险管理和处置事项，管理证券交易所风险基金；（十二）审定重大投资者教育和保护工作事项；（十三）决定高级管理人员的聘任、解聘及薪酬事项，但中国证监会任免的除外；（十四）会员大会授予和证券交易所章程规定的其他职权。董事会是公司制证券交易所的决策机构，行使下列职权：（一）召集股东会会议，并向股东会报告工作；（二）执行股东会的决议；（三）制订年度财务预算、决算方案；（四）前款第（三）项、第（五）项至第（十三）项规定的职权；（五）股东会授予和证券交易所章程规定的其他职权。"

和理事会决议，并向其报告工作；（2）主持证券交易所的日常工作；（3）拟订并组织实施证券交易所工作计划；（4）拟订证券交易所年度财务预算、决算方案；（5）审定业务细则及其他制度性规定；（6）审定除取消会员资格以外的其他纪律处分；（7）审定除应当由理事会审定外的其他财务管理事项；（8）理事会授予和证券交易所章程规定的其他职权。①

(4) 监事会

《证券法》第102条明确规定证券交易所设监事会，首次在法律上确认了监事会为证券交易所的必设机构。监事每届任期三年。职工监事由职工大会、职工代表大会或者其他形式民主选举产生，专职监事由中国证监会委派。证券交易所理事或者董事、高级管理人员不得兼任监事。监事会设监事长一人，由中国证监会提名，监事会通过。监事会作为证券交易所的监督机构行使下列职权：（1）检查证券交易所财务；（2）检查证券交易所风险基金的使用和管理；（3）监督证券交易所理事或者董事、高级管理人员执行职务行为；（4）监督证券交易所遵守法律、行政法规、部门规章和证券交易所章程、协议、业务规则以及风险预防与控制的情况；（5）当理事或者董事、高级管理人员的行为损害证券交易所利益时，要求理事或者董事、高级管理人员予以纠正；（6）提议召开临时会员大会或者股东会会议；（7）提议会员制证券交易所召开临时理事会；（8）向会员大会或者股东会会议提出提案；（9）会员大会或者股东会授予和证券交易所章程规定的其他职权。

(5) 专门委员会

理事会、董事会、监事会根据需要设立专门委员会。各专门委员会的职责、任期和人员组成等事项，由证券交易所章程具体规定。各专门委员会的经费应当纳入证券交易所的预算。② 交易所可以根据自身经营管理的需要设置各专门委员会。

---

① 《证券交易所管理办法》第28条规定："会员制证券交易所的总经理行使下列职权：（一）执行会员大会和理事会决议，并向其报告工作；（二）主持证券交易所的日常工作；（三）拟订并组织实施证券交易所工作计划；（四）拟订证券交易所年度财务预算、决算方案；（五）审定业务细则及其他制度性规定；（六）审定除取消会员资格以外的其他纪律处分；（七）审定除应当由理事会审定外的其他财务管理事项；（八）理事会授予和证券交易所章程规定的其他职权。公司制证券交易所的总经理行使下列职权：（一）执行董事会决议，并向其报告工作；（二）前款第（二）项至第（六）项规定的职权；（三）审定除应当由董事会审定外的其他财务管理事项；（四）董事会授予和证券交易所章程规定的其他职权。"

② 《证券交易所管理办法》第33条。

4. 中国三大证券交易所的组织架构

（1）上海证券交易所

上海证券交易所成立于 1990 年 11 月 26 日，受中国证监会监督和管理，是为证券集中交易提供场所和设施、组织和监督证券交易、实行自律管理的会员制法人。上海证券交易所的组织结构是设置会员大会、理事会、总经理室和监事会。在总经理室之下又设置办公室、党务工作部、交易运行管理部、市场发展部、上市审核中心、上市公司管理一部、上市公司管理二部、科创板公司管理部、监管执行部、会计监管部、巡回审理协作部、会员管理部、债券业务部、国际合作部、创新产品部、交易监管部、市场检测部、法律事务部、投资服务部、企业培训部、信息科技部、数据管理部、北方市场服务中心、财务部、审计部、研究所、博物馆保障部、香港办事处、伦敦办事处、上交所技术有限责任公司、上交所信息网络有限公司、上海上证金融服务有限公司、上海上证数据服务有限责任公司、上海中证博物馆运营有限公司及上证信息技术有限责任公司等 37 个部门。[①]

（2）深圳证券交易所

深圳证券交易所于 1990 年 12 月 1 日开始营业，是经国务院批准设立的全国性证券交易场所，受中国证监会监督管理。深交所是实行自律管理的会员制法人，现有 121 家会员和 3 家特别会员。深交所治理架构包括：一是会员大会，为权力机构。二是理事会，对会员大会负责，下设战略发展、会员自律管理、市场风险、上市培育、技术发展、薪酬财务、上诉复核、创业板股票发行规范等 8 个专门委员会。三是经理层，负责日常管理工作，下设上市、纪律处分等 2 个专门委员会，并设有技术管理、上市公司监管、产品与参与人管理、培育发展、风险管理等 5 个专业管理委员会。四是监事会，为监督机构。五是设 29 个部室和 5 家下属机构。[②] 具体的组织架构如图 7.1 所示：

[①] 上海证券交易所：http：//www.sse.com.cn/aboutus/sseintroduction/organizational/，最后访问日期：2023 年 6 月 29 日。

[②] 深圳证券交易所：http：//www.szse.cn/aboutus/sse/introduction/index.html，最后访问日期：2023 年 6 月 29 日。

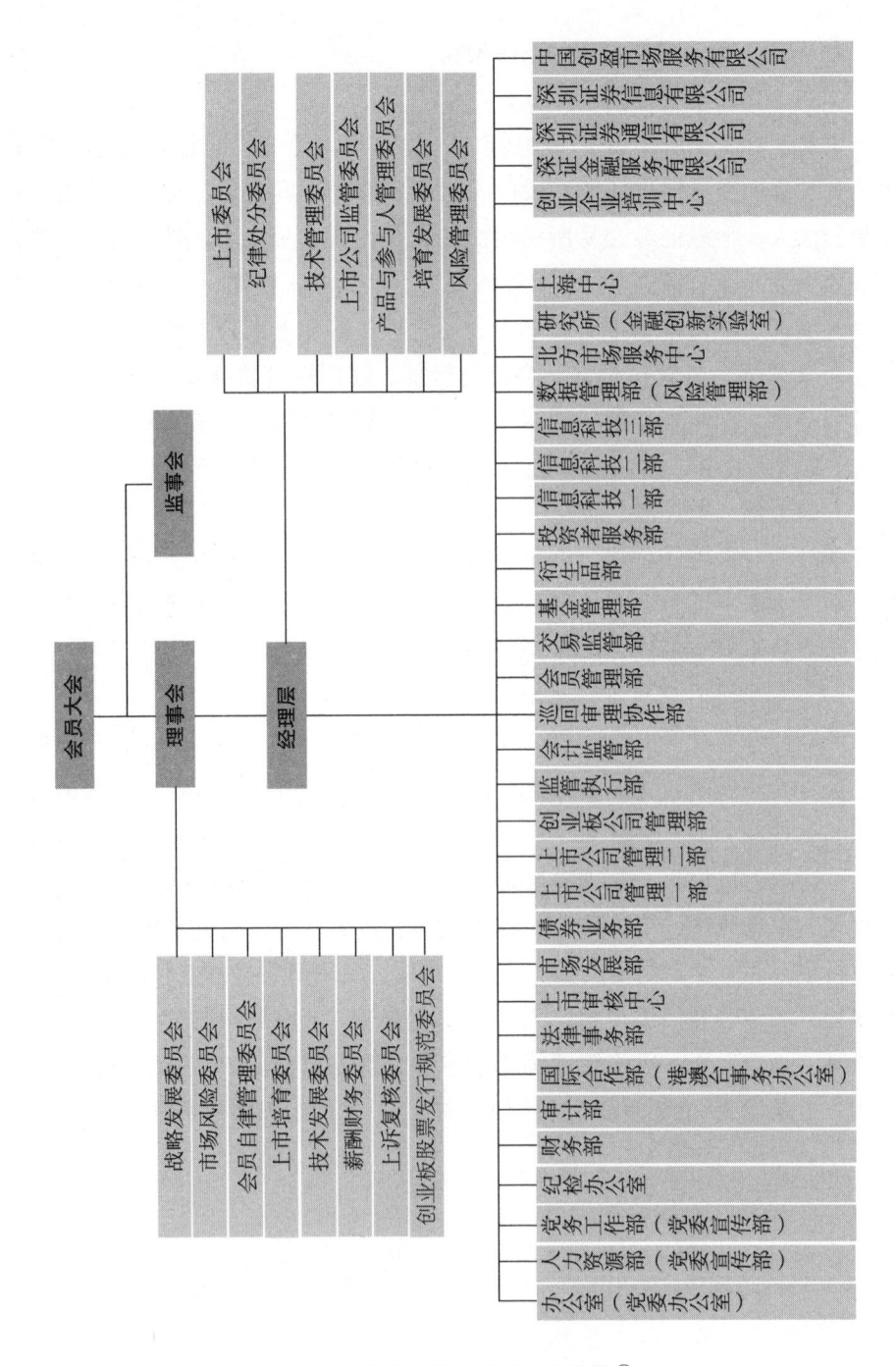

图 7.1　深圳证券交易所组织架构[①]

---

① 深圳证券交易所组织架构图来源于深圳证券交易所官方网站：http://www.szse.cn/aboutus/sse/organizational/index.html，最后访问日期：2023年6月29日。

(3) 北京证券交易所

北京证券交易所于 2021 年 9 月 3 日注册成立，是经国务院批准设立的我国第一家公司制证券交易所，受中国证监会监督管理。经营范围为依法为证券集中交易提供场所和设施、组织和监督证券交易以及证券市场管理服务等业务。具体的组织架构如图 7.2 所示：

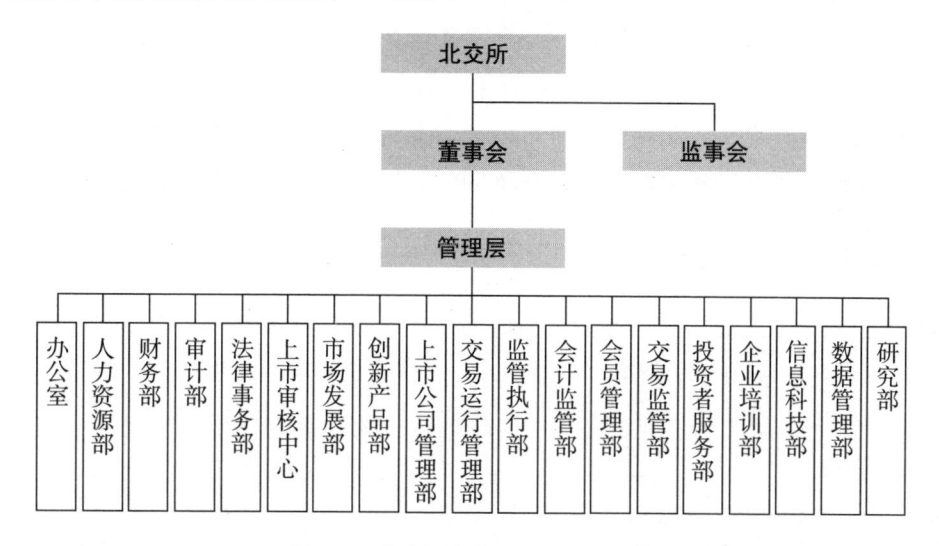

图 7.2 北京证券交易所组织架构①

三、证券交易所的监管职权

证券交易所作为最主要的自律监管机构，拥有广泛的自律监管职权。具体包括了对证券交易活动的监管、对会员的监管及对证券上市交易公司的监管等监管职权。

（一）对证券交易活动的监管

1. 制定交易规则

证券交易所应当制定具体的交易规则。其内容包括：（1）证券交易的基本原则；（2）证券交易的场所、品种和时间；（3）证券交易方式、交易流程、风险控制和规范事项；（4）证券交易监督；（5）清算交收事项；（6）交

---

① 北京证券交易所组织架构图来源于北京证券交易所官方网站：http://www.bse.cn/company/organization.html，最后访问日期：2023 年 6 月 29 日。

易纠纷的解决；（7）暂停、恢复与取消交易；（8）交易异常情况的认定和处理；（9）投资者准入和适当性管理的基本要求；（10）对违反交易规则行为的处理规定；（11）证券交易信息的提供和管理；（12）指数的编制方法和公布方式；（13）其他需要在交易规则中规定的事项。①

2. 对证券交易行为实时监控

《证券法》第112条第1款规定："证券交易所对证券交易实行实时监控，并按照国务院证券监督管理机构的要求，对异常的交易情况提出报告。"通过实时监控证券交易，证券交易所可以及时获得证券交易的各类信息，及时发现交易中存在的异常情况，并针对不同的情况采取不同的处理措施，以保障证券市场的秩序。

3. 公开证券交易信息

公开证券交易信息是证券交易所的法定义务，以促成公平合理的证券价格。《证券法》第109条第1款规定："证券交易所应当为组织公平的集中交易提供保障，实时公布证券交易即时行情，并按交易日制作证券市场行情表，予以公布。"

4. 技术性停牌和临时停市

《证券法》第111条规定："因不可抗力、意外事件、重大技术故障、重大人为差错等突发性事件而影响证券交易正常进行时，为维护证券交易正常秩序和市场公平，证券交易所可以按照业务规则采取技术性停牌、临时停市等处置措施，并应当及时向国务院证券监督管理机构报告。因前款规定的突发性事件导致证券交易结果出现重大异常，按交易结果进行交收将对证券交易正常秩序和市场公平造成重大影响的，证券交易所按照业务规则可以采取取消交易、通知证券登记结算机构暂缓交收等措施，并应当及时向国务院证券监督管理机构报告并公告。证券交易所对其依照本条规定采取措施造成的损失，不承担民事赔偿责任，但存在重大过错的除外。"由此可知，证券交易所在特定情况下可以对证券交易采取两种暂停交易的措施，一种是对单个或多个特定证券的技术性停牌，另一种是针对整个证券市场的临时停市。显然临时停市的影响更大，采取措施要满足的条件也更高。当然在上述突发性事件发生后，证券交易所同样要对产生的负面结果进行及时干预，最大限度地保证市场的稳定。

---

① 《证券交易所管理办法》第36条。

5. 限制交易、强制停牌

证券交易所应当加强对证券交易的风险监测，及时识别证券交易的量价波动是否超出了正常幅度。《证券法》第 113 条规定："证券交易所应当加强对证券交易的风险监测，出现重大异常波动的，证券交易所可以按照业务规则采取限制交易、强制停牌等处置措施，并向国务院证券监督管理机构报告；严重影响证券市场稳定的，证券交易所可以按照业务规则采取临时停市等处置措施并公告。证券交易所对其依照本条规定采取措施造成的损失，不承担民事赔偿责任，但存在重大过错的除外。"

（二）证券交易所对会员的监管

1. 制定会员管理规则

证券交易所应当制定会员管理规则，内容包括：（1）会员资格的取得和管理；（2）席位（如有）与交易单元管理；（3）与证券交易业务有关的会员合规管理及风险控制要求；（4）会员客户交易行为管理、适当性管理及投资者教育要求；（5）会员业务报告制度；（6）对会员的日常管理和监督检查；（7）对会员采取的收取惩罚性违约金、取消会员资格等自律监管措施和纪律处分；（8）其他需要在会员管理规则中规定的事项。[①] 证券交易所会员必须遵守证券交易所章程和各项会员管理规则，对违反管理规则的行为可以采取自律监管措施和纪律处分。

2. 对会籍、会员席位的管理

我国的证券投资者不能直接进入证券交易所交易，必须通过证券交易所的会员（证券公司）进行。证券交易所的会员有着非常严格的准入条件。《证券法》第 105 条规定："进入实行会员制的证券交易所参与集中交易的，必须是证券交易所的会员。证券交易所不得允许非会员直接参与股票的集中交易。"《证券法》第 106 条规定："投资者应当与证券公司签订证券交易委托协议，并在证券公司实名开立账户，以书面、电话、自助终端、网络等方式，委托该证券公司代其买卖证券。"证券交易所对会员资格进行严格管理，包括会员资格的取得、会员的权利义务、会员资格的终止等。证券交易所对会员席位也有着严格的监管，包括对席位的总量限制，对会员取得和处分席位的限制等。《交易所管理办法》规定会员可以通过购买或者受让的方式取得席

---

① 《证券交易所管理办法》第 49 条。

位。经证券交易所同意，席位可以转让，但不得用于出租和质押。

3. 对会员交易行为监管

《证券法》第 108 条规定了证券交易所交易申报、清算交收和分解结算的规则。具体规定为："证券公司根据投资者的委托，按照证券交易规则提出交易申报，参与证券交易所场内的集中交易，并根据成交结果承担相应的清算交收责任。证券登记结算机构根据成交结果，按照清算交收规则，与证券公司进行证券和资金的清算交收，并为证券公司客户办理证券的登记过户手续。"此外，交易所要督促会员按照技术要求规范运作，保障交易及相关系统的安全稳定。为了防范系统性风险，交易所可以要求会员建立和实施相应的风险控制系统和监测模型。证券交易所还应当督促会员建立并执行客户适当性管理制度，要求会员向客户推荐产品或者服务时充分揭示风险，并不得向客户推荐与其风险承受能力不适应的产品或者服务。

4. 对会员的自律监管措施和纪律处分

会员出现违法违规行为的，证券交易所可以按照章程、业务规则的规定采取暂停受理或者办理相关业务、限制交易权限、收取惩罚性违约金、取消会员资格等自律监管措施或者纪律处分。[①]

（三）证券交易所对证券上市交易公司的监管

1. 制定上市规则

证券交易所应当制定证券上市规则。制定证券上市交易规则是证券交易所对证券上市交易公司实施监管的重要方法。其内容包括：（1）证券上市的条件、程序和披露要求；（2）信息披露的主体、内容及具体要求；（3）证券停牌、复牌的标准和程序；（4）终止上市、重新上市的条件和程序；（5）对违反上市规则行为的处理规定；（6）其他需要在上市规则中规定的事项。[②]

2. 对信息披露的监管

《证券法》第 87 条规定："国务院证券监督管理机构对信息披露义务人的信息披露行为进行监督管理。证券交易场所应当对其组织交易的证券的信息披露义务人的信息披露行为进行监督，督促其依法及时、准确地披露信息。"证券交易所应督促证券上市交易公司及相关信息披露义务人依法披露上市公告书、定期报告、临时报告等信息披露文件，并对信息披露文件进行审核，

---

① 《证券交易所管理办法》第 59 条
② 《证券交易所管理办法》第 61 条。

可要求证券上市交易公司及相关信息披露义务人、上市保荐人、证券服务机构等作出补充说明并予以公布，发现问题应当按照有关规定及时处理，情节严重的，报告中国证监会。[①]

3. 决定证券上市、不予上市、终止上市等

根据《证券法》第46—49条的规定，证券交易所还有接受证券上市申请、安排证券上市的职权，也有权审核证券上市申请、决定证券上市、不予上市、终止上市以及相应的申请复核的救济措施。[②] 证券交易所按照业务规则对出现终止上市情形的证券实施退市，督促证券上市交易公司充分揭示终止上市风险，并应当及时公告，报中国证监会备案。[③]

4. 对违法违规行为的处置

《证券法》第115条第2款规定："在证券交易所从事证券交易，应当遵守证券交易所依法制定的业务规则。违反业务规则的，由证券交易所给予纪律处分或者采取其他自律管理措施。"

[①]《证券交易所管理办法》第65条。

[②]《证券法》第46条规定："申请证券上市交易，应当向证券交易所提出申请，由证券交易所依法审核同意，并由双方签订上市协议。证券交易所根据国务院授权的部门的决定安排政府债券上市交易。"第47条规定："申请证券上市交易，应当符合证券交易所上市规则规定的上市条件。证券交易所上市规则规定的上市条件，应当对发行人的经营年限、财务状况、最低公开发行比例和公司治理、诚信记录等提出要求。"第48条规定："上市交易的证券，有证券交易所规定的终止上市情形的，由证券交易所按照业务规则终止其上市交易。证券交易所决定终止证券上市交易的，应当及时公告，并报国务院证券监督管理机构备案。"第49条规定："对证券交易所作出的不予上市交易、终止上市交易决定不服的，可以向证券交易所设立的复核机构申请复核。"

[③]《证券交易所管理办法》第64条。

第三节　证券公司

本节思维导图

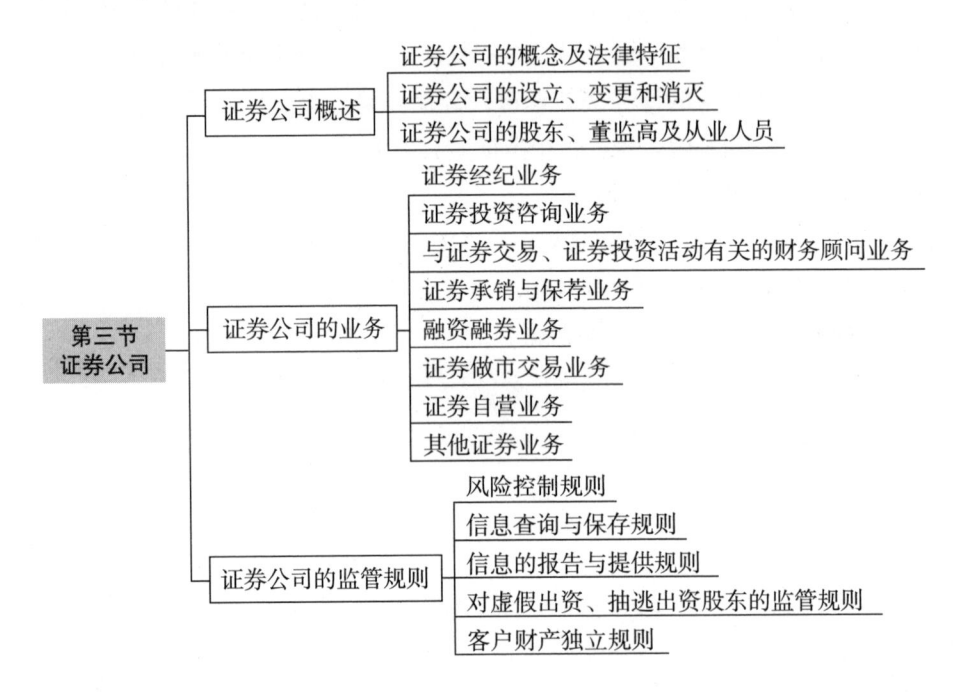

- 第三节 证券公司
  - 证券公司概述
    - 证券公司的概念及法律特征
    - 证券公司的设立、变更和消灭
    - 证券公司的股东、董监高及从业人员
  - 证券公司的业务
    - 证券经纪业务
    - 证券投资咨询业务
    - 与证券交易、证券投资活动有关的财务顾问业务
    - 证券承销与保荐业务
    - 融资融券业务
    - 证券做市交易业务
    - 证券自营业务
    - 其他证券业务
  - 证券公司的监管规则
    - 风险控制规则
    - 信息查询与保存规则
    - 信息的报告与提供规则
    - 对虚假出资、抽逃出资股东的监管规则
    - 客户财产独立规则

一、证券公司概述

(一) 证券公司的概念及法律特征

证券商是证券市场中重要的证券中介机构，在组织形式上可以采取个人独资、合伙或公司。按照我国《证券法》的规定，我国的证券商只能采取公司形式，称为证券公司。证券公司是依法获得国务院证券监督管理机构审查批准并经公司登记机关设立的，经营证券业务的有限责任公司或股份有限公司。根据 2022 年 7 月 8 日中国证监会发布的证券公司名录，我国目前共有 141 家证券公司。证券行业与银行业、信托业、保险业实行分业经营、分业管理，证券公司与银行、信托、保险业务机构分别设立，国家另有规定的除外。

证券公司在我国是专门经营证券业务的公司，其设立、变更、终止及经营活动单独受到证券行业监督管理者的监管。

（二）证券公司的设立、变更和消灭

1. 证券公司的设立条件

证券公司的设立，是指公司设立人按照法定的条件和程序，为组建证券公司取得法人资格和证券经营业务资格而完成的一系列法律行为。①《证券法》第118条规定："设立证券公司，应当具备下列条件，并经国务院证券监督管理机构批准：（一）有符合法律、行政法规规定的公司章程；（二）主要股东及公司的实际控制人具有良好的财务状况和诚信记录，最近三年无重大违法违规记录；（三）有符合本法规定的公司注册资本；②（四）董事、监事、高级管理人员、从业人员符合本法规定的条件；（五）有完善的风险管理与内部控制制度；（六）有合格的经营场所、业务设施和信息技术系统；（七）法律、行政法规和经国务院批准的国务院证券监督管理机构规定的其他条件。未经国务院证券监督管理机构批准，任何单位和个人不得以证券公司名义开展证券业务活动。"对于未经批准，擅自设立证券公司的，要承担相应的法律责任。③

2. 证券公司的设立程序

《证券法》第119条规定："国务院证券监督管理机构应当自受理证券公司设立申请之日起六个月内，依照法定条件和法定程序并根据审慎监管原则进行审查，作出批准或者不予批准的决定，并通知申请人；不予批准的，应当说明理由。证券公司设立申请获得批准的，申请人应当在规定的期限内向公司登记机关申请设立登记，领取营业执照。证券公司应当自领取营业执照

---

① 周友苏主编：《证券法新论》，法律出版社2020年版，第447页。
② 《证券法》第121条规定："证券公司经营本法第一百二十条第一款第（一）项至第（三）项业务的，注册资本最低限额为人民币五千万元；经营第（四）项至第（八）项业务之一的，注册资本最低限额为人民币一亿元；经营第（四）项至第（八）项业务中两项以上的，注册资本最低限额为人民币五亿元。证券公司的注册资本应当是实缴资本。国务院证券监督管理机构根据审慎监管原则和各项业务的风险程度，可以调整注册资本最低限额，但不得少于前款规定的限额。"
③ 《证券法》第202条第1款规定："违反本法第一百一十八条、第一百二十条第一款、第四款的规定，擅自设立证券公司、非法经营证券业务或者未经批准以证券公司名义开展证券业务活动的，责令改正，没收违法所得，并处以违法所得一倍以上十倍以下的罚款；没有违法所得或者违法所得不足一百万元的，处以一百万元以上一千万元以下的罚款。对直接负责的主管人员和其他直接责任人员给予警告，并处以二十万元以上二百万元以下的罚款。对擅自设立的证券公司，由国务院证券监督管理机构予以取缔。"

之日起十五日内，向国务院证券监督管理机构申请经营证券业务许可证。未取得经营证券业务许可证，证券公司不得经营证券业务。"根据这一条规定，证券公司设立流程包括申请人提出设立申请、国务院证券监督管理机构受理审查、国务院证券监督管理机构作出批准或不予批准的决定并通知申请人、经批准后申请人向公司登记机关申请设立登记并领取营业执照、证券公司向国务院证券监督管理机构申请经营业务许可证。

3. 证券公司的变更与终止

证券公司的变更是指证券公司设立或撤销分支机构、变更业务范围、增加或减少注册资本、变更主要股东、实际控制人、变更公司章程、合并、分立、变更公司形式等法律行为。①《证券法》第122条规定，"证券公司变更证券业务范围，变更主要股东或者公司的实际控制人，合并、分立、停业、解散、破产，应当经国务院证券监督管理机构核准。"《证券公司监督管理条例》第13条第1款规定："证券公司增加注册资本且股权结构发生重大调整，减少注册资本，变更业务范围或者公司章程中的重要条款，合并、分立，设立、收购或者撤销境内分支机构，在境外设立、收购、参股证券经营机构，应当经国务院证券监督管理机构批准。"证券公司骗取重大事项变更核准以及擅自变更重大事项均要承担法律责任。②

证券公司终止就是指证券公司结束营业，终止法人资格。《证券法》第143条规定："证券公司违法经营或者出现重大风险，严重危害证券市场秩序、损害投资者利益的，国务院证券监督管理机构可以对该证券公司采取责令停业整顿、指定其他机构托管、接管或者撤销等监管措施。"证券公司终止需要报经国务院证券监督管理机构批准后，再向公司登记管理机关办理注销登记手续。

---

① 周友苏主编：《证券法新论》，法律出版社2020年版，第455页。
② 《证券法》第203条规定了骗取证券业务许可的法律责任，具体内容为："提交虚假证明文件或者采取其他欺诈手段骗取证券公司设立许可、业务许可或者重大事项变更核准的，撤销相关许可，并处以一百万元以上一千万元以下的罚款。对直接负责的主管人员和其他直接责任人员给予警告，并处以二十万元以上二百万元以下的罚款。"

《证券法》第204条规定："证券公司违反本法第一百二十二条的规定，未经核准变更证券业务范围，变更主要股东或者公司的实际控制人，合并、分立、停业、解散、破产的，责令改正，给予警告，没收违法所得，并处以违法所得一倍以上十倍以下的罚款；没有违法所得或者违法所得不足五十万元的，处以五十万元以上五百万元以下的罚款；情节严重的，并处撤销相关业务许可。对直接负责的主管人员和其他直接责任人员给予警告，并处以二十万元以上二百万元以下的罚款。"

（三）证券公司的股东、董监高及从业人员

1. 证券公司的股东

我国证券法没有明确限制证券公司的股东或发起人的出资方式，但《证券公司监督管理条例》第9条第1款、第2款规定："证券公司的股东应当用货币或者证券公司经营必需的非货币财产出资。证券公司股东的非货币财产出资总额不得超过证券公司注册资本的30%。证券公司股东的出资，应当经具有证券、期货相关业务资格的会计师事务所验资并出具证明；出资中的非货币财产，应当经具有证券相关业务资格的资产评估机构评估。"证券法对股东的禁止行为作出了明确的规定。《证券法》第141条规定："证券公司的股东有虚假出资、抽逃出资行为的，国务院证券监督管理机构应当责令其限期改正，并可责令其转让所持证券公司的股权。在前款规定的股东按照要求改正违法行为、转让所持证券公司的股权前，国务院证券监督管理机构可以限制其股东权利。"

2. 证券公司的董监高

我国证券法对于证券公司的董监高的任职条件分别规定了积极条件和消极条件。《证券法》第124条规定："证券公司的董事、监事、高级管理人员，应当正直诚实、品行良好，熟悉证券法律、行政法规，具有履行职责所需的经营管理能力。证券公司任免董事、监事、高级管理人员，应当报国务院证券监督管理机构备案。有《中华人民共和国公司法》第一百四十六条规定的情形或者下列情形之一的，不得担任证券公司的董事、监事、高级管理人员：（一）因违法行为或者违纪行为被解除职务的证券交易场所、证券登记结算机构的负责人或者证券公司的董事、监事、高级管理人员，自被解除职务之日起未逾五年；（二）因违法行为或者违纪行为被吊销执业证书或者被取消资格的律师、注册会计师或者其他证券服务机构的专业人员，自被吊销执业证书或者被取消资格之日起未逾五年。"

《证券法》第142条规定："证券公司的董事、监事、高级管理人员未能勤勉尽责，致使证券公司存在重大违法违规行为或者重大风险的，国务院证券监督管理机构可以责令证券公司予以更换。"《证券公司监督管理条例》第24条规定："证券公司的董事、监事、高级管理人员应当在任职前取得经国务院证券监督管理机构核准的任职资格。证券公司不得聘任、选任未取得任职资格的人员担任前款规定的职务；已经聘任、选任的，有关聘任、选任的决议、决定无效。"

3. 证券公司的证券从业人员

对于证券从业人员的任职条件，《证券法》第 125 条规定："证券公司从事证券业务的人员应当品行良好，具备从事证券业务所需的专业能力。因违法行为或者违纪行为被开除的证券交易场所、证券公司、证券登记结算机构、证券服务机构的从业人员和被开除的国家机关工作人员，不得招聘为证券公司的从业人员。国家机关工作人员和法律、行政法规规定的禁止在公司中兼职的其他人员，不得在证券公司中兼任职务。"证券公司的从业人员在证券交易活动中，执行所属的证券公司的指令或者利用职务违反交易规则的，由所属的证券公司承担全部责任。证券公司的从业人员不得私下接受客户委托买卖证券，否则要责令改正，给予警告，没收违法所得，并处以违法所得 1 倍以上 10 倍以下的罚款；没有违法所得的，处以 50 万元以下的罚款。

二、证券公司的业务

《证券法》第 120 条对证券公司的主要业务范围作出了框架性的规定，主要包括证券经纪、证券投资咨询、与证券交易和证券投资活动有关的财务顾问、证券承销与保荐、证券融资融券、证券做市交易、证券自营。经过国务院证券监督管理机构批准，证券公司可以经营上述部分或全部业务。国务院证券监督管理机构对证券业务实施牌照管理，在法定期限内进行牌照许可的审查和核准。除了证券公司外，任何单位和个人不得从事证券承销、证券保荐、证券经纪业务和证券融资融券业务。对于具体的业务规则而言，除了《证券法》对证券公司主要业务规则作出明文规定外，中国证监会的相关规章也给予了相应的规范。

（一）证券经纪业务

证券经纪业务，也被称为证券的代理买卖业务，是指证券公司在证券交易中，代理客户买卖证券，并从中收取手续费或者佣金的业务活动。[①] 证券经纪业务是证券公司所有业务中最传统、最基本的业务。在证券经纪业务中，经纪委托关系的建立表现为开户和委托两个环节。

[①] 施天涛著：《商法学》，法律出版社 2018 年版，第 302 页。

《证券法》第 106 条规定："投资者应当与证券公司签订证券交易委托协议，并在证券公司实名开立账户，以书面、电话、自助终端、网络等方式，委托该证券公司代其买卖证券。"第 108 条规定："证券公司根据投资者的委托，按照证券交易规则提出交易申报，参与证券交易所场内的集中交易，并根据成交结果承担相应的清算交收责任。证券登记结算机构根据成交结果，按照清算交收规则，与证券公司进行证券和资金的清算交收，并为证券公司客户办理证券的登记过户手续。"由此可见，只有证券公司可以从事证券经纪业务。

证券公司从事经纪业务时证券法分别确立了证券买卖委托管理规则[①]、如实交易规则[②]、禁止接受客户的全权委托规则[③]、禁止他人借名参与集中交易规则[④]、禁止证券公司承诺证券交易后果规则[⑤]以及禁止私下接受客户委托规则[⑥]。

（二）证券投资咨询业务

证券投资咨询业务，是指为投资者提供证券投资顾问业务和发布证券研究报告业务等有偿服务的业务。这是证券公司的一项传统业务，开展证券投资咨询业务主要有以下五种方式：（1）接受投资人或者客户委托，提供证券、

[①] 《证券法》第 132 条规定："证券公司办理经纪业务，应当置备统一制定的证券买卖委托书，供委托人使用。采取其他委托方式的，必须作出委托记录。客户的证券买卖委托，不论是否成交，其委托记录应当按照规定的期限，保存于证券公司。"

[②] 《证券法》第 133 条规定："证券公司接受证券买卖的委托，应当根据委托书载明的证券名称、买卖数量、出价方式、价格幅度等，按照交易规则代理买卖证券，如实进行交易记录；买卖成交后，应当按照规定制作买卖成交报告单交付客户。证券交易中确认交易行为及其交易结果的对账单必须真实，保证账面证券余额与实际持有的证券相一致。"

[③] 《证券法》第 134 条第 1 款规定："证券公司办理经纪业务，不得接受客户的全权委托而决定证券买卖、选择证券种类、决定买卖数量或者买卖价格。"第 209 条第 1 款规定，"证券公司违反本法第一百三十四条第一款的规定接受客户的全权委托买卖证券的，或者违反本法第一百三十五条的规定对客户的收益或者赔偿客户的损失作出承诺，责令改正，给予警告，没收违法所得，并处以违法所得一倍以上十倍以下的罚款；没有违法所得或者违法所得不足五十万元的，处以五十万元以上五百万元以下的罚款；情节严重的，并处撤销相关业务许可。对直接负责的主管人员和其他直接责任人员给予警告，并处以二十万元以上二百万元以下的罚款。"

[④] 《证券法》第 134 条第 2 款规定："证券公司不得允许他人以证券公司的名义直接参与证券的集中交易。"第 209 条第 2 款规定："证券公司违反本法第一百三十四条第二款的规定，允许他人以证券公司的名义直接参与证券的集中交易的，责令改正，可以并处五十万元以下的罚款。"

[⑤] 《证券法》第 135 条规定："证券公司不得对客户证券买卖的收益或者赔偿证券买卖的损失作出承诺。"

[⑥] 《证券法》第 136 条第 2 款规定："证券公司的从业人员不得私下接受客户委托买卖证券。"

期货投资咨询服务；（2）举办有关证券、期货投资咨询的讲座、报告会、分析会等；（3）在报刊上发表证券、期货投资咨询的文章、评论、报告，以及通过电台、电视台等公众传播媒体提供证券、期货投资咨询服务；（4）通过电话、传真、电脑网络等电信设备系统，提供证券、期货投资咨询服务；（5）中国证监会认定的其他形式。①

（三）与证券交易、证券投资活动有关的财务顾问业务

与证券交易、证券投资活动有关的财务顾问业务是指为并购重组、关联交易等提供专业服务的活动。《上市公司收购管理办法》（2022年修订）第9条第1款、第2款规定："收购人进行上市公司的收购，应当聘请符合《证券法》规定的专业机构担任财务顾问。收购人未按照本办法规定聘请财务顾问的，不得收购上市公司。财务顾问应当勤勉尽责，遵守行业规范和职业道德，保持独立性，保证其所制作、出具文件的真实性、准确性和完整性。"同时，在第七章中对财务顾问制度作出了明确细致的规定，不但明确了收购人聘请的财务顾问应当履行的职责②，而且详细规定了财务顾问出具的财务顾问报告中应当进行说明和分析，并逐项发表明确意见的具体事项。

（四）证券承销与保荐业务

证券承销与保荐业务是证券公司最为核心的业务，除了证券公司外，任何单位和个人不得从事证券承销与保荐业务。相关的内容已经在本书第二章证券发行中进行了详细说明。

（五）融资融券业务

融资融券业务，也被称为"场内配资""证券信用交易"或"保证金交

---

① 《证券、期货投资咨询管理暂行办法》第2条。
② 《上市公司收购管理办法》（2022年修订）第65条规定："收购人聘请的财务顾问应当履行以下职责：（一）对收购人的相关情况进行尽职调查；（二）应收购人的要求向收购人提供专业化服务，全面评估被收购公司的财务和经营状况，帮助收购人分析收购所涉及的法律、财务、经营风险，就收购方案所涉及的收购价格、收购方式、支付安排等事项提出对策建议，并指导收购人按照规定的内容与格式制作公告文件；（三）对收购人进行证券市场规范化运作的辅导，使收购人的董事、监事和高级管理人员熟悉有关法律、行政法规和中国证监会的规定，充分了解其应当承担的义务和责任，督促其依法履行报告、公告和其他法定义务；（四）对收购人是否符合本办法的规定及公告文件内容的真实性、准确性、完整性进行充分核查和验证，对收购事项客观、公正地发表专业意见；（五）与收购人签订协议，在收购完成后12个月内，持续督导收购人遵守法律、行政法规、中国证监会的规定、证券交易所规则、上市公司章程，依法行使股东权利，切实履行承诺或者相关约定。"

易",是指向客户出借资金供其买入证券（融资交易）或者出借证券供其卖出（融券交易），并收取担保物的经营活动。① 证券公司开展融资融券业务（"两融业务"），必须经中国证监会批准。未经批准，任何证券公司不得向客户融资、融券，也不得为客户与客户、客户与他人之间的融资融券活动提供任何便利和服务。证券融资融券业务是《证券法》新增列入证券公司的业务范围。《证券法》第120条第5款规定："证券公司从事证券融资融券业务，应当采取措施，严格防范和控制风险，不得违反规定向客户出借资金或者证券。"证券公司违法开展融资融券业务的法律责任规定在《证券法》第202条第2款中，具体处罚措施为："没收违法所得，并处以融资融券等值以下的罚款；情节严重的，禁止其在一定期限内从事证券融资融券业务。对直接负责的主管人员和其他直接责任人员给予警告，并处以二十万元以上二百万元以下的罚款。"

（六）证券做市交易业务

证券做市交易业务是指有一定声誉和实力的证券公司作为特许交易商，不断向公众投资者发出某些特定证券的买卖价格，并在该价位上接受公众投资者的买卖要求，以其自有资金和证券与投资者进行的证券交易。② 在做市交易方式下，买卖双方不需要等待交易对手出现，由做市商出面承担交易对手达成交易，投资者之间不能成交。证券做市交易业务是《证券法》新增列入证券公司的业务范围。证券做市交易业务有助于为市场提供即时流动性，对冲大额买卖盘的压力，抑制过度投机，维护证券市场价格的稳定。对于从事做市交易业务的证券公司而言，不仅要取得相应的证券业务许可，而且其单项注册资本最低限额为一亿元人民币。此外，证券公司必须要将证券做市业务与其他业务类型分开办理，不得混合操作。

（七）证券自营业务

证券自营业务是证券公司以自有资金，以自己的名义从事证券买卖，独立承担风险并获取利润的证券经营业务。按照场所的不同，证券公司的自营业务可以分为证券交易所内的场内自营和证券交易所之外的场外自营。《证券法》第129条规定："证券公司的自营业务必须以自己的名义进行，不得假借

---

① 《证券公司融资融券业务管理办法》第2条。
② 王建文：《证券法研究》，中国人民大学出版社2021年版，第423页。

他人名义或者以个人名义进行。证券公司的自营业务必须使用自有资金和依法筹集的资金。证券公司不得将其自营账户借给他人使用。"对于违反上述规定从事证券自营业务的,《证券法》第 207 条规定责令改正,给予警告,没收违法所得,并处以违法所得一倍以上十倍以下的罚款;没有违法所得或者违法所得不足五十万元的,处以五十万元以上五百万元以下的罚款;情节严重的,并处撤销相关业务许可或者责令关闭。对直接负责的主管人员和其他直接责任人员给予警告,并处以二十万元以上二百万元以下的罚款。

(八) 其他证券业务

随着金融创新的不断推进,新的证券业务将不断涌现,证券公司的业务范围必须进行开放式的规定。证券法规定的证券公司的其他业务也必须经过中国证监会批准才能展开。如证券资产管理业务就是在传统业务基础上发展起来的证券公司的新型业务,其具体指的是金融机构接受投资者委托,对受托的投资者财产进行投资和管理的金融服务。证券资产管理业务不再作为需要按照《证券法》取得牌照的业务之一,而是规定证券公司经营证券资产管理业务的,应当符合《证券投资基金法》等法律、行政法规的规定。

三、证券公司的监管规则

(一) 风险控制规则

证券法对证券公司的风险控制建立了一系列的防范措施,[1] 具体包括国务院证券监督管理机构对证券公司的净资本和其他风险控制指标进行明确的规定[2],限制证券公司提供融资担保[3],国家设立证券投资者保护基金[4],证券公司从每年的业务收入中提取交易风险准备金[5],证券公司建立健全内部控制

---

[1] 何海峰著:《证券法通识》,中国法制出版社 2022 年版,第 344—356 页。
[2] 《证券法》第 123 条第 1 款规定:"国务院证券监督管理机构应当对证券公司净资本和其他风险控制指标作出规定。"
[3] 《证券法》第 123 条第 2 款规定:"证券公司除依照规定为其客户提供融资融券外,不得为其股东或者股东的关联人提供融资或者担保。"
[4] 《证券法》第 126 条规定:"国家设立证券投资者保护基金。证券投资者保护基金由证券公司缴纳的资金及其他依法筹集的资金组成,其规模以及筹集、管理和使用的具体办法由国务院规定。"
[5] 《证券法》第 127 条规定:"证券公司从每年的业务收入中提取交易风险准备金,用于弥补证券经营的损失,其提取的具体比例由国务院证券监督管理机构会同国务院财政部门规定。"

制度并不得将其各项业务混合操作①，国务院证券监督管理机构对证券公司进行审计评估②，证券公司风险分级③，针对不同风险等级进行相应的风险处置④等。

(二) 信息查询与保存规则

客户的开户、委托交易、交易记录及内部管理、业务经营相关的各项资料是反映证券交易活动、证券公司运行状况的重要资料和证据，通过这些资料可以全面了解证券交易的有关情况及证券公司的管理业务情况。《证券法》第 137 条规定："证券公司应当建立客户信息查询制度，确保客户能够查询其账户信息、委托记录、交易记录以及其他与接受服务或者购买产品有关的重要信息。证券公司应当妥善保存客户开户资料、委托记录、交易记录和与内部管理、业务经营有关的各项信息，任何人不得隐匿、伪造、篡改或者毁损。上述信息的保存期限不得少于二十年。"如果没有按照规定保存相关文件和资料的，根据《证券法》第 214 条的规定，应"责令改正，给予警告，并处以十万元以上一百万元以下的罚款；泄露、隐匿、伪造、篡改或者毁损有关文件和资料的，给予警告，并处以二十万元以上二百万元以下的罚款；情节严重的，处以五十万元以上五百万元以下的罚款，并处暂停、撤销相关业务许可或者禁止从事相关业务。对直接负责的主管人员和其他直接责任人员给予警告，并处以十万元以上一百万元以下的罚款"。

---

① 《证券法》第 128 条规定："证券公司应当建立健全内部控制制度，采取有效隔离措施，防范公司与客户之间、不同客户之间的利益冲突。证券公司必须将其证券经纪业务、证券承销业务、证券自营业务、证券做市业务和证券资产管理业务分开办理，不得混合操作。"第 206 条规定："证券公司违反本法第一百二十八条的规定，未采取有效隔离措施防范利益冲突，或者未分开办理相关业务、混合操作的，责令改正，给予警告，没收违法所得，并处以违法所得一倍以上十倍以下的罚款；没有违法所得或者违法所得不足五十万元的，处以五十万元以上五百万元以下的罚款；情节严重的，并处撤销相关业务许可。对直接负责的主管人员和其他直接责任人员给予警告，并处以二十万元以上二百万元以下的罚款。"

② 《证券法》第 139 条规定："国务院证券监督管理机构认为有必要时，可以委托会计师事务所、资产评估机构对证券公司的财务状况、内部控制状况、资产价值进行审计或者评估。具体办法由国务院证券监督管理机构会同有关主管部门制定。"

③ 证券公司的风险可分为一般风险和重大风险。《证券法》第 140 条第 1 款明确了证券公司的治理结构、合规管理、风险控制指标不符合规定的一般风险。《证券法》第 143 条规定的是严重损害投资者利益的重大风险。

④ 对于一般风险而言，《证券法》第 140 条、第 142 条规定了相应的风险处置措施。对于重大风险而言，《证券法》第 143 条、第 144 条规定了可以对出现重大风险的证券公司采取的措施。

(三) 信息的报告与提供规则

业务、财务等经营管理信息和资料是反映证券公司的业务状况、财务状况、经营状况及客户资产状况的信息和资料,证券管理机构通过这些信息和资料可以了解证券公司真实的经营管理情况。《证券法》第138条规定:"证券公司应当按照规定向国务院证券监督管理机构报送业务、财务等经营管理信息和资料。国务院证券监督管理机构有权要求证券公司及其主要股东、实际控制人在指定的期限内提供有关信息、资料。证券公司及其主要股东、实际控制人向国务院证券监督管理机构报送或者提供的信息、资料,必须真实、准确、完整。"证券公司及其主要股东、实际控制人违反上述规定的,根据《证券法》第211条的规定,"未报送、提供信息和资料,或者报送、提供的信息和资料有虚假记载、误导性陈述或者重大遗漏的,责令改正,给予警告,并处以一百万元以下的罚款;情节严重的,并处撤销相关业务许可。对直接负责的主管人员和其他直接责任人员,给予警告,并处以五十万元以下的罚款"。

(四) 对虚假出资、抽逃出资股东的监管规则

虚假出资、抽逃出资违背了公司资本确定原则与资本维持原则。证券公司的股东如果存在虚假出资或抽逃出资行为的,应当首先按照《公司法》的规定承担相应的法律责任,① 再按照《证券法》的规定承担责任。《证券法》第141条规定:"证券公司的股东有虚假出资、抽逃出资行为的,国务院证券监督管理机构应当责令其限期改正,并可责令其转让所持证券公司的股权。在前款规定的股东按照要求改正违法行为、转让所持证券公司的股权前,国务院证券监督管理机构可以限制其股东权利。"

(五) 客户财产独立规则

证券公司的客户财产是由第三方存管,禁止任何单位或个人以任何形式

---

① 《公司法》第199条规定了虚假出资的法律责任,具体内容为:"公司的发起人、股东虚假出资,未交付或者未按期交付作为出资的货币或者非货币财产的,由公司登记机关责令改正,处以虚假出资金额百分之五以上百分之十五以下的罚款。"《公司法》第200条规定了抽逃出资的法律责任,具体内容为:"公司的发起人、股东在公司成立后,抽逃其出资的,由公司登记机关责令改正,处以所抽逃出资金额百分之五以上百分之十五以下的罚款。"

挪用。《证券法》第131条规定："证券公司客户的交易结算资金应当存放在商业银行，以每个客户的名义单独立户管理。证券公司不得将客户的交易结算资金和证券归入其自有财产。禁止任何单位或者个人以任何形式挪用客户的交易结算资金和证券。证券公司破产或者清算时，客户的交易结算资金和证券不属于其破产财产或者清算财产。非因客户本身的债务或者法律规定的其他情形，不得查封、冻结、扣划或者强制执行客户的交易结算资金和证券。"如果将客户的资金和证券归入自有财产，或者挪用客户的资金和证券的，按照《证券法》第208条的规定，应当"责令改正，给予警告，没收违法所得，并处以违法所得一倍以上十倍以下的罚款；没有违法所得或者违法所得不足一百万元的，处以一百万元以上一千万元以下的罚款；情节严重的，并处撤销相关业务许可或者责令关闭。对直接负责的主管人员和其他直接责任人员给予警告，并处以五十万元以上五百万元以下的罚款"。

第四节 证券登记结算机构

本节思维导图

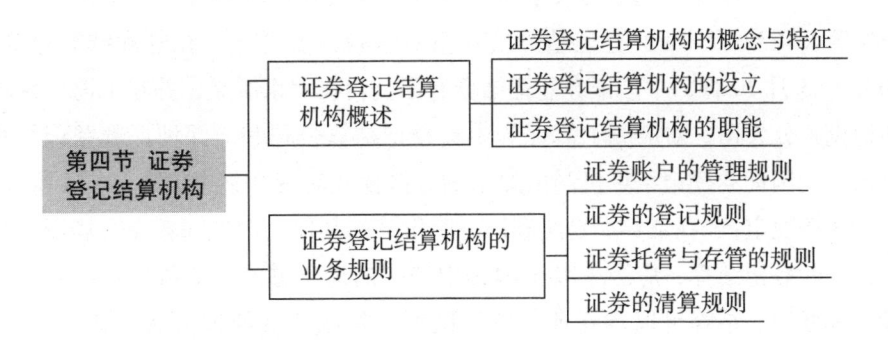

```
第四节 证券    ┬─ 证券登记结算  ┬─ 证券登记结算机构的概念与特征
登记结算机构  │  机构概述      ├─ 证券登记结算机构的设立
              │                └─ 证券登记结算机构的职能
              │
              └─ 证券登记结算  ┬─ 证券账户的管理规则
                 机构的业务规则 ├─ 证券的登记规则
                               ├─ 证券托管与存管的规则
                               └─ 证券的清算规则
```

一、证券登记结算机构概述

（一）证券登记结算机构的概念与特征

证券登记结算机构是为证券交易提供结算服务的中介机构，其本身并不参加交易，只收取一定金额的服务费。根据《证券法》第145条的规定，证券登记结算机构为证券交易提供集中登记、存管与结算服务，不以营利为目的，依法登记的法人。在我国，设立证券登记结算机构必须经国务院证券监督管理机构批准。我国的证券登记结算机构具有以下几个特征：

1. 证券登记结算机构是非营利的特别法人

我国证券登记结算机构是中国证券登记结算有限责任公司（简称中国结算），该公司是由上海、深圳证券交易所共同出资设立的，为证券交易提供集中登记、存管与结算服务，不以营利为目的，中国证监会是其主管部门。中国结算拥有独立的民事权利能力和行为能力，拥有独立财产并独立承担责任，其设立和解散需要经过国务院证券监督管理部门批准，擅自设立证券登记结算机构要承担法律责任。①

2. 证券登记结算机构为专业服务机构

证券登记结算机构在证券交易中发挥交易服务功能，具体是为证券交易提供集中登记、存管和结算服务，辅助证券交易能够安全、高效进行，降低证券市场的风险，促进证券市场的效率。

(二) 证券登记结算机构的设立

1. 证券登记结算机构的设立模式

2001 年以前，上海证券交易所和深圳证券交易所分别设立了上海证券登记结算公司和深圳证券登记结算公司负责各自证券登记、托管和结算业务。2001 年 3 月 30 日，中国证券登记结算有限公司在北京成立，并在上海、深圳两地设置分公司，对应原上海证券中央登记结算公司和原深圳证券登记结算公司。我国证券登记结算机制由原来的分散模式转变为集中模式。《证券法》第 148 条规定："在证券交易所和国务院批准的其他全国性证券交易场所交易的证券的登记结算，应当采取全国集中统一的运营方式。前款规定以外的证券，其登记、结算可以委托证券登记结算机构或者其他依法从事证券登记、结算业务的机构办理。"在法律层面确认了"证券登记结算采取全国集中统一的运营方式"。

---

① 《证券法》第 212 条规定："违反本法第一百四十五条的规定，擅自设立证券登记结算机构的，由国务院证券监督管理机构予以取缔，没收违法所得，并处以违法所得一倍以上十倍以下的罚款；没有违法所得或者违法所得不足五十万元的，处以五十万元以上五百万元以下的罚款。对直接负责的主管人员和其他直接责任人员给予警告，并处以二十万元以上二百万元以下的罚款。"

2. 证券登记结算机构的设立条件

设立证券登记结算机构必须经国务院证券监督管理机构批准。① 未经过批准，擅自设立证券登记结算机构的，由国务院证券监督管理机构予以取缔，没收违法所得，并处以违法所得一倍以上十倍以下的罚款；没有违法所得或者违法所得不足五十万元的，处以五十万元以上五百万元以下的罚款。对直接负责的主管人员和其他直接责任人员给予警告，并处以二十万元以上二百万元以下的罚款。②

证券登记结算机构的设立要有必要的资金条件、场所及设备条件及人员条件。《证券法》第146条规定："设立证券登记结算机构，应当具备下列条件：（一）自有资金不少于人民币二亿元；（二）具有证券登记、存管和结算服务所必须的场所和设施；（三）国务院证券监督管理机构规定的其他条件。证券登记结算机构的名称中应当标明证券登记结算字样。"

（三）证券登记结算机构的职能

《证券法》第147条规定："证券登记结算机构履行下列职能：（一）证券账户、结算账户的设立；（二）证券的存管和过户；（三）证券持有人名册登记；（四）证券交易的清算和交收；（五）受发行人的委托派发证券权益；（六）办理与上述业务有关的查询、信息服务；（七）国务院证券监督管理机构批准的其他业务。"在证券登记结算机构的上述第1到4项职能中，主要围绕登记、存管和结算这三项核心职能列举的，其余的职能都是这些核心职能的延伸。

登记，是由证券登记结算机构根据证券发行人委托，通过设立和维护证券持有人名册，进行股权、债券登记，以确定证券持有人。存管，是指证券登记结算机构接受证券公司委托，集中保管证券公司的自有证券及其客户的证券，并提供相关权益维护服务的行为。存管业务具体包括通过簿记系统维护证券公司交存的客户证券和自有证券的余额、提供查询和代收红利等，记录证券公司和客户的托管关系的产生、变更和终止等情况。结算，是指证券交易的清算和交收，具体分为证券结算和资金结算。清算是按照确定的规则计算资金和证券的应收应付数额，不发生证券和资金权利的实际转移。交收是根据确定的清算结果，通过转移证券和资金履行相关债权债务的行为，完

---

① 《证券法》第145条第2款。
② 《证券法》第212条。

成证券和资金的实际交付的过程。

证券登记结算机构应当具有必备的服务设备和完善的数据安全保护措施，建立完善的业务、财务和安全防范等管理制度，建立完善的风险管理系统，以保证业务的正常进行。

二、证券登记结算机构的业务规则

证券登记结算机构业务规则，是指证券登记结算机构的证券账户管理、证券登记、证券托管与存管、证券结算、结算参与人管理、自律管理等与证券登记结算业务有关的业务规则。[1]《证券法》第149条规定："证券登记结算机构应当依法制定章程和业务规则，并经国务院证券监督管理机构批准。证券登记结算业务参与人应当遵守证券登记结算机构制定的业务规则。"

（一）证券账户的管理规则

投资者委托证券公司进行证券交易，应当通过证券公司申请在证券登记结算机构开立证券账户。证券登记结算机构应当按照规定为投资者开立证券账户。投资者申请开立账户，应当持有证明中华人民共和国公民、法人、合伙企业身份的合法证件。国家另有规定的除外。[2] 证券登记结算机构应当向证券发行人提供证券持有人名册及有关资料。证券登记结算机构应当根据证券登记结算的结果，确认证券持有人持有证券的事实，提供证券持有人登记资料。证券登记结算机构应当保证证券持有人名册和登记过户记录真实、准确、完整，不得隐匿、伪造、篡改或者毁损。[3] 证券登记结算机构应当妥善保存登记、存管和结算的原始凭证及有关文件和资料。其保存期限不得少于20年。[4] 未按照规定保存有关文件和资料的，责令改正，给予警告，并处以10万元以上100万元以下的罚款；泄露、隐匿、伪造、篡改或者毁损有关文件和资料的，给予警告，并处以20万元以上200万元以下的罚款；情节严重的，处以50万元以上500万元以下的罚款，并处暂停、撤销相关业务许可或者禁止从事相关业务。对直接负责的主管人员和其他直接责任人员给予警告，并处以

---

[1] 《证券登记结算管理办法》（2022年修订）第11条第2款。
[2] 《证券法》第157条。
[3] 《证券法》第151条。
[4] 《证券法》第153条。

10万元以上100万元以下的罚款。①

证券登记结算机构应当根据业务规则，对开户代理机构开立证券账户的活动进行监管。开户代理机构违反业务规则的，证券登记结算机构可以根据业务规则暂停、取消其开户代理资格，并提请中国证监会按照相关规定采取暂停或撤销其相关证券业务许可；对直接负责的主管人员和其他直接责任人员，单处或并处警告、罚款等处罚措施。② 投资者在证券账户开立和使用过程中存在违规行为的，证券登记结算机构应当依法对违规证券账户采取限制使用、注销等处置措施。③

（二）证券的登记规则

《证券法》第151条规定："证券登记结算机构应当向证券发行人提供证券持有人名册及有关资料。证券登记结算机构应当根据证券登记结算的结果，确认证券持有人持有证券的事实，提供证券持有人登记资料。证券登记结算机构应当保证证券持有人名册和登记过户记录真实、准确、完整，不得隐匿、伪造、篡改或者毁损。"

《证券登记结算管理办法》（2022年修订）第四章对证券的登记进行了详细的规定，主要规定了证券登记的基本要求，证券持有人名册的初始登记和变更登记，以及终止登记服务等内容。根据其规定，上市或挂牌证券的发行人应当委托证券登记结算机构办理其所发行证券的登记业务。证券登记结算机构应当与委托其办理证券登记业务的证券发行人签订证券登记及服务协议，明确双方的权利义务，根据证券账户的记录，确认证券持有人持有证券的事实，办理证券持有人名册的登记。证券在证券交易场所交易的，证券登记结算机构应当根据证券交易的交收结果办理证券持有人名册的变更登记。证券终止上市或终止挂牌且不再由证券登记结算机构登记的，证券发行人或者其清算组等应当按照证券登记结算机构的规定办理退出登记手续。证券登记结算机构应当将持有人名册移出证券登记簿系统并依法向其交付证券持有人名册及其他登记资料。

---

① 《证券法》第214条。
② 《证券登记结算管理办法》（2022年修订）第24条。
③ 《证券登记结算管理办法》（2022年修订）第26条。

(三) 证券托管与存管的规则

《证券法》第 150 条规定:"在证券交易所或者国务院批准的其他全国性证券交易场所交易的证券,应当全部存管在证券登记结算机构。证券登记结算机构不得挪用客户的证券。"《证券登记结算管理办法》(2022 年修订)第五章对证券的托管和存管进行了详细的规定,主要包括了集中存管、证券的托管与管存、禁止挪用客户证券、转托管等内容。根据其规定,投资者应当委托证券公司托管其持有的证券,证券公司应当将其自有证券和所托管的客户证券交由证券登记结算机构存管,但法律、行政法规和中国证监会另有规定的除外。投资者买卖证券,应当与证券公司签订证券交易、托管与结算协议。客户要求证券公司将其持有证券转由其他证券公司托管的,相关证券公司应当依据证券交易场所及证券登记结算机构有关业务规则予以办理,不得拒绝,但有关法律、行政法规和中国证监会另有规定的除外。证券登记结算机构应当采取有效措施,保证其存管的证券的安全,禁止挪用、盗卖。证券的质押、锁定、冻结或扣划,由托管证券的证券公司和证券登记结算机构按照证券登记结算机构的相关规定办理。

(四) 证券的清算规则

《证券法》第 158 条规定:"证券登记结算机构作为中央对手方提供证券结算服务的,是结算参与人共同的清算交收对手,进行净额结算,为证券交易提供集中履约保障。证券登记结算机构为证券交易提供净额结算服务时,应当要求结算参与人按照货银对付的原则,足额交付证券和资金,并提供交收担保。在交收完成之前,任何人不得动用用于交收的证券、资金和担保物。结算参与人未按时履行交收义务的,证券登记结算机构有权按照业务规则处理前款所述财产。"《证券法》第 159 条规定:"证券登记结算机构按照业务规则收取的各类结算资金和证券,必须存放于专门的清算交收账户,只能按业务规则用于已成交的证券交易的清算交收,不得被强制执行。"

《证券登记结算管理办法》(2022 年修订)第六章对证券和资金的清算交收进行了详细的规定,包括证券和资金清算交收的基本要求、分级结算原则、结算参与人、证券交收账户和资金交收账户的开设、多边净额结算与银货对付原则。主要内容有证券公司、商业银行等参与证券和资金的集中清算交收,应当向证券登记结算机构申请取得结算参与人资格,与证券登记结算机构签订结算协议，明确双方的权利义务。证券和资金结算实行分级结算原则。证券登记结算机构负责办理证券登记结算机构与结算参与人之间的集中清算交收；结算参与人负责办理结算参与人与客户之间的清算交收。证券登记结算机构应当设立证券集中交收账户和资金集中交收账户，用以办理与结算参与人的证券和资金的集中清算交收。

此外，《证券法》还规定了证券账户规则[①]、妥善保存文件资料规则[②]及执行豁免规则[③]的业务规则。

第五节 证券服务机构

本节思维导图

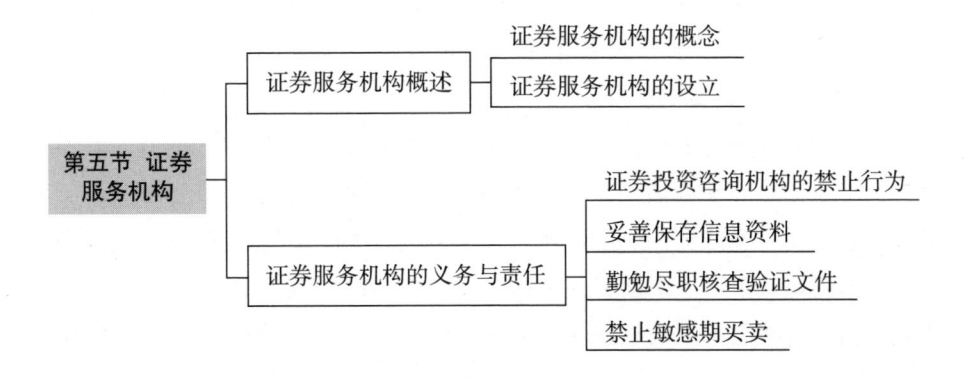

```
第五节 证券服务机构
├── 证券服务机构概述
│   ├── 证券服务机构的概念
│   └── 证券服务机构的设立
└── 证券服务机构的义务与责任
    ├── 证券投资咨询机构的禁止行为
    ├── 妥善保存信息资料
    ├── 勤勉尽职核查验证文件
    └── 禁止敏感期买卖
```

[①] 《证券法》第157条规定："投资者委托证券公司进行证券交易，应当通过证券公司申请在证券登记结算机构开立证券账户。证券登记结算机构应当按照规定为投资者开立证券账户。投资者申请开立账户，应当持有证明中华人民共和国公民、法人、合伙企业身份的合法证件。国家另有规定的除外。"

[②] 《证券法》第153条规定："证券登记结算机构应当妥善保存登记、存管和结算的原始凭证及有关文件和资料。其保存期限不得少于二十年。"

[③] 《证券法》第159条规定："证券登记结算机构按照业务规则收取的各类结算资金和证券，必须存放于专门的清算交收账户，只能按业务规则用于已成交的证券交易的清算交收，不得被强制执行。"

一、证券服务机构概述

（一）证券服务机构的概念

根据《证券法》的规定，证券服务机构主要包括会计师事务所、律师事务所以及从事证券投资咨询、资产评估、资信评级、财务顾问、信息技术系统服务的机构。

证券投资咨询机构，也称证券投资顾问机构，是依法成立的，为证券投资人或客户提供证券投资分析、预测或建议，以营利为目的的经济组织。证券资信评估机构，也称为证券信用评级机构，是依法设立的对证券品种和证券机构进行评价，从而确定证券投资价值的以营利为目的的经济组织。所谓资信，就是企业还本付息的能力。根据中国证监会发布的名录，截至2022年3月31日，中国证监会备案名单中从事证券服务业务的资产评估机构共计245家。

会计师事务所是依法设立并承办注册会计师业务的机构，主要为证券发行、上市及交易等证券活动制作、出具审计报告及其他鉴证报告等文件，其对投资公众负有忠诚责任。会计师在证券市场中的作用是审计发行人的财会报表并出具审计报告。根据中国证监会发布的名录，截至2022年3月31日，中国证监会备案名单中从事证券服务业务的会计师事务所共计90家。律师事务所是注册律师执行业务的工作机构，主要提供法律咨询、审查修改制作相关文件、出具法律意见书等服务。根据中国证监会发布的名录，截至2022年6月30日，中国证监会备案的从事证券法律业务的律师事务所共计684家。

证券服务机构在证券发行市场上，能够为投资者提供准确的投资信息，帮助投资者作出证券的投资决策；在证券交易市场中，能够协助上市公司及时而准确地披露经营、财务和资产状况，为政府的监督管理提供依据，从而使得投资者的权益得到切实维护。[①]

（二）证券服务机构的设立

从事证券投资咨询服务业务，应当经国务院证券监督管理机构核准；未

---

① 商法学编写组：《商法学》，高等教育出版社2019年版，第264—266页。

经核准,不得为证券的交易及相关活动提供服务。从事其他证券服务业务,应当报国务院证券监督管理机构和国务院有关主管部门备案。[1] 证券服务机构违反上述规定,擅自从事证券服务业务的,要承担相应的行政责任。

二、证券服务机构的义务与责任

对证券服务机构的总体要求是勤勉尽责、恪尽职守,具体的要求则由证券监督管理部门、行业主管部门或行业协会制定的相关业务规则作出规定。

(一) 证券投资咨询机构的禁止行为

证券投资咨询机构及其从业人员从事证券服务业务不得代理委托人从事证券投资;不得与委托人约定分享证券投资收益或者分担证券投资损失;不得买卖本证券投资咨询机构提供服务的证券;不得从事法律、行政法规禁止的其他行为。如有上述行为,给投资者造成损失的,除了应当依法承担赔偿责任[2]外,还要承担相应的行政责任[3]。

(二) 妥善保存信息资料

证券服务机构应当妥善保存客户委托文件、核查和验证资料、工作底稿以及与质量控制、内部管理、业务经营有关的信息和资料,任何人不得泄露、隐匿、伪造、篡改或者毁损。上述信息和资料的保存期限不得少于十年,自业务委托结束之日起算。[4] 证券服务机构如果未按规定保存有关文件和资料的

---

[1] 《证券法》第160条第2款。

[2] 《证券法》第161条第2款。

[3] 《证券法》第213条第1款、第2款规定:"证券投资咨询机构违反本法第一百六十条第二款的规定擅自从事证券服务业务,或者从事证券服务业务有本法第一百六十一条规定行为的,责令改正,没收违法所得,并处以违法所得一倍以上十倍以下的罚款;没有违法所得或者违法所得不足五十万元的,处以五十万元以上五百万元以下的罚款。对直接负责的主管人员和其他直接责任人员,给予警告,并处以二十万元以上二百万元以下的罚款。会计师事务所、律师事务所以及从事资产评估、资信评级、财务顾问、信息技术系统服务的机构违反本法第一百六十条第二款的规定,从事证券服务业务未报备案的,责令改正,可以处二十万元以下的罚款。"

[4] 《证券法》第162条。

要承担相应的行政责任。①

(三) 勤勉尽职核查验证文件

会计师事务所、律师事务所以及从事证券投资咨询、资产评估、资信评级、财务顾问、信息技术系统服务的证券服务机构，应当勤勉尽责、恪尽职守，按照相关业务规则为证券的交易及相关活动提供服务。②

证券服务机构为证券的发行、上市、交易等证券业务活动制作、出具审计报告及其他鉴证报告、资产评估报告、财务顾问报告、资信评级报告或者法律意见书等文件，应当勤勉尽责，对所依据的文件资料内容的真实性、准确性、完整性进行核查和验证。其制作、出具的文件有虚假记载、误导性陈述或者重大遗漏，给他人造成损失的，应当与委托人承担连带赔偿责任，但是能够证明自己没有过错的除外。③ 证券服务机构未勤勉尽责，所制作、出具的文件有虚假记载、误导性陈述或者重大遗漏的，要承担相应的行政责任。④ 此外，证券服务机构还可能面临提供虚假证明文件罪和出具证明文件重大失实罪的刑事责任。⑤

(四) 禁止敏感期买卖

为证券发行出具审计报告或者法律意见书等文件的证券服务机构和人员，

---

① 《证券法》第214条规定："发行人、证券登记结算机构、证券公司、证券服务机构未按照规定保存有关文件和资料的，责令改正，给予警告，并处以十万元以上一百万元以下的罚款；泄露、隐匿、伪造、篡改或者毁损有关文件和资料的，给予警告，并处以二十万元以上二百万元以下的罚款；情节严重的，处以五十万元以上五百万元以下的罚款，并处暂停、撤销相关业务许可或者禁止从事相关业务。对直接负责的主管人员和其他直接责任人员给予警告，并处以十万元以上一百万元以下的罚款。"
② 《证券法》第160条第1款。
③ 《证券法》第163条。
④ 《证券法》第213条第3款。
⑤ 《刑法》第229条规定："承担资产评估、验资、验证、会计、审计、法律服务、保荐、安全评价、环境影响评价、环境监测等职责的中介组织的人员故意提供虚假证明文件，情节严重的，处五年以下有期徒刑或者拘役，并处罚金；有下列情形之一的，处五年以上十年以下有期徒刑，并处罚金：(一) 提供与证券发行相关的虚假的资产评估、会计、审计、法律服务、保荐等证明文件，情节特别严重的；(二) 提供与重大资产交易相关的虚假的资产评估、会计、审计等证明文件，情节特别严重的；(三) 在涉及公共安全的重大工程、项目中提供虚假的安全评价、环境影响评价等证明文件，致使公共财产、国家和人民利益遭受特别重大损失的。有前款行为，同时索取他人财物或者非法收受他人财物构成犯罪的，依照处罚较重的规定定罪处罚。第一款规定的人员，严重不负责任，出具的证明文件有重大失实，造成严重后果的，处三年以下有期徒刑或者拘役，并处或者单处罚金。"

在该证券承销期内和期满后 6 个月内，不得买卖该证券。除前款规定外，为发行人及其控股股东、实际控制人，或者收购人、重大资产交易方出具审计报告或者法律意见书等文件的证券服务机构和人员，自接受委托之日起至上述文件公开后 5 日内，不得买卖该证券。实际开展上述有关工作之日早于接受委托之日的，自实际开展上述有关工作之日起至上述文件公开后 5 日内，不得买卖该证券。[①]

证券服务机构及其从业人员，违反《证券法》第 42 条的规定买卖证券的，责令依法处理非法持有的证券，没收违法所得，并处以买卖证券等值以下的罚款。[②]

第六节　证券业协会

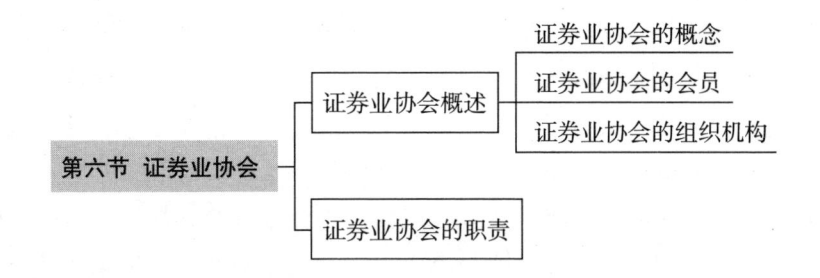

本节思维导图

```
                        ┌── 证券业协会的概念
           ┌─ 证券业协会概述 ─┼── 证券业协会的会员
第六节 证券业协会 ┤           └── 证券业协会的组织机构
           └─ 证券业协会的职责
```

一、证券业协会概述

（一）证券业协会的概念

证券业协会是依据我国《证券法》和《社会团体登记管理条例》的相关规定设立的对证券业进行自我管理、自我约束的具有法人资格的社会团体组织，接受业务主管单位（中国证监会）和社团登记管理机关（中华人民共和国民政部）的业务指导和监督管理。

[①]《证券法》第 42 条。
[②]《证券法》第 188 条。

根据其定义，我们得出证券业协会有以下特点：证券业协会是自律性组织；证券业协会是社会团体法人；证券业协会必须有会员，其中证券公司必须是参加的会员，其他会员自主决定是否加入。

中国证券业协会成立于 1991 年 8 月 28 日，总部设在北京。协会的宗旨是：在国家对证券市场实行集中统一监督管理的前提下，进行证券业自律管理；发挥政府与证券行业间的桥梁和纽带作用；为会员服务，维护会员的合法权益；维护证券业的正当竞争秩序，促进证券市场的公开、公平、公正，推动证券市场的健康稳定发展。① 30 年来，协会切实履行"自律、服务、传导"三大职能，在推进行业自律管理、反映行业意见建议、改善行业发展环境等方面发挥了行业自律组织的作用。

（二）证券业协会的会员

协会根据需要对会员进行分类管理，协会会员包括法定会员、普通会员和特别会员。经证监会批准设立的证券公司应当在设立后加入协会，成为法定会员。证券业协会的会员主要是证券公司。依法从事证券市场相关业务的证券投资咨询机构、证券资信评级机构、证券公司私募投资基金子公司、证券公司另类投资子公司等机构申请加入协会，成为普通会员。此外，证券交易场所、金融期货交易所、证券登记结算机构、证券投资者保护基金公司、融资融券转融通机构，各省、自治区、直辖市、计划单列市的证券业自律组织，依法设立的区域性股权市场运营机构，协会认可的其他机构，可以申请加入协会成为普通会员。截至 2021 年 6 月，协会共有会员 474 家，其中，法定会员 139 家，普通会员 255 家，特别会员 80 家；共有观察员 350 家。②

（三）证券业协会的组织机构

中国证券业协会最高权力机构是由全体会员组成的会员大会。会员大会至少每四年召开一次，理事会认为有必要或由三分之一以上会员联名提议时，可召开临时会员大会。理事会为其执行机构，在会员大会闭会期间领导协会开展日常工作，对会员大会负责。理事会由会员理事和非会员理事组成。会员理事由会员单位推荐，经会员大会选举产生。非会员理事由证监会委派。非会员理事不超过理事总数五分之一。理事任期四年，可连选连任。协会设

---

① 中国证券业协会章程（2021 年 7 月 20 日民政部核准生效）。
② 中国证券业协会网：https：//www.sac.net.cn/ljxh/xhjj/，最后访问日期：2022 年 7 月 27 日。

常务理事会，由理事会选举产生。常务理事数量不超过理事会成员数量的三分之一。协会设监事会，由全体会员监事组成。监事会是协会工作的监督机构。协会设会长一名，专职副会长和兼职副会长若干名。会长、专职副会长由证监会提名，兼职副会长从会员理事中遴选，由理事会选举产生。中国证券业协会实行会长负责制。协会根据工作需要，可设立专业委员会。

二、证券业协会的职责

《证券法》第166条规定了证券业协会的职责有：（1）教育和组织会员及其从业人员遵守证券法律、行政法规，组织开展证券行业诚信建设，督促证券行业履行社会责任；（2）依法维护会员的合法权益，向证券监督管理机构反映会员的建议和要求；（3）督促会员开展投资者教育和保护活动，维护投资者合法权益；（4）制定和实施证券行业自律规则，监督、检查会员及其从业人员行为，对违反法律、行政法规、自律规则或者协会章程的，按照规定给予纪律处分或者实施其他自律管理措施；（5）制定证券行业业务规范，组织从业人员的业务培训；（6）组织会员就证券行业的发展、运作及有关内容进行研究，收集整理、发布证券相关信息，提供会员服务，组织行业交流，引导行业创新发展；（7）对会员之间、会员与客户之间发生的证券业务纠纷进行调解；（8）证券业协会章程规定的其他职责。

自律监管是我国证券市场监管中不可或缺的组成部分，除了证券交易所、证券业协会这两个证券自律监管机构外，上市公司协会也是为维护会员的合法权益而结成的全国性自律组织。上市公司协会于2012年2月15日成立于北京，是依据《证券法》和《社会团体登记管理条例》等相关规定成立的，由上市公司及相关机构等，以资本市场统一规范为纽带，维护会员合法权益而结成的全国性自律组织，是非营利性的社会团体法人。[①] 上市公司协会具有非营利性、自律性、自治性、共益性及民主性的特征，[②] 其业务主管部门是中国证监会。经中国证监会批准公开发行股票并在证券交易所上市的公司，为上市公司协会普通会员。依法在境内公开发行股票的非上市公众公司、境内企业境外发行证券和上市的，可以加入上市公司协会，成为普通会员。[③]

[①] 《中国上市公司协会章程》第2条。
[②] 李东方：《证券法》，北京大学出版社2020年版，第209—213页。
[③] 《中国上市公司协会会员管理办法》第6条。

第七节　拓展学习

一、思考

本章内容涉及《证券法》第七章"证券交易场所"、第八章"证券公司"、第九章"证券登记结算机构"、第十章"证券服务机构"、第十一章"证券业协会",即第96—167条。主要介绍了各证券市场主体的概况、组织机构及职责。结合光大证券"乌龙指"案,请思考:证券公司的风险管理及内部控制对于证券市场的重要性。

二、参考法律法规

序号	法规名称	发文号	发文单位
1	证券交易所管理办法(2021年修订)	中国证券监督管理委员会令第192号	中国证券监督管理委员会
2	证券公司监督管理条例(2014年修订)	中华人民共和国国务院令第653号	中华人民共和国国务院
3	证券登记结算管理办法(2022年修订)	中国证券监督管理委员会令第197号	中国证券监督管理委员会
4	证券投资者保护基金管理办法(2016年修订)	中国证券监督管理委员会令第124号	中国证券监督管理委员会、财政部、中国人民银行
5	证券市场资信评级业务管理办法(2021年修订)	中国证券监督管理委员会令第181号	中国证券监督管理委员会

三、本章阅读文献

（一）推荐阅读文章

证券中介机构法律责任配置[①]

内容摘要：随着我国股票发行体制改革的深入，我国引入了美国学者提出的"看门人"理论，并以此作为不断加重中介机构责任的理论依据，试图通过严厉的法律责任促进资本市场中介机构"看门"职能的实现。但责任轻重亦有限度，如果责任过重，有违"过责相当"原则，将不利于资本市场生态平衡。中介机构法律责任的配置，应考虑分配正义、激励相容、商业逻辑和国家竞争等诸多因素，以实现各方利益均衡。"看门人"理论与制度存在根本缺陷，应以"追首恶"理论与制度取而代之，以合理分配风险，科学配置法律责任，强化"追首恶"与精准打击；在区分故意与过失的基础上，限缩连带责任之适用；在区分公开发行市场责任与公开交易市场责任的基础上，分别设置不同的责任限额，以促进资本市场健康、理性、协调发展。

关键词：市场"看门人"；"追首恶"；独立专家顾问；连带责任

（二）推荐延伸阅读文章

新《证券法》下内幕交易认定的理念转换与制度重构
——以光大证券"乌龙指"案为对象的分析[②]

内容摘要：新《证券法》对于禁止内幕交易制度的修改，本质上仍属于以技术完善为主导，难以根除其内在结构性缺陷，依然无法有效破解光大证券"乌龙指"案这样的实践难题。根本解决之道应是转换立法理念，以维护市场诚信作为规制进路，并据此进行制度重构。任何人不当使用任何对证券市场价格有重大影响的未公开信息，均应受到禁止，而不论行为人的身份特征以及信息来源乃至是否实际发生交易结果。可能产生的规制过度风险可通过增加法定除

[①] 邢会强：《证券中介机构法律责任配置》，载《中国社会科学》2022年第5期。
[②] 曹理：《新〈证券法〉下内幕交易认定的理念转换与制度重构——以光大证券"乌龙指"案为对象的分析》，载《西南民族大学学报》（人文社会科学版）2022年第1期。

外情形的方式予以消除。

关键词：新《证券法》；内幕交易；市场诚信；"乌龙指"案

四、光大"乌龙指"案

中国证监会市场禁入决定书（徐浩明、杨赤忠、沈诗光、杨剑波）[①]
杨剑波与中国证券监督管理委员会行政诉讼案[②]

【基本案情】

2013年8月16日11时5分，光大证券在进行ETF申赎套利交易时，因程序错误，其所使用的策略交易系统以234亿元的巨量资金申购180ETF成份股，实际成交72.7亿元。同日不晚于11时40分，光大证券时任法定代表人、总裁徐浩明召集时任助理总裁杨赤忠、时任计划财务部总经理兼办公室主任沈诗光和时任策略投资部总经理杨剑波开会，达成通过做空股指期货、卖出ETF对冲风险的意见，并让杨剑波负责实施。当日13时开市后，光大证券即通过卖空股指期货、卖出ETF对冲风险，至14时22分，卖出股指期货空头合约IF1309、IF1312共计6240张，合约价值43.8亿元；卖出180ETF共计2.63亿份，价值1.35亿元，卖出50ETF共计6.89亿份，价值12.8亿元。当日14时22分，光大证券发布公告，称其"策略投资部门自营业务在使用其独立的套利系统时出现问题，公司正在进行相关核查和处置工作。公司其他经营活动保持正常"。

2013年8月18日，中国证监会向光大证券作出调查通知书，告知光大证券因其涉嫌违反证券期货法律法规相关规定，决定对光大证券立案调查。次日，中国证监会向杨剑波作出调查通知书，告知因工作需要，决定向其调查取证。中国证监会向徐浩明、杨赤忠、沈诗光亦作出了调查通知书。同年8月30日，中国证监会向光大证券、徐浩明、杨赤忠、沈诗光及杨剑波作出行政处罚及市场禁入事先告知书，告知光大证券涉嫌内幕交易一案已调查完毕，中国证监会拟对光大证券作出行政处罚，并对徐浩明、杨赤忠、沈诗光及杨剑波作出行政处罚及市场禁入，同时告知了中国证监会认定的事实、理由和

[①] 中国证监会市场禁入决定书〔2013〕20号。
[②] （2015）高行终字第943号。

相应依据，以及光大证券、徐浩明、杨赤忠、沈诗光及杨剑波所享有的相关权利。同年9月1日、9月3日，杨剑波及光大证券分别在行政处罚及市场禁入事先告知书回执上签字，均表示需要陈述和申辩，但不要求举行听证会，后光大证券、徐浩明、杨赤忠、沈诗光及杨剑波针对中国证监会拟作出的行政处罚决定向中国证监会提出了陈述申辩意见。2013年11月1日，中国证监会作出被诉处罚决定。杨剑波因不服中国证监会作出的市场禁入决定，于2014年2月8日向本院提起行政诉讼。

【审判结果】

一审法院经审理认定原告的相关诉讼理由均不能成立，故对其要求撤销被诉禁入决定中针对自己的部分的诉讼请求，本院不予支持。依照最高人民法院《关于执行〈中华人民共和国行政诉讼法〉若干问题的解释》第56条第4项之规定，判决驳回原告杨剑波的诉讼请求。二审法院认为一审法院判决驳回杨剑波的诉讼请求并无不当，杨剑波的上诉主张缺乏事实和法律依据。据此，依据《中华人民共和国行政诉讼法》第89条第1款第1项的规定，判决驳回上诉，维持一审判决。

【案件意义】

光大证券"乌龙指"案是一起因交易软件缺陷引发的极端个别事件，是我国资本市场上首次发生的新型案件。虽然《证券法》和《期货交易管理条例》列举的内幕信息主要是与发行人自身相关的信息或与政策相关的信息，但同时规定证监会有权就具体信息是否属于内幕信息进行认定。内幕信息有两个基本特征，包括信息重大和未公开性。中国证监会〔2013〕59号《行政处罚决定书》和〔2013〕20号《市场禁入决定书》，其主要内容就是认定光大"乌龙指"事件为内幕交易，同时对责任人作出罚款及市场禁入的处罚决定。此后，杨剑波因不服中国证监会的市场禁入决定向法院提起行政诉讼。从法律适用的技术层面以及证券期货市场运行规律的角度考量，证监会对光大事件的处理结果无论是在法律规则的准确把握还是市场逻辑的理性坚守方面都值得商榷。本次光大事件的处罚可能会留下一些遗憾，但是，这也许就是一个市场走向成熟的代价。① 杨剑波诉证监会一案虽然败诉，但却给我们提出了需要深思的问题：由谁来对监管者行使监管之责以及加强券商的内部风险控制对于证券市场的重要性。

---

① 陈洁、曾洋：《对"8·16光大事件"内幕交易定性之质疑》，载《法学评论》2014年第1期。

第八章

证券监管

第八章

参考文献

本章思维导图

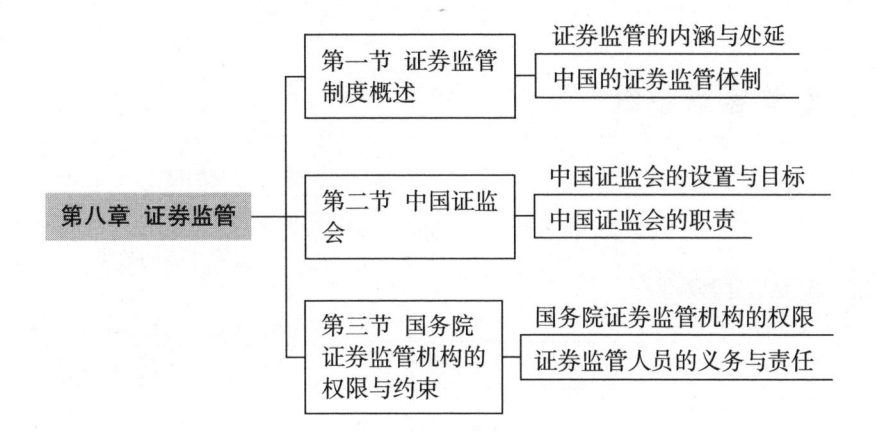

```
第八章 证券监管
├── 第一节 证券监管制度概述
│   ├── 证券监管的内涵与外延
│   └── 中国的证券监管体制
├── 第二节 中国证监会
│   ├── 中国证监会的设置与目标
│   └── 中国证监会的职责
└── 第三节 国务院证券监管机构的权限与约束
    ├── 国务院证券监管机构的权限
    └── 证券监管人员的义务与责任
```

本章涉及法条

《证券法》第十二章"证券监督管理机构"第168—179条

第一节　证券监管制度概述

本节思维导图

```
                              ┌─ 证券监管的内涵与外延 ─┬─ 证券监管的概念
                              │                         ├─ 证券监管的特征
第一节 证券监管制度概述 ──────┤                         └─ 证券监管体制的分类
                              │
                              └─ 中国的证券监管体制 ────┬─ 中国证券监督管理机构发展概况
                                                        └─ 中国证券监管体制的特点
```

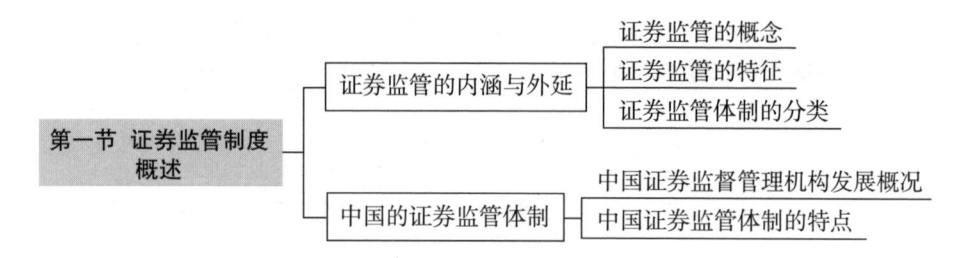

我国的金融监管体系经历了四次重大的变革。20世纪50年代初，中国人民银行起到统一监管作用；20世纪90年代初，"一行三会"（中国人民银行、银监会、保监会、证监会）的分业监管模式逐步形成；2018年，银监会与保监会合并形成"一行两会"（中国人民银行、银保监会、证监会）格局；2023年，金融监管总局设立，银保监会退场，形成"一行一局一会"（中国人民银行、金融监管总局、证监会）的新金融监管格局。"一行一局一会"格局的确立，使得各金融监管机构职责进一步明确，金融监管总局统一负责除证券业之外的金融业监管，中国人民银行负责对金融控股公司等金融集团的日常监管职责，有关金融消费者保护职责划入金融监管总局，中国证监会的投资者保护职责也划入金融监管总局。在金融监管总局组建的同时，中国证监会由国务院直属事业单位调整为国务院直属机构，成为拥有独立监督管理权限的行政部门，专管资本市场。金融机构监管之间更加科学合理的分工意味着我国金融监管体制进一步向着监管职责更集中、规则更加统一的方向发展。接下来，我们详细了解一下证券监管制度。

一、证券监管的内涵与外延

（一）证券监管的概念

证券监管（Secutities Regulation）是证券监管机构运用法律的、经济的以及必要的行政手段，对证券的发行、上市、交易、登记、存管、结算等行为以及各证券市场主体进行监督与管理。① 证券监管的意义在于保障广大投资者合法权益，维护证券市场良好秩序，证券监管是发展和完善证券市场体系的需要，准确和全面的信息是证券市场参与者进行发行和交易决策的重要依据。

（二）证券监管的特征

根据证券监管的概念，可以看出证券监管具有以下特征：

1. 证券监管范围具有广泛性

证券监管的范围具有广泛性，包括各证券市场主体以及各证券主体的证券业务活动。证券市场主体包括证券投资者、证券投资者保护机构、证券发行人、上市公司、证券交易场所、证券公司、证券登记结算机构、证券服务机构、证券业协会、证券监督管理机构。各类证券业务活动包括证券发行、上市、交易、承销、保荐、登记、存管、结算活动等。

2. 证券监管具备合法性

证券监管机构法定，中国证监会是我国证券监管的法定机构。证券监管是中国证监会依据法律、法规、规章以及法定的程序进行的。

3. 监管目标具有确定性

证券监管的目标是维护证券市场公开、公平、公正，② 防范系统性风险，③ 维护投资者合法权益，④ 促进证券市场健康发展。⑤

（三）证券监管体制的分类

证券监管体制是一国范围内以证券法为基础而构成的证券监督管理体系、

---

① 王建文著：《证券法研究》，中国人民大学出版社2021年版，第485页。
② "公开、公平、公正"是证券市场健康发展的基石，是维护证券市场正常秩序、促进证券市场持续健康发展的必然要求，因此，国务院证券监督管理机构的首要任务就是维护证券市场公开、公平、公正。
③ 证券市场是高风险的市场，有些风险一旦处理不当，就会"牵一发而动全身"，在金融体系内产生连锁反应，还可能对实体经济产生重大影响，甚至引发系统性风险，危及国家经济安全和社会稳定。
④ 国务院证券监督管理机构应当把维护投资者合法权益作为重点任务之一。一方面，对于侵害投资者合法权益的证券违法违规行为，要坚决依法处罚；另一方面，在日常工作中，要建立维护投资者合法权益的长效机制，切实维护投资者合法权益。
⑤ 证券市场是市场经济发展的一个重要组成部分。健康的证券市场有利于促进我国社会主义市场经济持续繁荣发展。国务院证券监督管理机构应当依法监管，保障证券发行、证券交易活动依法进行，进一步规范市场参与者的行为，从而促进我国证券市场健康有序地发展。

层次结构、功能模式以及运行机制的统一体。① 通常可以按照政府监管与证券市场自律的关系，将证券监管体制分为政府集中管理型监管模式、自律管理型监管模式以及综合型监管模式。

政府集中管理型监管模式，是指政府设立专门的证券监管机构对全国证券市场进行集中统一管制，这种管制注重证券法律体系的建立，基本上是依据各种全国性或地方性法令来贯彻实施的，而证券交易所和证券商协会等自律组织及其规章，保留了较少的自治权，在对证券市场的管制中并不占重要地位。这种模式的代表国家有中国、美国、日本、加拿大。

自律管理型监管模式下，政府对证券市场的干预较小，通常国家没有统一的证券立法，也不设立统一的证券监管机构，政府对证券业较少进行干预，基本上由证券交易所及证券交易商协会等自律组织进行证券监管，主要发挥自律组织的作用。其典型代表除了我国香港特别行政区外，还有英国、新加坡、马来西亚。

综合型监管模式是在政府监管和市场自律机制中寻求适当的平衡点以实现有效监管与适度监管的平衡，其监管主体不是专门唯一的，而是由政府有关部门以及多个自律组织共同管理证券市场。综合型监管模式既强调立法管理，又注重自律管理。其代表国家有德国、法国、意大利及泰国等。

上述三种模式各有优劣，国际证券监管制度已经呈现出三种监管模式相互融合、界限逐渐模糊的趋势。我国也日益注重证券交易所和证券业协会的自律管理，进行政府监管与市场自律有效结合的尝试。

二、中国的证券监管体制

（一）中国证券监督管理机构发展概况

证券监管机构是指依法对证券发行、交易及相关活动履行监管职责的主体。② 证券监督管理机构具有专业性、行政性和执法性三方面的特性，具体是指证券监督管理机构为专门针对证券市场设置的专业性很强的监督管理机构，其所从事的证券监督管理行为是代表国家所进行的行政干预行为，其职权是

---

① 商法学编写组：《商法学》，高等教育出版社2019年版，第289页。
② 周友苏主编：《证券法新论》，法律出版社2020年版，第540页。

法律赋予的，同时享有行政机关的执法权。①

我国的证券监管体制经历了从多头监管到统一监管、从分散监管到集中监管的过程，大致可以分为三个阶段。第一个阶段是 1992 年以前，在计划经济体制下，我国证券市场处在多头管理和分散管理的状态。证券市场被作为金融市场的组成部分，主要由中国人民银行管理。第二个阶段是 1992 年到 1998 年上半年间，我国的证券监管由分散向集中过渡。1992 年 7 月，国务院建立证券管理办公会议制度。1992 年 10 月，国务院决定成立国务院证券委员会和中国证监会。国务院证券委员会对全国证券市场进行统一的宏观管理，主要是一个协调机构，而中国证监会作为证券的监督执行机构而存在，由这两个机构对证券市场进行主要管理。第三个阶段是 1998 年以后，中国证监会统一行使证券监管职能。1998 年 4 月，国务院证券委员会和中国证监会合并，形成了现在的中国证监会，为国务院直属正部级事业单位，从而正式确立了我国集中统一的证券监管体制。

（二）中国证券监管体制的特点

我国证券监管体制最突出的特点是政府监管起主导地位。《证券法》第 7 条规定："国务院证券监督管理机构依法对全国证券市场实行集中统一监督管理。国务院证券监督管理机构根据需要可以设立派出机构，按照授权履行监督管理职责。"由此明确了我国进行政府监管的机构是国务院证券监督管理机构。

《证券法》确立了国务院证券监管机构在证券监管中处于主导的地位，同时自律监管的作用也逐渐凸显，证券交易所和证券业协会的自律职能不断得到加强。目前世界各国（地区）均在立足本土特点的基础上吸收其他监管模式，从而使得证券监管模式出现了相互融合的趋势。② 上海证券交易所、深圳证券交易所、上海期货交易所、郑州商品交易所、大连商品交易所、中国金融期货交易所、中国证券登记结算有限责任公司、中国证券投资者保护基金有限责任公司、中国证券金融股份有限公司、中国期货市场监控中心有限责任公司、中证数据有限责任公司、全国中小企业股份转让系统有限责任公司、中国证券业协会、中国期货业协会、中国上市公司协会、中国证券投资基金

---

① 商法学编写组：《商法学》，高等教育出版社 2019 年版，第 289 页。
② 王建文著：《证券法研究》，中国人民大学出版社 2021 年版，第 490 页。

业协会等机构，对其会员或参与人、上市公司、挂牌公司及证券期货交易活动进行一线监管和自律监管。这些一线监管和自律监管构成我国证券监管体制的有效补充。①

我国证券市场经过 30 年的发展，逐步形成了集国务院证券监督管理机构及其派出机构、证券交易所、行业协会和证券投资者保护基金公司为一体的监管体系和自律管理体系，政府监管与自律监管各取所长，更好地促进证券市场的健康发展。

第二节　中国证监会

本节思维导图

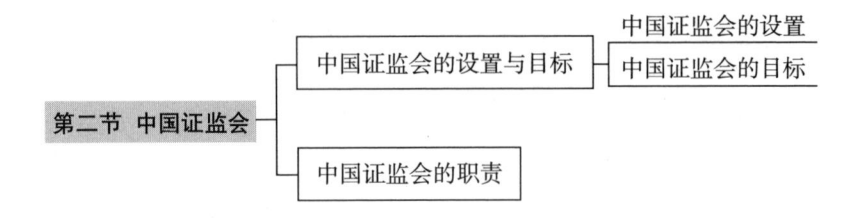

第二节 中国证监会
- 中国证监会的设置与目标
  - 中国证监会的设置
  - 中国证监会的目标
- 中国证监会的职责

一、中国证监会的设置与目标

（一）中国证监会的设置

中国证监会成立于 1992 年，是国务院直属事业单位，依照有关法律法规和国务院授权，对全国证券市场实行集中统一监督管理。中国证监会依照法律赋予的权力范围，履行法律规定的监督管理职责，对证券发行、交易的各个环节进行监督和管理。

为了切实有效地对全国证券市场进行监督管理，中国证监会现设主席 1 名，副主席 4 名，驻证监会纪检监察组组长 1 名，机关内设 20 个职能部门，

---

① 中国证券监督管理委员会：《中国证券监督管理委员会年报 2020》，第 7 页，http：//www.csrc.gov.cn/csrc/c100024/c1492179/1492179/files/7bc8658d6c8a444a98d4e10655b136b9.pdf，最后访问日期：2022 年 7 月 31 日。

直属事业单位包括1个稽查总队和研究中心、信息中心、行政中心3个中心。同时，根据《证券法》第7条第2款的规定，中国证监会根据需要可以设立派出机构，派出机构应当按照授权履行监督管理职责。目前，中国证监会在各省、自治区、直辖市和计划单列市设立了36个证券监管局以及上海、深圳证券监管专员办事处。中国证监会的机构设置体现了其主要的监管职能，具体包括证券发行监管、金融机构监管、部门规章制定以及查处违法行为的行政执法。[1]（如图8.1所示）

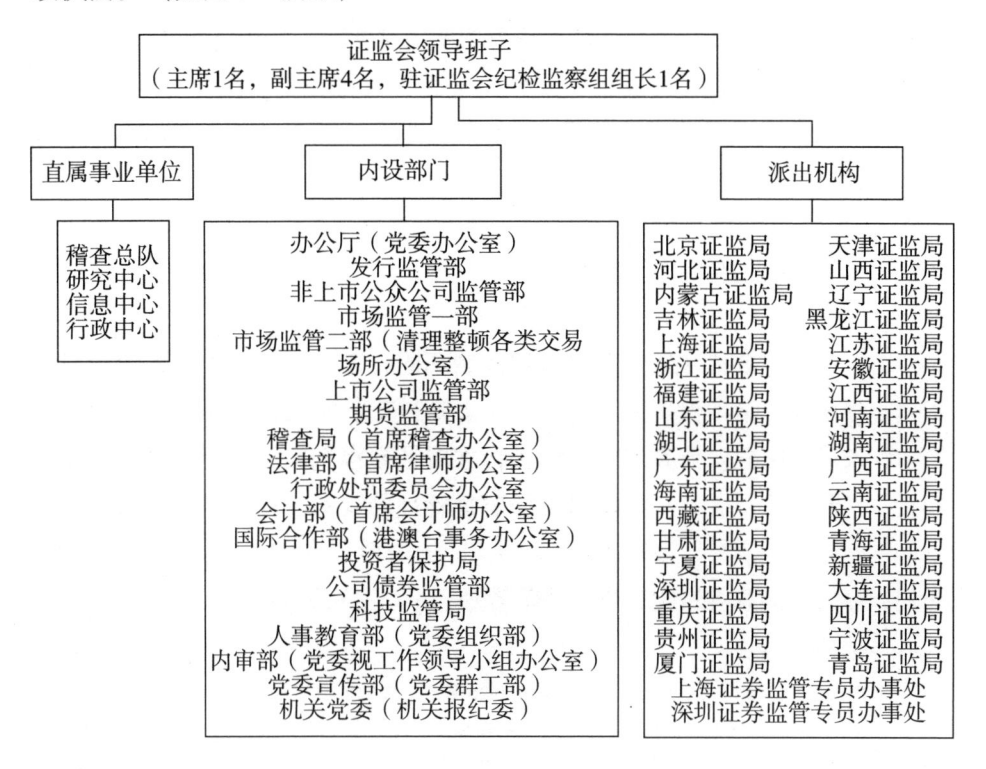

图8.1 中国证监会的组织结构[2]

（二）中国证监会的目标

《证券法》第168条确立了国务院证券监管机构的四项目标，具体包括对证券市场实行监督管理，维护证券市场公开、公平、公正的义务，防范系统

---

[1] 朱伟一著：《证券法》，中国政法大学出版社2018年版，第497页。
[2] 中国证券监督管理委员会：《中国证券监督管理委员会年报2020》，第9页，http://www.csrc.gov.cn/csrc/c100024/c1492179/1492179/files/7bc8658d6c8a444a98d4e10655b136b9.pdf，最后访问日期：2022年7月31日。

性风险①，保护投资者合法权益以及促进证券公司健康发展。

维护证券市场公开包括公开证券市场信息，公开证券监管、执法活动及相关政策。维护证券市场公平，是指维护市场参与者的平等地位和机会。维护证券市场的公正主要包括证券市场监管者的行为要适当，依法履职。系统性风险，是指国家因多种外部或内部的不利因素经过长时间积累没有被发现或重视，在某段时间共振导致无法控制使得金融系统的参与者恐慌性出逃，从而对整个证券市场形成巨大风险。国务院证券监管机构的一项重要目标就是防范系统性风险的发生，保证证券市场的正常秩序。保护投资者合法权益，提振投资者的信心，是证券市场存在和发展的基础条件。因此，国务院证券监管机构具有维护投资者合法利益的目标。促进证券市场的健康发展是国务院证券监管机构不懈努力的目标。

二、中国证监会的职责

由于各国、各地区证券监督管理体制不同，证券监督管理机构的职权范围也不尽相同。为了保证国家有健全的法律制度来规范证券市场，《证券法》第169条规定国务院证券监督管理机构在对证券市场实施监督管理中的职责包括：（1）依法制定有关证券市场监督管理的规章、规则，并依法进行审批②、核准③、注册④，办理备案⑤；（2）依法对证券的发行、上市、交易、登记、存管、结算等行为，进行监督管理；（3）依法对证券发行人、证券公

---

① 李东方著：《证券法》，北京大学出版社2020年版，第219页。

② 中国证监会依法进行审批的事项包括：证券交易所章程的制定和修改，证券在证券交易所上市交易采用公开的集中交易方式以外的其他方式，设立证券公司、以证券公司名义开展证券业务活动，设立证券登记结算机构，证券登记结算机构履行其他业务，证券登记结算机构依法制定章程和业务规则，证券登记结算机构申请解散。

③ 中国证监会依法进行核准的事项包括：证券公司经营业务核准，证券公司变更证券业务范围，变更主要股东或者公司的实际控制人，合并、分立、停业、解散、破产，应当经核准，从事证券投资咨询服务业务，应当经核准。

④ 中国证监会依法进行注册的事项主要是证券公开发行注册。依据《证券法》第9条的规定，公开发行证券，应当符合法律、行政法规规定的条件，并依法报经国务院证券监督管理机构或者国务院授权的部门注册。

⑤ 应当向中国证监会备案的事项包括：公开发行股票，代销、包销期限届满，发行人应当在规定的期限内将股票发行情况报国务院证券监督管理机构备案；证券交易所决定终止证券上市交易的，应当及时公告，并报国务院证券监督管理机构备案；证券公司任免董事、监事、高级管理人员，应当报国务院证券监督管理机构备案；从事证券投资咨询服务以外的其他证券服务业务，应当报国务院证券监督管理机构和国务院有关主管部门备案；证券业协会章程应当报国务院证券监督管理机构备案。

司、证券服务机构、证券交易场所、证券登记结算机构的证券业务活动,进行监督管理;(4)依法制定从事证券业务人员的行为准则,并监督实施;(5)依法监督检查证券发行、上市、交易的信息披露;(6)依法对证券业协会的自律管理活动进行指导和监督;(7)依法监测并防范、处置证券市场风险;(8)依法开展投资者教育;(9)依法对证券违法行为进行查处;(10)法律、行政法规规定的其他职责。

根据证券法的规定,证券监督管理机构的职能主要包括:规章制度的制定权、行政许可权、监督检察权、行政强制措施实施权、行政处罚权等。[①]《证券法》第169条授权中国证监会依照法律及行政法规的规定,制定有关证券市场监督管理的规章、规则。同时,授权中国证监会依照法律及行政法规的规定进行审批、核准、注册,办理备案。中国证监会还通过法定程序,依法对证券的发行、上市、交易、登记、存管、结算等行为以及对各证券市场主体所进行的证券业务活动,进行监督管理。各市场主体的业务人员不仅需要具备从事相关业务活动所需的专业知识和技能,而且应当遵守一定的行为准则,中国证监会的职责之一就是依法制定从事证券业务人员的行为准则,并监督实施,以使证券市场能够高效有序地运行。为保证证券发行、上市和交易的信息披露做到真实、准确、完整,中国证监会负有依法监督检查证券发行、上市和交易的信息披露的职责。除了中国证监会的监管,证券市场的健康发展也离不开证券业协会的行业自律管理。此外,防范、化解证券市场风险是我国证券监管的长期任务,不仅要建立一套科学的风险监测体系,而且要积极采取措施防范风险的发生或处置证券市场风险。中国证监会还应当依法开展投资者教育,持续提高投资者特别是中小投资者的专业知识水平和风险防范意识,引导投资者正确认识资本市场,坚持理性投资,为证券市场的长期稳定健康发展奠定基础。中国证监会对证券市场中违反有关法律、行政法规的行为应当依照法定的权限和程序,及时进行调查,在查明事实真相的基础上,及时依法作出处理,以维护证券交易的正常秩序。为了保障证券市场的正常运行,除上述职责以外,根据《证券法》第169条的兜底性规定,中国证监会还应当履行法律、行政法规规定的其他职责。

我国金融业虽然实行分业经营、分业管理,但证券监管机构与其他金融监管

---

① 郭峰等著:《中华人民共和国证券法制度精义与条文评注》,中国法制出版社2020年版,第837页。转引自:全国人大证券法修改起草工作小组:《中华人民共和国证券法释义》,中国金融出版社2006年版,第182页。

机构之间应当互相协作、信息共享。故，国务院证券监督管理机构在履行上述职责的过程中，应当与国务院其他金融监督管理机构建立监督管理信息共享机制。[1]此外，全球证券市场无国界，跨境证券监管合作亦是必不可少。[2]

第三节　国务院证券监管机构的权限与约束

本节思维导图

第三节 国务院证券监管机构的权限与约束
- 国务院证券监管机构的权限
  - 现场检查权
  - 调查取证权
  - 询问权
  - 查阅、复制权
  - 封存、扣押文件资料权
  - 冻结、查封账户权
  - 依法限制证券买卖权
  - 限制相关人员出境权
  - 责令改正、监管谈话、出具警示函权
  - 调查中止或终止权
  - 跨境合作监管权
  - 举报奖励
  - 纳入证券市场诚信档案
  - 证券市场禁入
- 证券监管人员的义务与责任
  - 内幕交易和利用未公开信息交易的法律责任
  - 虚假陈述的法律责任
  - 不依法履行职责的法律责任
  - 渎职的法律责任
  - 证券监管工作人员明示身份义务

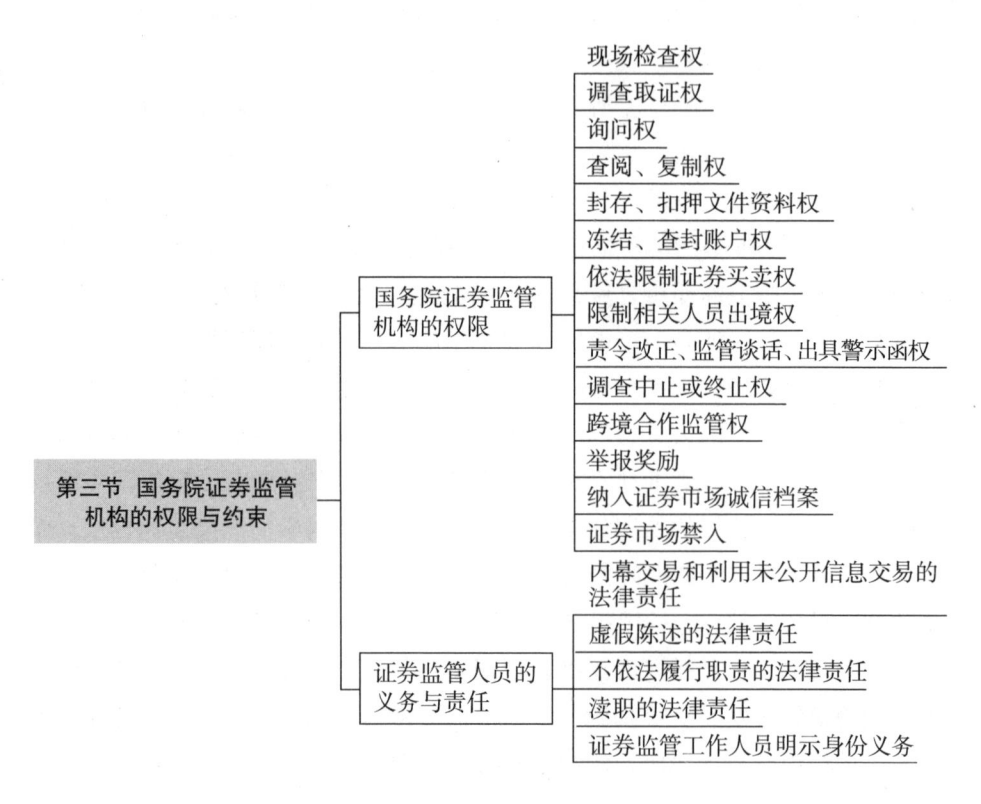

[1] 《证券法》第175条规定："国务院证券监督管理机构应当与国务院其他金融监督管理机构建立监督管信息共享机制。国务院证券监督管理机构依法履行职责，进行监督检查或者调查时，有关部门应当予以配合。"

[2] 《证券法》第177条规定："国务院证券监督管理机构可以和其他国家或者地区的证券监督管理机构建立监督管理合作机制，实施跨境监督管理。境外证券监督管理机构不得在中华人民共和国境内直接进行调查取证等活动。未经国务院证券监督管理机构和国务院有关主管部门同意，任何单位和个人不得擅自向境外提供与证券业务活动有关的文件和资料。"

一、国务院证券监管机构的权限

为了保证中国证监会依法履行上述职责，《证券法》还授权其可以采取一系列证券监管执法行为。《证券法》第170条规定了中国证监会可以采取的执法行为包括现场检查权，调查取证权，询问权，查阅、复制权，封存、扣押文件资料权，冻结、查封账户权，依法限制证券买卖权，限制相关人员出境权以及责令改正、监管谈话、出具警示函的证券执法措施。[①] 其中，冻结、查封账户权属于证券监管执法中的证券行政执法，是一种行政强制措施，其他的均属于证券监管措施。[②] 此外，《证券法》还规定了调查中止或终止权，跨境合作监管权，举报奖励措施，纳入证券市场诚信档案及证券市场禁入，形成了内容丰富的惩戒体系。对于拒绝、阻碍证券监督管理机构及其工作人员依法行使监督检查、调查职权的行为应当承担法律责任。[③] 这里要强调的是，无论是否采取了暴力、威胁方法，只要违法人员拒绝、阻碍证券监管执法，就可以进行证券监管机构与公安机关的双重行政处罚。

---

① 《证券法》第170条规定："国务院证券监督管理机构依法履行职责，有权采取下列措施：（一）对证券发行人、证券公司、证券服务机构、证券交易场所、证券登记结算机构进行现场检查；（二）进入涉嫌违法行为发生场所调查取证；（三）询问当事人和与被调查事件有关的单位和个人，要求其对与被调查事件有关的事项作出说明；或者要求其按照指定的方式报送与被调查事件有关的文件和资料；（四）查阅、复制与被调查事件有关的财产权登记、通讯记录等文件和资料；（五）查阅、复制当事人和与被调查事件有关的单位和个人的证券交易记录、登记过户记录、财务会计资料及其他相关文件和资料；对可能被转移、隐匿或者毁损的文件和资料，可以予以封存、扣押；（六）查询当事人和与被调查事件有关的单位和个人的资金账户、证券账户、银行账户以及其他具有支付、托管、结算等功能的账户信息，可以对有关文件和资料进行复制；对有证据证明已经或者可能转移或者隐匿违法资金、证券等涉案财产或者隐匿、伪造、毁损重要证据的，经国务院证券监督管理机构主要负责人或者其授权的其他负责人批准，可以冻结或者查封，期限为六个月；因特殊原因需要延长的，每次延长期限不得超过三个月，冻结、查封期限最长不得超过二年；（七）在调查操纵证券市场、内幕交易等重大证券违法行为时，经国务院证券监督管理机构主要负责人或者其授权的其他负责人批准，可以限制被调查的当事人的证券买卖，但限制的期限不得超过三个月；案情复杂的，可以延长三个月；（八）通知出境入境管理机关依法阻止涉嫌违法人员、涉嫌违法单位的主管人员和其他直接责任人员出境。为防范证券市场风险，维护市场秩序，国务院证券监督管理机构可以采取责令改正、监管谈话、出具警示函等措施。"

② 郭锋等著：《中华人民共和国证券法制度精义与条文评注》，中国法制出版社2020年版，第848页。

③ 《证券法》第218条规定："拒绝、阻碍证券监督管理机构及其工作人员依法行使监督检查、调查职权，由证券监督管理机构责令改正，处以十万元以上一百万元以下的罚款，并由公安机关依法给予治安管理处罚。"

(一) 现场检查权

中国证监会有权对证券发行人、证券公司、证券服务机构、证券交易场所、证券登记结算机构进行现场检查。现场检查，是指国务院证券监督管理机构可以派检查人员进入发行人、证券公司、证券服务机构、证券交易场所、证券登记结算机构所在的场地，通过听取汇报、查验有关资料等方式进行实地检查。其监督检查、调查的人员不得少于二人，并应当出示合法证件和监督检查、调查通知书或者其他执法文书，否则，被检查、调查的单位和个人有权拒绝。① 国务院证券监督管理机构依法履行职责，被检查、调查的单位和个人应当配合，如实提供有关文件和资料，不得拒绝、阻碍和隐瞒。② 国务院证券监督管理机构制定的规章、规则和监督管理工作制度应当依法公开，对证券违法行为作出的处罚决定，应当公开。③ 国务院证券监督管理机构应当与国务院其他金融监督管理机构建立监督管理信息共享机制。④

(二) 调查取证权

中国证监会有权进入涉嫌违法行为发生的场所调查取证。这里的调查取证是指进入涉嫌违法行为发生场所调查取证，与违法行为无关的场所不得进入调查。一旦有涉嫌违法的行为发生，中国证监会就需要采取去实地调查取证的措施，在查明事实、了解事实真相的基础上确定该行为是否构成违法行为，如果构成违法，应当依法给予相应的处罚。

(三) 询问权

询问权即中国证监会询问当事人和与被调查事件有关的单位和个人，要求其对与被调查事件有关的事项作出说明；或者要求其按照指定的方式报送与被调查事件有关的文件和资料。⑤ 在证券案件调查中，当事人的陈述是一种重要的证据形式，甚至直接决定案件的定性。

---

① 《证券法》第172条。
② 《证券法》第173条。
③ 《证券法》第174条。
④ 《证券法》第175条。
⑤ 周友苏主编：《证券法新论》，法律出版社2020年版，第553页。

（四）查阅、复制权

证券违法行为具有资金转移快、调查取证难、社会危害性大等特点，赋予中国证监会查阅、复制与被调查事件有关的财产权登记、通讯记录等文件和资料的权利，对于证券违法案件的调查至关重要。要注意的是，查阅、复制的文件和资料只能是与被调查事件有关的财产权登记、通讯记录等文件和资料。

（五）封存、扣押文件资料权

在证券违法案件中，为了查明事实、保存证据，对于有可能被有关单位和个人转移到他处、可能被隐匿起来或者可能被销毁、损坏的相关文件和资料，中国证监会有权将其封存、扣押。

（六）冻结、查封账户权

证券法赋予中国证监会查询并复制当事人和与被调查事件有关的单位和个人的资金账户、证券账户和银行账户以及其他具有支付、托管、结算等功能的账户信息的权力，可以比较容易地了解当事人的证券交易情况，发现违法行为。此外，对有证据证明已经或者可能转移或者隐匿违法资金、证券等涉案财产或者隐匿、伪造、毁损重要证据的，经中国证监会主要负责人或者其授权的其他负责人批准，可以冻结或者查封，期限为6个月；因特殊原因需要延长的，每次延长期限不得超过3个月，冻结、查封期限最长不得超过2年。冻结、查封的程序应当依照行政强制法的有关规定执行。

（七）依法限制证券买卖权

中国证监会在调查操纵证券市场、内幕交易等重大证券违法行为时，经中国证监会主要负责人或者其授权的其他负责人批准，可以依法限制被调查事件当事人的证券买卖。由于限制证券买卖会使得投资者的合法权益受到较大的影响，本条对中国证监会限制被调查事件当事人证券买卖的权力，规定了严格的程序，除了负责人批准外，还规定了限制的期限一般不得超过3个月。如果案情复杂，在3个月内无法查明事实，需要延长限制时间的，可以延长3个月。

（八）限制相关人员出境权

中国证监会有权通知出境入境管理机关依法阻止涉嫌违法人员、涉嫌违法单位的主管人员和其他直接责任人员出境。[①]

（九）责令改正、监管谈话、出具警示函权

为防范证券市场风险，维护市场秩序，中国证监会可以采取责令改正、监管谈话、出具警示函的证券执法措施。责令改正，是指中国证监会可以责令证券违法违规行为人停止和纠正证券违法违规行为，以恢复原状，维持正常的秩序或状态的一种行政监管措施。监管谈话，是指中国证监会可以对证券违规行为人或者涉嫌证券违规的行为人进行谈话规劝或者批评的一种行政监管措施。出具警示函，是指中国证监会对出现证券违法违规事项的单位或者相关人员发出警示函予以警示、要求其进行整改或者停止不当行为的一种行政监管措施。

（十）调查中止或终止权

《证券法》第171条规定了中国证监会行政执法和解制度，是《证券法》最新修订的新增内容，包括了中止调查、终止调查、恢复调查的具体措施。《证券法》第171条规定："国务院证券监督管理机构对涉嫌证券违法的单位或者个人进行调查期间，被调查的当事人书面申请，承诺在国务院证券监督管理机构认可的期限内纠正涉嫌违法行为，赔偿有关投资者损失，消除损害或者不良影响的，国务院证券监督管理机构可以决定中止调查。被调查的当事人履行承诺的，国务院证券监督管理机构可以决定终止调查；被调查的当事人未履行承诺或者有国务院规定的其他情形的，应当恢复调查。具体办法由国务院规定。国务院证券监督管理机构决定中止或者终止调查的，应当按照规定公开相关信息。"

证券行政执法和解制度是政府监管的重要方式之一，具体是指证券行政执法机构在对行政相对人涉嫌违反证券法律、行政法规和相关监管规定行为进行调查执法过程中，根据行政相对人的申请，与其就改正涉嫌违法、违规行为，消除涉嫌违法、违规行为不良后果，缴纳行政和解金补偿投资者损失

[①] 根据《中华人民共和国出境入境管理法》的规定，出境是指由中国内地前往其他国家或者地区，由中国内地前往香港特别行政区、澳门特别行政区，由中国大陆前往台湾地区。

等进行协商而达成执法和解协议,并据此终止调查执法程序的行为。① 行政和解制度使得行政相对人在自愿原则下主动纠正涉嫌违法行为,赔偿有关投资者损失,使得执法机关可以高效便利地达到制裁、教育和遏制证券违法行为的目的。中国证监会不得向行政相对人主动或变相主动提出行政和解建议,或者强制行政相对人进行行政和解。结合《证券法》第93条先行赔付制度②与第94条第1款的投资者保护机构调解制度③,更能使得国务院证券监督管理机构的调查中止具有充分保护投资者的意义。

(十一) 跨境合作监管权

《证券法》第177条规定了中国证监会实施跨境监管的内容。具体表述为:"国务院证券监督管理机构可以和其他国家或者地区的证券监督管理机构建立监督管理合作机制,实施跨境监督管理。境外证券监督管理机构不得在中华人民共和国境内直接进行调查取证等活动。未经国务院证券监督管理机构和国务院有关主管部门同意,任何单位和个人不得擅自向境外提供与证券业务活动有关的文件和资料。"根据本条规定,中国证监会是实施跨境监管合作的权利主体。目前我国内地的证券跨境监管体系主要有以中国证监会为缔约方与境外证券监督管理机构之间签订的条约、谅解备忘录以及司法互助协议。④

(十二) 举报奖励

《证券法》第176条规定了"吹哨人"制度,具体内容为:"对涉嫌证券违法、违规行为,任何单位和个人有权向国务院证券监督管理机构举报。对涉嫌重大违法、违规行为的实名举报线索经查证属实的,国务院证券监督管

---

① 李东方:《论证券行政执法和解制度——兼评中国证监会〈行政和解十点实施办法〉》,载《中国政法大学学报》2015年第3期。

② 《证券法》第93条规定:"发行人因欺诈发行、虚假陈述或者其他重大违法行为给投资者造成损失的,发行人的控股股东、实际控制人、相关的证券公司可以委托投资者保护机构,就赔偿事宜与受到损失的投资者达成协议,予以先行赔付。先行赔付后,可以依法向发行人以及其他连带责任人追偿。"

③ 《证券法》第94条第1款规定:"投资者与发行人、证券公司等发生纠纷的,双方可以向投资者保护机构申请调解。普通投资者与证券公司发生证券业务纠纷,普通投资者提出调解请求的,证券公司不得拒绝。"

④ 郭峰等著:《中华人民共和国证券法制度精义与条文评注》,中国法制出版社2020年版,第867页。

理机构按照规定给予举报人奖励。国务院证券监督管理机构应当对举报人的身份信息保密。"

(十三)纳入证券市场诚信档案

除《证券法》第 170 条规定的监管措施外,中国证监会还依法将有关市场主体遵守本法的情况纳入证券市场诚信档案。① 2008 年 11 月,中国证监会在北京召开了证券期货市场诚信建设暨诚信档案启动运行工作会议并启动运行我国首个统一的证券期货市场诚信档案,用以记录证券期货市场诚信信息,以鼓励、支持诚实信用的公民、法人或者其他组织从事证券期货市场活动,实施诚信约束、激励与引导,这标志着证券期货市场发挥诚信约束作用,实现有效监管有了重要的依托平台,证券期货市场诚信建设迈上了新的台阶。②

(十四)证券市场禁入

针对证券市场中存在的信息披露违规、内幕交易、操纵证券市场等违法行为,中国证监会可以采取一定期限内直至终身的证券市场禁入措施。《证券法》第 221 条规定:"违反法律、行政法规或者国务院证券监督管理机构的有关规定,情节严重的,国务院证券监督管理机构可以对有关责任人员采取证券市场禁入的措施。前款所称证券市场禁入,是指在一定期限内直至终身不得从事证券业务、证券服务业务,不得担任证券发行人的董事、监事、高级管理人员,或者一定期限内不得在证券交易所、国务院批准的其他全国性证券交易场所交易证券的制度。"证券市场禁入分为身份类禁入和交易类禁入。

二、证券监管人员的义务与责任

(一)内幕交易和利用未公开信息交易的法律责任

证券法禁止证券交易内幕信息的知情人和非法获取内幕信息的人利用内幕信息从事证券交易活动。这里的知情人包括因职责、工作可以获取内幕信息的证券监督管理机构工作人员。同时也禁止监管部门的工作人员利用因职

---

① 《证券法》第 215 条。
② 《证券期货市场诚信档案正式运行》,http://www.csrc.gov.cn/csrc/c100028/c1002753/content.shtml,最后访问日期:2022 年 8 月 1 日。

务便利获取的内幕信息以外的其他未公开的信息。根据《证券法》第 191 条的规定，国务院证券监督管理机构工作人员从事内幕交易的，以及利用未公开信息进行交易的，从重处罚。①

(二) 虚假陈述的法律责任

禁止证券交易场所、证券公司、证券登记结算机构、证券服务机构及其从业人员，证券业协会、证券监督管理机构及其工作人员，在证券交易活动中作出虚假陈述或者信息误导。② 违反《证券法》第 56 条第 2 款的规定，在证券交易活动中作出虚假陈述或者信息误导的，责令改正，处以 20 万元以上 200 万元以下的罚款；属于国家工作人员的，还应当依法给予处分。③

(三) 不依法履行职责的法律责任

证券市场的监管主体应当在法定的职权范围内履职，未依法履职的，直接负责的主管人员以及其他直接责任人员应受到相应的处分。《证券法》第 216 条列举了对直接负责的主管人员和其他直接责任人员依法给予处分的几种情形，包括：(1) 对不符合本法规定的发行证券、设立证券公司等申请予以核准、注册、批准的；(2) 违反本法规定采取现场检查、调查取证、查询、冻结或者查封等措施的；(3) 违反本法规定对有关机构和人员采取监督管理措施的；(4) 违反本法规定对有关机构和人员实施行政处罚的；(5) 其他不依法履行职责的行为。同时，《证券法》第 223 条规定："当事人对证券监督管理机构或者国务院授权的部门的处罚决定不服的，可以依法申请行政复议，或者依法直接向人民法院提起诉讼。"

(四) 渎职的法律责任

《证券法》对证券监管人员的职业操守有严格的要求，规定了证券监管机

---

① 《证券法》第 191 条规定："证券交易内幕信息的知情人或者非法获取内幕信息的人违反本法第五十三条的规定从事内幕交易的，责令依法处理非法持有的证券，没收违法所得，并处以违法所得一倍以上十倍以下的罚款；没有违法所得或者违法所得不足五十万元的，处以五十万元以上五百万元以下的罚款。单位从事内幕交易的，还应当对直接负责的主管人员和其他直接责任人员给予警告，并处以二十万元以上二百万元以下的罚款。国务院证券监督管理机构工作人员从事内幕交易的，从重处罚。违反本法第五十四条的规定，利用未公开信息进行交易的，依照前款的规定处罚。"
② 《证券法》第 56 条第 2 款。
③ 《证券法》第 193 条第 2 款。

构工作人员负有不谋私利与保密义务,以及兼职禁止义务。《证券法》第 179 条规定:"国务院证券监督管理机构工作人员必须忠于职守、依法办事、公正廉洁,不得利用职务便利牟取不正当利益,不得泄露所知悉的有关单位和个人的商业秘密。国务院证券监督管理机构工作人员在任职期间,或者离职后在《中华人民共和国公务员法》规定的期限内,不得到与原工作业务直接相关的企业或者其他营利性组织任职,不得从事与原工作业务直接相关的营利性活动。"《证券法》对国务院证券监督管理机构或者国务院授权的部门的工作人员不依法履行职责的,在法律责任上作出了原则性的规定。按照《证券法》第 217 条的规定,上述人员,不履行本法规定的职责、滥用职权、玩忽职守,利用职务便利牟取不正当利益,或者泄露所知悉的有关单位和个人的商业秘密的,依法追究法律责任。这里的法律责任包括行政责任、民事责任,构成犯罪的,还要承担刑事责任①。

(五)证券监管工作人员明示身份义务

《证券法》第 172 条规定:"国务院证券监督管理机构依法履行职责,进行监督检查或者调查,其监督检查、调查的人员不得少于二人,并应当出示合法证件和监督检查、调查通知书或者其他执法文书。监督检查、调查的人员少于二人或者未出示合法证件和监督检查、调查通知书或者其他执法文书的,被检查、调查的单位和个人有权拒绝。"

过去的几十年里,证券市场结构已经由于受到机构投资者交易比例增加、计算机的应用以及国际化因素的影响而发生了深刻的转变。② 而 2008 年金融危机以来,防范系统性金融风险成为全球金融监管机构的头等大事。金融科技的高速发展,也给证券监管带来了大的挑战。2018 年 5 月 23 日,中国证监会正式印发监管科技总体建设方案,明确了监管科技 1.0、2.0、3.0 各类信

---

① 《刑法》第 403 条规定:"国家有关主管部门的国家机关工作人员,徇私舞弊,滥用职权,对不符合法律规定条件的公司设立、登记申请或者股票、债券发行、上市申请,予以批准或者登记,致使公共财产、国家和人民利益遭受重大损失的,处五年以下有期徒刑或者拘役。上级部门强令登记机关及其工作人员实施前款行为的,对其直接负责的主管人员,依照前款的规定处罚。"

② [美] 路易斯·罗思、乔尔·塞利格曼著:《美国证券监管法基础》,张路等译,法律出版社 2008 年版,第 514—515 页。

息化建设工作需求和工作内容。[①] 未来，监管科技建设将充分发挥科技在监管工作中的作用。科技驱动型监管将推动金融监管由被动监管到主动监管，并最终到智能监管，切实有效提升资本市场监管效能，防范系统性金融风险的发生。

第四节　拓展学习

一、思考

本章内容涉及《证券法》第十二章"证券监督管理机构"第168—179条。本章主要讲述了证券监管制度概况，中国证监会的设置、目标与职责以及中国证监会职责的履行与约束。结合"苏嘉鸿案"，请思考：中国证监会的证券监管执法行为类型还能在哪些方面加以完善？对于证券监管机构依法行政还应有哪些方面的改进？

二、参考法律法规

序号	法规名称	发文号	发文单位
1	中华人民共和国行政处罚法（2021年修订）	中华人民共和国主席令第70号	全国人大常委会
2	中华人民共和国行政复议法（2017年修订）	中华人民共和国主席令第76号	全国人大常委会
3	政府信息公开条例（2019年修订）	国务院令第711号	国务院
4	证券期货违法行为行政处罚办法	中国证券监督管理委员会令第186号	中国证券监督管理委员会
5	中国证监会派出机构监管职责规定（2022年修正）	中国证券监督管理委员会令第199号	中国证券监督管理委员会

[①] 监管科技的英文是由Regulation（监管、合规）和Technology（技术）两个英文单词结合而成的，即RegTech，也叫监管技术。英国金融市场行为监管局（Financial Conduct Authority）最早使用RegTech一词并将其定义为解决监管面临的困难，将科技运用于金融监管之中，以优化监管框架，提升监管手段，降低监管成本。

三、本章阅读文献

(一) 推荐阅读文章

证券监管机构及其监管权的独立性研究
——兼论中国证券监管机构的法律变革[①]

内容摘要：在证券监管法制度的功能中，证券监督管理机构发挥着龙头的作用，对它的制度安排是各国证券法的重中之重。通过对典型国家和地区相关制度的考察，可以看出证券监管机构行使的证券监管权与政府监管权一脉相承，在复杂市场经济运行的条件下，市场需要具有相对独立性的政府监管权具体作用于市场主体，这一特点在证券市场体现得尤为突出。然而，我国在证券监管机构制度的安排上有着先天的不足，证券最高监管机构"中国证监会"并非法定（指国家基本法），而是通过国务院的"三定方案"将其定性为正部级事业单位，不仅法律地位不独立，而且担负了太多的国家政治职能，致使其角色尴尬。因此，对中国证券监管机构的法律变革势在必行。"中国证监会"法定化，即将其直接纳入《证券法》规范也应当提上议事日程。

关键词：证券监管机构；监管权；独立性；程序制约性"证监会"法定；法定特设机构

(二) 推荐延伸阅读文章

推定方式认定内幕交易的是与非
——"苏嘉鸿案内幕交易案"的法律分析[②]

案外反思：

本案中，没有认定苏嘉鸿构成内幕交易的原因在于证监会对关键内幕信息知情人殷某国的调查存在重大疏漏，导致认定苏嘉鸿为"非法获取内幕信

[①] 缪因知：《中国证监会的制度环境及法律影响组织社会学的分析》，载《中外法学》2020年第32期。

[②] 吴振宇：《推定方式认定内幕交易的是与非——"苏嘉鸿案内幕交易案"的法律分析》，载《公司法律评论（2019年卷总第19卷）》，顾功耘主编，法律出版社2019年版。

息的人"证据不足；且因为此项基础事实的认定不清导致后续在推定苏嘉鸿构成内幕交易时，没有达到"高度吻合"的证明标准，导致证监会二审败诉。此案社会影响力极大，一方面是因为该案打破了证监会对于因证券行政处罚引起的行政诉讼的不败神话，尤其是在一审已经败诉的情况下实现了二审的翻盘；另一方面表明，由于我国证券交易市场的复杂性，新问题层出不穷，给证监会执法带来了新的挑战，推定规则的引入固然帮助证监会查处了大量的内幕交易案件，但同时也要明确推定规则的适用条件，包括推定的主体、内容和证明标准，具体来说，对于推定的主体，即推定规则适用于哪些人的问题。前述提到，对于内幕信息的知情人，包括法定内幕信息知情人和非法获取内幕信息的人，在现阶段证监会的执法实践中，两类人都被纳入了推定规则的适用范围，如"谢暄"案和"杭萧钢构"案。适用主体的扩大化，虽然有利于打击证券市场内幕交易行为，但是主体的泛化容易使市场投资者陷入人人自危的境地，不利于维护投资者的信心。且从证据学的角度分析，由于不同的行为主体获取内幕信息的难易程度不同，因此应该区分不同的行为人采用不同的举证规则，对于法定内幕信息知情人，由于比较接近内幕信息，因此这类人员应当承担严格的证明责任，适用推定规则；对于间接获取内幕信息的人，由于相对来说远离内幕信息，在适用推定规则时应当更多地由稽查人员进行举证。对于推定的内容，《纪要》规定由证监会举证"主要事实"，行为人举证"特定事实"，在证监会的执法实践中也是遵守这个规则，但应当看到这一规定在推定内容的分配上，存在一定的失衡。从证券市场的交易实践来看，主要事实是行为人买卖证券的行为，由于买卖行为是客观的，且我国证券期货实行场内交易，行为人的任何购买行为都是有记录的，这一点易于证实。而对于行为人来说，要举证自己未利用内幕信息进行交易，则比较困难，行为人如何举证？反推的标准是什么？这一系列问题都缺乏明确规定；且此种举证在制度设计上类似于刑法中让嫌疑人"自证无罪"，行为人实体及程序权利的保障有待商榷。对于推定的证明标准，我国目前主流的证明标准有民事"优势证据"标准和刑事"排除合理怀疑"标准，由于证券监管机构是行政执法机关，介于二者之间，故笔者认为其证明标准在严于民事标准的同时也不必像刑事标准那么严苛，可以采用。所谓"清楚而有说明力"标准，要求行政机关在调查案件事实时所提供的证据与证明对象之间有清晰而明确的逻辑关系，具体包括证据充分富有逻辑；主要证据不存在冲突；在事实认定过程中虽不能排除其他事实，但在正常心智人眼里，通常会得出认定案件事实的结论。此外,《纪要》对于不同人群规定了两类标准,即"基本吻合"和"高度吻合"标准,但此类标准在区分边界时存在一定困难,易导致行政机关在执法过程中自由裁量权的滥用和误用,因此应当尽量减少模糊性词语的使用,以更好地指导监管机关的执法活动。

四、苏嘉鸿内幕交易案

中国证监会行政处罚决定书[①]
苏嘉鸿内幕交易案判决书[②]

【基本案情】

自 2013 年年初起,广东威华股份有限公司(以下简称威华股份)时任董事长、控股股东李某华开始筹划威华股份重组。2013 年 2 月 23 日,殷卫国与李某华商议向威华股份注入铜箔、覆铜板制造和销售业务等 IT 资产,并于当天与长江证券承销保荐有限公司(以下简称长江证券)负责人等开会对该资产重组事项进行了筹划。此后,威华股份及长江证券相关管理人员对拟注入资产进行了实地查看和筛选。在 3 月 15 日,威华股份将云南丽江文通铜矿项目作为其并购 IT 产业的备选项目。殷卫国参与了上述并购项目的筹划。2013 年 4 月 16 日,威华股份公告称公司控股股东、实际控制人正在筹划涉及公司的重大事项,公司股票停牌。12 月 19 日,威华股份发布的自查暨复牌公告表明停牌原因是资产注入事项。但早在 3 月底,广东新价值投资有限公司罗某广就向李某华介绍了赣州稀土集团有限责任公司拟借壳上市的情况。在 4 月 18 日至 19 日,威华股份决定参与赣州稀土重组的选壳投标,并于 4 月 23 日和 5 月 3 日先后发布 2 次重大事项继续停牌公告,5 月 9 日,发布筹划重大资产重组的停牌公告。11 月 4 日,威华股份正式披露收购赣州稀土资产的重大资产重组报告书等文件,并于当日复牌。

【审判结果】

中国证监会认为,苏嘉鸿与殷卫国手机号码在此期间多次联系。苏嘉鸿使用"浦江之星 12 号""马某强""朱某海"账户于 2013 年 3 月 11 日至 4 月

---

① 中国证监会行政处罚决定书〔2016〕56 号。
② (2018)京行终 445 号。

12日期间持续买入"威华股份"。因此证监会认定威华股份重大资产重组事项至迟不晚于2013年2月23日已经构成内幕信息，苏嘉鸿在内幕信息公开前与内幕信息知情人员殷卫国联络、接触，其交易时点与威华股份筹划注入IT资产与收购铜矿事项的进展情况高度吻合，且上述三账户在此之前从未交易过该股，相关交易行为明显异常，苏嘉鸿没有提供充分、有说服力的理由排除其涉案交易行为系利用内幕信息。证监会认定，苏嘉鸿的行为构成内幕交易，依据《证券法》第202条的规定，没收苏嘉鸿违法所得65376232.64元，并处以65376232.64元罚款。

苏嘉鸿不服提出行政复议，在行政复议作出维持决定后诉至北京市中级人民法院，因不服一审判决上诉至北京市高级人民法院。法院认为被诉处罚决定认定苏嘉鸿构成内幕交易事实不清，被诉复议决定维持被诉处罚决定错误，支持苏嘉鸿部分诉讼请求，撤销北京市第一中级人民法院（2017）京01行初570号行政判决、证监会作出的〔2016〕56号行政处罚决定与〔2017〕63号行政复议决定。

【判决意义】

这是近年来证监会首例被法院撤销处罚的内幕交易案件，也打破了证监会连续三年在行政处罚诉讼案中保持实体"零败诉"的记录。[1] 此案历时3年，社会影响力极大，历经行政处罚、行政复议、一审、二审的内幕交易案终以苏嘉鸿胜诉落下帷幕。一方面，通过审查行政机关是否尽到全面调查义务，由人民法院对行政调查进行司法审查，是苏嘉鸿案的一大亮点；另一方面表明，由于我国证券交易市场的复杂性，新问题层出不穷，给证监会执法带来了新的挑战，推定规则的引入固然帮助证监会查处了大量的内幕交易案件，但同时也要明确推定规则的适用条件，包括推定的主体、内容和证明标准，具体来说：对于推定的主体，即推定规则适用于哪些人的问题。[2] 苏嘉鸿案无疑对证监会依法行政敲响了警钟。

---

[1] "关键人"殷卫国"人海蒸发"证监会首次败诉天价内幕交易案。
[2] 吴振宇：《推定方式认定内幕交易的是与非——"苏嘉鸿案内幕交易案"的法律分析》，载《公司法律评论（2019年卷总第19卷）》，顾功耘主编，第422—423页。

第九章

证券法律责任

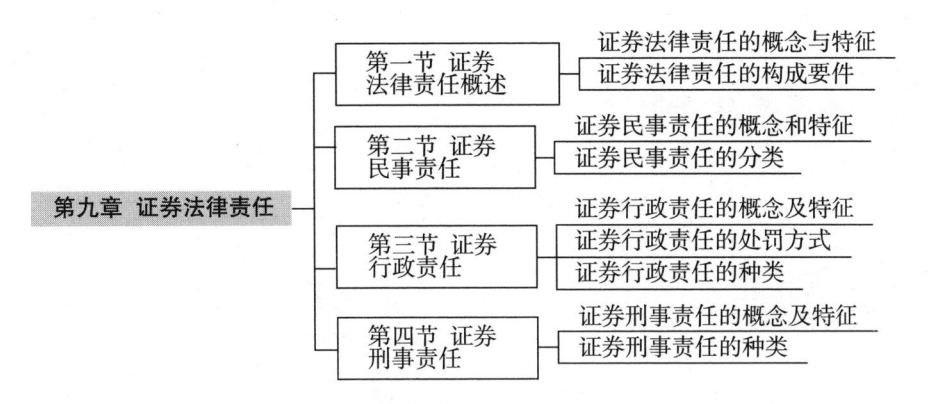

本章思维导图

- **第九章 证券法律责任**
  - 第一节 证券法律责任概述
    - 证券法律责任的概念与特征
    - 证券法律责任的构成要件
  - 第二节 证券民事责任
    - 证券民事责任的概念和特征
    - 证券民事责任的分类
  - 第三节 证券行政责任
    - 证券行政责任的概念及特征
    - 证券行政责任的处罚方式
    - 证券行政责任的种类
  - 第四节 证券刑事责任
    - 证券刑事责任的概念及特征
    - 证券刑事责任的种类

本章涉及法条

《证券法》第十三章"法律责任"第180—223条

第一节　证券法律责任概述

本节思维导图

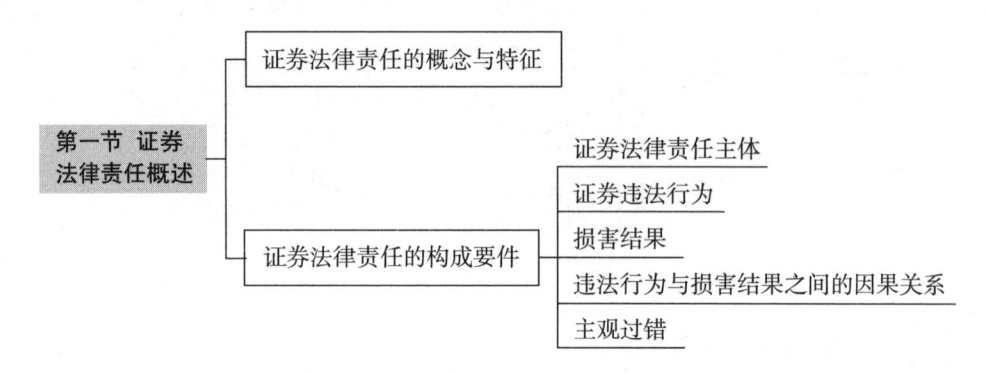

第一节 证券法律责任概述
- 证券法律责任的概念与特征
- 证券法律责任的构成要件
  - 证券法律责任主体
  - 证券违法行为
  - 损害结果
  - 违法行为与损害结果之间的因果关系
  - 主观过错

一、证券法律责任的概念与特征

所有的法律制度均包含了法律责任制度，证券法律制度也不例外。《证券法》第180条到第223条浓墨重彩地用44个条文规定了证券法律责任，是整部证券法中条文最多的一章，这一章的规定让整部《证券法》生出了"牙齿"。这44个条文集中规定了证券行政责任及刑事责任。对于证券民事责任的规定则散见于《证券法》的其他章节。

证券法律责任是指证券法所规定的证券法律关系主体在证券发行、证券交易及相关活动中，因违反证券法律法规的规定而应当承担的否定性法律后果。[1] 证券法律责任包括民事责任、行政责任和刑事责任三种类型。从证券法律责任的功能看，三大法律责任的设置都以修复证券市场上被违法行为破坏而失衡的社会关系为宗旨，只是重心有所不同：行政责任和刑事责任侧重于修复国家与违法行为人失衡的社会关系，责任设置的重心在于惩罚违法行为的实施者，具有鲜明的公法规范属性；民事责任侧重于修复作为证券市场参与者的违法行为人与受害人之间失衡的社会关系，责任设置的重心在于补偿遭受违法行为损害的投资者，具有鲜明的私法规范属性，因而被认为是对投

---

[1] 周友苏主编：《证券法新论》，法律出版社2020年版，第561页。

资者权益的直接保护。[1]

证券法律责任具有以下几个特征：首先，证券法律责任主要是在证券的发行、交易及监管过程中因违反证券法相关规定而应当承担的法律责任。其次，证券法律责任大多与财产责任有关，具体涉及民事赔偿责任、缴纳罚款、没收违法所得、缴纳罚金等财产处罚。再次，证券法律责任是一种具有复合型特点的法律责任，证券违法行为可能同时涉及民事责任、行政责任和刑事责任。最后，证券法律责任具有职务责任与个人责任并存的特点。[2]

二、证券法律责任的构成要件

（一）证券法律责任主体

证券法律责任主体，是指实施证券违法行为并承担法律责任的单位和个人。如果是自然人必须达到法定责任年龄和具备法定的责任能力。

（二）证券违法行为

证券违法行为是证券法律关系主体在证券发行、交易、监管及相关活动中，违反证券法律法规，应当依法承担相应法律责任的行为。证券违法行为根据行为的危害程度可以分为一般证券违法行为和证券犯罪。

（三）损害结果

损害结果就是行为人从事证券违法行为造成的损害后果。行为人造成损害后果是承担法律责任的前提条件。损害事实的确定对于证券实务而言是非常困难的，所以，许多证券法律责任的承担并没有规定以实际损害后果为必要条件，而是仅考量行为人是否实施了法律禁止的违法行为。[3]

（四）违法行为与损害结果之间的因果关系

违法行为与损害结果之间的因果关系是归责的基础，是指证券违法行为与危害后果之间存在的法律上的必然联系。在具体的证券纠纷案件中，因果

---

[1] 周友苏、蓝冰：《证券行政责任重述与完善》，载《清华法学》2010年第3期。
[2] 参见李东方著：《证券法》，北京大学出版社2020年版，第232页。
[3] 李东方著：《证券法》，北京大学出版社2020年版，第234页。

关系的认定非常复杂。

(五) 主观过错

主观过错,是指行为人在实施违法行为时的主观心理状态。证券法律责任根据具体法律责任的不同情况,分别适用不同的原则。一般来说,在证券行政责任方面主要适用严格责任原则,而在证券民事责任方面主要适用无过错责任原则,而在追究证券刑事责任时则将主观过错作为判定行为人是否构成犯罪的依据。

第二节 证券民事责任

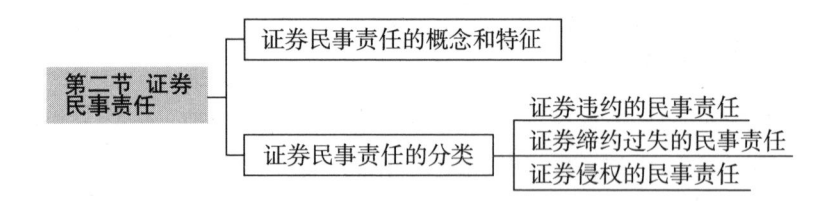

本节思维导图

```
第二节 证券     ┬── 证券民事责任的概念和特征
民事责任        │
                └── 证券民事责任的分类 ┬── 证券违约的民事责任
                                      ├── 证券缔约过失的民事责任
                                      └── 证券侵权的民事责任
```

一、证券民事责任的概念和特征

证券民事责任,是指参与证券活动的民事主体违反证券法相关规定而应承担的民事责任后果,证券民事责任属于私法责任。与其他法律责任相比,证券民事责任具有以下基本特征:首先,不履行证券民事义务是承担证券民事责任的基础。其次,证券民事责任的承担方式是以财产责任为主要形式的,多为赔偿损失和返还财产,其目的在于弥补受损害者的损失。再次,证券违法行为的责任主体多承担连带的民事责任。最后,证券民事责任优先适用。在有损害的情况下,首要是弥补损失,接下来才是对行为人进行惩罚。民事赔偿责任的优先主要是相对于公法财产性责任而言的,具体指既要承担刑罚上的罚金、没收财产责任,或者行政处罚中的罚款、没收违法所得的财产责任,又要承担损害赔偿的民事责任时,就会发生财产性的行政责任、刑事责任与民事责任之竞合情形。从根本上说,民事赔偿责任优先的法理基础就在于私权优先的立法价值取向以及"国不与民争利"的民本思想。[1]

《证券法》的最新修订虽然完善了民事责任,但民事责任仍然存在种类稀少、样态单一、构成要件过于严苛等弊端,修改后的追责程序没有从根本上改变投资者的维权动力,在投资者权益受到损害时,可考虑从反面规定投资者交易相对人的义务,扩大义务人的范围、增加义务内容并保障义务实施,殊途同归地达到保障权利人的目的。[2]

二、证券民事责任的分类

根据证券违法行为所侵害的证券民事权益关系的不同,证券民事法律责任可以分为证券违约的民事责任、证券缔约过失和证券侵权的民事责任。

（一）证券违约的民事责任

证券违约的民事责任是指行为人违反证券合同的约定而承担的民事法律后果。证券合同是指在证券发行、证券承销、证券收购、证券上市、证券交易、证券服务的相关活动中所涉及的各种合同。证券违约责任必须以证券合同的成立和有效为基础。

（二）证券缔约过失的民事责任

证券缔约过失责任是指证券合同订立过程中,发行人由于自己的过错,致使合同关系无效或被撤销而给证券持有人造成损失所应当承担的赔偿责任。[3] 证券缔约过失责任的赔偿范围为信赖利益损失,是通过使当事人财产恢复到没有缔约前的原本样态来实现对受损害方的救济。从证券法直接涉及民事责任的规定来看,只有《证券法》第24条、第33条和第180条规定了证券缔约过失责任。对责任的承担方式表述为:"应当按照发行价并加算银行同期存款利息返还证券持有人",以及"退还所募资金并加算银行同期存款利息"。

---

[1] 陈洁:《证券民事赔偿责任优先原则的实现机制》,载《证券市场导报》2017年6月号。
[2] 张钦昱:《证券法的权利观》,载《中国政法大学学报》2022年第2期,第140页。
[3] 周友苏主编:《证券法新论》,法律出版社2020年版,第572页。

（三）证券侵权的民事责任

证券侵权的民事责任是指在证券发行、交易及相关活动中，行为人违反证券法律法规，侵害他人合法权益而应当承担的民事责任。侵权责任不需要当事人之间存在任何关系，只有在侵权行为发生时才产生损害赔偿关系。根据《证券法》的规定，证券侵权民事责任主要是下列侵权行为引起的，擅自发行证券、短线交易、虚假陈述、内幕交易、操纵市场、损害客户利益等。

《证券法》全文涉及23种证券民事责任的具体种类，构成了证券法上民事赔偿的请求权基础，通过表9.1可以清晰地看出三种民事法律责任类型，以及承担民事责任的主要方式为赔偿损失和返还财产。

表9.1 证券民事责任一览表

序号	责任种类	责任承担方式	法条规定	民事法律责任类型	赔偿主体
1	不符合发行条件或欺诈发行的民事责任	返还财产	第24条 国务院证券监督管理机构或者国务院授权的部门对已作出的证券发行注册的决定，发现不符合法定条件或者法定程序，尚未发行证券的，应当予以撤销，停止发行。已经发行尚未上市的，撤销发行注册决定，发行人应当按照发行价并加算银行同期存款利息返还证券持有人；发行人的控股股东、实际控制人以及保荐人，应当与发行人承担连带责任，但是能够证明自己没有过错的除外。股票的发行人在招股说明书等证券发行文件中隐瞒重要事实或者编造重大虚假内容，已经发行并上市的，国务院证券监督管理机构可以责令发行人回购证券，或者责令负有责任的控股股东、实际控制人买回证券。	证券缔约过失责任	发行人、发行人的控股股东、实际控制人以及保荐人

续表

序号	责任种类	责任承担方式	法条规定	民事法律责任类型	赔偿主体
2	证券承销商的民事赔偿责任	赔偿损失	第29条 证券公司承销证券，应当对公开发行募集文件的真实性、准确性、完整性进行核查。发现有虚假记载、误导性陈述或者重大遗漏的，不得进行销售活动；已经销售的，必须立即停止销售活动，并采取纠正措施。 证券公司承销证券，不得有下列行为： （一）进行虚假的或者误导投资者的广告宣传或者其他宣传推介活动； （二）以不正当竞争手段招揽承销业务； （三）其他违反证券承销业务规定的行为。 证券公司有前款所列行为，给其他证券承销机构或者投资者造成损失的，应当依法承担赔偿责任。	证券侵权责任	证券公司
3	发行失败后返还财产的民事责任	返还财产	第33条 股票发行采用代销方式，代销期限届满，向投资者出售的股票数量未达到拟公开发行股票数量百分之七十的，为发行失败。发行人应当按照发行价并加算银行同期存款利息返还股票认购人。	证券缔约过失责任	发行人
4	内幕交易的民事赔偿责任	赔偿损失	第53条 证券交易内幕信息的知情人和非法获取内幕信息的人，在内幕信息公开前，不得买卖该公司的证券，或者泄露该信息，或者建议他人买卖该证券。 持有或者通过协议、其他安排与他人共同持有公司百分之五以上股份的自然人、法人、非法人组织收购上市公司的股份，本法另有规定的，适用其规定。内幕交易行为给投资者造成损失的，应当依法承担赔偿责任。	证券侵权责任	内幕信息的知情人和非法获取内幕信息的人

续表

序号	责任种类	责任承担方式	法条规定	民事法律责任类型	赔偿主体
5	利用未公开信息交易的民事赔偿责任	赔偿损失	第54条 禁止证券交易场所、证券公司、证券登记结算机构、证券服务机构和其他金融机构的从业人员、有关监管部门或者行业协会的工作人员，利用因职务便利获取的内幕信息以外的其他未公开的信息，违反规定，从事与该信息相关的证券交易活动，或者明示、暗示他人从事相关交易活动。 利用未公开信息进行交易给投资者造成损失的，应当依法承担赔偿责任。	证券侵权责任	证券交易场所、证券公司、证券登记结算机构、证券服务机构和其他金融机构的从业人员、有关监管部门或者行业协会的工作人员
6	操纵市场的民事赔偿责任	赔偿损失	第55条 禁止任何人以下列手段操纵证券市场，影响或者意图影响证券交易价格或者证券交易量： （一）单独或者通过合谋，集中资金优势、持股优势或者利用信息优势联合或者连续买卖； （二）与他人串通，以事先约定的时间、价格和方式相互进行证券交易； （三）在自己实际控制的账户之间进行证券交易； （四）不以成交为目的，频繁或者大量申报并撤销申报； （五）利用虚假或者不确定的重大信息，诱导投资者进行证券交易； （六）对证券、发行人公开作出评价、预测或者投资建议，并进行反向证券交易； （七）利用在其他相关市场的活动操纵证券市场； （八）操纵证券市场的其他手段。 操纵证券市场行为给投资者造成损失的，应当依法承担赔偿责任。	证券侵权责任	任何主体

续表

序号	责任种类	责任承担方式	法条规定	民事法律责任类型	赔偿主体
7	编造、传播虚假信息或者误导性信息的民事赔偿责任	赔偿损失	第56条 禁止任何单位和个人编造、传播虚假信息或者误导性信息，扰乱证券市场。 禁止证券交易场所、证券公司、证券登记结算机构、证券服务机构及其从业人员，证券业协会、证券监督管理机构及其工作人员，在证券交易活动中作出虚假陈述或者信息误导。 各种传播媒介传播证券市场信息必须真实、客观，禁止误导。传播媒介及其从事证券市场信息报道的工作人员不得从事与其工作职责发生利益冲突的证券买卖。 编造、传播虚假信息或者误导性信息，扰乱证券市场，给投资者造成损失的，应当依法承担赔偿责任。	证券侵权责任	任何主体
8	证券公司损害客户利益的民事赔偿责任	赔偿损失	第57条 禁止证券公司及其从业人员从事下列损害客户利益的行为： （一）违背客户的委托为其买卖证券； （二）不在规定时间内向客户提供交易的确认文件； （三）未经客户的委托，擅自为客户买卖证券，或者假借客户的名义买卖证券； （四）为牟取佣金收入，诱使客户进行不必要的证券买卖； （五）其他违背客户真实意思表示，损害客户利益的行为。 违反前款规定给客户造成损失的，应当依法承担赔偿责任。	证券违约责任	证券公司及其从业人员

续表

序号	责任种类	责任承担方式	法条规定	民事法律责任类型	赔偿主体
9	不履行承诺披露的民事赔偿责任	赔偿损失	第84条 除依法需要披露的信息之外，信息披露义务人可以自愿披露与投资者作出价值判断和投资决策有关的信息，但不得与依法披露的信息相冲突，不得误导投资者。发行人及其控股股东、实际控制人、董事、监事、高级管理人员等作出公开承诺的，应当披露。不履行承诺给投资者造成损失的，应当依法承担赔偿责任。	证券侵权责任	发行人及其控股股东、实际控制人、董事、监事、高级管理人员等
10	违法信息披露的民事赔偿责任	赔偿损失	第85条 信息披露义务人未按照规定披露信息，或者公告的证券发行文件、定期报告、临时报告及其他信息披露资料存在虚假记载、误导性陈述或者重大遗漏，致使投资者在证券交易中遭受损失的，信息披露义务人应当承担赔偿责任；发行人的控股股东、实际控制人、董事、监事、高级管理人员和其他直接责任人员以及保荐人、承销的证券公司及其直接责任人员，应当与发行人承担连带赔偿责任，但是能够证明自己没有过错的除外。	证券侵权责任	发行人，信息披露义务人，发行人的控股股东、实际控制人、董事、监事、高级管理人员和其他直接责任人员以及保荐人、承销的证券公司及其直接责任人员

续表

序号	责任种类	责任承担方式	法条规定	民事法律责任类型	赔偿主体
11	证券公司违反投资者适当性原则的民事赔偿责任	赔偿损失	第88条 证券公司向投资者销售证券、提供服务时,应当按照规定充分了解投资者的基本情况、财产状况、金融资产状况、投资知识和经验、专业能力等相关信息;如实说明证券、服务的重要内容,充分揭示投资风险;销售、提供与投资者上述状况相匹配的证券、服务。投资者在购买证券或者接受服务时,应当按照证券公司明示的要求提供前款所列真实信息。拒绝提供或者未按照要求提供信息的,证券公司应当告知其后果,并按照规定拒绝向其销售证券、提供服务。证券公司违反第一款规定导致投资者损失的,应当承担相应的赔偿责任。	证券侵权责任	证券公司
12	证券公司误导、欺诈的民事赔偿责任	赔偿损失	第89条 根据财产状况、金融资产状况、投资知识和经验、专业能力等因素,投资者可以分为普通投资者和专业投资者。专业投资者的标准由国务院证券监督管理机构规定。普通投资者与证券公司发生纠纷的,证券公司应当证明其行为符合法律、行政法规以及国务院证券监督管理机构的规定,不存在误导、欺诈等情形。证券公司不能证明的,应当承担相应的赔偿责任。	证券侵权责任	证券公司

续表

序号	责任种类	责任承担方式	法条规定	民事法律责任类型	赔偿主体
13	违法违规公开征集股东权利的民事赔偿责任	赔偿损失	第90条 上市公司董事会、独立董事、持有百分之一以上有表决权股份的股东或者依照法律、行政法规或者国务院证券监督管理机构的规定设立的投资者保护机构（以下简称投资者保护机构），可以作为征集人，自行或者委托证券公司、证券服务机构，公开请求上市公司股东委托其代为出席股东大会，并代为行使提案权、表决权等股东权利。 依照前款规定征集股东权利的，征集人应当披露征集文件，上市公司应当予以配合。禁止以有偿或者变相有偿的方式公开征集股东权利。 公开征集股东权利违反法律、行政法规或者国务院证券监督管理机构有关规定，导致上市公司或者其股东遭受损失的，应当依法承担赔偿责任。	证券侵权责任	任何主体
14	先行赔付及先行赔付人的追偿权	赔偿损失	第93条 发行人因欺诈发行、虚假陈述或者其他重大违法行为给投资者造成损失的，发行人的控股股东、实际控制人、相关的证券公司可以委托投资者保护机构，就赔偿事宜与受到损失的投资者达成协议，予以先行赔付。先行赔付后，可以依法向发行人以及其他连带责任人追偿。	证券侵权责任	发行人的控股股东、实际控制人、相关的证券公司

续表

序号	责任种类	责任承担方式	法条规定	民事法律责任类型	赔偿主体
15	证券交易所采取突发性事件处置措施的民事赔偿责任	赔偿损失	第111条 因不可抗力、意外事件、重大技术故障、重大人为差错等突发性事件而影响证券交易正常进行时，为维护证券交易正常秩序和市场公平，证券交易所可以按照业务规则采取技术性停牌、临时停市等处置措施，并应当及时向国务院证券监督管理机构报告。 因前款规定的突发性事件导致证券交易结果出现重大异常，按交易结果进行交收将对证券交易正常秩序和市场公平造成重大影响的，证券交易所按照业务规则可以采取取消交易、通知证券登记结算机构暂缓交收等措施，并应当及时向国务院证券监督管理机构报告并公告。 证券交易所对其依照本条规定采取措施造成的损失，不承担民事赔偿责任，但存在重大过错的除外。	证券侵权责任	证券交易所
16	证券交易所采取重大异常波动处置措施的民事赔偿责任	赔偿损失	第113条 证券交易所应当加强对证券交易的风险监测，出现重大异常波动的，证券交易所可以按照业务规则采取限制交易、强制停牌等处置措施，并向国务院证券监督管理机构报告；严重影响证券市场稳定的，证券交易所可以按照业务规则采取临时停市等处置措施并公告。 证券交易所对其依照本条规定采取措施造成的损失，不承担民事赔偿责任，但存在重大过错的除外。	证券侵权责任	证券交易所
17	证券监管机构工作人员渎职的法律责任	赔偿损失	第117条 按照依法制定的交易规则进行的交易，不得改变其交易结果，但本法第一百一十一条第二款规定的除外。对交易中违规交易者应负的民事责任不得免除；在违规交易中所获利益，依照有关规定处理。	证券违约责任	交易中违规交易者

续表

序号	责任种类	责任承担方式	法条规定	民事法律责任类型	赔偿主体
18	证券登记结算机构的民事赔偿责任	赔偿损失	第155条 证券结算风险基金应当存入指定银行的专门账户，实行专项管理。 证券登记结算机构以证券结算风险基金赔偿后，应当向有关责任人追偿。	证券侵权责任	证券登记结算机构
19	证券投资咨询机构的民事赔偿责任	赔偿损失	第161条 证券投资咨询机构及其从业人员从事证券服务业务不得有下列行为： （一）代理委托人从事证券投资； （二）与委托人约定分享证券投资收益或者分担证券投资损失； （三）买卖本证券投资咨询机构提供服务的证券； （四）法律、行政法规禁止的其他行为。 有前款所列行为之一，给投资者造成损失的，应当依法承担赔偿责任。	证券侵权责任	证券投资咨询机构及其从业人员
20	证券服务机构虚假陈述的民事赔偿责任	赔偿损失	第163条 证券服务机构为证券的发行、上市、交易等证券业务活动制作、出具审计报告及其他鉴证报告、资产评估报告、财务顾问报告、资信评级报告或者法律意见书等文件，应当勤勉尽责，对所依据的文件资料内容的真实性、准确性、完整性进行核查和验证。其制作、出具的文件有虚假记载、误导性陈述或者重大遗漏，给他人造成损失的，应当与委托人承担连带赔偿责任，但是能够证明自己没有过错的除外。	证券侵权责任	证券服务机构

续表

序号	责任种类	责任承担方式	法条规定	民事法律责任类型	赔偿主体
21	擅自公开或者变相公开发行证券的民事责任	返还财产	第180条 违反本法第九条的规定，擅自公开或者变相公开发行证券的，责令停止发行，退还所募资金并加算银行同期存款利息，处以非法所募资金金额百分之五以上百分之五十以下的罚款；对擅自公开或者变相公开发行证券设立的公司，由依法履行监督管理职责的机构或者部门会同县级以上地方人民政府予以取缔。对直接负责的主管人员和其他直接责任人员给予警告，并处以五十万元以上五百万元以下的罚款。	证券缔约过失责任	发行人、证券公司
22	证券公司承销或销售非法证券的处罚、民事赔偿责任	赔偿损失	第183条 证券公司承销或者销售擅自公开发行或者变相公开发行的证券的，责令停止承销或者销售，没收违法所得，并处以违法所得一倍以上十倍以下的罚款；没有违法所得或者违法所得不足一百万元的，处以一百万元以上一千万元以下的罚款；情节严重的，并处暂停或者撤销相关业务许可。给投资者造成损失的，应当与发行人承担连带赔偿责任。对直接负责的主管人员和其他直接责任人员给予警告，并处以五十万元以上五百万元以下的罚款。	证券侵权责任	证券公司
23	收购人等违法收购的民事赔偿责任	赔偿损失	第196条 收购人未按照本法规定履行上市公司收购的公告、发出收购要约义务的，责令改正，给予警告，并处以五十万元以上五百万元以下的罚款。对直接负责的主管人员和其他直接责任人员给予警告，并处以二十万元以上二百万元以下的罚款。 收购人及其控股股东、实际控制人利用上市公司收购，给被收购公司及其股东造成损失的，应当依法承担赔偿责任。	证券违约责任	收购人及其控股股东、实际控制人

第三节 证券行政责任

本节思维导图

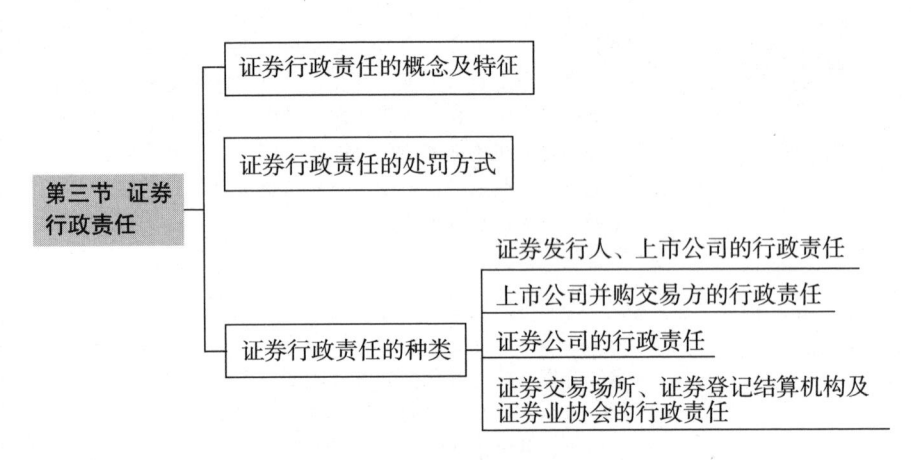

第三节 证券行政责任
- 证券行政责任的概念及特征
- 证券行政责任的处罚方式
- 证券行政责任的种类
  - 证券发行人、上市公司的行政责任
  - 上市公司并购交易方的行政责任
  - 证券公司的行政责任
  - 证券交易场所、证券登记结算机构及证券业协会的行政责任

一、证券行政责任的概念及特征

证券行政责任是指证券行政法律关系主体违反证券法律法规，在证券发行、交易及相关活动中，实施破坏证券市场秩序但尚不构成犯罪的行为，依法应当承担否定性的法律后果。[①] 证券行政责任具有以下基本特点：首先，责任内容具有惩罚性。相较于民事责任补偿性的特点，行政责任多采取惩罚性措施，是典型的"惩罚性责任"。[②] 其次，财产罚是承担责任的主要形式，包括"没收违法所得""没收业务收入""处以……罚款"等责任形式。再次，责任形式多样。除了通常采取行政处分和行政处罚外，还有采取证券监管措施、[③] 调查中止或终止权、[④] 跨境合作监管权、[⑤] 举报奖励措施、[⑥] 纳入证券市

[①] 周友苏主编：《证券法新论》，法律出版社 2020 年版，第 587 页。
[②] 李东方著：《证券法》，北京大学出版社 2020 年版，第 253 页。
[③] 《证券法》第 170 条。
[④] 《证券法》第 171 条。
[⑤] 《证券法》第 177 条。
[⑥] 《证券法》第 176 条。

场诚信档案、①治安管理处罚②及证券市场禁入③。最后，归责原则不同。证券行政监管主体一般适用严格责任原则，而证券行政监管相对人则一般适用过错责任原则。

二、证券行政责任的处罚方式

以证券违法行为的后果为标准，证券行政责任的处罚方式可以分为行政处分和行政处罚两种。

行政处分是指行政机关公务员违反法律、法规、规章以及行政机关的决定和命令，应当承担的纪律责任。证券行政处分是国务院证券监督管理机构或国务院授权的部门给其所属的存在违法违纪行为工作人员的制裁措施，处分的种类有警告、记过、记大过、降级、撤职、开除等形式。

行政处罚是指行政机关依法对违反行政管理秩序的公民、法人或者其他组织，以减损权益或者增加义务的方式予以惩戒的行为。④ 根据《行政处罚法》的规定，行政处罚的种类包括警告、通报批评；罚款、没收违法所得、没收非法财物；暂扣许可证件、降低资质等级、吊销许可证件；限制开展生产经营活动、责令停产停业、责令关闭、限制从业；行政拘留；法律、行政法规规定的其他行政处罚。⑤ 证券行政责任主要的承担方式是罚款、没收违法所得、责令改正和警告。此外，《证券法》还规定了冻结、查封账户权。对有证据证明已经或者可能转移或者隐匿违法资金、证券等涉案财产或者隐匿、伪造、毁损重要证据的，经国务院证券监督管理机构主要负责人或者其授权的其他负责人批准，可以冻结或者查封相关账户。

三、证券行政责任的种类

我国《证券法》中除了少数条款涉及民事责任及刑事责任外，绝大多数

---

① 《证券法》第215条。
② 《证券法》第218条规定："拒绝、阻碍证券监督管理机构及其工作人员依法行使监督检查、调查职权，由证券监督管理机构责令改正，处以十万元以上一百万元以下的罚款，并由公安机关依法给予治安管理处罚。"
③ 《证券法》第221条。
④ 《行政处罚法》（2021年修订）第2条。
⑤ 《行政处罚法》（2021年修订）第9条。

的责任形式是行政责任。行政责任在我国《证券法》中是占据主导地位的责任形式，而证券行政责任也是针对不同的责任主体所作出的。下面根据不同的责任主体来展开具体的证券行政责任的讨论。

(一) 证券发行人、上市公司的行政责任

1. 擅自公开发行、变相公开发行证券的行政责任

违反《证券法》第9条的规定，① 擅自公开或者变相公开发行证券的，责令停止发行，退还所募资金并加算银行同期存款利息，处以非法所募资金金额百分之五以上百分之五十以下的罚款；对擅自公开或者变相公开发行证券设立的公司，由依法履行监督管理职责的机构或者部门会同县级以上地方人民政府予以取缔。对直接负责的主管人员和其他直接责任人员给予警告，并处以50万元以上500万元以下的罚款。②

2. 发行文件虚假披露的行政责任

发行人在其公告的证券发行文件中隐瞒重要事实或者编造重大虚假内容，尚未发行证券的，处以200万元以上2000万元以下的罚款；已经发行证券的，处以非法所募资金金额百分之十以上一倍以下的罚款。对直接负责的主管人员和其他直接责任人员，处以100万元以上1000万元以下的罚款。发行人的控股股东、实际控制人组织、指使从事前款违法行为的，没收违法所得，并处以违法所得百分之十以上一倍以下的罚款；没有违法所得或者违法所得不足2000万元的，处以200万元以上2000万元以下的罚款。对直接负责的主管人员和其他直接责任人员，处以100万元以上1000万元以下的罚款。③

3. 擅自改变公开发行股票/债券募集资金用途的行政责任

公司对公开发行股票所募集资金，必须按照招股说明书或者其他公开发行募集文件所列资金用途使用；改变资金用途，必须经股东大会作出决议。擅自改变用途，未作纠正的，或者未经股东大会认可的，不得公开发行

---

① 《证券法》第9条规定："公开发行证券，必须符合法律、行政法规规定的条件，并依法报经国务院证券监督管理机构或者国务院授权的部门注册。未经依法注册，任何单位和个人不得公开发行证券。证券发行注册制的具体范围、实施步骤，由国务院规定。有下列情形之一的，为公开发行：(一) 向不特定对象发行证券；(二) 向特定对象发行证券累计超过二百人，但依法实施员工持股计划的员工人数不计算在内；(三) 法律、行政法规规定的其他发行行为。非公开发行证券，不得采用广告、公开劝诱和变相公开方式。"

② 《证券法》第180条。

③ 《证券法》第181条。

新股。①

公开发行公司债券，应当符合下列条件：（1）具备健全且运行良好的组织机构；（2）最近三年平均可分配利润足以支付公司债券一年的利息；（3）国务院规定的其他条件。

公开发行公司债券筹集的资金，必须按照公司债券募集办法所列资金用途使用；改变资金用途，必须经债券持有人会议作出决议。公开发行公司债券筹集的资金，不得用于弥补亏损和非生产性支出。上市公司发行可转换为股票的公司债券，除应当符合上述条件外，还应当遵守《证券法》第12条第2款的规定。但是，按照公司债券募集办法，上市公司通过收购本公司股份的方式进行公司债券转换的除外。②

发行人违反《证券法》第14条、第15条的规定擅自改变公开发行证券所募集资金的用途的，责令改正，处以50万元以上500万元以下的罚款；对直接负责的主管人员和其他直接责任人员给予警告，并处以10万元以上100万元以下的罚款。发行人的控股股东、实际控制人从事或者组织、指使从事前款违法行为的，给予警告，并处以50万元以上500万元以下的罚款；对直接负责的主管人员和其他直接责任人员，处以10万元以上100万元以下的罚款。③

4. 限制转让期限内转让证券的行政责任

依法发行的证券，《公司法》和其他法律对其转让期限有限制性规定的，在限定的期限内不得转让。上市公司持有百分之五以上股份的股东、实际控制人、董事、监事、高级管理人员，以及其他持有发行人首次公开发行前发行的股份或者上市公司向特定对象发行的股份的股东，转让其持有的本公司股份的，不得违反法律、行政法规和国务院证券监督管理机构关于持有期限、卖出时间、卖出数量、卖出方式、信息披露等规定，并应当遵守证券交易所的业务规则。④

违反《证券法》第36条的规定，在限制转让期内转让证券，或者转让股票不符合法律、行政法规和国务院证券监督管理机构规定的，责令改正，给

---

① 《证券法》第14条。
② 《证券法》第15条。
③ 《证券法》第185条。
④ 《证券法》第36条。

予警告，没收违法所得，并处以买卖证券等值以下的罚款。[①] 上市公司并购交易方也同样需遵守上述规则。

5. 上市公司内部人短线交易的行政责任

上市公司、股票在国务院批准的其他全国性证券交易场所交易的公司持有百分之五以上股份的股东、董事、监事、高级管理人员，将其持有的该公司的股票或者其他具有股权性质的证券在买入后 6 个月内卖出，或者在卖出后 6 个月内又买入，由此所得收益归该公司所有，公司董事会应当收回其所得收益。但是，证券公司因购入包销售后剩余股票而持有百分之五以上股份，以及有国务院证券监督管理机构规定的其他情形的除外。前款所称董事、监事、高级管理人员、自然人股东持有的股票或者其他具有股权性质的证券，包括其配偶、父母、子女持有的及利用他人账户持有的股票或者其他具有股权性质的证券。公司董事会不按照第一款规定执行的，股东有权要求董事会在 30 日内执行。公司董事会未在上述期限内执行的，股东有权为了公司的利益以自己的名义直接向人民法院提起诉讼。公司董事会不按照第一款的规定执行的，负有责任的董事依法承担连带责任。[②]

上市公司、股票在国务院批准的其他全国性证券交易场所交易的公司的董事、监事、高级管理人员、持有该公司百分之五以上股份的股东，违反《证券法》第 44 条的规定，买卖该公司股票或者其他具有股权性质的证券的，给予警告，并处以 10 万元以上 100 万元以下的罚款。[③] 上市公司并购交易方也同样需遵守上述规则。

6. 信息披露义务人未依法履行披露义务的行政责任

通过证券交易所的证券交易，投资者持有或者通过协议、其他安排与他人共同持有一个上市公司已发行的有表决权股份达到百分之五时，应当在该事实发生之日起三日内，向国务院证券监督管理机构、证券交易所作出书面报告，通知该上市公司，并予公告，在上述期限内不得再行买卖该上市公司的股票，但国务院证券监督管理机构规定的情形除外。投资者持有或者通过协议、其他安排与他人共同持有一个上市公司已发行的有表决权股份达到百分之五后，其所持该上市公司已发行的有表决权股份比例每增加或者减少百分之五，应当依照前款规定进行报告和公告，自该事实发生之日起至公告后

[①] 《证券法》第 186 条。
[②] 《证券法》第 44 条。
[③] 《证券法》第 189 条。

三日内，不得再行买卖该上市公司的股票，但国务院证券监督管理机构规定的情形除外。投资者持有或者通过协议、其他安排与他人共同持有一个上市公司已发行的有表决权股份达到百分之五后，其所持该上市公司已发行的有表决权股份比例每增加或者减少百分之一，应当在该事实发生的次日通知该上市公司，并予公告。违反第一款、第二款的规定买入上市公司有表决权的股份的，在买入后的 36 个月内，对该超过规定比例部分的股份不得行使表决权。①

信息披露义务人未按照《证券法》的规定报送有关报告或者履行信息披露义务的，责令改正，给予警告，并处以 50 万元以上 500 万元以下的罚款；对直接负责的主管人员和其他直接责任人员给予警告，并处以 20 万元以上 200 万元以下的罚款。发行人的控股股东、实际控制人组织、指使从事上述违法行为，或者隐瞒相关事项导致发生上述情形的，处以 50 万元以上 500 万元以下的罚款；对直接负责的主管人员和其他直接责任人员，处以 20 万元以上 200 万元以下的罚款。信息披露义务人报送的报告或者披露的信息有虚假记载、误导性陈述或者重大遗漏的，责令改正，给予警告，并处以 100 万元以上 1000 万元以下的罚款；对直接负责的主管人员和其他直接责任人员给予警告，并处以 50 万元以上 500 万元以下的罚款。发行人的控股股东、实际控制人组织、指使从事上述违法行为，或者隐瞒相关事项导致发生上述情形的，处以 100 万元以上 1000 万元以下的罚款；对直接负责的主管人员和其他直接责任人员，处以 50 万元以上 500 万元以下的罚款。② 上市公司并购交易方也同样需遵守上述规则。

7. 发行人未依法保存，泄露、损害文件资料的行政责任

发行人、证券登记结算机构、证券公司、证券服务机构未按照规定保存有关文件和资料的，责令改正，给予警告，并处以 10 万元以上 100 万元以下的罚款；泄露、隐匿、伪造、篡改或者毁损有关文件和资料的，给予警告，并处以 20 万元以上 200 万元以下的罚款；情节严重的，处以 50 万元以上 500 万元以下的罚款，并处暂停、撤销相关业务许可或者禁止从事相关业务。对直接负责的主管人员和其他直接责任人员给予警告，并处以 10 万元以上 100 万元以下的罚款。③

---

① 《证券法》第 63 条。
② 《证券法》第 197 条。
③ 《证券法》第 214 条。

（二）上市公司并购交易方的行政责任

1. 控制权收购违规的行政责任

证券交易内幕信息的知情人和非法获取内幕信息的人，在内幕信息公开前，不得买卖该公司的证券，或者泄露该信息，或者建议他人买卖该证券。持有或者通过协议、其他安排与他人共同持有公司百分之五以上股份的自然人、法人、非法人组织收购上市公司的股份，本法另有规定的，适用其规定。内幕交易行为给投资者造成损失的，应当依法承担赔偿责任。[①] 收购人未按照本法规定履行上市公司收购的公告、发出收购要约义务的，责令改正，给予警告，并处以 50 万元以上 500 万元以下的罚款。对直接负责的主管人员和其他直接责任人员给予警告，并处以 20 万元以上 200 万元以下的罚款。收购人及其控股股东、实际控制人利用上市公司收购，给被收购公司及其股东造成损失的，应当依法承担赔偿责任。[②]

2. 上市公司并购方的其他行政责任

上市公司并购交易方还应当根据《证券法》第 36 条和第 186 条承担违规增持、减持的行政责任；根据第 44 条和第 189 条承担短线交易的行政责任；根据第 197 条第 1 款承担未按规定报送报告或履行信息披露义务的行政责任；根据第 197 条第 2 款承担权益变动虚假披露的行政责任。

（三）证券公司的行政责任

证券法对证券公司法律责任的规定涉及方方面面，大多数都规定在《证券法》第十三章"法律责任"中，也有零星的责任条款规定在第八章"证券公司"中。涉及证券公司及其从业人员的证券行政责任的条文是各类市场主体中最多的，大体可以将这些条文分为五大类。

1.《证券法》第八章中规定的证券公司的行政责任

（1）证券公司治理结构、合规管理、风险控制指标不符合规定的行政责任

证券公司的治理结构、合规管理、风险控制指标不符合规定的，国务院证券监督管理机构应当责令其限期改正；逾期未改正，或者其行为严重危及该证券公司的稳健运行、损害客户合法权益的，国务院证券监督管理机构可

[①] 《证券法》第 53 条。
[②] 《证券法》第 196 条。

以区别情形，对其采取下列措施：限制业务活动，责令暂停部分业务，停止核准新业务；限制分配红利，限制向董事、监事、高级管理人员支付报酬、提供福利；限制转让财产或者在财产上设定其他权利；责令更换董事、监事、高级管理人员或者限制其权利；撤销有关业务许可；认定负有责任的董事、监事、高级管理人员为不适当人选；责令负有责任的股东转让股权，限制负有责任的股东行使股东权利。证券公司整改后，应当向国务院证券监督管理机构提交报告。国务院证券监督管理机构经验收，治理结构、合规管理、风险控制指标符合规定的，应当自验收完毕之日起三日内解除对其采取的前款规定的有关限制措施。①

（2）虚假出资、抽逃出资的行政责任

证券公司的股东有虚假出资、抽逃出资行为的，国务院证券监督管理机构应当责令其限期改正，并可责令其转让所持证券公司的股权。在前款规定的股东按照要求改正违法行为、转让所持证券公司的股权前，国务院证券监督管理机构可以限制其股东权利。②

（3）未尽勤勉责任的行政责任

证券公司的董事、监事、高级管理人员未能勤勉尽责，致使证券公司存在重大违法违规行为或者重大风险的，国务院证券监督管理机构可以责令证券公司予以更换。③

（4）违法经营或出现重大风险的行政责任

证券公司违法经营或者出现重大风险，严重危害证券市场秩序、损害投资者利益的，国务院证券监督管理机构可以对该证券公司采取责令停业整顿、指定其他机构托管、接管或者撤销等监管措施。④

（5）特殊情形下的行政责任

在证券公司被责令停业整顿、被依法指定托管、接管或者清算期间，或者出现重大风险时，经国务院证券监督管理机构批准，可以对该证券公司直接负责的董事、监事、高级管理人员和其他直接责任人员采取以下措施：通知出境入境管理机关依法阻止其出境；申请司法机关禁止其转移、转让或者

---

① 《证券法》第 140 条。
② 《证券法》第 141 条。
③ 《证券法》第 142 条。
④ 《证券法》第 143 条。

以其他方式处分财产，或者在财产上设定其他权利。①

2. 证券公司承销违法的行政责任

（1）证券公司承销或销售非法证券的行政责任

证券公司承销或者销售擅自公开发行或者变相公开发行的证券的，责令停止承销或者销售，没收违法所得，并处以违法所得一倍以上十倍以下的罚款；没有违法所得或者违法所得不足 100 万元的，处以 100 万元以上 1000 万元以下的罚款；情节严重的，并处暂停或者撤销相关业务许可。给投资者造成损失的，应当与发行人承担连带赔偿责任。对直接负责的主管人员和其他直接责任人员给予警告，并处以 50 万元以上 500 万元以下的罚款。②

（2）证券公司违法承销证券的行政责任

证券公司承销证券违反《证券法》第 29 条规定的，责令改正，给予警告，没收违法所得，可以并处 50 万元以上 500 万元以下的罚款；情节严重的，暂停或者撤销相关业务许可。对直接负责的主管人员和其他直接责任人员给予警告，可以并处 20 万元以上 200 万元以下的罚款；情节严重的，并处以 50 万元以上 500 万元以下的罚款。③

3. 证券公司主体资格违法的行政责任

（1）擅自设立证券公司、非法经营证券业务的行政责任

违反《证券法》第 118 条，第 120 条第 1 款、第 4 款的规定，擅自设立证券公司、非法经营证券业务或者未经批准以证券公司名义开展证券业务活动的，责令改正，没收违法所得，并处以违法所得一倍以上十倍以下的罚款；没有违法所得或者违法所得不足 100 万元的，处以 100 万元以上 1000 万元以下的罚款。对直接负责的主管人员和其他直接责任人员给予警告，并处以 20 万元以上 200 万元以下的罚款。对擅自设立的证券公司，由国务院证券监督管理机构予以取缔。④

（2）证券公司未经核准变更或发生重大事项的行政责任

证券公司违反《证券法》第 122 条的规定，未经核准变更证券业务范围，变更主要股东或者公司的实际控制人，合并、分立、停业、解散、破产的，责令改正，给予警告，没收违法所得，并处以违法所得一倍以上十倍以下的

---

① 《证券法》第 144 条。
② 《证券法》第 183 条。
③ 《证券法》第 184 条。
④ 《证券法》第 202 条第 1 款。

罚款；没有违法所得或者违法所得不足50万元的，处以50万元以上500万元以下的罚款；情节严重的，并处撤销相关业务许可。对直接负责的主管人员和其他直接责任人员给予警告，并处以20万元以上200万元以下的罚款。①

4. 证券公司业务违法的行政责任

（1）保荐人不依法履行法定职责的行政责任

保荐人出具有虚假记载、误导性陈述或者重大遗漏的保荐书，或者不履行其他法定职责的，责令改正，给予警告，没收业务收入，并处以业务收入一倍以上十倍以下的罚款；没有业务收入或者业务收入不足100万元的，处以100万元以上1000万元以下的罚款；情节严重的，并处暂停或者撤销保荐业务许可。对直接负责的主管人员和其他直接责任人员给予警告，并处以50万元以上500万元以下的罚款。②

（2）证券公司及从业人员损害客户利益的行政责任

证券公司及其从业人员违反《证券法》第57条的规定，有损害客户利益的行为的，给予警告，没收违法所得，并处以违法所得一倍以上十倍以下的罚款；没有违法所得或者违法所得不足10万元的，处以10万元以上100万元以下的罚款；情节严重的，暂停或者撤销相关业务许可。③

（3）证券公司未履行投资者适当性管理义务的行政责任

证券公司违反《证券法》第88条的规定，未履行或者未按照规定履行投资者适当性管理义务的，责令改正，给予警告，并处以10万元以上100万元以下的罚款。对直接负责的主管人员和其他直接责任人员给予警告，并处以20万元以下的罚款。④

（4）证券公司未核对投资者开立账户身份信息的行政责任

证券公司违反《证券法》第107条第1款的规定，未对投资者开立账户提供的身份信息进行核对的，责令改正，给予警告，并处以5万元以上50万元以下的罚款。对直接负责的主管人员和其他直接责任人员给予警告，并处以10万元以下的罚款。证券公司违反本法第107条第2款的规定，将投资者的账户提供给他人使用的，责令改正，给予警告，并处以10万元以上100万元以下的罚款。对直接负责的主管人员和其他直接责任人员给予警告，并处

---

① 《证券法》第204条。
② 《证券法》第182条。
③ 《证券法》第194条。
④ 《证券法》第198条。

以 20 万元以下的罚款。①

（5）违法提供融资融券服务的行政责任

证券公司违反《证券法》第 120 条第 5 款的规定提供证券融资融券服务的，没收违法所得，并处以融资融券等值以下的罚款；情节严重的，禁止其在一定期限内从事证券融资融券业务。对直接负责的主管人员和其他直接责任人员给予警告，并处以 20 万元以上 200 万元以下的罚款。②

（6）证券公司违法为股东或关联人提供融资或担保的行政责任

证券公司违反《证券法》第 123 条第 2 款的规定，为其股东或者股东的关联人提供融资或者担保的，责令改正，给予警告，并处以 50 万元以上 500 万元以下的罚款。对直接负责的主管人员和其他直接责任人员给予警告，并处以 10 万元以上 100 万元以下的罚款。股东有过错的，在按照要求改正前，国务院证券监督管理机构可以限制其股东权利；拒不改正的，可以责令其转让所持证券公司股权。③

（7）证券公司未采取有效隔离措施的行政责任

证券公司违反《证券法》第 128 条的规定，未采取有效隔离措施防范利益冲突，或者未分开办理相关业务、混合操作的，责令改正，给予警告，没收违法所得，并处以违法所得一倍以上十倍以下的罚款；没有违法所得或者违法所得不足 50 万元的，处以 50 万元以上 500 万元以下的罚款；情节严重的，并处撤销相关业务许可。对直接负责的主管人员和其他直接责任人员给予警告，并处以 20 万元以上 200 万元以下的罚款。④

（8）证券公司违法从事自营业务的行政责任

证券公司违反《证券法》第 129 条的规定从事证券自营业务的，责令改正，给予警告，没收违法所得，并处以违法所得一倍以上十倍以下的罚款；没有违法所得或者违法所得不足 50 万元的，处以 50 万元以上 500 万元以下的罚款；情节严重的，并处撤销相关业务许可或者责令关闭。对直接负责的主管人员和其他直接责任人员给予警告，并处以 20 万元以上 200 万元以下的罚款。⑤

---

① 《证券法》第 201 条。
② 《证券法》第 202 条第 2 款。
③ 《证券法》第 205 条。
④ 《证券法》第 206 条。
⑤ 《证券法》第 207 条。

（9）挪用客户的资金和证券的行政责任

证券公司客户的交易结算资金应当存放在商业银行，以每个客户的名义单独立户管理。

证券公司不得将客户的交易结算资金和证券归入其自有财产。禁止任何单位或者个人以任何形式挪用客户的交易结算资金和证券。证券公司破产或者清算时，客户的交易结算资金和证券不属于其破产财产或者清算财产。非因客户本身的债务或者法律规定的其他情形，不得查封、冻结、扣划或者强制执行客户的交易结算资金和证券。① 证券公司违反《证券法》第 131 条的规定，将客户的资金和证券归入自有财产，或者挪用客户的资金和证券的，责令改正，给予警告，没收违法所得，并处以违法所得一倍以上十倍以下的罚款；没有违法所得或者违法所得不足 100 万元的，处以 100 万元以上 1000 万元以下的罚款；情节严重的，并处撤销相关业务许可或者责令关闭。对直接负责的主管人员和其他直接责任人员给予警告，并处以 50 万元以上 500 万元以下的罚款。②

（10）证券公司经纪业务违法的行政责任

证券公司办理经纪业务，不得接受客户的全权委托而决定证券买卖、选择证券种类、决定买卖数量或者买卖价格。③ 证券公司不得对客户证券买卖的收益或者赔偿证券买卖的损失作出承诺。④

证券公司违反《证券法》第 134 条第 1 款的规定接受客户的全权委托买卖证券的，或者违反《证券法》第 135 条的规定对客户的收益或者赔偿客户的损失作出承诺的，责令改正，给予警告，没收违法所得，并处以违法所得一倍以上十倍以下的罚款；没有违法所得或者违法所得不足 50 万元的，处以 50 万元以上 500 万元以下的罚款；情节严重的，并处撤销相关业务许可。对直接负责的主管人员和其他直接责任人员给予警告，并处以 20 万元以上 200 万元以下的罚款。证券公司违反本法第 134 条第 2 款的规定，允许他人以证券公司的名义直接参与证券的集中交易的，责令改正，可以并处 50 万元以下的罚款。⑤

---

① 《证券法》第 131 条。
② 《证券法》第 208 条。
③ 《证券法》第 134 条第 1 款。
④ 《证券法》第 135 条。
⑤ 《证券法》第 209 条。

(11) 证券公司从业人员私下接受客户委托买卖证券的行政责任

证券公司的从业人员在证券交易活动中，执行所属的证券公司的指令或者利用职务违反交易规则的，由所属的证券公司承担全部责任。证券公司的从业人员不得私下接受客户委托买卖证券。①

证券公司的从业人员违反《证券法》第 136 条的规定，私下接受客户委托买卖证券的，责令改正，给予警告，没收违法所得，并处以违法所得 1 倍以上 10 倍以下的罚款；没有违法所得的，处以 50 万元以下的罚款。②

(12) 骗取证券公司许可或重大事项变更核准的行政责任

提交虚假证明文件或者采取其他欺诈手段骗取证券公司设立许可、业务许可或者重大事项变更核准的，撤销相关许可，并处以 100 万元以上 1000 万元以下的罚款。对直接负责的主管人员和其他直接责任人员给予警告，并处以 20 万元以上 200 万元以下的罚款。③

5. 证券公司资料信息违法的行政责任

(1) 编造、传播虚假或误导性信息的行政责任

禁止任何单位和个人编造、传播虚假信息或者误导性信息，扰乱证券市场。禁止证券交易场所、证券公司、证券登记结算机构、证券服务机构及其从业人员，证券业协会、证券监督管理机构及其工作人员，在证券交易活动中作出虚假陈述或者信息误导。各种传播媒介传播证券市场信息必须真实、客观，禁止误导。传播媒介及其从事证券市场信息报道的工作人员不得从事与其工作职责发生利益冲突的证券买卖。编造、传播虚假信息或者误导性信息，扰乱证券市场，给投资者造成损失的，应当依法承担赔偿责任。④

违反《证券法》第 56 条第 1 款、第 3 款的规定，编造、传播虚假信息或者误导性信息，扰乱证券市场的，没收违法所得，并处以违法所得一倍以上十倍以下的罚款；没有违法所得或者违法所得不足 20 万元的，处以 20 万元以上 200 万元以下的罚款。违反本法第 56 条第 2 款的规定，在证券交易活动中作出虚假陈述或者信息误导的，责令改正，处以 20 万元以上 200 万元以下的罚款；属于国家工作人员的，还应当依法给予处分。传播媒介及其从事证券市场信息报道的工作人员违反本法第 56 条第 3 款的规定，从事与其工作职

---

① 《证券法》第 136 条。
② 《证券法》第 210 条。
③ 《证券法》第 203 条。
④ 《证券法》第 56 条。

责发生利益冲突的证券买卖的，没收违法所得，并处以买卖证券等值以下的罚款。①

（2）证券公司等违法报送、提供信息的行政责任

证券公司应当按照规定向国务院证券监督管理机构报送业务、财务等经营管理信息和资料。国务院证券监督管理机构有权要求证券公司及其主要股东、实际控制人在指定的期限内提供有关信息、资料。证券公司及其主要股东、实际控制人向国务院证券监督管理机构报送或者提供的信息、资料，必须真实、准确、完整。②

证券公司及其主要股东、实际控制人违反本法第138条的规定，未报送、提供信息和资料，或者报送、提供的信息和资料有虚假记载、误导性陈述或者重大遗漏的，责令改正，给予警告，并处以100万元以下的罚款；情节严重的，并处撤销相关业务许可。对直接负责的主管人员和其他直接责任人员，给予警告，并处以50万元以下的罚款。③

（3）证券机构未依法保存，泄露、损害文件资料的行政责任

发行人、证券登记结算机构、证券公司、证券服务机构未按照规定保存有关文件和资料的，责令改正，给予警告，并处以10万元以上100万元以下的罚款；泄露、隐匿、伪造、篡改或者毁损有关文件和资料的，给予警告，并处以20万元以上200万元以下的罚款；情节严重的，处以50万元以上500万元以下的罚款，并处暂停、撤销相关业务许可或者禁止从事相关业务。对直接负责的主管人员和其他直接责任人员给予警告，并处以10万元以上100万元以下的罚款。④

（四）证券交易场所、证券登记结算机构及证券业协会的行政责任

1. 非法开设证券交易场所及证券登记结算机构的行政责任

非法开设证券交易场所的，由县级以上人民政府予以取缔，没收违法所得，并处以违法所得一倍以上十倍以下的罚款；没有违法所得或者违法所得不足100万元的，处以100万元以上1000万元以下的罚款。对直接负责的主管人员和其他直接责任人员给予警告，并处以20万元以上200万元以下的罚

---

① 《证券法》第193条。
② 《证券法》第138条。
③ 《证券法》第211条。
④ 《证券法》第214条。

款。证券交易所违反本法第 105 条的规定，允许非会员直接参与股票的集中交易的，责令改正，可以并处 50 万元以下的罚款。①

证券登记结算机构为证券交易提供集中登记、存管与结算服务，不以营利为目的，依法登记，取得法人资格。设立证券登记结算机构必须经国务院证券监督管理机构批准。② 违反《证券法》第 145 条的规定，擅自设立证券登记结算机构的，由国务院证券监督管理机构予以取缔，没收违法所得，并处以违法所得一倍以上十倍以下的罚款；没有违法所得或者违法所得不足 50 万元的，处以 50 万元以上 500 万元以下的罚款。对直接负责的主管人员和其他直接责任人员给予警告，并处以 20 万元以上 200 万元以下的罚款。③

2. 证券交易中虚假陈述的行政责任

禁止证券交易场所、证券公司、证券登记结算机构、证券服务机构及其从业人员，证券业协会、证券监督管理机构及其工作人员，在证券交易活动中作出虚假陈述或者信息误导。④ 违反《证券法》第 56 条第 2 款的规定，在证券交易活动中作出虚假陈述或者信息误导的，责令改正，处以 20 万元以上 200 万元以下的罚款；属于国家工作人员的，还应当依法给予处分。⑤

3. 信息资料监管中的行政责任

发行人、证券登记结算机构、证券公司、证券服务机构未按照规定保存有关文件和资料的，责令改正，给予警告，并处以 10 万元以上 100 万元以下的罚款；泄露、隐匿、伪造、篡改或者毁损有关文件和资料的，给予警告，并处以 20 万元以上 200 万元以下的罚款；情节严重的，处以 50 万元以上 500 万元以下的罚款，并处暂停、撤销相关业务许可或者禁止从事相关业务。对直接负责的主管人员和其他直接责任人员给予警告，并处以 10 万元以上 100 万元以下的罚款。⑥

4. 证券业协会的行政责任

证券业协会及其工作人员在证券交易活动中作出虚假陈述或者信息误导的，根据《证券法》第 56 条第 2 款和第 193 条第 2 款的规定，承担责令改正及罚款的行政责任。

---

① 《证券法》第 200 条。
② 《证券法》第 145 条。
③ 《证券法》第 212 条。
④ 《证券法》第 56 条第 2 款。
⑤ 《证券法》第 193 条第 2 款。
⑥ 《证券法》第 214 条。

证券服务机构的行政责任与证券监管机构的行政责任分别在本书第七章与第八章中有详细的阐述，此处不再赘述。表 9.2 将《证券法》中涉及证券市场主体行政责任的条文进行了全的梳理。

表 9.2 证券行政责任一览表①

责任主体	法条序号			
证券发行人/上市公司	第 180 条	第 181 条	第 185 条（第 14 条、第 15 条）	第 186 条（第 36 条）
	第 189 条（第 44 条）	第 197 条（第 63 条）	第 214 条	
并购方	第 186 条（第 36 条）	第 189 条（第 44 条）	第 196 条（第 53 条）	第 197 条第 1 款、第 2 款
证券公司	第 140 条	第 141 条	第 142 条	第 143 条
	第 144 条	第 182 条	第 183 条	第 184 条
	第 193 条	第 194 条	第 198 条	第 201 条
	第 202 条第 1 款、第 2 款	第 203 条	第 204 条	第 205 条
	第 206 条	第 207 条	第 208 条（第 131 条）	第 209 条（第 134 条第 1 款、第 135 条）
	第 210 条（第 136 条）	第 211 条（第 138 条）	第 214 条	
证券监管机构	第 193 条第 2 款（第 56 条第 2 款）	第 216 条	第 217 条（第 179 条）	
证券服务机构	第 213 条第 1 款、第 2 款（第 160 条第 2 款、第 161 条第 2 款）	第 214 条（第 162 条）	第 213 条第 3 款（第 160 条第 1 款、第 163 条）	第 188 条（第 42 条）
证券交易场所、证券登记结算机构及证券业协会	第 200 条	第 212 条（第 145 条）	第 192 条第 2 款（第 56 条第 2 款）	第 214 条

---

① 表中加括号的条款表示对市场主体的行为规制，未加括号的条款是涉及市场主体行政责任的条款。

第四节　证券刑事责任

本节思维导图

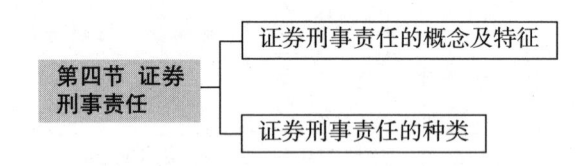

第四节　证券刑事责任
├── 证券刑事责任的概念及特征
└── 证券刑事责任的种类

一、证券刑事责任的概念及特征

证券刑事责任是行为人因实施了证券犯罪行为而应当承担的法律责任，是所有法律责任中最严厉的责任形式。《证券法》第 219 条规定："违反本法规定，构成犯罪的，依法追究刑事责任。"而《刑法修正案（十一）》《关于依法从严打击证券违法活动的意见》显著加大了对违规违法行为的打击力度，资本市场法治供给显著改善。2020 年至 2022 年共对上市公司移送稽查立案 232 家次，与之前三年相比增长 82.7%。[①]

相较于证券民事责任和证券行政责任，证券刑事责任有以下特征：首先，证券刑事责任是基于证券犯罪而产生的，应当依照《刑法》追究刑事责任。其次，刑事责任的承担方式主要是有期徒刑、拘役以及罚金。再次，证券刑事责任承担的行为要件较为全面，既要求具备主观方面的要件，又要求具备客观方面的违法行为情节严重。最后，我国《证券法》中并没有规定具体的证券刑事责任条款，而是通过《证券法》第 219 条这一引介条款，将相关刑事责任引介至《刑法》。[②]

二、证券刑事责任的种类

我国《刑法》主要规定了 16 种与证券相关的刑事罪名。《刑法》也并未

[①] 《奋发有为 迎难而上 努力开创上市公司高质量发展新局面——易会满主席在上市公司协会第三届会员代表大会上的讲话》，http://www.csrc.gov.cn/csrc/c106311/c2323558/content.shtml，最后访问日期：2023 年 7 月 5 日。

[②] 李东方：《证券法》，北京大学出版社 2020 年版，第 261 页。

设立专章规定证券犯罪，而是分别设立在妨害对公司、企业的管理秩序罪和破坏金融管理秩序罪及扰乱市场秩序罪中。妨害对公司、企业的管理秩序罪中具体包括欺诈发行证券罪，违规披露、不披露重要信息罪。破坏金融管理秩序罪中具体涉及伪造、变造国家有价证券罪，伪造、变造股票、公司、企业债券罪，擅自发行股票、公司、企业债券罪，内幕交易、泄露内幕信息罪，利用未公开信息交易罪，编造并传播证券、期货交易虚假信息罪，诱骗投资者买卖证券、期货合约罪，操纵证券、期货市场罪，挪用资金罪，挪用公款罪，背信运用受托财产罪。扰乱市场秩序罪中具体涉及提供虚假证明文件罪，出具证明文件重大失实罪。上述刑事罪名均归类为破坏社会主义市场经济秩序罪。渎职罪中具体涉及滥用管理公司、证券职权罪。

表9.3 证券刑事责任一览表

序号	罪名	《刑法》法条规定	罪名类型
1	欺诈发行证券罪	第160条 在招股说明书、认股书、公司、企业债券募集办法等发行文件中隐瞒重要事实或者编造重大虚假内容，发行股票或者公司、企业债券、存托凭证或者国务院依法认定的其他证券，数额巨大、后果严重或者有其他严重情节的，处五年以下有期徒刑或者拘役，并处或者单处罚金；数额特别巨大、后果特别严重或者有其他特别严重情节的，处五年以上有期徒刑，并处罚金。 控股股东、实际控制人组织、指使实施前款行为的，处五年以下有期徒刑或者拘役，并处或者单处非法募集资金金额百分之二十以上一倍以下罚金；数额特别巨大、后果特别严重或者有其他特别严重情节的，处五年以上有期徒刑，并处非法募集资金金额百分之二十以上一倍以下罚金。 单位犯前两款罪的，对单位判处非法募集资金金额百分之二十以上一倍以下罚金，并对其直接负责的主管人员和其他直接责任人员，依照第一款的规定处罚。	妨害对公司、企业的管理秩序罪

续表

序号	罪名	《刑法》法条规定	罪名类型
2	违规披露、不披露重要信息罪	第161条　依法负有信息披露义务的公司、企业向股东和社会公众提供虚假的或者隐瞒重要事实的财务会计报告，或者对依法应当披露的其他重要信息不按照规定披露，严重损害股东或者其他人利益，或者有其他严重情节的，对其直接负责的主管人员和其他直接责任人员，处五年以下有期徒刑或者拘役，并处或者单处罚金；情节特别严重的，处五年以上十年以下有期徒刑，并处罚金。 前款规定的公司、企业的控股股东、实际控制人实施或者组织、指使实施前款行为的，或者隐瞒相关事项导致前款规定的情形发生的，依照前款的规定处罚。 犯前款罪的控股股东、实际控制人是单位的，对单位判处罚金，并对其直接负责的主管人员和其他直接责任人员，依照第一款的规定处罚。	妨害对公司、企业的管理秩序罪
3	伪造、变造国家有价证券罪	第178条第1款　伪造、变造国库券或者国家发行的其他有价证券，数额较大的，处三年以下有期徒刑或者拘役，并处或者单处二万元以上二十万元以下罚金；数额巨大的，处三年以上十年以下有期徒刑，并处五万元以上五十万元以下罚金；数额特别巨大的，处十年以上有期徒刑或者无期徒刑，并处五万元以上五十万元以下罚金或者没收财产。	
4	伪造、变造股票、公司、企业债券罪	第178条第2款　伪造、变造股票或者公司、企业债券，数额较大的，处三年以下有期徒刑或者拘役，并处或者单处一万元以上十万元以下罚金；数额巨大的，处三年以上十年以下有期徒刑，并处二万元以上二十万元以下罚金。 单位犯前两款罪的，对单位判处罚金，并对其直接负责的主管人员和其他直接责任人员，依照前两款的规定处罚。	
5	擅自发行股票、公司、企业债券罪	第179条　未经国家有关主管部门批准，擅自发行股票或者公司、企业债券，数额巨大、后果严重或者有其他严重情节的，处五年以下有期徒刑或者拘役，并处或者单处非法募集资金金额百分之一以上百分之五以下罚金。 单位犯前款罪的，对单位判处罚金，并对其直接负责的主管人员和其他直接责任人员，处五年以下有期徒刑或者拘役。	

续表

序号	罪名	《刑法》法条规定	罪名类型
6	内幕交易、泄露内幕信息罪	第180条第1款、第2款、第3款 证券、期货交易内幕信息的知情人员或者非法获取证券、期货交易内幕信息的人员，在涉及证券的发行，证券、期货交易或者其他对证券、期货交易价格有重大影响的信息尚未公开前，买入或者卖出该证券，或者从事与该内幕信息有关的期货交易，或者泄露该信息，或者明示、暗示他人从事上述交易活动，情节严重的，处五年以下有期徒刑或者拘役，并处或者单处违法所得一倍以上五倍以下罚金；情节特别严重的，处五年以上十年以下有期徒刑，并处违法所得一倍以上五倍以下罚金。 单位犯前款罪的，对单位判处罚金，并对其直接负责的主管人员和其他直接责任人员，处五年以下有期徒刑或者拘役。 内幕信息、知情人员的范围，依照法律、行政法规的规定确定。	妨害对公司、企业的管理秩序罪
7	利用未公开信息交易罪	第180条第4款 证券交易所、期货交易所、证券公司、期货经纪公司、基金管理公司、商业银行、保险公司等金融机构的从业人员以及有关监管部门或者行业协会的工作人员，利用因职务便利获取的内幕信息以外的其他未公开的信息，违反规定，从事与该信息相关的证券、期货交易活动，或者明示、暗示他人从事相关交易活动，情节严重的，依照第一款的规定处罚。	
8	编造并传播证券、期货交易虚假信息罪	第181条第1款 编造并且传播影响证券、期货交易的虚假信息，扰乱证券、期货交易市场，造成严重后果的，处五年以下有期徒刑或者拘役，并处或者单处一万元以上十万元以下罚金。	
9	诱骗投资者买卖证券、期货合约罪	第181条第2款、第3款 证券交易所、期货交易所、证券公司、期货经纪公司的从业人员，证券业协会、期货业协会或者证券期货监督管理部门的工作人员，故意提供虚假信息或者伪造、变造、销毁交易记录，诱骗投资者买卖证券、期货合约，造成严重后果的，处五年以下有期徒刑或者拘役，并处或者单处一万元以上十万元以下罚金；情节特别恶劣的，处五年以上十年以下有期徒刑，并处二万元以上二十万元以下罚金。 单位犯前两款罪的，对单位判处罚金，并对其直接负责的主管人员和其他直接责任人员，处五年以下有期徒刑或者拘役。	

续表

序号	罪名	《刑法》法条规定	罪名类型
10	操纵证券、期货市场罪	第182条　有下列情形之一，操纵证券、期货市场，影响证券、期货交易价格或者证券、期货交易量，情节严重的，处五年以下有期徒刑或者拘役，并处或者单处罚金；情节特别严重的，处五年以上十年以下有期徒刑，并处罚金：（一）单独或者合谋，集中资金优势、持股或者持仓优势或者利用信息优势联合或者连续买卖的；（二）与他人串通，以事先约定的时间、价格和方式相互进行证券、期货交易的；（三）在自己实际控制的帐户之间进行证券交易，或者以自己为交易对象，自买自卖期货合约的；（四）不以成交为目的，频繁或者大量申报买入、卖出证券、期货合约并撤销申报的；（五）利用虚假或者不确定的重大信息，诱导投资者进行证券、期货交易的；（六）对证券、证券发行人、期货交易标的公开作出评价、预测或者投资建议，同时进行反向证券交易或者相关期货交易的；（七）以其他方法操纵证券、期货市场的。 单位犯前款罪的，对单位判处罚金，并对其直接负责的主管人员和其他直接责任人员，依照前款的规定处罚。	破坏金融管理秩序罪
11	挪用资金罪	第185条第1款　商业银行、证券交易所、期货交易所、证券公司、期货经纪公司、保险公司或者其他金融机构的工作人员利用职务上的便利，挪用本单位或者客户资金的，依照本法第二百七十二条的规定定罪处罚。	
12	挪用公款罪	第185条第2款　国有商业银行、证券交易所、期货交易所、证券公司、期货经纪公司、保险公司或者其他国有金融机构的工作人员和国有商业银行、证券交易所、期货交易所、证券公司、期货经纪公司、保险公司或者其他国有金融机构委派到前款规定中的非国有机构从事公务的人员有前款行为的，依照本法第三百八十四条的规定定罪处罚。	
13	背信运用受托财产罪	第185条之一第1款　商业银行、证券交易所、期货交易所、证券公司、期货经纪公司、保险公司或者其他金融机构，违背受托义务，擅自运用客户资金或者其他委托、信托的财产，情节严重的，对单位判处罚金，并对其直接负责的主管人员和其他直接责任人员，处三年以下有期徒刑或者拘役，并处三万元以上三十万元以下罚金；情节特别严重的，处三年以上十年以下有期徒刑，并处五万元以上五十万元以下罚金。	

续表

序号	罪名	《刑法》法条规定	罪名类型
14	提供虚假证明文件罪	第229条第1款 承担资产评估、验资、验证、会计、审计、法律服务、保荐、安全评价、环境影响评价、环境监测等职责的中介组织的人员故意提供虚假证明文件，情节严重的，处五年以下有期徒刑或者拘役，并处罚金；有下列情形之一的，处五年以上十年以下有期徒刑，并处罚金： （一）提供与证券发行相关的虚假的资产评估、会计、审计、法律服务、保荐等证明文件，情节特别严重的； （二）提供与重大资产交易相关的虚假的资产评估、会计、审计等证明文件，情节特别严重的； （三）在涉及公共安全的重大工程、项目中提供虚假的安全评价、环境影响评价等证明文件，致使公共财产、国家和人民利益遭受特别重大损失的。 有前款行为，同时索取他人财物或者非法收受他人财物构成犯罪的，依照处罚较重的规定定罪处罚。	扰乱市场秩序罪
15	出具证明文件重大失实罪	第229条第2款 第一款规定的人员，严重不负责任，出具的证明文件有重大失实，造成严重后果的，处三年以下有期徒刑或者拘役，并处或者单处罚金。	
16	滥用管理公司、证券职权罪	第403条 国家有关主管部门的国家机关工作人员，徇私舞弊，滥用职权，对不符合法律规定条件的公司设立、登记申请或者股票、债券发行、上市申请，予以批准或者登记，致使公共财产、国家和人民利益遭受重大损失的，处五年以下有期徒刑或者拘役。 上级部门强令登记机关及其工作人员实施前款行为的，对其直接负责的主管人员，依照前款的规定处罚。	渎职罪

我国证券法律责任实现存在的问题表现为，行政案件相对于民事、刑事案件数量较多，民事赔偿不充分和刑事责任追究不到位，法律责任实现的时效性不足、不同类型法律责任实现之间的联动性不够；应当进一步发挥证券监管部门的行政执法效能，一体化促进证券多重法律责任实现，解决资本市场违法成本过低的问题。[1]

2021年7月，中共中央办公厅、国务院办公厅印发了《关于依法从严打击证券违法活动的意见》，明确了完善资本市场违法犯罪法律责任制度体系，对落实三种责任提出了明确意见。在落实民事责任方面提出要健全民事赔偿

---

[1] 王一：《我国证券法律责任实现机制研究》，载《中国证券期货》2019年第4期。

制度。抓紧推进证券纠纷代表人诉讼制度实施。修改因虚假陈述引发民事赔偿有关司法解释，取消民事赔偿诉讼前置程序。开展证券行业仲裁制度试点。在落实行政责任方面提出要完善行政法律制度。贯彻实施新修订的证券法，加快制定修订上市公司监督管理条例、证券公司监督管理条例、新三板市场监督管理条例和证券期货行政执法当事人承诺实施办法等配套法规制度，大幅提高违法违规成本。加快制定期货法，补齐期货市场监管执法制度短板。在落实刑事责任方面提出要加大刑事惩戒力度。贯彻实施《刑法修正案（十一）》，同步修改有关刑事案件立案追诉标准，完善相关刑事司法解释和司法政策。需要注意的是，一些证券违法行为，可能同时引起承担民事责任、行政责任及刑事责任的法律后果。为了使受损害的投资者获得充分的救济和保护，法律赋予了投资者获得民事赔偿的优先权，即民事赔偿责任优先原则。《证券法》第220条规定："违反本法规定，应当承担民事赔偿责任和缴纳罚款、罚金、违法所得，违法行为人的财产不足以支付的，优先用于承担民事赔偿责任。"

第五节　拓展学习

一、思考

本章内容涉及《证券法》第十三章"法律责任"第180—223条。本章对证券法律责任的概念、特征及构成要件进行了概述，之后分别对证券民事责任、行政责任和刑事责任进行了介绍和梳理。结合"匹凸匹案"，谈谈你对完善我国资本市场法律责任制度体系的建议。

二、参考法律法规

序号	法规名称	发文号	发文单位
1	中华人民共和国公职人员政务处分法（2020）	中华人民共和国主席令第四十六号	全国人民代表大会常务委员会
2	关于依法从严打击证券违法活动的意见		中共中央办公厅、国务院办公厅

三、本章阅读文献

(一) 推荐阅读文章

证券行政责任重述与完善[①]

内容摘要： 新《证券法》增设证券民事责任条款以图摆脱其重公法、抑私权的诟病，但由于证券市场的特殊性，证券违法行为的隐蔽性、专业性、多发性和复杂性，以及证券法与民事诉讼法之间立法理念的抵牾和制度失洽，证券民事责任的实现面临困境甚至裹足难行。重述证券行政责任，从而理性认识其作为证券法本位责任的地位和功能，并通过发挥行政责任和民事责任的协同作用、提升证券执法机关的法律地位、降低惩处证券行政违法行为的证明标准和探索构建证券行政执法和解制度，改进和完善证券行政责任实现机制，凸显其对于强化证券市场监管、遏制和预防证券违法行为具有重大的理论和实践意义。

关键词： 行政责任；本法责任；实现机制；证券法

(二) 推荐延伸阅读文章

证券民事赔偿责任优先原则的实现机制[②]

内容摘要： 我国《证券法》出台伊始就确立了证券民事赔偿责任优先的原则。但时至今日，该原则却始终未能付诸现实。究其原因，一方面，客观上证券民事赔偿诉讼审理及执行效率存在滞后性；另一方面，现行有关民事责任优先的原则性立法不足以支撑证券民事赔偿责任执行优先的有效实施。要真正实现我国证券市场民事赔偿责任优先原则从制度文本到司法实践的突破，就需要尽快完善相应的程序性保障规范并辅之以必要的配套实施机制，尤其是要建立行政罚款、刑事罚金的暂缓入库制度以及财政回拨制度。

关键词： 证券民事赔偿；优先执行；暂缓入库；财政回拨

[①] 周友苏、蓝冰：《证券行政责任重述与完善》，载《清华法学》2010年第3期。
[②] 陈洁：《证券民事赔偿责任优先原则的实现机制》，载《证券市场导报》2017年6月号。

四、匹凸匹证券虚假陈述案

中国证券监督管理委员会上海监管局行政处罚决定书[①]
匹凸匹公司证券虚假陈述责任纠纷案判决书[②]

【基本案情】

被告匹凸匹公司存在违法违规的事实,包括未及时披露多项对外重大担保、重大诉讼事项,以及2013年年报中未披露对外重大担保事项。未及时披露的对外重大担保事项包括被告匹凸匹公司控股子公司××有限公司（以下简称××公司）于2013年3月2日签署《担保函》,对外担保3500万元;被告匹凸匹公司于2015年4月15日公告上海证监局《关于对上海多伦实业股份有限公司采取责令公开说明措施的决定》（沪证监决〔2015〕31号）,首次对外公开披露了该担保事项。决定书最终认定,被告匹凸匹公司未及时披露对外重大担保事项及重大诉讼事项的行为,违反了2014年《证券法》第63条关于"发行人、上市公司依法披露的信息,必须真实、准确、完整,不得有虚假记载、误导性陈述或者重大遗漏"以及第67条"发生可能对上市公司股票交易价格产生较大影响的重大事件,投资者尚未得知时,上市公司应当立即将有关该重大事件的情况向国务院证券监督管理机构和证券交易所报送临时报告……"的规定,构成了《证券法》第193条所述的违法行为。对于该行为,时任董事长、法定代表人、代行总经理及董事会秘书职责的鲜言为直接负责的主管人员,时任董事、财务总监恽燕桦是其他直接责任人员。此外,根据决定书中认定的事实,对××公司所担保的主债务,被告鲜言也提供了担保。

原告方在本案中请求赔偿的经济损失包括投资差额损失、佣金及印花税损失。对于原告方主张的虚假陈述行为实施日2013年3月5日、揭露日2015年4月15日及基准日2015年6月2日,被告匹凸匹公司均予认可,同时对原告主张的基准价13.52元/股亦予认可。计算损失时,除投资差额损失外,原告方主张印花税以投资差额损失为基数,按1‰计算,佣金损失若原告自证券公司取得的交易记录中可以反映佣金收取标准,则按该实际标准计算,否则

[①] 中国证券监督管理委员会上海监管局行政处罚决定书沪〔2016〕2号。
[②] （2016）沪01民初166号。

按 0.2‰ 计算；利息则以上述三项损失总额为基数，按照年利率 3.5‰，自买入日计算至卖出日或基准日。法院经审查，按照换手率达到 100% 为标准，以 2015 年 4 月 15 日为揭露日所对应的基准日为 2015 年 6 月 2 日，基准价为 13.52 元/股。

审判结果：

上海市第一中级人民法院作出一审宣判，原告诉讼代理人所主张的虚假陈述行为实施日、揭露日及基准日的认定，和投资差额损失、佣金损失、印花税损失以及上述三项损失的利息的计算方法和标准，法院经审查后均予以确认。14 名投资者所诉请的投资差额损失、佣金损失、印花税损失以及上述三项损失的利息，都获得了法院的支持，合计获赔 233.89 万元。其中，获赔金额最多的高达 164.66 万元，获赔金额最少的为 1041.81 元。被告匹凸匹公司及被告恽燕桦对被告鲜言的上述第一项下付款义务承担连带赔偿责任。

【判决意义】

"匹凸匹案"是证券领域公益性机构探索支持散户维权的第一案，也是全国首例证券支持诉讼案。2017 年 5 月 19 日上午，上海市第一中级人民法院对原告刘某等诉被告鲜言、匹凸匹公司等证券虚假陈述责任纠纷一案，依法作出一审宣判，判决鲜言等责任人赔偿投资者损失合计 233.89 万元。该案系全国首例证券支持诉讼案，中证中小投资者服务中心受托支持的 14 名中小投资者全部胜诉。此次胜诉，首次以司法判例的形式肯定了直接责任人的首要赔偿责任。如无特殊情况，未来中证中小投资者服务中心提起的支持诉讼案件都将遵循这一惯例，以此向社会各界传递信号，任何挑战法律底线、侵害投资者合法权益的违法主体，都有可能成为诉讼被告，面临民事赔偿追责。[①]

在我国资本证券市场上，中小投资者占据大比重是一个显著特征，而民事责任机制一直以来是中小投资者保护的短板。证券刑事责任、行政责任都无法完全替代证券民事责任的功能。匹凸匹公司案件的积极作用体现在：第一，加强震慑、净化市场。本案明确了司法层面上个人的首要赔偿责任，加大了上市公司实际控制人、董事、监事或高管的违法成本，有利于督促警醒其勤勉尽责，确保上市公司依法合规经营，进一步净化证券市场。第二，示范维权、鼓励维权。典型的证券纠纷支持诉讼能为同类案件、同一案件中受损中小投资者明确诉讼预期（包括收益预期和成本预期），提高其维权主动性

---

① 《投服中心全国首例证券支持诉讼一审胜诉 14 名投资者全部获赔》：http://www.isc.com.cn/html/ptpayja/20191101/1017.html，最后访问日期：2023 年 7 月 5 日。

和维权意识。第三，保障诉讼参与专业性。前述已提及，我国广大中小投资者诉讼参与的专业性普遍不足，而建立律师团队专业代理此类集体诉讼能保障该类诉讼参与者的专业性，中小投资者既可以自发组织聘请律师代理诉讼，也可以由中证中小投资者服务中心出面聘请专业律师。值得一提的是，2016年6月30日，中证中小投资者服务中心与中华全国律师协会金融证券保险专业委员会签署合作备忘录，共同整合优势资源以搭建相互协作的法律服务平台，组建国内首个证券公益律师团，通过提供高效便捷的服务保护中小投资者权益，节约司法资源，提高诉讼效率。①

---

① 陈一新：《证券支持诉讼"破冰"——"匹凸匹公司虚假陈述案"的法律分析》，载《公司法律评论（2018年卷总第18卷）》，载顾功耘主编，上海人民出版社2018年版，第341—342页。

图书在版编目（CIP）数据

证券法教程 / 曹清清编著 . —北京：中国法制出版社，2023.10
ISBN 978-7-5216-3795-3

Ⅰ.①证… Ⅱ.①曹… Ⅲ.①证券法-中国-教材 Ⅳ.①D922.287

中国国家版本馆CIP数据核字（2023）第143805号

策划编辑：赵宏　　责任编辑：王悦（wangyuefzs@163.com）　　封面设计：杨鑫宇

证券法教程
ZHENGQUANFA JIAOCHENG

编著 / 曹清清
经销 / 新华书店
印刷 / 河北鑫兆源印刷有限公司
开本 / 710×1000 毫米　16 开　　印张 / 22.25　字数 / 263 千
版次 / 2023 年 10 月第 1 版　　2023 年 10 月第 1 次印刷

中国法制出版社出版
书号 ISBN 978-7-5216-3795-3　　　　　　　　　　定价：79.00 元

北京市西城区西便门西里甲 16 号西便门办公区
邮政编码：100053　　　　　　　　　　传真：010-63141600
网址：http：//www.zgfzs.com　　　　编辑部电话：010-63141831
市场营销部电话：010-63141612　　　印务部电话：010-63141606

（如有印装质量问题，请与本社印务部联系。）